김상봉 철학이야기

김상봉 철학이야기

그리스 비극에 대한 편지

한길사

김상봉 철학이야기

그리스 비극에 대한 편지

지은이 김상봉
펴낸이 김언호

펴낸곳 (주)도서출판 한길사
등록 1976년 12월 24일 제74호
주소 10881 경기도 파주시 광인사길 37
www.hangilsa.co.kr
E-mail: hangilsa@hangilsa.co.kr
전화 031-955-2000~3 **팩스** 031-955-2005

인쇄 오색프린팅 **제책** 신우

제1판 제1쇄 2003년 1월 30일
제1판 제9쇄 2023년 5월 25일

ⓒ김상봉 2003

값 23,000원
ISBN 978-89-356-5456-7 03600

• 잘못 만들어진 책은 구입하신 서점에서 바꿔드립니다.

그림 1 그리스 최초의 시인 호메로스.
『일리아스』와 『오뒤세이아』의 지은이로 알려져 있으나,
사실은 그에 관해서는 아무것도 역사적으로 확증된 것이 없다.

그림 2 시계 반대 방향으로, 아이스퀼로스(기원전 525~426년)는 세 비극시인 가운데 가장 연장자이다. 처음으로 두 사람의 배우가 무대에 같이 등장하게 함으로써 그리스 비극을 온전한 의미에서 드라마로 만든 사람이다. 소포클레스(기원전 497~406년)는 『오이디푸스 왕』의 작자로 너무도 유명한 비극시인. 그러나 그는 평화시에는 시인이었으나, 전쟁터에서는 장군이었다. 에우리피데스(기원전 485~407년)는 마지막 비극시인. 비극에서 합창의 비중을 줄이는 대신 독백이라는 새로운 형식을 도입했다. 니체는 그를 비극의 몰락을 불러온 사람이라 보았다.

그림 3 에우리피데스의 비극 『메데이아』를 묘사한 도자기.
메데이아의 남편 이아손이 메데이아의 손에 죽음을 당한 두 아들의
시신 앞에서 탄식할 때 메데이아는 용이 끄는 수레를 타고
유유히 사라진다.

그림 4 벨베데레의 아폴론상.
아폴론은 그리스 상고시대의 이상을
대변하는 신으로서 빛과 절도
그리고 영원한 젊음과 아름다움을
상징한다.

그림 5 디오뉘소스와 그를 따르는 사튀로스를 그린 도자기.
사튀로스는 디오뉘소스를 따르는 반인반수의 존재이다.
니체는 사튀로스를 근원적인 것과
자연적인 것에 대한 동경의 소산으로 보았다.

그림 6 배를 타고 바다를 건너는 디오뉘소스를 그린 도자기.
해적들이 디오뉘소스를 배로 납치해 해치려 했을 때 그는 사자로 변신해
그들을 위협했다. 혼비백산해서 그들이 바다로 뛰어내리자,
그들은 모두 돌고래가 되고 말았다.

그림 7 어린 디오뉘소스를 돌보는 실레노스. 실레노스는 사튀로스의 아버지뻘 되는 존재인데 디오뉘소스가 아직 어렸을 때 헤라 여신의 눈을 피해 동굴에서 어린 신을 돌보았다고 한다.

그림 8 디오뉘소스 극장.
아테네 비극시인들이 비극경연대회에서 작품을 상연하던 극장.
아크로폴리스의 남동쪽 경사면에 위치해 있다.

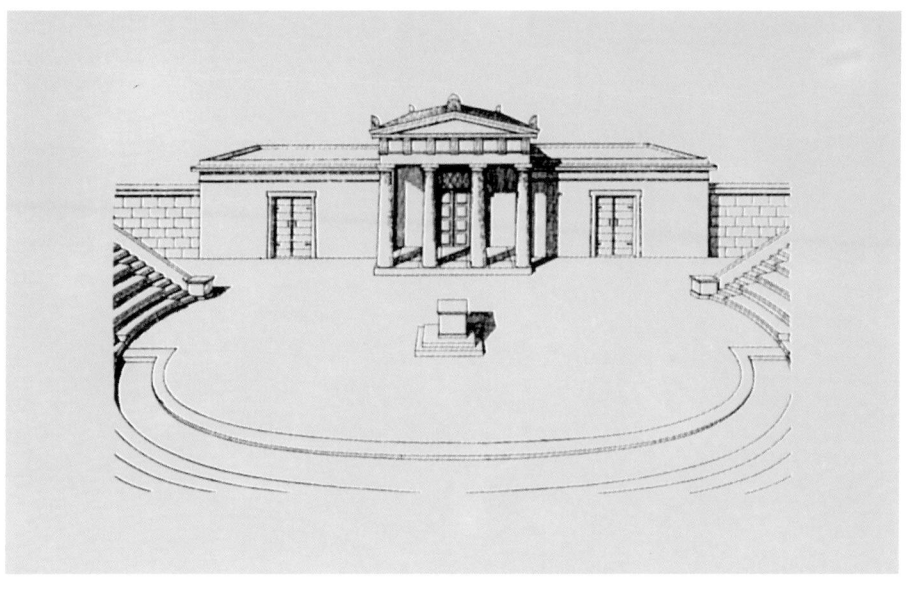

그림 9 (위) 극장에서 연극을 보며 환호하는 관중을 그린 도자기 그림.
(아래) 되르프펠트가 그린 고전기 극장 무대의 상상도.
고전기 그리스 극장의 가장 큰 특징은 상상도에서 보듯이
높은 단으로 구별된 무대가 따로 없었다는 것이다.
합창단이 위치한 둥근 오케스트라에서 배우와 합창단이
같이 어울려 공연을 했다.

그림 10 디오뉘소스 축제에서 춤추는 여인들을 그린 도자기 그림.
원래 디오뉘소스는 여인들의 제우스였으며
디오뉘소스 축제는 여인들을 위한 해방의 축제였다.

그림 11 비극이 상연되는 무대를 사실적으로 그린 도자기의 파편.
아래의 그림은 고전학자들이 사라진 부분을 복원해본 상상도이다.

그림 12 헬레니즘 시대에 만들어진 커다란 청동가면.

사랑하는 소녀에게 바치는 감사의 인사

나 어릴 때
남들처럼 교복을 입고
사진을 찍어보는 것이 꿈이던 소녀가 있었다.
내가 학교의 책상 앞에 앉아 있었을 때
그 소녀는 전태일과 평화시장 미싱 앞에
앉아 있었다.

봄이 지나고 여름이 그리고 가을도 지나
전태일도 평화시장을 떠나고
다시 겨울이 되었을 때, 나는
그 소녀가 교복 대신
의정부행 12번 버스 안내양의 제복을 입고
버스 계단에서 졸다가
문을 여닫으며, 차가운 겨울 바람 속으로
미끄러지는 것을 보았다.

우리는 타인의 꿈속에서만 숨쉬고
나 또한 너의 꿈속에서 자랐으니
오랜 세월이 흐른 뒤에
나 지금 네가 쓰러지던 얼음바람 속으로
다시 돌아와
의정부 가는 12번 버스 계단을 오르며
남들처럼 예쁜 교복을 입고
사진을 찍는 꿈을 꾼다.

이 책을 읽는 분들에게

　이 책은 우리에겐 여전히 베일에 가려져 있다 해도 좋을 그리스 비극의 전체상을 그려 보이기 위해 쓰어진 글이다. 그리스 비극의 근본정신은 무엇인지, 그것은 어떤 역사적 배경으로부터 형성되었는지 그리고 그것이 구체적으로 어디서 어떻게 공연되었는지, 그런 것들에 대해 궁금증을 가지고 있는 이들을 위하여 길잡이가 되었으면 하고 쓴 글이 이 책이다.
　하지만 나는 이 책이 그리스 비극에 대한 성격 없는 소개서나 입문서로서 받아들여지지는 않았으면 한다. 독자들은 내가 어떤 주제의식을 가지고 그리스 비극의 역사와 근본정신을 재구성했는지, 이 책을 읽으면서 직접 확인할 수 있겠지만, 이 책에서 내가 말하려 한 것을 한마디로 요약하라면, 나는 그것을 그리스 비극의 정치성이라고 표현할 수 있으리라 생각한다. 큰 산일수록 골짜기가 많은 법이다. 예술이나 철학도 마찬가지이다. 그리스 비극이 위대한 예술인 까닭은 그것이 자기 속에서 삶의 다양한 계기들을 심오하게 형상화했기 때문이다. 하지만 그것이 어디 그리스 비극만의 일이겠는가? 그렇게 따진다면 모든 위대한 예술은 백화점과도 같은 무성격이 고유한 성격이라고 말할 수밖에 없을 것이다. 우리가 그런 어리석음에 빠지지 않기 위해서는 그리스 비극을 다른 것이 아니라—이를테면 셰익스피어 비극이 아니라—그리스 비극이 되게 만들었던 본질적 에토스(ethos)가 무엇인지를 물어야만 한다.

오랫동안 사람들은 그리스 비극의 형이상학적 심오함에 대해 경탄해왔다. 그러나 니체는 그것을 안이한 이해라 생각하고 음악정신으로부터의 그리스 비극의 탄생을 말했다. 하지만 형이상학적 심오함을 말하든 음악적 도취를 말하든, 만약 우리가 그리스 비극을 그것이 태동하고 꽃피었던 시대로부터 분리하여 고찰한다면, 우리는 그것을 몰역사적으로 파악하는 오류를 범하게 된다. 그런 오류에 빠지지 않기 위해서는 그리스 비극을 그것이 창작되고 상연된 시대의 근원적 시대정신으로부터 이해하지 않으면 안 된다.

잘 알려진 대로 그리스 비극은 다른 시대가 아닌 기원전 5세기에, 다른 장소가 아닌 아테네에서 유일하게 꽃피었다 사라진 예술이다. 그러므로 우리가 그리스 비극을 제대로 이해하려면, 기원전 5세기의 시대정신을 먼저 이해해야 할 것이다. 그러나 기원전 5세기 아테네는 과연 어떤 곳이었던가? 한마디로 말하자면 그 시대야말로 역사상 가장 정치적인 시대였다. 아리스토텔레스가 인간을 가리켜 정치적 동물이라 말했을 때, 그는 바로 이 시대 아테네인들을 모범으로 삼아 말했던 것이다.

그러나 정치란 무엇인가? 그것은 나와 네가 만나 우리가 되는 행위를 가리킨다. 자유로운 시민들이 더불어 자기가 사는 나라의 주인이 되는 것 그리고 이를 통해 자기들의 공공적 삶을 스스로 형성하는 것, 이것이 정치인 것이다. 비극 시대의 그리스인들, 그 중에서도 특히 아테네인들이야말로 서양 역사 전체를 통틀어 가장 탁월한 의미에서 정치적 천재를 보여준 사람들이었다. 이들이 그럴 수 있었던 것은 처음부터 그들에게 왕이 없었기 때문이다. 전제적 지배자가 존재하는 나라에서는 통치가 있을 뿐 정치는 없다. 정치는 오직 자유롭고 평등한 시민들의 공동체에서만 가능한 일이다. 그리스 비극은 그런 공동체에서 태동한 예술이었다.

그러나 오늘날 우리가 그리스 비극의 정치적 성격을 온전히 이해하는 것은 지극히 어려운 일이다. 그 까닭은 우리 시대에는 문학이든 다른 예술이든 모든 예술이 이름만 포이에시스일 뿐, 예술 본연의 형성력을 상실하고 세계로부터 소외된 주체의 자기반성으로 전락했기 때문이다. 포이에시스란 만듦이요, 형성이다. 그러나 우리 시대에 시인은 과연 무엇을 만드는가? 최고의 시인이라 할지라도, 그는 고작해야 아름다운 표상을 만들 수 있을 뿐이다. 그리고 그럴 능력조차 없는 수많은 시인들은 세상에서 소외되어 비틀린 의식으로 삶에 대해 불평을 쏟아놓을 뿐인 것이다. 그리하여 언제부터인가 예술은 현실에 적응하지 못하는 사람들이 하는 것, 아니 심하게 말하자면 정신치료를 필요로 하는 사람들에게나 적합한 소일거리가 되어버렸다.

그리하여 오늘날 예술이 하는 일이란 현실을 적극적으로 형성하는 일이 아니라 책임 없이 비판하는 것, 간단히 말해 현실을 부정하는 것이 되어버렸다. 하기야 어떤 예술가가 정말로 치열하게 현실을 부정하고 비판한다면, 우리는 그런 예술가에게 경의를 표해야 할 것이다. 그러나 우리 시대 대다수의 예술가들은 현실을 형성하지 못하는 것은 물론이거니와 치열하게 부정하고 비판하지도 않는다. 그렇다면 그들이 하는 일은 무엇인가? 다만 현실을 가지고 놀 뿐인 것이다. 그러나 이들조차 현실을 상대로 장사를 하는 시인들에 비하면 순진하다 해야 할 것이다.

그러나 아테네의 비극시인들은 우리 시대의 시인들과는 달랐다. 시를 쓰는 것은 공동체에서 달리 기여할 능력이 없는 열등한 사람들에게 어울리는 일이라는 생각은 서양에서도 너무나 오래 된 선입관이어서, 예로부터 사람들은 호메로스가 눈먼 시인이었다는 전설을 두고,

그것이 전쟁에 참여하기에 부적합한 사람이 시인이 된다는 것을 암시하는 전설이라고 해석해왔다. 그러나 놀랍게도 아테네의 비극시인들은 그렇게 사회·정치적 활동에서 소외된 직업적 시인이 아니었다. 그들은 시인이기 이전에 시민이었으며, 예술가이기 이전에 정치가요 군인이었다. 그리하여 그리스 비극은 직업적인 시인이 삶의 희로애락을 노래한 예술이 아니라 지극히 정치적인 인간의 미적 반성의 표현이었던 것이다.

이를테면 『오이디푸스 왕』의 시인 소포클레스는 페리클레스와 더불어 아테네를 이끌었던 지도적인 정치가이자 장군이었다. 그는 자신이 비극시인으로 이름을 떨치던 바로 그 시대에 여러 차례 장군(strategos)으로 전쟁을 이끌었으며, 펠로폰네소스 전쟁 중에 시칠리아 원정의 실패로 아테네가 절대적인 위기상황에 처했을 때 고령에도 불구하고 10인의 수습위원(probuloi)에 선출되어 나라의 위기에 맞섰던 출중한 정치가였다.

이런 사정은 아이스퀼로스의 경우에도 다르지 않아서 그가 스스로 쓴 자신의 묘비명은 가장 종교적인 비극시인이 얼마나 강렬한 정치적 자의식의 소유자였는지를 증명한다.

여기 이 돌 아래 에우포리온의 아들, 아테나이의 아이스퀼로스가 잠들도다. 그는 곡식이 풍성한 겔라의 들판에서 죽음에 제압되었으나, 그의 힘과 용맹은 마라톤의 숲이 말해줄 것이며, 또한 이를 시험해본 더벅머리의 페르시아인들이 전해주리라.[1]

죽음이 임박했을 때 이 시인이 자신의 삶에서 가장 자랑스럽게 회상했던 것은 비극경연대회에서 몇 번 우승했느냐가 아니라 페르시아가 아테네를 침공했을 때 그가 마라톤 전투에 참전해서 얼마나 용맹스럽게 싸웠던가 하는 것뿐이었다.

그리스 비극은 이처럼 시인이 정치가이자 군인인 것이 너무도 자연스러웠던 시대, 곧 예술과 정치가 분리되지 않았던 시대의 예술이었다. 그리하여 예술은 한갓 미적 가상을 창조하는 활동이었을 뿐만 아니라, 동시에 공공적 현실을 형성하는 정치적 활동이기도 했던 것이다.

그렇게 아테네 비극시인들이 예술을 통해 형성하려 했던 현실이 무엇이었던가? 그것은 바로 민주주의, 곧 자유로운 시민 공동체였다. 그리하여 아테네 민주주의와 함께 탄생하여 아테네 민주주의의 몰락과 함께 종말을 고했던 예술, 그것이 바로 그리스 비극이었던 것이다. 고전학자들은 그리스 비극이 어떻게 민주주의적 시대정신으로부터 태동했으며, 또한 그렇게 태동한 비극이 다시 어떻게 아테네 민주주의를 이끌었는지를 설명해왔다. 그러나 고전학자들은 문헌학자이지 철학자가 아니므로, 대개 아테네 비극과 민주주의 사이의 연관성을 다만 역사적·문헌학적 근거에 입각해 서술할 뿐, 자유의 이념과 그리스 정신의 총체성으로부터 그리스 비극이라는 예술이 어떻게 태동했는지, 그 내적인 연관성을 해명하는 일에는 적극적인 관심을 보이지 않는다.

이 책은 어떻게 가장 심오한 예술이 정치적 아고라에서 탄생했는지, 그 필연성을 역사적·문헌학적으로가 아니라 철학적으로 밝히려는 시도이다. 물론 역사학과 문헌학은 철학의 전제이다. 철학은 역사학과 문헌학을 넘어가야 하지만 이것들을 거슬러서도 안 된다. 철학은 언제나 역사학과 문헌학으로부터 이것들을 초월해야만 하는 것이다. 그런 까닭에 내가 이 책을 쓰면서 가장 먼저 염두에 두었던 준칙은 역사적·문헌학적 연구성과를 존중하는 것이었다. 그러나 나는 역사학자도 문헌학자도 아니며, 그런만큼 나는 이 책에서 그리스 비극에 관해 알려지지 않은 새로운 사료나 자료를 발굴하고 제시하려 하지는 않았다. 다만 나는 지금까지의 역사적·문헌학적 연구성과에서 출발하여 그리스 비극의 바탕에 놓여 있는 근원적 정신에 다다르려 했을 뿐이다.

이를 통해 나는 그리스 비극의 근본적 에토스가 자유의 이념, 정확히 말하자면 종교적 자유도 철학적 자유도 아닌 정치적 자유, 즉 시민적 자유의 이념이었다는 것을 밝히려 했다. 그리고 이를 통해 나는 가장 고상한 예술은 비정치적 순수예술이라 믿는 사람들에게 다음과 같은 진리를 말하려 했다. ―즉 가장 심오하고 숭고한 예술은 정치적 예술이며, 그 다음으로 심오한 것은 종교적 예술이고, 그 다음으로 교육적인 예술이 철학적 예술이며, 마지막으로 이른바 순수예술이란 그도 저도 아닌 가장 저급하고 천박한 예술, 아니 정확히 말하자면 도무지 아무런 성격도 없는 예술로서 그저 퇴폐와 몰락의 시작일 뿐이라고.

그러나 도대체 정치적 예술이란 어떤 것인가? 화염병이 가장 치열한 정치적 기호였던 시대를 살아온 우리는 정치적 예술이라면 김지하와 김남주 그리고 박노해를 먼저 생각한다. 그렇다. 그들은 훌륭한 시인들이었다. 하지만 그들은 정치적 예술의 최고봉에 오른 사람들은 아직 아니었다. 그런 까닭에 정치적 예술은 한국 사회에서 끊임없이 오해받았다. 그리고 그런 오해 덕분에 서정주 같은 시인이 가장 시인다운 시인으로 추앙받을 수도 있었다. 내가 이 책에서 보여주려 했던 것은 과연 정치적 예술이 어디까지 깊어지고 높아질 수 있는가 하는 것이다.

앞에서 말했던 것처럼 정치는 내가 너와 만나 우리가 되는 행위를 가리킨다. 여기서 가장 본질적인 계기는 만남이다. 그런 한에서 정치적 예술이란 단순한 저항예술도 아니고 반대로 관변예술도 아니다. 그것은 궁극적으로 만남을 지향하는 예술이다. 그러나 우리는 언제 참된 의미에서 타인과 만날 수 있는가? 그것은 오직 우리가 슬픔 속에 있을 때이다. 만남은 슬픔이 주는 선물인 것이다. 그리스 비극은 이것에 대한 가장 심오한 증거이다. 그것은 정치적 예술로서 만남의 총체성을 추구한다. 그러나 그 만남이 오직 슬픔과 고통을 통해서만 가능한 것임을 깨달았을 때, 정치적 예술은 비극예술이 되었던 것이다.

그리스 비극은 어떻게 가장 숭고한 예술이 가장 정치적인 예술이며 또한 동시에 가장 비극적인 예술인가를 보여준다. 이 책에서 내가 하려 했던 일은 그 내적 연관성을 밝히는 것이었다. 어떻게 정치가 숭고한 예술의 모태일 수 있는가? 그리고 어쩌면 가장 더럽고 비열할 수도 있는 정치적 권력의지가 어떻게 비극적 슬픔에 대한 감수성과 한 뿌리일 수 있는가? 한마디로 말해 자유와 숭고 그리고 슬픔이 어떻게 하나의 뿌리에서 자라난 가지일 수밖에 없는가? 이런 것들을 해명하는 것, 그것이 내가 하려 했던 일이다.

그러나 생각하면, 이 모든 탐구의 발단은 단순히 그리스 비극 그 자체에 대한 관심 때문은 아니었다. 이 책은 이름하여 『그리스 비극에 대한 편지』이다. 그런데 모든 비극은 어떻게든 슬픔에 대한 성찰이다. 그 점에서는 그리스 비극도 마찬가지이다. 그런 까닭에 우리는 그리스 비극을 더 깊이 탐구하면 할수록 단순히 비극예술에 대한 미학적 담론에 머무르지 않고 결국에는 슬픔과 고통의 의미에 대한 철학적 성찰로 나아가지 않을 수 없게 된다. 비극은 비참하고 고통스런 일을 예술적으로 재현한다. 그런데 비참하고 고통스런 일이란 그 자체로서는 아름다운 일이라 할 수도 없을뿐더러, 대개는 보는 사람에게 불쾌감을 불러일으킬 뿐이다. 그렇다면 시인은 무엇을 위해 슬프고 비참한 일들을 예술적으로 재현하려 하는 것일까? 결국 이것은 단순히 비극에 대한 미학적·예술철학적 성찰에서 끝나는 문제가 아니라 슬픔과 고통 그 자체의 가치평가에 관련된 철학적 문제이다.

그리하여 나는 이 책을 쓰면서 그리스 비극의 근본성격을 해명하는 데만 머무르지 못하고, 어쩔 수 없이 고통과 슬픔의 의미와 가치를 성찰하는 데로 나아가지 않을 수 없었다. 세상에는 왜 이리도 받아들이기 어려운 슬픔이 넘쳐나는 것일까? 그 많은 슬픔과 고통에는 과연 어떤 숨겨진 의미가 있는 것일까? 사실은 이것이야말로 내가 그리스 비극에 대한 성찰을 통해 대답하고 싶었던 진짜 물음이었다.

그러나 지금 우리 시대에 슬픔에 대해 말한다는 것은 얼마나 남루한 일인가? 오늘날 많은 철학자들은 욕망과 쾌락에 대해 말할 뿐, 더 이상 슬픔이나 고통에 대해 생각하려 하지 않는다. 니체와 들뢰즈의 말을 듣자면, 슬픔이란 정신의 질병이다. 슬픔은 치유되어야 할 질병이지 전파하거나 몰입해야 할 정념이 결코 아니라는 것이다. 이처럼 인간의 슬픔을 아무런 저어함 없이 질병이라 규정할 수 있을 만큼 행복한 시대에 기쁨을 노래하지 않고, 아직도 슬픔에 사로잡혀 있는 것은 무슨 시대착오라 해야 하겠는가.

그러나 진리는 회상 속에 있고, 철학은 되돌아감으로써만 전진한다. 플라톤은 회상이 진리의 방법이라 가르쳤거니와, 우리는 오직 잊어버린 것을 회상할 때 비로소 진리의 나라에 들어갈 수 있다. 그러므로 철학이 세상에서 기여할 수 있는 일이 있다면 그것은 무엇보다 잊지 말아야 할 것을 잊지 않도록 상기시키는 일일 것이다. 그러나 우리가 잊지 말고 회상해야 할 것은 과연 무엇인가? 철학자들은 그것을 존재의 근거라 말해왔다. 물론 존재의 근거, 존재의 조건은 여러 가지이다. 그리고 그에 따라 철학적 탐구도 다양하게 갈라질 수 있을 것이다. 그러나 그 많은 존재의 조건 가운데서도 우리가 가장 먼저 기억해야 할 것은 내가 지금의 나로서 존재하기 위해 타인에게 져야만 했던 슬픔의 빛이다. 그것을 잊어버린 채 형이상학적 존재근거에만 몰입할 때, 철학은 치명적인 착오와 자기기만에 빠지게 된다.

생각해보라. 형이상학적이고 초월적인 존재의 근거를 말하기 전에, 우리는 모두 80년 광주에 빚진 사람이다. 우리의 삶은 그때 거기서 죽어간 사람들이 흘린 피 값으로 대신 사준 것이다. 하기야 우리가 빚진 것이 어디 80년 광주뿐이겠는가? 멀리는 전봉준에게서부터 가까이는 전태일까지 자유를 향한 고통스런 장정에 자기를 바쳤던 수없이 많은 사람들의 희생으로 우리는 여기 이렇게 살아 있는 것이다. 그러므로 우리의 삶은 타인의 죽음에 빚진 것이며, 우리의 풍요는 타인의 가난에 힘입은 것이다. 내가 대학생이랍시고 잔디밭에서 음악실에서 또는 다방에서 빈둥거리던 바로 그 시간에 똥물세례를 받으며 구사대의 발길에 차이던 동일방직 여공들이 없었더라면 나는 과연 무엇이었겠으며 또 무엇이 되었겠는가? 그들이 노동하며 흘린 땀으로 내 몸은 자랐고, 그들이 입술을 깨물며 흘렸던 눈물로 내 영혼이 성숙했다. 그들의 슬픔과 눈물은 내 존재의 조건이었던 것이다. 그리하여 철학이 존재의 진리에 대한 회상이라면, 내가 가장 먼저 회상해야 할 내 존재의 조건은 내 이웃의 고통과 슬픔이다. 그리고 철학이 만약 존재의 의미에 대한 물음이라면, 그것은 이제 다른 무엇보다 먼저 내 이웃의 슬픔과 고통의 의미와 가치에 대한 성찰일 수밖에 없는 것이다.

물론 나는 철학이 슬픔의 의미와 가치를 표현하기에 가장 적합한 활동이라 생각하지는 않는다. 만약 내가 시인의 재능을 가진 사람이었더라면, 나는 80년 광주에서 마지막으로 도청을 지키다 죽어간 사람들의 이야기를 판소리로, 마당극으로, 탈춤으로 만들었을 것이다. 내가 음악가의 재능을 가진 사람이었더라면 그것을 소재로 오페라를 작곡했을 것이다. 그리고 내가 화가의 재능을 가진 사람이었다면 그것을 벽화로 그렸을 것이다. 그런 것들에 비하면 철학이란 너무도 열등하다. 스스로 형성하는 예술의 광채에 비하면 게으르게 생각하는 철학은 그저 그것의 그림자에 지나지 않는 것이다. 그럼에도 불구하고 나는 불행히도 시인도 음악가도 화가도 아니어서, 내가 할 수 있는 것은 고작해야 생각하는 일밖에 없었다. 그들의 수난의 의미와 가치를 생각하는 것, 슬픔의 존재이유를 묻는 것, 그것이 내가 할 수 있는 일의 전부였던 것이다.

그러나 내겐 그 철학조차도 얼마나 가난하고 남루한 것인지! 나는 생각하는 일에서조차 자립적이지도 창조적이지도 못했다. 그리하여 슬픔의 의미를 처음부터 그 자체로서 성찰하지 못하고 그것을 위한 실마리를 필요로 했다. 그리스 비극은 슬픔의 의미에 다가가기 위해 그렇게 내가 의지해야만 했던 사다리였다. 그러므로 이 책은 단순히 그리스 비극에 대한 책이 아니다. 사실 나는 그리스 비극을 핑계삼아 비극예술의 의미를 물었으며, 더 나아가 세상에 넘치는 슬픔의 존재 의미를 물었을 뿐이다.

그리고 이를 통해 나는 나 대신 굶주리고 옥에 갇혔던 사람들, 아니 나 대신 피흘리고 목숨을 버려야 했던 사람들에게 단 한 마디, 당신들의 수난이 헛된 것이 아니었다는 것을 말하고 싶었다. 비록 그들이 고통받는 자리에 같이 있지는 못했으나, 한 번도 그들의 수난을 아주 잊은 적이 없었다는 것을 말하고 싶었다. 가난의 시대가 끝났다고 그들의 고통을 망각한 시대에, 억압의 시대가 끝났다고 갇힌 채 죽어가야만 했던 사람들의 절규를 정말 까맣게 잊어버린 시대에 그들의 수난의 영원한 의미와 가치를 새긴 정신의 기념비를 세우고 싶었다. 그리고 이를 통해 그들의 고통과 슬픔 앞에 내 작은 감사를 표하고 싶었다.

하지만 내가 그들의 슬픔을 회상하는 것은 무슨 소설가들처럼 지나간 시대에 대한 후일담 철학을 늘어놓기 위해서가 아니다. 데카르트는 '나는 생각한다, 그러므로 나는 존재한다'라고 말했다. 나는 아직도 저 말의 의미를 신뢰하는, 시대에 뒤떨어진 근대인이다. 진리는 오직 생각 속에서 계시된다. 그러나 생각이란 무엇인가? 생각은 본질적으로 반성이다. 반성은 돌이켜 생각함인바, 그것은 회상하는 것이요 감사하는 것이다. 나를 나로서 존재하게 해준 타인의 슬픔과 고통을 회상하고 그것에 감사할 때, 비로소 우리는 타인과 온전히 만날 수 있다. 바로 이 만남이 진리이다. 진리는 인식과 사물의 일치가 아니라 나와 너의 만남, 자기와 타자의 인격적 일치에 존립하는 것이다.

그러므로 우리가 타인의 슬픔과 고통을 돌이켜 생각하고 그것에 대해 감사하는 것은 이미 지나가버린 과거에 머무르기 위해서가 아니라 다가올 미래에 우리가 실현해야 할 만남의 진리를 위해서이다. 우리는 오직 생각함으로써만 존재한다. 그러므로 깨어서 생각해보라. 우리는 자기가 존재하기 위해 얼마나 많은 사람들에게 슬픔과 고통의 빚을 지고 있는가? 바로 지금 이 순간 우리는 얼마나 많은 사람들의 티없는 행복을 짓밟고 서 있는가? 지금 우리가 누리는 풍요가 우리와 피부색이 같거나 다른 사람들의 비참한 빈곤 위에 터하고 있는 것이 보이지 않는가? 내가 존재하지 않는 곳에서 내가 존재한다는 것은 바로 그것을 의미한다. 내 존재를 지탱하는 것은 타인의 눈물이다. 오직 그런 의미에서 내 존재는 타인 속에 있는 것이다.

생각하면 그것이 어디 나의 존재에만 해당되는 일이겠는가? 이 책의 존재도 그러하다. 이 책을 이렇게 펴내기까지 나는 얼마나 많은 사람들에게 빚지고 있는지! 그러므로 이제 마지막으로 이 책을 세상으로 보내면서 이 책을 있게 한 모든 고마운 분들을 내가 이 자리에서 기억하고 다소 장황하게 감사의 뜻을 표한다 해서 그것이 큰 허물이 되지는 않으리라 생각한다.

이 책의 내용은 내가 여기저기서 그리스 비극에 대해 강의한 것에 바탕하고 있다. 그런데 칸트를 전공했다는 내가 그리스 비극을 처음 강의하게 된 계기는 순전히 서울대학교 철학과/서양고전학과에 계신 김남두 선생님의 호의 덕분이었다. 그분이 서울대학교에서 그리스 비극을 강의하라고 내게 권하지 않았더라면, 아마도 나는 아직도 그리스 비극에 대한 강의를 하지 않았을 것이고 당연히 이 책도 없었을 것이다. 실은 몇 년 전 처음 강의를 권유받았을 때 나는 일주일에 두 번씩이나 지하철 타고 관악산 기슭까지 강의하러 가는 것이 내키지 않아 여러 번 생각지도 않고 사양했었는데, 일년 뒤에 다시 연락이 오기를 이틀이던 강의시간을 하루로 합쳐 놓았으니 다시 강의를 해달라는 것이었다. 나는 그다지 예의바른 사람이 못 되지만, 그때에는 나도 미안한 마음이 없지 않아 다시 거절하지를 못하고 강의를 맡게 되었다. 그런 인연으로 봄 학기마다 서울대학에서 그리스 비극을 강의하기 시작했는데, 그 강의가 이 책의 바탕이 되었다. 인생은 만남이고 인연인데, 이 책도 그런 소중한 만남과 인연의 열매이다. 이 자리를 빌려 서울대학교 서양고전학과의 김남두, 이태수 교수님께 감사드린다.

  그 뒤에 나는 인사동의 민예총 문예아카데미에서 그리스 비극에 대한 강의를 다시 했다. 그런데 그때 강의를 들었던 강혜란님과 김유석님이 강의를 녹취하고 정리해서 내게 보내주었는데 지금 이 책은 바로 그 녹취록을 바탕으로 해서 씌어진 것이다. 쓰는 과정에서 강의투의 글은 편지로 바뀌었고 내용도 처음과는 많이 달라졌으나, 두 사람의 수고가 아니었더라면 내가 이 책을 그렇게 빨리 쓰지는 못했을 것이다. 녹취록이 있었기 때문에 나는 전체를 조감하고, 글쓰기의 미로에서 마냥 헤매지 않을 수 있었던 것이다.

  그렇게 해서 원고를 어느 정도 완성한 뒤에도 많은 분들의 도움을 받았는데, 특히 미술사학자인 노성두님께는 그리스 극장의 구조에 관해 책으로 얻기 어려운 가르침을 얻었다. 그러고 나서도 불안한 마음에 원고를 그대로 출판사에 넘기지 못하고 김문주님과 이선미님 등 가까운 친구들에게 읽어주기를 청하였는데, 그들의 평가와 비판이 글을 마무리하는 데 큰 도움이 되었다. 특히 박소은님의 엄격한 비판을 존중하여 원래 썼던 한 묶음을 버리고 한 묶음을 새로 써넣었다. 전에 없던 이런 소동으로 한 달 가까이 일이 늦어졌으나, 덕분에 책이 처음보다 내적으로 완결된 모습을 얻게 되었다.

이렇게 힘들게 원고를 완성한 뒤에는 한길사가 이번에도 책 만드는 수고를 맡아주었다. 나는 내가 혼자 쓴 모든 책을 한 출판사에서 내면서, 다행히도 언제나 같은 편집자 및 같은 기획자와 일할 수 있었는데, 어려운 여건 때문에 사람들이 들고나는 것이 잦은 출판계에서 이것이 필자의 입장에서 얼마나 고마운 행운인지 독자들은 실감하지 못할 것이다. 책의 원고를 넘긴 뒤에 이번에도 나는, 벌써 네번째 책을 같이 만들면서 단지 일을 위한 동료가 아니라 가장 중요한 독자요, 신뢰하는 매니저일 뿐만 아니라 막역한 친구가 된 한길사의 편집부장과 기획차장, 오동규님과 이승우님께 모든 일을 이심전심 맡겨버리고 아무것도 염려하지 않아도 되었다.

이처럼 많은 분들의 도움이 쌓여 이 책이 나오게 되었지만, 마지막으로 이 책을 쓰는 동안에 내가 받은 아주 특별한 은혜에 대해 감사를 드려야 할 분이 아직 한 분 남아 있다. 이즈음에 와서 나는 왜 예수가 하고많은 기적 가운데서 병 고치는 기적을 가장 많이 베풀었는지를 조금 더 잘 이해할 수 있게 되었다. 늘 나보다 먼저 내 건강을 염려하고 돌보아주시는 내 '주치의', 성심한의원의 이문홍 원장님은 이번에도 허약한 내가 지치지 않고 글을 쓸 수 있도록 값없이 내 건강을 돌보아주셨는데, 그분의 보살핌이 없었더라면 쉬지 않고 책을 쓰면서 내가 탈 없이 글을 마치는 것이 불가능했을 것이다.

이 책은 이 모든 분들의 도움에 힘입어 세상에 나올 수 있었다. 고마운 모든 분들께 충심으로 감사의 큰절을 올리려 한다. 그러나 책을 마지막으로 책답게 만드는 사람은 바로 이 책을 읽는 독자들이다. 우리 시대에 많은 사람들이 언어의 의미가 기의에 있는지 기표에 있는지를 두고 논란을 벌여왔다. 나는 언어학자들이 이를 두고 고민하는 것을 십분 이해한다. 그러나 철학자들까지 언어학자들과 같은 논의의 지평에서 물음을 반복하는 것에 대해서는 일말의 동정심을 느끼지 않을 수 없었다. 말의 뜻은 그 근원에서 보자면 기의에 있는 것도 기표에 있는 것도 아니다. 그것의 의미는 오직 나와 너의 만남에 있다. 말의 뜻은 듣는 사람과의 만남에 있고, 글의 뜻은 읽는 사람과의 만남에 있는 것이다. 나의 강의를 들어주고 내가 쓴 글과 책을 읽어준 모든 분들께, 그리하여 나의 말과 글을 아니 나의 생각과 삶을 의미 있게 만들어준 모든 분들께 이 자리를 빌려 진심 어린 감사의 말씀을 드리고자 한다. 그들이 내 삶의 의미이듯이, 이 책 또한 독자 여러분들께 의미 없는 종이뭉치가 되지 않기를 소망한다.

가난한 사람이 아름다운 분들께 받은 그 풍요한 은혜를 기억하며, 고마운 분들 부디 모두 평안하시기를……

2003년 1월
김상봉

그리스 비극에 대한 편지

| 이 책을 읽는 분들에게 | 19 |

첫번째 묶음 ··· 비극과 숭고

편지 1 사랑하는 당신께	39
편지 2 비극, 슬픔의 자기반성	43
편지 3 그리스 비극의 근본성격	46
편지 4 비극적이지 않은 그리스 비극	53
편지 5 비극과 영웅숭배	57
편지 6 고통과 숭고	62
편지 7 숭고와 정신의 크기	70
편지 8 상상력의 힘	75
편지 9 비극과 상상력	85

두번째 묶음 ··· 그리스 비극의 바탕인 자유

편지 10 고통에 대한 반성	93
편지 11 그리스적 자유의 이념	98
편지 12 당함의 비극과 행함의 비극	105
편지 13 중국의 비극	111
편지 14 하마르티아	117

세번째 묶음 … 운명과 합리성

편지 15 　합리적 정신의 출현 　　　　　　　　　125
편지 16 　합리적 사유의 모태인 자유의 이념 　　　130
편지 17 　삶의 불합리 　　　　　　　　　　　　134
편지 18 　운명 　　　　　　　　　　　　　　　140
편지 19 　운명과 숭고 　　　　　　　　　　　　145
편지 20 　귀족문학과 시민문학 　　　　　　　　152
편지 21 　비극과 종교 　　　　　　　　　　　　158
편지 22 　비극과 윤리 　　　　　　　　　　　　163

네번째 묶음 … 서사시와 서정시 그리고 비극

편지 23 　예술의 자율성과 총체성 　　　　　　　171
편지 24 　존재의 진리인 아름다움 　　　　　　　179
편지 25 　포이에시스와 미메시스 그리고 삶의 자기반성　184
편지 26 　서사시와 총체성의 원리 　　　　　　　191
편지 27 　보편적 정신의 자기반성 　　　　　　　198
편지 28 　서정시, 주체의 자기반성 　　　　　　　203
편지 29 　서정시와 시간 　　　　　　　　　　　212
편지 30 　서정시와 주체성 　　　　　　　　　　218
편지 31 　소외된 주체의 자기반성 　　　　　　　227
편지 32 　주체와 시민 　　　　　　　　　　　　231
편지 33 　비극예술의 새로운 형식 　　　　　　　234
편지 34 　안틸로기아 　　　　　　　　　　　　239
편지 35 　만남의 총체성 　　　　　　　　　　　245
편지 36 　대립과 건너감 　　　　　　　　　　　254
편지 37 　슬픔 속에서 만남 　　　　　　　　　　259

다섯번째 묶음 … 비극과 카타르시스

편지 38 　비극적 쾌감에 대한 물음 　　　　　　　267

편지 39	자기연민	272
편지 40	플라톤의 비극비판	279
편지 41	아리스토텔레스와 카타르시스	288
편지 42	니체와 비극	295
편지 43	만남의 기쁨	304
편지 44	그리스 비극의 명랑함과 숭고	314

여섯번째 묶음 ··· 비극의 탄생

편지 45	비극의 기원	321
편지 46	사튀로스극	329
편지 47	디오뉘소스	336
편지 48	디오뉘소스 제전과 비극경연대회	346

일곱번째 묶음 ··· 극장과 무대

편지 49	비극의 내적 구조와 형식	357
편지 50	시인과 배우 그리고 관중들	362
편지 51	극장과 무대	369
편지 52	폭력과 예술	374
편지 53	작별인사	381

| 주(註) | | 385 |
| 찾아보기 | | 389 |

첫번째 묶음 ··· 비극과 숭고

편지 1

사랑하는 당신께

언젠가 당신은 내게 그리스 비극에 대해 이야기해달라고 청했던 적이 있었지요? 벌써 오래 전의 일이라 생각됩니다만, 그 뒤에도 당신은 내게 지나가는 말처럼 한두 번 더 그리스 비극에 대해 물었던 적이 있었지요. 그럴 때마다 나는 그저 못 들은 척 딴전을 부리거나, 아니면 그리스 비극 따위야 별것 아니라는 식으로 한두 마디 하고 말았습니다. 그랬더니 당신은 언제부터인가 더는 묻지 않으시더군요.

하지만 지금에야 고백하는 말입니다만, 그 부탁은 내게는 지금껏 커다란 마음의 빚이었습니다. 실은 당신이 내게 그 부탁을 했을 때만 하더라도, 나는 비극에 대해 말하고 싶어도 할 수 없는 처지였습니다. 그것은 무엇보다 내가 아직도 그리스 비극에 대해 너무도 모르는 것이 많아 다른 사람에게 그것에 대해 말한다는 것이 어려웠기 때문이었습니다. 하지만 이것이 전부는 아니었습니다.

나를 정말로 주저하게 만들었던 것은 당신이 듣고 싶어했던 것이 비극이었기 때문입니다. 당신이 차라리 철학에 대해 말을 청했더라면 얼마나 좋았을까요. 그랬더라면 나는 쉬운 것이든 어려운 것이든 적당히 대답할 수 있었겠지요. 그것은 학문과 이론의 문제니까요. 그러나 비극에 대해 말하는 것은 학문에 대해 말하는 것과 같지 않습니다. 그것은 비극이 철학이 아니라 문학작품이어서가 아닙니다. 비극이란 슬픔의 자기반성이므로, 비극에 대해 말한다는 것은 슬픔에 대해 말하는 것과 같기 때문입니다. 바로 이것이 나를 주저하게 만들었던 것입니다.

슬픔에 대해 말한다는 것, 정말 그것은 얼마나 위험한 일인가요? 어느 철학자가 그랬지요, 말할 수 없는 것에 대해서는 침묵을 지키라고. 정신은 세상을 자기 자신의 넓이만큼만 넓게 볼 수 있습니다. 슬픔에 대해서도 마찬가지입니다. 사람은 오직 자기 가슴에 품은 슬픔의 깊이만큼만 깊게 세상의 슬픔을 응시할 수 있을 것입니다. 그런 까닭에 사람이 슬픔에 대해 말할 때 그는 자기 속에 품고 사는 슬픔의 깊이를 고스란히 드러내 보이게 됩니다. 우리가 시인이나 소설가들이 작품 속에서 슬픔을 말하는 것을 보면서 자주 느끼는 것이지만, 사실 그네들이 말하는 슬픔이란 대부분 얼마나 우스꽝스럽고 유치한 것들인가요? 언젠가 나는 평론가들에 대한 노골적인 적개심을 표출하는 시를 본 적이 있는데, 거기서 시인은 시인이 시를 쓰면서 겪는 처절한 고통을 일부라도 느끼지 못하는 사람들이 평론가랍시고 시에 대해 이러쿵저러쿵 비평을 일삼는 것은 참을 수 없는 모욕이라고 아주 비분강개하고 있었습니다. 무슨 상관이 있는지는 모르겠으나 나는 그 시를 읽으면서 뜬금없이 『어린 왕자』에 나오는 그 주정뱅이 영감이 생각나더군요. 매일 술 마시는 것이 부끄러워 그 부끄러움을 잊기 위해 매일 술을 마시는 그 술꾼 말입니다. 실은 시인의 슬픔이란 것도 대개는 주정뱅이의 술주정과도 같은 것이지요.

그러나 내가 비극에 대해 말할 때, 그것 또한 저 술꾼의 넋두리와 같은 것이 되지 않을 것이라고 어떻게 장담할 수 있겠습니까? 내가 안고 사는 슬픔은 다 보잘것없고, 내가 아는 남의 슬픔은 거의 아무것도 없습니다. 생각하면 외따로 떨어진 섬처럼 우리는 모두 얼마나 홀로 있는지요. 어디선가 끊임없이 울음소리 들려오는데 나는 누가 왜 우는지 아무것도 알지 못하고 내 속에 갇혀 있을 뿐입니다. 그렇게 타인의 눈물이 낯설어진 시대에, 내가 도대체 누구의 어떤 슬픔에 대해 무슨 말을 할 수가 있겠습니까? 게다가 당신처럼 남다른 슬픔과 고통 속에서 삶을 살아온 사람 앞에서 어떻게 내가 슬픔과 삶의 비극성에 대해 말할 수가 있었겠습니까? 아마도 당신은 자기가 겪어왔던 고통스런 삶을 그리스 비극이라는 거울에 비추어보고 싶어 내게 그런 부탁을 한 것이겠지요. 하지만 나는 내가 비극에 대해 그리고 고통과 슬픔에 대해 말하는 순간 나의 빈곤한 정신이 탄로날까 두려웠습니다. 정신의 깊이는 오직 고통의 깊이에 다름 아니기 때문입니다. 그래서 내 천박한 정신을 남에게 내보이고 싶지 않아 비극에 대해서는 가능한 한 입을 다물려 했습니다. 그리고 당신에게 비극에 대해 말하는 대신 도리어 당신이 겪어야 했던 삶의 고통을 들으려 했던 것입니다. 내가 해달라는 말은 하지 않고 도리어 당신이 겪어야 했던 고통에 대해 물었을 때, 당신은 주저하면서도 마치 과자를 달라고 떼쓰는 아이에게 엄마가 마지못해 조금씩 먹을 것을 꺼내주듯이 당신의 슬픔을 이야기해주었지요.

그런데 참 이상한 일입니다만 그렇게 당신의 슬픔에 귀기울이기 시작하면서 언제부터인가 나는 그리스 비극을 다시 한 번 꼼꼼히 읽어야겠다는 생각을 하기 시작했습니다. 하지만 그것은 당신에게 그리스 비극이 무엇인지 가르쳐주기 위해서가 아니었습니다. 도리어 그것은 당신의 슬픔을 제대로 이해하기 위해서였습니다. 내게 오랫동안 어려운 것은 책에 씌어 있는 말이었습니다. 그에 비하면 사람들이 내뱉는 말은 이해 못할 것이 없었습니다. 그러나 당신의 슬픔에 귀기울이면서 나는 처음으로 책에 글자로 표현된 슬픔보다 당신의 슬픔 그 자체가 무한히 더 크고 깊다는 것을 깨달았습니다. 책에 씌어 있는 슬픔은 그저 당신의 슬픔에 다가가기 위한 몸짓이었을 뿐이라는 것을, 그리스 비극이란 슬픔 자체에 대한 하나의 해석, 이해의 시도에 지나지 않는다는 것을 깨달았습니다. 그리고 사람들이 끊임없이 비극을 쓰고 읽는 까닭도 결국에는 헤아릴 수 없이 깊은 슬픔의 심연을 조금이나마 더 깊이 탐색하기 위해서라는 것을 깨달았습니다. 그리하여 나 역시 할 수 있는 한 당신의 슬픔에 조금이라도 가까이 다가가 그것을 그 자체로서 이해하기 위해 다시 그리스 비극을 읽어야겠다고 생각했던 것입니다. 그냥 그대로 이해하기엔 당신이 내게 말해준 그 슬픔과 고통은 너무도 깊고 어두워 아무것도 분간할 수가 없었기 때문입니다.

사정이 이러하므로 아래의 편지에서 그리스 비극에 대해 당신이 원했던 무슨 대단한 학술적인 지식을 얻지 못한다 하여 나를 너무 나무라지 마시기 바랍니다. 나는 그리스 비극을 이해하기 위해서라기보다는 도리어 당신의 고통을 이해하기 위하여 그리스 비극을 읽었습니다. 그리스 비극은 당신의 슬픔에 다가가기 위한 사다리였을 뿐, 그것 자체의 학술적인 연구가 나의 목표가 아니었던 까닭에, 앞으로 당신이 읽게 될 편지 속에 그리스 비극에 대한 새로운 학문적 발견은 아무것도 없을 것입니다.

생각건대 한 사람의 학자가 아무런 학문적 가치도 없는 글을 쓴다는 것은 매우 부끄러운 일입니다. 하지만 그렇더라도 이를 통해 당신의 슬픔에 조금이나마 가까이 갈 수 있다면 내가 받을 부끄러움이 아무리 크다 할지라도 당신 곁에 가까이 가는 기쁨만큼 크지는 않을 것입니다.

편지 2

비극, 슬픔의 자기반성

비극이란 한마디로 말하자면 슬픔의 자기반성입니다. 슬픔이 자기를 거울에 비추어보는 것, 그것이 비극이지요. 거울은 정신입니다. 슬픔은 정신 속에서 자기를 되돌아보고 반추합니다. 생각하면 무엇이 슬픔보다 깊고 슬픔보다 넓으며 슬픔보다 더 클 수 있겠습니까? 그에 비하면 정신의 거울은 슬픔의 크기와 넓이 그리고 깊이를 언제나 부분적으로만 드러낼 수 있을 뿐입니다. 하지만 슬픔이 아무리 넓고 깊다 하더라도 만약 정신이 없었더라면, 슬픔은 어디에서도 자기를 비추어볼 수 없었을 것입니다. 정신은 슬픔의 거울입니다. 그리고 오직 이 거울을 통해서만 슬픔의 깊이와 넓이 그리고 크기가 드러납니다. 만약 그렇게 슬픔을 비추어주는 정신이 없었더라면, 슬픔은 망각과 무의미의 심연에 가라앉아버리고 맙니다. 오직 정신이 슬픔을 거울 앞에 서게 할 때 슬픔은 비로소 자기가 누구인지를 깨우치게 됩니다. 그리고 그런 반성 속에서 슬픔은 영속적인 의미를 획득하게 되는 것입니다.

그러나 이처럼 정신이 슬픔을 자기 속에서 드러내기 위해서는 슬픔만큼 깊어져야 하고 슬픔만큼 넓어져야 하며 또한 슬픔만큼 커져야만 합니다. 여기에는 끝이 없습니다. 아무것도 슬픔만큼 깊고 넓고 크지는 않기 때문입니다. 그리하여 정신의 깊이와 넓이 그리고 크기는 오로지 그가 품고 있는 슬픔의 깊이와 넓이 그리고 크기에 다름 아닙니다. 슬픔이 정신 속에서만 자기를 발견하고 반추할 수 있는 것처럼, 마찬가지로 정신도 오직 고통을 통해서만 깊어지고 넓어지며 또한 위대해지는 것입니다.

비극은 그렇게 슬픔이 정신을 만나 피운 꽃입니다. 그것은 정신의 거울 속에서 반성되고 형상화된 슬픔입니다. 또한 그것은 슬픔을 통해 깊어지고 넓어진 정신의 자기정립입니다. 물론 슬픔이 정신 속에서 반성되는 방식은 한 가지가 아닙니다. 그것은 슬픔과 고통이 너무도 다양한 길을 통해 우리에게 닥쳐오기 때문이기도 하지만, 그렇게 닥쳐오는 고통을 사람들이 받아들이고 이해하는 방식 또한 천차만별이기 때문입니다. 세상 사람들 모두가 나름의 슬픔과 고통을 안고 산다는 점에서는 똑같을지 모르지만 각자가 고통을 이해하는 방식은 같을 수 없습니다. 그리하여 똑같은 고통이 어떤 사람에게는 정신을 병들게 하는 독이 되기도 하지만, 다른 사람에게는 도리어 그의 정신을 숭고하게 하는 디딤돌이 되기도 하는 것입니다.

그러므로 비극을 보고 읽는다는 것은 그렇게 다양한 길을 따라 정신에 의해 펼쳐진 슬픔의 세계에 참여하는 것이며, 동시에 슬픔에 의해 깊어지고 넓어진 정신과 만나는 것입니다. 특히 그리스 비극은 예로부터 모든 비극들 중의 비극이라 여겨져 왔습니다. 그것은 서양의 경우에는 후세의 모든 비극작품의 전범이 되었던바, 세네카나 라신 그리고 괴테의 경우에서 보듯, 가장 자존심 강하고 독창성을 중시하는 시인들이 그리스 비극을 제 식으로 다시 쓰는 것을 도리어 명예로 여길 정도로 끊임없는 재해석과 재창조의 대상이 되어왔습니다. 그것은 그리스 정신이 그만큼 깊고 넓고 또 위대했기 때문에 가능한 일이었겠지요. 마찬가지로 그것은 그리스 비극이 보여주는 슬픔에 어떤 부인할 수 없는 보편성이 있기 때문이기도 했을 것입니다. 나는 다음 편지에서부터 천천히 그것이 과연 무엇이었던가를 이야기해볼 생각입니다. 그러나 과연 그리스 비극이 보여주는 삶의 비극성이 당신이 겪어야 했던 슬픔을, 또는 우리가 겪어야 했던 슬픔을 다 담아낼 수 있을까요? 아, 내가 너무 성급했군요. 그런 것은 나중에 천천히 당신을 만나서 이야기해도 늦지 않겠지요.

편지 3

그리스 비극의 근본성격

그렇다면 그리스 비극이란 어떤 것인가요? 사실 이 물음에 대답하는 것은 쉬운 일이 아닙니다. 무엇보다 현재까지 남아 있는 비극작품보다 없어진 작품이 훨씬 더 많은 까닭에 그리스 비극의 전모를 파악하는 것이 쉽지 않은데다가, 남아 있는 작품들의 성격 또한 한 가지로 쉽게 묶이는 것이 아니어서 그리스 비극의 근본성격을 말하는 것이 어렵기 때문입니다. 그래서 사람들이 그리스 비극에 대해 이야기를 시작할 때면 으레 아리스토텔레스(Aristoteles)에게 기대어 비극의 근본성격을 규정하고 들어가는 것이 관례가 되어버렸습니다. 그것은 이 위대한 철학자가 살았던 시대가 아직도 그리스에서 비극이 일상적으로 공연되던 시대였고 그가 접할 수 있었던 작품의 수가 지금 우리가 읽을 수 있는 것보다 훨씬 더 많았기 때문에 비교적 공정하고 정확하게 그리스 비극의 공통적 성격을 파악할 수 있었으리라 생각되기 때문입니다. 게다가 그는 사고방식에서도 연역적이라기보다는 귀납적인 사람이었던지라 어떤 일반적 결론을 이끌어낼 때 자기의 선이해를 앞세우기보다는 주어진 다양한 사실들로부터 공통적이고 보편적인 요소들을 추출해내려 했던 사람이었습니다. 그런 까닭에 우리도 그리스 비극의 근본성격을 말하기 위해 먼저 그의 말에서 시작하는 것이 나쁘지 않을 것입니다. 『시학』(Peri Poetikes) 제6장에서 아리스토텔레스는 비극을 이렇게 정의하고 있습니다.

비극은 크기를 가진 고귀하고 완전한 행동의 모방으로서, 쾌적한 장식을 가진 언어를 사용하되 각종의 장식은 작품의 상이한 여러 부분에 따로따로 삽입된다. 비극은 드라마적 형식을 취하고 서술적 형식을 취하지 않으며, 연민과 공포를 통하여 이러한 감정의 카타르시스를 완수한다.[1]

비극은 행동의 모방(mimesis praxeos)입니다. 물론 그것은 아무 행동이나 모방하는 것은 아닙니다. 비극이 모방하는 행동은 우선 크기를 가진 행동이어야 한다고 아리스토텔레스는 말하고 있습니다. 번역에 따라서는 이 부분을 "일정한 크기를 가진" 행동이라고 표현함으로써 마치 아리스토텔레스가 연극의 길이를 말하는 듯한 인상을 주기도 합니다만 이것은 명백히 오해입니다. 왜냐하면 여기서 "크기를 가진"이라는 말이 모방을 꾸미는 말이 아니라 행동을 꾸미는 말인데다가, 아리스토텔레스가 사용하는 크기(megethos)라는 말 자체가 원칙적으로 결코 길이를 표현하는 말로 쓰이는 낱말이 아니었기 때문입니다. 원래 이 말은 호메로스에게서는 몸집의 크기, 즉 사람의 키를 뜻하는 말이었습니다. 그러니까 이것은 길이라기보다는 도리어 높이에 관한 표현이었던 것입니다. 바로 이 높이의 관념이 플라톤과 아리스토텔레스의 시대에 와서는 정신의 키와 높이 즉 정신의 크기와 위대함을 뜻하는 말이 되었고 나중에는 아예 수사학에서 문체의 숭고함을 뜻하는 말로 굳어졌습니다. 그러니까 비극이 크기를 가진 행동을 모방한다는 것은 위대한 행동을 모방한다는 것과 같은 말입니다.

'고귀한' 행동이라는 말도 비슷합니다. 이 낱말의 본딧말은 '스푸다이오스'(spoudaios)라는 그리스어인데 이것은 사람에게 적용할 경우에는 어떤 도덕적인 탁월함을 나타내기 위해 쓰였던 낱말입니다. 즉 그것은 한편에서는 유능함을 가리킬 수도 있고 다른 한편에서는 선량함을 가리킬 수도 있는 낱말이었습니다. 이런 의미에서 그것은 넓은 의미에서 고귀한 성품을 표현하는 형용사였던 것입니다. 아리스토텔레스에 따르면 비극이란 인간의 행위를 모방하되, 아무 행위나 묘사하는 것이 아니라 그렇게 탁월하고 고귀한 행위를 묘사해야 하는 것입니다.

그러나 여기서 우리는 위대하고 고귀한 행위를 너무 좁은 의미의 도덕관념에 따라 이해하면 안 됩니다. 즉 그것은 단순히 착한 행위가 아닙니다. 아리스토텔레스는 이것을 분명히 하기 위해 비극이 모방하는 대상은 또한 완전한 행위라고 말하고 있습니다. 그러나 완전한 행위란 어떤 것을 의미하는 것일까요? 재미있게도 여기서 쓰인 '완전한'(teleios)이란 형용사는 처음에는 신에게 희생제물로 바치는 동물이 흠없이 온전하다는 것을 뜻하는 말이었습니다. 비극이 디오뉘소스를 찬미하는 축제에서 유래했던 것을 생각하면 그것이 모방하는 행위는 신에게 바치는 희생제물이라 할 것입니다. 무릇 모든 희생제물이 그러하듯이 비극적 행위 또한 신에게 바치는 희생제물로서 온전하고 흠없는 것이어야 한다고 생각했다는 것은 조금도 이상한 일이 아닙니다. 그러나 어떤 행위가 그런 행위입니까? 그것은 완전히 실현된 행위, 모든 열정을 다 바쳐 최선을 다해 자기를 전개하여 그 극한에 도달한 행위입니다. 그렇게 자기의 극한에 도달한 행위라는 의미에서 비극의 대상은 최고의 완전성 속에 있는 행위입니다. 아리스토텔레스에 따르면 비극이란 이런 의미에서 고귀하고 완전하며 위대한 행위의 모방인 것입니다.

이렇게 비극이 모방하는 행위의 성격을 규정한 다음 아리스토텔레스는 비극의 형식에 관해 말합니다. 즉 비극은 쾌감을 주는 말을 통해 모방한다는 것입니다. 여기서 쾌감을 주는 말이란 아리스토텔레스 자신이 위의 인용문에 이어 설명합니다만 리듬과 멜로디를 가진 말, 즉 음악적이고 심미적인 쾌감을 주는 말을 뜻합니다. 이와 함께 아리스토텔레스는 비극이 서술을 통해서가 아니라 행위를 통해 모방한다고 덧붙이고 있습니다. 이를 통해 그는 비극을 서사시와 구별하고 있습니다. 서사시와 비극은 둘 다 스토리가 있다는 점에서는 같습니다. 그런데 그 스토리를 표현해낼 때 서사시는 마치 우리 나라의 판소리처럼 혼자 이야기를 합니다. 이에 반해 비극은 연극이니까 모방되는 행위를 직접 행동으로 보여줍니다. 아니 보다 정확히 말하자면 모방되는 행위를 직접 행위 속에서 모방합니다. 그러니까 이것은 가장 긴밀한 참여입니다. 하지만 그것은 무엇에 대한 참여입니까? 앞에서 보았듯이 비극이 모방하는 것은 고귀하고 완전하며 위대한 행위였습니다. 그러니까 고귀하고 완전하며 위대한 행위를 똑같은 행위의 형식으로 모방함으로써 그것에 직접 참여하는 것이 비극이었던 것입니다.

그런데 아리스토텔레스는 이렇게 비극의 표현방식을 말한 뒤에 그것의 효과를 이렇게 말하고 있습니다. "연민과 공포를 통해 이러한 감정의 카타르시스를 완수한다." 무릇 하나의 예술작품은 작가의 정신에서 시작하여 감상자의 정신에서 완성됩니다. 여기서 아리스토텔레스가 비극이 단순히 카타르시스를 '수행한다'고 표현하지 않고 '완수한다'(perainein)고 표현한 것은 의미심장한 용어법입니다. 그러니까 비극은 카타르시스를 통해 비로소 완성되는 것입니다.

여기서 카타르시스(katharsis)가 과연 무엇을 뜻하는지를 두고 서양에서 사람들은 정말 수천 년 동안 논쟁을 벌여왔습니다. 더러는 그것을 승화로 이해하기도 하고 더러는 배설로 이해하기도 했습니다.

그러나 승화든 배설이든 여기서 문제되는 것은 연민과 공포의 감정입니다. 비극은 연민과 공포의 감정을 불러일으키는 행동을 모방함으로써 또한 그런 감정을 승화 또는 해소시킨다는 것이지요.

나는 여기서 카타르시스가 승화인지 배설인지에 대한 논쟁에는 끼여들지 않으려 합니다. 다만 지금 내가 주목하고 싶은 것은 비극이 연민과 공포를 불러일으키는 일과 결합해 있다는 점입니다. 물론 이것은 너무도 당연한 것이어서 언급할 필요조차 없는 것이기는 합니다. 비극에 비극적인 사건이 빠져 있다면 그것이 무슨 비극이겠습니까? 그러나 우리가 그리스 비극을 온전히 이해하기 위해서는 연민과 공포의 대상이 되는 일 즉 고통스런 일을 그 자체로서 재현하는 일이 비극의 제1차적 목적이 아니었다는 것을 상기할 필요가 있습니다. 비극이 모방하는 것은 위에서 아리스토텔레스가 말하듯이 고귀하고 완전하며 위대한 행위입니다. 다시 말해 비극의 제1차적 모방의 대상은 정신의 위대함이지 슬픔이 아니었던 것입니다.

그렇다면 당신은 물을 것입니다. 그리스 비극은 비극이 아니었단 말입니까? 슬픔과 고통은 비극에서 아무런 의미도 없는 것이었습니까? 물론 그렇지는 않습니다. 비극적 모방은 오직 연민과 공포의 카타르시스를 통해 완성됩니다. 그런 한에서 정신의 고통은 비극의 본질적 요소입니다. 그러나 이처럼 고통이 비극에서 요구되는 까닭은 고통 그 자체를 즐기기 위해서가 아닙니다. 누가 고통이 좋아 고통을 기꺼이 감수하려 하겠습니까? 비극 또한 하나의 예술로서 마지막에는 심미적 쾌감을 통해 완성되는 것이라면, 고통의 재현 그 자체는 결코 비극의 첫째가는 존재이유라 할 수 없는 것입니다.

그러나 이처럼 고통을 그 자체로서 재현하는 것이 비극의 존재이유가 아니었음에도 불구하고 아리스토텔레스가 비극이 오직 공포와 연민의 감정을 통해 완성된다고 말하는 까닭은 무엇이겠습니까? 그것은 오직 하나, 비극이 그려 보이려 하는 정신의 크기가 오직 정신의 고통을 통해서만 드러날 수 있기 때문입니다. 그리스 비극의 의의는 그것이 단순히 고통의 재현을 문학의 주제로 삼았다는 데 있는 것이 아닙니다. 사실 문학이나 예술이 고통을 주제삼아 다루고 재현하는 것이 마냥 바람직한 것이라 할 수는 없습니다. 이미 그 시대에 플라톤(Platon)은 비극시인들을 비판했거니와 시인들이 일삼아 슬픔을 노래하고 사람들이 그런 정서에 젖어들게 되면 사람들은 유약한 감정에 흐르고 정신은 까닭없는 슬픔에 중독됩니다. 그렇게 되면 사람들은 모두 우울한 감상주의자들이 되어 아무것도 아닌 일에 대해서도 한숨과 탄식을 내뱉고 걸핏하면 애들처럼 눈시울을 붉히게 되지요. 한마디로 꼴불견인 것입니다. 따라서 만약 우리가 슬픔을 묘사하고 재현하는 것 자체가 문학의 당연한 사명이라거나 슬픔을 노래하는 예술은 무조건 좋은 예술이라 주장한다면, 이는 참으로 분별없는 일이라 아니할 수 없습니다. 물론 우리는 타인의 슬픔과 눈물 앞에서 겸손하지 않으면 안 됩니다. 하지만 모든 슬픔이 다 위로받을 가치가 있는 것도 아니고, 모든 슬픔이 고통받을 가치가 있는 것도 아닙니다. 왜냐하면 대개의 경우 우리의 슬픔이란 채워지지 않는 욕망의 그림자일 뿐이기 때문입니다. 사사로운 욕망, 과도한 욕심이 드리우는 그림자, 그것이 우리의 슬픔의 정체라면, 그런 슬픔을 문학의 이름 아래 퍼뜨리는 것은 얼마나 혐오스런 일이겠습니까? 왜냐하면 그런 문학은 비극을 가장하여 사람들 마음에 가장 저급한 욕심을 충동질하는 것에 지나지 않기 때문입니다.

   그리스 비극이 보여주는 고전적인 위엄도 다른 무엇보다 이런 엄격함과 절제에서 비롯됩니다. 그리스 비극의 위대함은 문학을 통해 슬픔에 대해 말하되, 문학에서 표현되는 슬픔을 오직 정신의 크기와 위대함의 조건으로서만 허락한다는 데 있습니다. 비극이 묘사해야 하는 것은 슬픔 그 자체가 아니라 궁극적으로 위대하고 고귀하며 완전한 행위입니다. 보다 정확히 말하자면 비극의 대상은 이런 행위 속에서 나타나는 정신의 위대함인 것입니다. 이에 비하면 슬픔은 그 자체로서 비극의 대상이 되는 것은 아닙니다. 그것은 오직 그것을 통해서만 정신의 크기가 드러날 수 있는 한에서 비극의 대상이 될 수 있습니다. 이런 원칙에 따른다면, 문학은 오직 슬픔이 정신의 크기와 숭고를 드러내는 한에서만 슬픔에 대해 말해야 합니다. 그렇지 않을 때 비극이란 도대체 무엇이겠습니까? 그것은 자기연민에 빠진 허약한 정신의 넋두리에 지나지 않습니다. 어린 왕자가 만난 술꾼의 술주정인 것이지요.

 어쩌면 당신은 그토록 큰 고통을, 어떻게 그토록 오랜 세월 동안 누구에게도 말하지 않고 혼자서 견딜 수 있었던가요? 당신의 그 오랜 침묵을 생각할 때마다 나는 전율과 외경을 느낍니다만, 오늘날 서푼 가치도 없는 자기 슬픔을 남에게 내보이지 못해 안달하는 작가들을 보면 나는 이렇게 말하고 싶어집니다. 그대들의 고통이 정신의 크기를 보여주는 것이 아닐 때에는 차라리 슬픔과 고통에 대해 침묵하는 것이 정신의 크기를 보여주는 것이라고.

편지 4

비극적이지 않은 그리스 비극

그리스 비극이 끔찍한 고통을 재현하는 것 자체를 목적으로 삼은 것이 아니라는 것은 다른 무엇보다 비극작품 자체를 보면 금세 알 수 있습니다. 지금 우리는 비극이라 하면 다른 무엇보다 슬프고 고통스런 일들을 문학적으로 형상화시킨 작품이라 생각합니다. 비극적이라는 말 자체가 일상언어에서 그렇게 쓰이니까요. 국어사전에 보니 '비극적'이란 낱말을 "비극처럼 슬프고 비참한"이라 풀이하고 있습니다. 물론 이처럼 비극을 슬프고 비참한 일의 문학적 형상화라고 생각하는 것은 우리 시대에 와서 우연히 생긴 일은 아닙니다. 앞에서 말씀드렸습니다만 비극에 대한 아리스토텔레스의 정의를 보면 이미 그 시대에도 비극이 슬프고 비참한 일과 떼려야 뗄 수 없이 결합해 있었다는 것은 분명한 일로 보입니다. 그렇지 않았더라면 그가 연민과 공포를 비극의 본질적 구성요소로서 고려하지 않았을 것이기 때문입니다. 그러니까 이미 아리스토텔레스의 시대에 비극이라고 하는 것이 오늘날 우리가 생각하는 것과 그다지 다르지 않게 고통에 대한 문학적 형상화로 굳어져 있었던 것이 분명합니다.

그러나 막상 우리가 작품을 직접 살펴보면 우리는 많은 그리스 비극작품들이 그다지 비극적이지 않은 것에 놀라게 됩니다. 왜냐하면 그것들이 그다지 슬프지도 비참하지도 않은 이야기로 이루어져 있으니까 말입니다. 지금 생각하면 조금은 부끄러운 일입니다만 나부터도 그리스 비극을 처음 읽었을 때 사실은 적잖이 실망했었습니다. 왜 당신이 가끔 내게 아주 지독하게 슬픈 음악이 듣고 싶다고 말할 때가 있지 않습니까? 실은 그런 때에 나는 막상 찾아보려 하면 어떤 음악이 제일 슬픈 음악인지 선뜻 판단할 수 없어 당황하곤 하지요. 그런데 내가 처음 그리스 비극을 읽었을 때 나도 그리스 비극이 아주 지독하게 슬픈 이야기들로 이루어져 있을 것이라고 생각했었습니다. 왜냐하면 그리스 비극이 사람들이 말하듯이 비극 중의 비극, 가장 훌륭한 비극이라면, 가장 비극다워야 할 것이라고 생각했기 때문이지요. 하지만 가장 비극답다는 것, 즉 가장 비극적이라는 것이 무엇이겠습니까? 나는 당연히 가장 슬프고 비참하며 가장 끔찍한 고통을 그렸을 것이라고 기대했던 것입니다.

그러나 막상 그리스 비극을 읽어보았을 때 나는 적잖이 당혹스러웠습니다. 예상이 빗나갔기 때문이지요. 물론 『오이디푸스왕』처럼 끔찍한 이야기가 있었습니다. 하지만 같은 오이디푸스에 대한 이야기라도 『콜로노스의 오이디푸스』를 도대체 어떤 의미에서 비극이라 해야 할지 나는 쉽게 이해할 수가 없었습니다. 그 작품에는 딱히 슬프고 비참한 사건이라 부를 만한 것이 없었기 때문입니다. 그 비극에서 그려지고 있는 오이디푸스의 최후를 가리켜 엄숙하고 장엄하다고 말할 수는 있을지언정 누가 그것을 슬프고 비참하다고 할 수 있겠습니까? 물론 스스로 눈을 찌르고 가난과 치욕 속에서 평생을 방랑하며 살아온 오이디푸스의 모습이 그 자체로 사람들에게 연민을 불러일으키는 것은 사실입니다. 하지만 그런 배경 때문에 그 작품을 비극적이라 한다면 모를까, 작품 자체로서는 그다지 슬플 일도 비참한 일도 없다 해야 할 것입니다. 그러니 처음 보는 내겐 이 작품이 너무도 밋밋하고 평범하게 여겨질 수밖에 없었겠지요.

따지고 보면 이런 작품이 어디 이것뿐이겠습니까? 오레스테이아 3부작도 비슷하지요. 아내가 남편을 죽이고 다시 아들이 어머니를 살해하는 이야기는 정말로 비참하고 비극적인 줄거리지만, 마지막에 오레스테스가 저주에서 풀려나 무죄방면된다는 점에서 보자면 일종의 해피엔딩인 셈이니 마냥 비극적인 극이라 할 수도 없을 것입니다. 하기야 이 작품의 경우에는 극의 진행과정 속에서 끔찍한 일들이 연이어 일어나니까 결말이 아닌 과정만 놓고 본다면 참으로 비극적인 극이라 아니할 수 없겠으나 또 다른 작품들을 놓고 보면 과정이나 결말 모두 그다지 비극적이지 않은 작품들이 여럿 있지요. 이를테면 소포클레스의 『필록테테스』 같은 작품의 경우에도 비극이라 하기엔 지루하다는 느낌이 들 정도로 밋밋합니다.

필록테테스는 트로이전쟁에 참여했던 그리스의 장수인데, 독사에 물려 살이 썩어 들어가서 환부에서 악취가 진동해, 같이 가던 병사들이 외딴섬에 버리고 가버립니다. 그런데 필록테테스가 헤라클레스의 활을 가지고 있었는데, 이 활이 있어야 그리스군이 전쟁에서 이길 수 있다는 점괘가 나오자 그에게서 활을 얻기 위해 아킬레우스의 아들 네오프톨레모스와 오뒤세우스가 그 섬에 가게 됩니다. 거기서 필록테테스를 만나 벌어지는 일이 이 극의 줄거리를 이룹니다. 그런데 마지막이 해피엔딩이란 점에서도 그렇지만 그 과정을 놓고 볼 때에도 그다지 슬프고 비참하다 할 만한 사건이 일어나지 않아 이걸 두고 비극이라 해야 할지 희극이라 해야 할지 나는 처음엔 알 수가 없었습니다.

이런 혼란은 우리가 그리스 비극에 대해 가지고 있는 선입관을 버리지 않는 한 해소되지 않습니다. 우리는 비극이라 하면 제일 먼저 슬프고 비참한 이야기를 기대합니다. 하지만 그리스 비극은 슬프고 비참한 일 그 자체를 재현하는 것을 목적으로 삼지 않습니다. 그것이 우리에게 보여주려 하는 것은 대책없는 슬픔이나 비참함이 아니라 인간 정신의 고귀함과 위대함입니다. 어찌할 수 없는 슬픔이 아니라 정신의 크기를 보여주는 것이 그리스 비극의 본래적 관심사였던 것입니다.

편지 5
비극과 영웅숭배

　이런 사정은 다른 무엇보다 비극의 역사를 살펴보면 분명히 드러납니다. 아리스토텔레스가 전해주는 바에 따르면 비극은 디오뉘소스 찬가 또는 디오뉘소스 제전에서 유래했다 합니다. 그는 "비극이 디튀람보스(Dithyrambos)의 지휘자에서 유래한다"고 말하고 있는데, 디튀람보스가 어떤 것인지 현재로선 정확히 알 수는 없습니다. 남아 있는 작품이 거의 없기 때문입니다. 하지만 간접적인 기록들을 통해 판단할 때 디튀람보스가 디오뉘소스 제전 때 불렸던 노래에서 시작되었다는 것만은 분명합니다. 지금 우리는 그것의 내용을 자세히 알 수는 없지만, 술의 신 디오뉘소스를 위한 노래답게 디튀람보스는 우스꽝스러운 대사로 이루어진, 춤을 위한 노래였다고 추측할 수 있습니다. 그런데 진지하고 심각한 비극이 어떻게 디오뉘소스 찬가에서 유래할 수 있었을까요? 사실 이것은 그리스 비극의 기원을 해명하려 할 때 언제나 제기되는 아주 골치 아픈 문제입니다.

　그러나 역사적 진실이 어떤 것이든지 간에 비극이 디튀람보스에서 유래했다는 아리스토텔레스의 말이 옳다면, 우리는 어쩔 수 없이 그리스 비극의 모습이 그것의 발전과정 속에서 조금씩 변모해왔다고 상정할 수밖에 없을 것입니다. 다시 말해 비극이 처음 생겨날 때에는 지금 우리가 보고 있는 것과는 조금, 아니 경우에 따라서는 상당히 다른 것이었으나 점차로 변하여 아이스퀼로스(Aischylos) 이후에는 지금 우리가 알고 있는 그런 모습을 가지게 되었다고 생각해야 하지 않겠느냐는 말이지요. 그러니까 요즘식으로 말한다면 카니발의 합창과 비슷한 디튀람보스가 어떤 결정적인 요소에 의해 심각한 이야기인 비극으로 이행했다는 것인데, 나는 앞에서 말했던바, 그리스 비극작품들에서 나타나는 여러 가지 편차들도 그런 면에서 이해해야 되지 않을까 생각합니다. 비극이 이렇게 다소 이질적인 것으로부터 변모하고 발전해온 것이기 때문에, 비극작품 내에서도 아주 일관되게 공포와 연민을 불러일으키는 슬프고 비참한 이야기뿐 아니라, 다양한 성격의 이야기들이 같이 있다고 이해해야 할 것입니다.

그렇다면 과연 무엇이 디오뉘소스 찬가를 비극이 되게 했단 말입니까? 이 물음에 대답하기 위해 우리는 먼저 비극이 씨앗의 단계에서 한편에서는 디오뉘소스 찬가에서 유래했지만 또 다른 한편에서는 영웅설화의 영향을 받았다는 사실을 기억해야 할 것입니다. 비극의 내용을 이루는 줄거리는 대부분 그리스에서 오래 전부터 전해 내려오는 영웅들에 대한 이야기였습니다. 그러니까 우리는 디오뉘소스 찬가와 전래되어온 신화적이고 전설적인 영웅들의 이야기가 결합해서 비극의 바탕을 이루었다고 생각한다면 크게 틀리지 않을 것입니다. 조금 도식적인 말이기는 합니다만, 이 두 가지 요소, 즉 디오뉘소스 찬가와 영웅설화는 각각 그리스 비극의 형식과 내용을 규정한다고도 생각할 수 있습니다. 왜냐하면 디튀람보스는 디오뉘소스를 찬양하는 노래였고 게다가 그것은 합창의 지휘자가 앞에서 노래하면 합창대가 후렴을 반복하는 그런 형식이었기 때문입니다. 앞에서 보았듯이 아리스토텔레스는 이로부터 디튀람보스의 지휘자가 비극의 배우로 발전했다는 식으로 말하고 있습니다. 이것이 얼마나 신빙성 있는 말인지는 학자들 사이에 의견이 일치하지 않습니다만, 비극이 처음에는 압도적으로 음악 특히 합창으로 이루어져 있었던만큼 형식적인 면에서 디오뉘소스 찬가로부터 발전해온 것이란 사실은 의심할 수 없는 일이라 생각됩니다. 이에 비해 비극의 내용을 보면 그리스 비극은 디오뉘소스를 찬미하기 위한 것이었음에도 불구하고 이 신의 행적을 노래한 것이 아니었습니다. 도리어 비극의 줄거리를 이루는 것은 전래되어 내려오는 다른 영웅들에 관한 이야기입니다. 그러니까 내용에 관해 볼 때 비극은 디오뉘소스 찬가보다는 영웅들을 노래했던 서사시의 전통을 이어받고 있다 하겠습니다.

하지만 디오뉘소스를 찬미하는 것이 영웅들의 생애를 회상하는 것과 무슨 상관이 있는 일이기에, 디오뉘소스 찬가가 서사시적 전통의 영웅설화와 결합하게 되었는지 그 자세한 역사는 알려져 있지 않습니다. 그러나 다른 신이 아니라 디오뉘소스 신에 대한 찬가가 영웅들의 생애를 회상하는 비극으로 발전할 수 있었던 까닭은 아마도 이 신이 변모의 신이었기 때문에 가능한 일이었으리라는 것은 무리한 추측은 아닐 것입니다. 물론 모든 신들이 나름대로 변장을 하고 인간에게 나타날 수 있습니다. 그러나 특히 디오뉘소스는 아예 그 본성에서부터 변모의 신이라 할 만합니다. 대개 그리스 신들은 확고한 성격과 관장하는 영역을 통해 규정됩니다만 디오뉘소스는 약간 다르지요. 제우스 신과 세멜레라는 사람 사이에서 태어난 것부터가 그렇습니다만, 그는 인간적이면서 동시에 신적이기도 한 사이존재라 할 수 있습니다. 니체(F. Nietzsche)가 강조했듯이, 디오뉘소스는 모든 개별자의 경계를 뛰어넘어 자유자재로 이행하는 신인 것입니다. 그러니까 철학적으로 말하자면 이 신은 하나인 모두(hen kai pan)를 상징하는 신이라 할 수 있습니다. 원래 하나의 신이지만 무한히 다양한 인격으로 변모할 수 있는 신이라는 말이지요. 그런 까닭에 영웅들의 생애가 디오뉘소스의 무한한 삶과 인격 속에 녹아들 수 있었을 것입니다. 그리고 디오뉘소스 신을 찬미하는 노래 역시 영웅들의 수난과 위대함, 이런 것을 회상하고 찬미하는 방식으로 변했을 것입니다. 그러다가 이것이 비극으로 넘어온 것으로 보입니다.

  그렇다면 이처럼 디오뉘소스 찬가가 영웅들의 생애에 대한 회상과 찬미로 변모했을 때, 그리스인들이 원했던 것이 과연 무엇이었겠습니까? 의심할 것 없이 그것은 디오뉘소스적 변모와 이행을 통해 영웅들의 삶에 참여하는 일이었을 것입니다. 이 참여를 통해 영웅적인 위대함을 닮는 것, 아니 스스로 위대해지는 것, 그것이야말로 그리스인들이 디오뉘소스 제전에서 영웅들의 삶과 고난을 회상하고 찬미하기 시작했을 때 마음에 품었던 욕구가 아니었겠습니까? 사실 비극의 형식부터가 그렇습니다. 서사시는 단순히 말을 통해 영웅들의 행적을 노래할 뿐입니다. 그런 한에서 그것은 똑같이 영웅들의 생애를 모방한다 해도 객관적으로 모방한다 말할 수 있습니다. 그에 반해 비극은 직접 행위 속에서 영웅들의 삶과 행위를 재현해 보이는 예술형식입니다. 그러니까 이것은 똑같은 내용을 모방한다 하더라도 훨씬 더 긴밀하게 모방하는 것이라 할 수 있습니다. 서사시의 모방이 서술적 재현이라면 비극의 모방은 아예 동화인 것입니다. 디오뉘소스가 온갖 영웅으로 변모하듯이 영웅들의 삶에 참여하고 동화되어 그들처럼 위대해지는 것, 이것이야말로 비극의 뿌리에 놓여 있는 근원적인 충동이었습니다. 그런 의미에서 디오뉘소스 제전이 영웅설화와 결합된 것은 모든 아테네 시민이 더불어 영웅들의 삶과 수난에 적극적으로 동참하기를 원했기 때문입니다. 그들은 영웅설화를 디오뉘소스 찬가와 결합시킴으로써 영웅적인 위대함과 숭고를 표현하고 거기에 적극적으로 참여하려 했습니다. 마치 디오뉘소스가 온 세상을 방랑하면서 온갖 사람으로 바뀌면서 수난받고 부활하고 하는 것처럼 아테네 시민들 역시 미적인 도취 속에서 영웅적인 인물의 위대함과 숭고에 참여해 그들 자신 그 영웅들처럼 위대해지려 했던 것입니다. 비극은 바로 이런 영웅적 상승의 의지에서 태동한 예술입니다.

그리스 비극의 근원적인 과제는 영웅적 숭고와 위대함을 표현하는 것이었습니다. 이런 의미에서 비극의 가장 내밀한 본질은 영웅숭배입니다. 그런데 영웅적 정신의 위대함이 오직 비극적 고통과 수난 속에서만 자기를 드러낼 수 있다는 것을 그리스인들이 깨달았을 때 영웅숭배의 예술은 비극으로 탈바꿈했습니다. 이렇게 해서 처음에 디튀람보스의 형식에 담긴 영웅설화에서 출발한 예술형식이 마지막에는 오늘날 우리가 보는 공포와 전율 그리고 연민을 불러일으키는 비극으로 나아갔던 것입니다.

우리가 이런 사정을 생각하면 그리스 비극이 언제나 슬프고 비참한 이야기가 아닌 까닭을 어렵지 않게 이해할 수 있습니다. 그리스 비극은 처음부터 고통 그 자체를 재현하는 것이 아니라 인간 정신의 위대함과 숭고를 표현하고 그에 참여하는 것을 목표로 삼았던 예술입니다. 그런데 그것이 많은 경우 슬프고 비참한 이야기인 비극으로 나타나게 된 까닭은 다른 무엇보다 비범한 고통 속에서만 인간 정신의 숭고가 드러나기 때문입니다. 그런 까닭에 그 예술이 전체적으로 비극적인 것이 되었겠지만, 정신의 크기와 숭고가 언제나 직접적인 고통을 통해서만 드러나는 것은 아니므로 그리스 비극 속에는 슬프고 비참한 이야기뿐만 아니라 다른 여러 가지 요소들도 같이 있는 것이라고 생각할 수 있는 것입니다.

편지 6

고통과 숭고

그렇다면 당신은 묻고 싶을 것입니다. 아니 그리스 비극의 시원이 영웅숭배였단 말입니까? 그렇습니다. 사실 그리스 비극의 본질은 영웅숭배에 있습니다. 생각하면 이것이 어떻게 단지 비극의 경우에만 국한된 일이겠습니까? 처음에 그리스 땅에서 문학이 태동했을 때부터 문학을 통해 표현된 가장 근원적인 욕구는 영웅숭배에 다름 아니었습니다. 호메로스(Homeros)의 서사시에 나오는 주인공들이 누구입니까? 아가멤논과 오뒤세우스 그리고 아이아스 이런 영웅들이 아니었습니까? 그리고 그들은 나중에 다시 비극의 주인공으로 부활했던바, 서사시에서 비극에 이르는 그리스 문학의 역사를 꿰뚫고 있는 가장 근원적인 욕구는 영웅들처럼 위대해지려는 충동이었던 것입니다.

그러니까 우리는 비극이 슬프고 비참한 이야기라 하여 그리스 비극을 염세주의나 허무주의의 소산이라 생각하면 안 됩니다. 사실은 정반대지요. 신적인 것을 향하여 무한히 상승하려는 욕구, 전설 속의 영웅들처럼 위대해지려는 삶의 충동이야말로 모든 그리스적 비극정신의 본질인 것입니다. 이런 말을 하고 있으니 당신의 놀라는 얼굴이 눈에 어립니다. 그렇습니다. 당신이 놀라는 것도 무리는 아니지요. 아니 당신은 놀라움에서 그치지 않고 마음속으로 그리스 비극을 경멸하기 시작했는지도 모르겠습니다. 비극이 영웅숭배였다니, 이 얼마나 어처구니없는 일이란 말인가! 당신은 그렇게 외치고 싶겠지요.

그렇습니다. 나도 영웅숭배 따위는 질색입니다. 뿐만 아니라 무슨 위대함이니 어쩌니 하는 것도 마찬가지입니다. 그 모두 역겨운 허세지요. 나는 주위에서 훌륭함과 위대함을 추구하는 사람들을 너무도 많이 보아온지라 참으로 평범하고 소박한 마음을 가진 사람을 만나면 눈물이 다 날 지경입니다. 특히 한국에서 문학한다는 사람들이 위대함을 입에 올릴 때 그때 우리는 정말 조심하지 않으면 안 되는데 그것은 그들이 십중팔구 파시스트이기 때문입니다. 나는 언젠가 박정희를 주인공 삼아 쓴 소설을 본 적이 있는데 작가는 머리말에서 자기는 세상에 정말로 위대한 사람이 있다고 믿는다고 사명감에 가득 차서 말하더군요. 나는 그 말이 틀렸다고 생각하지는 않습니다. 드물기는 하지만 세상에 위대한 사람들이 있지요. 왜 없겠습니까? 그런데 내가 도무지 이해할 수 없었던 것은 그 위대한 인물이 왜 하필 박정희냐 하는 것이었습니다. 왜 전태일도 아니고 전봉준도 아니라 박정희가 위대한 인물이 되어야 하는 것입니까? 도대체 그 소설가는 어떤 심미적 취향을 가진 사람이기에 박정희란 인물에 대해 매혹될 수 있었단 말입니까?

생각하면 이상할 것 하나 없습니다. 멋지고 화려한 겉모습에 매혹되는 것은 모든 노예적 정신의 특징이니까요. 고귀하고 자유로운 정신은 자기와 같은 것, 즉 정신적인 것에서만 가치를 발견합니다. 그러나 노예적인 정신은 언제나 자기 아닌 다른 것, 그러니까 사물적인 것의 보호 아래서만 안정을 느낍니다. 참으로 아름답고 가치 있는 것은 언제나 보이지 않는 정신의 영역에 있건만, 언제나 보이는 것에만 사로잡혀 사는 노예적인 정신은 보이지 않는 아름다움을 볼 수 있는 능력을 잃어버린 것입니다. 그리하여 이들은 사람을 평가할 때 언제나 그가 이룬 일을 통해 모든 것을 평가하려 합니다. 왜냐하면 그것 이외에는 아무것도 그들 눈에 보이는 것이 없기 때문입니다. 분신자살하는 전태일이나 무참히 패배하여 형장의 이슬로 사라지는 전봉준이 이루어 놓은 일이 무엇이겠습니까? 아무것도 보이는 것은 없습니다. 그러니 무엇에 대해 멋지다고 매력을 느낄 수 있겠습니까? 보이는 것은 그저 가난하고 누추한 그들 삶의 흔적들과 처참한 죽음뿐인데 말입니다.

우리가 이런 것들을 생각하면 할수록 그리스 정신은 얼마나 놀라운지요. 그렇습니다. 그리스 비극의 뿌리는 영웅숭배였습니다. 영웅적 위대함을 향한 상승의 욕구가 비극의 본질이었던 것입니다. 그러나 그리스인들이 추구했던 영웅적인 위대함이란 과연 무엇이었던가요? 그것은 눈에 보이는 업적이 아니라 보이지 않는 정신의 위대함이었습니다. 그러니까 비극의 사명은 보이지 않는 정신의 크기와 위대함을 형상화하고 드러내 보이는 데 존립했던 것입니다. 하지만 정신의 크기는 어떻게 검증되는 것인지요? 아, 이 무슨 쓸데없는 질문이란 말입니까? 고통을 통해서가 아니라면 도대체 무엇을 통해 정신의 크기가 드러나고 검증될 수 있다고 내가 지금 이렇게 묻고 있단 말입니까?

무릇 모든 것의 크기는 한계에 의해 규정됩니다. 어떤 것의 한계가 곧 그것의 테두리이며 이 테두리가 바로 어떤 것의 크기를 표시하기 때문입니다. 그러나 형체 없는 정신이 어떤 테두리가 있어서 그것의 크기를 우리에게 알려줄 수 있겠습니까? 오직 한계를 통해서입니다. 아니 보다 정확히 말하자면 그것은 장애물을 통해서입니다. 인간의 의지는 끝없이 자기를 확장하려 하면 할수록 보다 더 강력한 저항에 부딪히게 됩니다. 의지가 저항에 직면할 때 왜소한 정신은 그 저항에 굴복하고 맙니다. 그처럼 의지가 저항에 굴복하는 지점이 정신의 테두리요 한계입니다. 그러나 강건한 정신은 저항 앞에서 굴복하지 않고 끊임없이 자기 앞의 저항을 초월해갑니다. 그리하여 장애물을 초월하는 정신은 바로 이 초월을 통해 자기의 크기를 부정적으로 암시합니다. 다시 말해 그런 정신은 자기가 어떤 장애물에 의해서도 한계 지어지지 않는다는 것을 통해 자기의 광대무변한 크기를 드러내는 것입니다.

그러나 정신이 장애물을 초월한다는 것은 장애물을 제거한다는 것을 의미하지 않습니다. 제거된 장애물이나 제거될 수 있는 장애물은 진짜 장애물이 아니기 때문입니다. 아니 이름이 무엇이든지 간에 제거될 수 있는 장애물은 정신의 영리함을 증거할 수 있을 뿐 결코 정신의 크기를 증명할 수는 없습니다. 오직 제거할 수 없는 장애물만이 정신의 크기의 표짓돌이 됩니다. 의지는 제거할 수 없는 장애물 앞에 설 때 시험받습니다. 굴복하느냐 아니면 넘어가느냐. 굴복한다는 것은 장애물 앞에서 자기의 욕구를 꺾고 그것의 요구와 타협하는 것을 의미합니다. 그런데 정신이 추구하는 가치들 가운데에는 어떤 장애물이 앞에 선다 할지라도 포기하거나 타협할 수 없는 가치들이 있습니다. 강건한 정신은 이런 가치를 지키기 위해서는 어떤 장애물 앞에서도 굴복하지 않습니다. 그리하여 정신은 끊임없이 장애물을 넘어감으로써 자기의 크기를 보이게 되는 것입니다.

그러나 제거할 수 없는 장애물 앞에서 정신이 굴복하지 않는다는 것은 무엇을 뜻하는 것입니까? 그것은 제거할 수 없는 장애물 앞에서 정신이 고통받는다는 것을 의미합니다. 모든 장애물과 한계는 고통을 줍니다. 그런 까닭에 인간은 할 수 있는 한 장애물을 제거하려 합니다. 그러나 인간은 신이 아닌 까닭에 자기의 의지를 제한하고 방해하는 장애물을 마음먹은 대로 모두 제거할 수는 없습니다. 따라서 삶에는 제거할 수 없는 장애물들이 있고, 우리는 그런 장애물에 부딪힐 때 수동적으로 당하고 고통받을 수밖에 없습니다. 고통을 당하지 않으려면 우리는 그런 장애물을 피해야만 합니다. 즉 그런 장애물에 스스로 부딪치지 않아야 하는 것입니다.

　삶에서 할 수 있는 한 장애물을 제거하는 것, 그리고 제거할 수 없는 장애물에 가서 뜻없이 부딪치지 않는 것, 이것은 영리함과 지혜에 속하는 일입니다. 제거할 수 있는 장애물을 제거하지 않는 것은 게으름이요, 제거할 수 없는 장애물에 가서 공연히 부딪치는 것은 어리석음입니다. 그러므로 만약 누군가가 스스로 제거할 수 있는 장애물을 치우지 않아서 고통을 겪거나 아니면 뻔히 보이는 장애물에 까닭없이 스스로 부딪쳐 고통을 겪을 때, 우리는 그런 고통에 대해 아무런 연민도 느끼지 않습니다. 왜냐하면 그것은 정신의 크기가 아니라 한갓 게으름과 어리석음의 소산일 뿐이기 때문입니다.

　우리가 삶에서 마주치는 모든 장애물을 제거할 수 없다면, 그런 장애물들을 모두 피할 수만 있었더라도 얼마나 좋았을까요! 그러나 우리가 모든 장애물들을 제거할 수 있는 것이 아니듯이, 또한 우리는 그런 장애물들을 모두 피해갈 수도 없습니다. 왜냐하면 너무도 자주 정신이 나아가는 길에는 우회할 수 없는 장애물들이 정신의 강건함을 시험하기 위해 놓여 있기 때문입니다. 그 장애물들은 제거되지 않습니다. 따라서 그것에 부딪칠 때 정신은 고통받을 수밖에 없습니다. 그 고통이 싫다면 정신은 그 장애물의 요구를 받아들이고 그에 순종하지 않으면 안 됩니다. 그러나 더러는 그 고통이 아무리 크다 하더라도 그 장애물의 요구에 굴종할 수 없는 경우가 있습니다. 그것은 정신이 지켜야 할 포기할 수 없는 가치가 있기 때문입니다. 삶의 행복과 즐거움의 가치를 무한히 초월하는 어떤 정신적 가치들은 바로 이런 장애물을 통해 자기를 드러냅니다. 그것을 얻고 지키기 위해 우리가 유보해야 하는 행복과 즐거움의 크기를 통해서만 어떤 정신적 가치의 크기는 드러날 수 있습니다. 그리고 정신이 자기의 신념을 지키기 위해 지불해야 하는 고통의 크기를 통해서만 정신의 크기와 위대함이 드러납니다. 어떤 정신적 가치를 지키기 위해 우리가 지불해야 할 고통이 크면 클수록, 그것의 가치의 크기도 그만큼 더 커지는 것입니다.

그렇게 인간이 제거할 수 없는 장애물들 가운데서도 최종적이고도 절대적인 것이 무엇이겠습니까? 그리스인들의 이해에 따르면 그것이 바로 피할 수 없는 운명과 죽음입니다. 죽음은 인간존재의 중지입니다. 죽고 난 다음에는 큰 것도 작은 것도 있을 수 없습니다. 아무것도 존재하지 않기 때문입니다. 따라서 우리는 살아남기 위해서라면 무슨 일이든지 다 하려 합니다. 무엇이 삶 그 자체보다 가치 있는 것이겠습니까? 그리하여 박정희는 여순반란 사건으로 체포되었을 때 자기의 신념을 포기하고 동료들의 이름을 팔아 삶을 얻었습니다. 자기의 신념이 목숨만큼 소중하지는 않았기 때문입니다. 마찬가지로 우리는 주위에서 결혼을 앞둔 남녀가 궁합이 나쁘다는 점쟁이의 말을 듣고 파혼을 하는 경우를 보게 되는데, 이 또한 그들의 사랑이 목숨보다 귀하지 않기 때문입니다. 죽음은 정신의 크기를 검증하는 마지막 장애물입니다. 고통스런 한계 앞에 마주서지 않을 때 정신은 얼마든지 허세를 부릴 수 있습니다. 그러나 막상 고통에 직면하면 오직 참으로 가치 있는 것들만이 자기를 지킬 수 있습니다. 죽음은, 어떤 것을 지키기 위해 감당해야 할 모든 고통에도 불구하고 그것을 지켜야만 할 만큼 가치 있는 것이 어떤 것인지를 보여주는 마지막 시금석입니다. 평소에 우리가 소중히 여기는 것들 가운데 대부분은 죽음 앞에서는 사소한 것임이 드러납니다. 무엇이 목숨보다 소중한 것일 수 있겠습니까? 그러나 때로는 죽음 앞에서도 포기할 수 없고, 포기해서도 안 되는 가치가 있습니다. 허약한 정신은 죽음 앞에 서면 그가 지녀왔던 모든 고귀한 가치들을 미련없이 팽개쳐버리겠지만, 참으로 위대한 정신은 바로 그런 순간에 자기가 믿는 진리를 지키기 위해 차라리 하나뿐인 생명을 포기하는 것입니다. 그리고 이를 통해 그것은 죽음의 힘이 정신의 힘을 이기지 못하며, 죽음의 크기조차도 정신의 위대함을 따라잡을 수는 없음을 증명하게 됩니다. 죽음의 어둠을 배경으로 할 때 정신의 힘과 크기는 더욱 찬란하게 빛을 드러내는 것입니다. 그리하여 5·18 광주항쟁에서 마지막 순간에 도청을 지키다 계엄군의 총에 죽어갔던 사람들은 그들이 추구했던 가치가 목숨보다 더 크고 소중한 것이었음을 죽음으로 증명했습니다. 그들의 정신이 죽음이라는 장애물로도 제한할 수 없을 만큼 크고 위대했다는 것을 그들은 오직 죽음을 통해서만 증명할 수 있었던 것입니다.

정신은 이처럼 고통 속에서 수난받음으로써만 자기의 크기를 증명합니다. 안티고네가 죽음에 직면하지 않았더라면, 무엇을 통해 그의 용기를 드러낼 수 있으며, 오이디푸스가 운명을 거슬렀다 해서 아무런 고통도 받지 않는다면 무엇을 통해 그의 고귀한 성품이 증명될 수 있었겠습니까? 그럼에도 불구하고 비극적인 것 속에서 정신의 크기를 보는 것은 현실에서는 그리 쉬운 일은 아닙니다. 위대해지기를 원하는 사람은 많이 있습니다. 그러나 인간이 도달할 수 있는 위대함이 오로지 비범한 고통을 통해서만 가능하다는 깨달음은 쉽게 얻어지는 것이 아닙니다.

그리스 정신의 위대함은 이미 호메로스의 서사시에서부터 고통을 정신의 위대함과 숭고의 조건으로서 요구했다는 데 있습니다. 그들에게서 모든 영웅적인 위대함은 인간의 근원적인 한계라 할 수 있는 죽음을 통해서 두드러지게 드러납니다. 신들은 그런 의미에서 참된 의미의 영웅적인 위대함을 보여주지 못합니다. 왜냐하면 그들은 죽지 않기 때문입니다. 그러므로 신들에게는 뛰어넘어야 할 장애물도 없지만 동시에 그런 장애물을 통해 정신의 크기와 숭고를 보여줄 수도 없습니다. 오직 고통받을 수 있는 인간, 죽을 수밖에 없는 인간만이 정신의 숭고를 보여줄 수 있습니다. 그리스 정신이 이것을 깨달았을 때 영웅숭배는 비극이 되었습니다. 호메로스의 서사시와 고전기 그리스 비극이 본질적으로 영웅숭배에서 출발했다 할지라도 그것이 유치한 소영웅주의에 빠지지 않을 수 있었던 까닭은, 그리스 정신이 영웅적 정신의 위대함이 오직 고통을 통해서만 자기를 증거할 수 있다는 것을 깨달았기 때문입니다. 그리스 비극은 바로 이런 비극적 통찰의 완성태였던 것입니다.

편지 7

숭고와 정신의 크기

무조건 큰 것을 좋아하는 것, 큰 건물 지어놓고 동양 최대, 아시아에서 최대 또는 세계 최대라고 떠벌리는 것, 이것은 우리의 질병입니다. 아마도 그것은 오랜 세월 동안 작아질 대로 작아진 우리의 과거에 대한 반동인지도 모르겠습니다. 마치 가난하게 살다가 벼락부자가 된 사람들이 아무 데서나 돈으로 허세를 부리듯이 언제나 작다고 무시당하고 살아왔던 우리 겨레가 어느 정도 기지개를 펴게 되자 무조건 큰 것만을 찾는 것은 아니겠는지요.

이런 취향은 비단 눈에 보이는 일에서만 나타나는 것이 아닙니다. 우리 주위에는 스스로 훌륭한 사람이 되어야 한다는 강박관념에 시달리는 사람들이 의외로 많습니다. 다시 말해 평범한 사람이 아니라 무언가 특별하고 뛰어난 사람, 한마디로 위대한 사람이 되어야 한다는 강박관념 말입니다. 요사이는 이것이 신자유주의 경쟁 이데올로기와 입시경쟁이 조장하는 일등 콤플렉스와 맞물려 아예 전 국민의 심리적 질병이 되어버린 것이 아닌가 하는 생각까지 듭니다. 분유광고까지 내 아이는 특별해야 한다고 부추기는 세상이니 말입니다. 어릴 적에는 일등이 아니면 인정받지 못하고 커서는 일등이 아니면 살아남을 수 없으니 어디서나 남보다 뛰어나야겠다는 생각이 강박관념이 되었을 만도 하지요. 그러다 보니 이런 것이 때로는 과대망상으로 나타나기도 하는데, 가끔 무슨 철학자인지 종교인인지 알 수 없는 사람들이 나타나 우리 민족이 세계를 구원할 것이라는 식으로 열변을 토하는 것을 들으면 쓴웃음을 금할 수 없습니다.

오해 마시기 바랍니다. 나는 그런 열정을 비웃거나 빈정거릴 생각은 없습니다. 나 또한 나의 철학이 세상을 구원할 수 있기를 간절히 바라기 때문입니다. 그리고 우리 겨레의 지혜가 온 인류를 위해 새로운 희망이 될 수 있다면 그 얼마나 자랑스런 일이겠습니까? 그런 의미에서 나는 우리의 이웃 사람들이 모두 남다른 탁월함을 실현하기 위하여 열정을 쏟는 것을 조금도 비난할 생각이 없습니다. 생각하면 위대해지려는 욕망은 우리 시대 한국인들에게서만 볼 수 있는 질병은 아닐 것입니다. 공정하게 말하자면 그것은 인간의 자연적인 본능이라 해야 할 것입니다. 자기를 확장하려는 욕구, 커지려는 욕구는 모든 사람들에게서 볼 수 있는 공통된 소망이겠지요. 그러나 과연 인간은 언제 무엇을 통해 진정으로 탁월하고 위대한 사람이 되는 것입니까?

그리스인들이 비극을 통해 자기들의 세계관을 표현하던 무렵에 이집트나 페르시아에 살던 사람들은 자신의 크기와 위대함을 눈에 보이는 엄청나게 큰 사물을 통해 표현하려 했습니다. 이집트의 피라미드는 그 가장 좋은 예입니다. 그것은 사람이 쌓아올린 엄청나게 큰 돌의 산으로서 지금으로부터 수천 년 전에 어떻게 그런 거대한 건축물을 만들 수 있었는지 지금도 불가사의라지 않습니까. 하지만 그 시대에 어떻게 그런 건축이 가능했든지 간에 그것을 통해 이집트 민족이 자기들의 위대함을 과시하려 했으리라는 것은 두말할 필요도 없는 일이겠지요.

그런데 그런 시대에 그리스인들이 추구했던 위대함은 무엇이었던가요? 이웃 민족이 피라미드 같은 거대한 건축물들을 통해 자기들의 크기와 위대함을 과시하는 것을 잘 알고 있었으면서도 그들은 똑같은 방식으로 자기들의 위대함을 표현하려 하지 않았습니다. 도리어 그들은 시를 통해 말을 통해 자기들의 위대함과 탁월함을 표현하려 했습니다. 그러니까 이들이 추구했던 것은 눈에 보이는 사물의 크기가 아니라 보이지 않는 정신의 크기와 위대함이었던 것입니다. 지금 우리에게 이것은 별것 아닌 것처럼 보일 수 있지만, 생각하면 이것은 놀라운 사고방식의 혁명이었습니다.

그리스인들이 지중해 세계에 처음 나타났을 때, 이미 주위의 민족들은 수천 년 동안 찬란한 고대문명을 이루어 살고 있었습니다. 그 당시 이집트를 문명세계라 한다면 그리스는 이제 갓 태어난 신생국가라 해도 좋겠지요. 헤카타이오스(Hekataios)라는 그리스 사람이 이집트를 방문해 신전을 지키는 사제에게 자기의 16대 조상이 신이었다고 말하자 이집트의 사제는 신전에 늘어서 있는 예전 사제들의 나무조각상을 세어보이며 사제들의 계보를 341대를 거슬러올라가도 신이 발견되지 않는다고 말하며 비웃더랍니다. 그리스인들의 경우는 고작 16대만 거슬러올라가도 조상이 누구인지 알 수 없는데 이집트의 경우에는 수백대를 거슬러올라갈 수 있을 만큼 장구한 역사를 유지해왔다는 말이지요.

이 시대에 그리스인들이 이집트를 방문해 엄청난 규모의 피라미드나 신전들을 보았을 때, 무엇을 느꼈을까요? 아마도 20세기 초 이 땅의 지식인들이 미국 뉴욕의 자유의 여신상과 맨해튼의 마천루를 처음 보았을 때의 충격과 비슷한 것 아니었을까요? 언제나 초가 삼간, 고작해야 단층 기와집만 보다가 수십 층짜리 콘크리트 건물 앞에 섰을 때의 충격 말입니다. 사실 그 충격이 지난 20세기 우리를 살아 있게 했던 힘이 아니었던가요? 우리도 이들처럼 물질문명에서 선두가 되어야겠다는 생각으로, 온갖 어려움을 딛고 오늘 우리가 누리는 이러한 물질적 풍요를 이루어냈던 것이겠지요.

그러나 그리스인들이 처음 역사에 등장했을 때, 그들은 이집트의 피라미드처럼 엄청난 규모의 건축물을 통해 자기들의 위대함을 과시하려 하지는 않았습니다. 아테네의 파르테논 신전은 규모에서 피라미드에는 비교할 수도 없이 작은 것일뿐더러, 그 자리에 있었던 나무 건물이 페르시아 전쟁 때 불타지만 않았더라도 어쩌면 아테네인들은 지금 남아 있는 파르테논 신전처럼 돌로 된 신전 건물을 다시 지을 생각을 하지 않았을지도 모릅니다. 원래 그리스의 신전들은 대부분 목조 건물이었다고 합니다. 그런데 아테네의 아크로폴리스에 있던 목조 신전이 전쟁통에 불타 없어지는 바람에 그 뒤에 아테네인들은 거기다 돌로 된 신전 건물을 지었던 것입니다. 그러니까 처음에 그리스인들이 신들을 찬미하기 위해 바쳤던 것은 거창하고 화려한 신전이 아니었습니다. 위대하고 영원한 것만이 위대하고 영원한 신들에게 어울리는 것입니다. 인간이 신을 찬미하기 위해 바쳐야 할 것은 신들에게 어울리는 것, 곧 위대하고 영원한 것이어야 합니다. 그러나 무엇이 그런 것입니까? 그리스인들은 쇠나 돌이 아니라 말과 정신이 위대하고 신적인 것임을 깨달았던 처음 사람들이었습니다. 그런 까닭에 그들은 처음에 남들처럼 거대하고 화려한 신전이 아니라 시와 노래를 통해 신들을 찬미했습니다. 그것이 호메로스의 서사시이고 우리가 보는 비극입니다. 그리스에서 건축이 꽃피기 시작한 것은 시의 시대가 종말을 고하던 무렵이었습니다. 정신이 서서히 고갈되기 시작했을 때, 그리하여 더 이상 말과 글로 신들을 찬미할 수 없게 되었을 때, 그들은 비로소 돌로 된 신전을 짓기 시작했던 것입니다. 그러나 아무리 돌이 항구적이라 한들 말의 영속성과 정신의 영원성에 비교할 수 있겠습니까? 파르테논 신전은 세월의 비바람 속에 폐허로 남았지만 그들이 남겨 놓은 시와 철학은 세월이 갈수록 더욱 눈부신 것입니다.

그러나 내가 그리스인들을 생각할 때마다 경탄을 금할 수 없는 것은, 그들이 단지 눈에 보이는 엄청나게 큰 건축물을 통해서가 아니라 오로지 보이지 않는 정신의 위대함 속에서 자기들의 위대함을 드러내 보이려 했다는 것 때문만은 아닙니다. 그것만큼 아니 그것 이상으로 놀라운 것은 이들이 정신의 숭고와 위대함이 다시 정신의 고통을 통해서만 드러날 수 있음을 깨달았다는 사실입니다. 고통 없이 위대한 정신의 경지에 도달하려는 것이야말로 한갓 정신의 허영에 지나지 않습니다. 순금이 모든 것을 녹여버리는 불꽃 속에서 단련되고 순화되어 생겨나듯이 참된 정신의 위대함은 오직 고통의 불꽃을 견딤으로써 자기의 참됨을 증거하는 것입니다. 비극은 바로 그런 통찰의 결정체입니다.

고통에 가까이 거주하지 않는 정신, 오직 행복과 즐거움으로 충만한 정신은 허영과 경박에 빠질 수밖에 없습니다. 오직 비극적 감수성만이 정신을 그런 허세와 경박에서 구하여 참된 위대함으로 인도할 수 있는 것입니다. 비극은 그런 깨달음의 산물입니다. 그리스인들은 인간이 죽을 수밖에 없는 존재임을 잊지 않기 위하여, 그리고 삶이 얼마나 불안정하며 불행이 얼마나 행복 가까이 있는지를 언제나 기억하기 위하여, 시인들에게 비극으로 자기들을 깨우쳐주기를 바랐던 것입니다.

편지 8

상상력의 힘

그런데 내가 정신의 위대함이 오직 고통을 통해 증명된다는 그리스인들의 깨달음에 대해 특별히 놀라게 되는 것은 비극이 씌어지고 상연되었던 시대가 결코 비극적인 시대가 아니었기 때문입니다. 우리가 알고 있는 세 사람의 그리스 비극작가들은 모두 5세기에 작품을 쓰기 시작해서 5세기가 다 지나기 전에 세상을 떠난 사람들입니다. 그러니까 그리스 비극은 기원전 5세기에 꽃피었던 문학형식이었습니다. 그런데 기원전 5세기는 그리스 역사에서 전혀 비극적인 시대가 아니었습니다. 그렇기는커녕 이 시대는 가히 그리스의 황금시대라고 부를 수 있는 시대였습니다.

이 시대는 페르시아 전쟁과 함께 시작되었습니다. 그 당시 페르시아는 지금 우리가 중동 지방이라 부르는 오리엔트 세계 전체를 지배하던 거대한 제국이었습니다. 그 나라는 인도의 서쪽 지금의 파키스탄에서 시작하여 동쪽으로는 지금의 터키의 서해안에 이르고 남으로는 이집트까지 굴복시킨 거대한 제국이었지요. 그런데 이 나라가 확장해가는 과정에서 굴복시킨 나라와 민족들 가운데는 그리스 본토의 맞은편 아시아의 해안에 도시를 이루고 살았던 그리스인들도 있었습니다. 오늘날 우리가 이오니아 그리스인들이라고 부르는 이들은 한동안은 페르시아의 지배 아래서 조용히 살았으나 기원전 499년에 이르면 더 이상 이민족의 지배를 견디지 못하고 반란을 일으키게 됩니다. 이 반란은 한동안 위세를 떨치기는 했으나 5년을 넘기지 못하고 진압되었습니다. 그러나 이 사건을 통해 페르시아 제국은 바다 건너 그리스 본토를 정복하지 않으면 언제라도 제국의 평화와 안정이 위협받을 수 있겠다는 생각을 하게 됩니다. 실제로 이오니아인들의 반란을 아테네가 지원했기 때문입니다. 그래서 페르시아는 그리스를 정복하기로 마음먹고 치밀한 전쟁 준비 끝에 엄청난 규모의 군대를 동원해 그리스를 침공했는데 이것을 가리켜 사람들은 페르시아 전쟁이라 부릅니다.

　페르시아 군대가 처음 그리스를 침공할 때 아시아와 유럽 사이에 있는 좁은 해협에 배들로 다리를 만들어 군대와 물자를 건너가게 했는데 꼬박 7일 밤낮을 쉬지 않고 건너서야 모든 군대가 다 이동할 수 있었다고 합니다. 페르시아는 그만큼 엄청난 규모의 군대로 그리스를 침공했던 것입니다. 그러나 페르시아는 아버지 왕과 아들 왕이 대를 이어가면서 두 번에 걸쳐 대규모로 정복전쟁을 수행했음에도 불구하고 끝내 그리스를 정복할 수는 없었습니다. 그리하여 그리스인들은 노예들의 군대가 아무리 강하다 하더라도 자유인을 이길 수는 없다는 것을 증명해 보였습니다. 어떻게 남을 위해서 싸우는 노예가 자기를 위해 싸우는 자유인을 이길 수 있겠습니까? 노예의 용기는 지배자의 채찍에 대한 두려움에서 나오는 것이어서 감시와 감독이 없을 때에는 병뚜껑을 열면 언제라도 증발해버리는 향기처럼 사라져버리지만, 자유인은 차라리 죽음을 택할지언정 비굴하게 살아남기를 원치 않는 까닭에 자기의 자유를 지키기 위해서는 죽음을 두려워하지 않고 싸우기 때문입니다.

헤로도토스(Herodotos)는 페르시아 전쟁에 관련된 여러 무용담을 후세에 전해주었는데 하루는 페르시아 병사 하나가 그리스인을 만나 이렇게 겁을 주었다고 하더군요. "전투가 시작되면 우리가 쏘는 화살이 하늘을 뒤덮어 너희들은 해를 볼 수도 없을 거야." 그랬더니 이 말을 듣고 그리스인이 이렇게 대꾸하더랍니다. "땡볕에서 싸우지 않고 그늘에서 싸우게 되니 좋은 일이군." 눈에 보이는 크기 앞에서 놀라지도 위축되지도 않는 것은 그리스 정신의 미덕입니다. 도리어 그들은 자기를 덮쳐오는 압도적인 물량적 크기를 정신의 크기를 보여줄 수 있는 디딤돌로 삼았지요. 그래서 몸은 사물의 무게에 짓눌려 죽어가지만 정신은 도리어 살아남아 눈에 보이는 물질이 보이지 않는 정신을 이길 수 없음을 증명하는 것입니다.

페르시아 군대가 그리스를 두번째로 침공했을 때 스파르타 군대는 혼자 단 300명의 장병으로 수백만 명의 페르시아 대군을 테르모필레의 고갯길에서 막아내고 있었습니다. 그것은 다른 동맹국들의 부대가 엄청난 적군의 규모를 보고 일단 후퇴해 다른 곳에서 싸우기를 원했기 때문입니다. 그러나 스파르타의 왕 레오니다스(Leonidas)는 후퇴하기를 원하는 동맹국 군대를 모두 돌려보낸 뒤 300명의 스파르타 병사들과 홀로 남아 좁은 고갯길을 지켰습니다. 페르시아의 왕 크세르크세스(Xerxes)는 그것을 보고 스파르타 군대를 전멸시키고 진군하는 것은 시간문제라고 생각했으나 그것은 오산이었습니다. 길이 너무 좁아 아무리 많은 수의 군대로 밀어붙여도 스파르타 군대가 방패와 창을 단단히 움켜쥐고 죽기를 각오하고 꼼짝 않고 고갯길을 막고 서 있으니 페르시아 군대의 수적 우위는 아무 소용도 없고 자기편의 희생자만 불어났던 것입니다.

그렇게 페르시아 군대가 엄청난 희생을 치르면서 어쩌지도 못하고 며칠간을 당하고 있었을 때, 어떤 밀고자가 산길을 돌아 고개를 우회하는 길이 있다는 것을 페르시아 왕에게 고해바쳤습니다. 왕은 즉시 군대를 우회시켜 스파르타 군대의 뒤를 치게 했지요. 고개의 앞쪽은 좁은 협곡이었으나 뒤쪽은 평지였으므로 스파르타군은 수적 열세를 극복하지 못하고 그 자리에서 싸우다 전멸하였습니다.

나그네여, 스파르타에 가거든 전해다오.
조국의 법을 지켜 우리가 여기에 누워 있는 것을 그대가 보았노라고.

이것은 그들이 쓰러진 자리에 있었다는 기념비의 묘비명입니다. 적을 맞아 싸워 이기거나 아니면 싸우다 죽거나 하고 적에게 결코 등을 보이고 도망치지 말라는 것이 스파르타의 법이었다고 하지요. 어디 스파르타인들뿐이겠습니까? 그리스인들은 전쟁의 위험 앞에서 흔들리지 않는 용기를 보여주었고, 그것은 그리스를 멸망의 위협에서 구해냈습니다.

이렇게 페르시아의 침공을 막아낸 뒤 그리스는 모든 면에서 최고의 전성기를 맞이하게 됩니다. 시민의 자유는 더욱 확장되어 민주주의가 꽃을 피우고 그런 자유의 토양 위에서 학문과 예술이 눈부시게 발달했으며 또한 확대된 정치적 영향력이 시민의 삶을 물질적으로도 윤택하게 했습니다. 특히 비극예술이 꽃피었던 아테네(Athenai)는 그리스의 황금시대를 앞서서 이끌었던 도시국가였지요. 마치 미국이 제2차 세계대전이 끝난 뒤 소련에 대항해 자본주의를 지킨다는 명목으로 북대서양조약기구 같은 것을 만들어 서방세계의 주인 노릇을 했던 것처럼, 아테네 역시 페르시아의 침공에 대비한다는 구실을 내세워 여러 도시국가들과 델로스 동맹이란 것을 맺고, 군사비조로 돈을 거두어 그 재원으로 군사력을 키움으로써 나라의 영향력을 확대하는 것은 물론 시민들의 삶의 수준을 물질적인 면에서도 풍요하게 할 수 있었습니다. 이전에는 가난한 시민들이 민회에 참석하려면 아무 대가 없이 하루 일을 포기해야 하는지라 불만이 많았는데, 이 즈음에 와서는 동맹국들에게서 거두어들인 재원으로 민회나 법정에 참여하는 아테네 시민들에게 그에 상응하는 보수를 지급하기까지 했으니, 2500년 전에 이 정도의 나라를 만들 수 있었다면 놀랄 만한 일이라 해도 되지 않겠습니까?

하지만 이런 일들이 아무리 놀랍고 경탄할 만한 일이라 하더라도, 바로 그런 시대에 지배적인 예술 양식이 비극이었다는 사실에 비하면 아무것도 아닙니다. 비극은 비극적인 시대의 예술이 아니었습니다. 도리어 그것은 그리스의 역사에서 가장 밝고 행복한 시대의 예술이었던 것입니다. 어떻게 그들은 그렇게 찬란한 황금시대에 그토록 어두운 운명의 심연을 응시할 수 있었을까요? 이것은 마치 사법시험에 합격한 가난한 수험생이 자기의 이름을 합격자 명단에서 확인한 순간에 결국 모든 인간은 죽을 수밖에 없는 존재라는 것을 상기하는 것만큼이나 진기한 일입니다. 과연 그런 일이 가능하단 말입니까? 그리스 비극은 그런 불가능한 일의 실현이었습니다. 그러니 보십시오, 정신은 때로는 아무런 재료도 없는 곳에서 오로지 상상력만으로 아름다운 조각상을 빚어낼 수 있는 것입니다.

정신이 계산과 추리에 몰두할 때 정신은 언제나 주어진 전제에 기초하여 그로부터 정해진 결론을 이끌어낼 뿐입니다. 그런 한에서 계산하는 정신은 노예적 정신입니다. 그는 아무것도 스스로의 힘으로 만들어내지 못하고 주어진 전제의 테두리 내에서 전제가 허락하는 것만을 결론으로서 제시할 뿐이기 때문입니다. 이런 사정은 정신이 무엇인가를 발견하기 위해 골몰할 경우에도 마찬가지입니다. 그때에도 정신은 오직 외부 세계가 보여주는 것만을 진리의 시금석으로 삼습니다. 그렇지 않을 때 정신은 없는 일을 만들어 현실을 날조한다는 비난을 받게 됩니다. 그런 한에서 발견하는 정신 역시 자유로운 정신이라 할 수는 없습니다. 오직 정신이 상상할 때 정신은 자유로울 수 있습니다. 그것은 자기 이외에는 누구의 감독도 받지 않습니다. 그러므로 정신이 상상할 때 그는 오직 자기 자신이 원하는 것을 자기의 내적 법칙에 따라 스스로 형성할 수 있습니다. 예술은 상상력의 그런 자유로운 창조활동의 소산인 것입니다.

그런데 대개 상상력의 활동은 불행한 현실 속에서 행복한 이상을 꿈꾸는 방식으로 전개됩니다. 물론 이것은 매우 중요한 일입니다. 상상력이 없었더라면, 우리가 우리에게 주어진 불완전한 현실 속에서 그 현실의 한계를 초월하여 이런 현실이 아니라 또 다른 현실이 가능하다는 생각을 어떻게 품을 수 있겠습니까? 우리가 칠흑 같은 어둠 속에서도 희망을 잃지 않을 수 있는 까닭은 우리가 어둠 속에서도 빛을 상상할 수 있기 때문입니다. 그리고 그 상상 덕분에 우리는 주어진 현실을 노예적으로 받아들이지 않고 그것을 우리가 상상할 수 있는 이상에 따라 바꾸어나가고 새롭게 형성할 수 있습니다. 그러므로 만약 능동적으로 삶을 형성하고 현실을 규정하는 것이 인간의 자유의 필수적 조건이라면, 인간의 자유는 다른 무엇보다 상상력의 힘에 의존하는 것입니다. 현실을 지배하기 위해서는 현실 위에 있어야만 하는데 우리는 오직 상상력을 통해서만 주어진 현실을 초월할 수 있기 때문입니다. 예술은 그렇게 현실을 초월한 곳에서 상상력을 통해 새로운 현실을 그려 보여줌으로써 사람들에게 주어진 현실에 안주하지 말고 끊임없이 보다 완전하고 보다 아름다운 새로운 세계를 향해 나아가도록 고무합니다.

그러나 상상력이 언제나 불행으로부터 행복을 꿈꾸는 방식으로 발생하는 것은 아닙니다. 상상력은 눈에 보이는 것으로부터 보이지 않는 것을 그려 보일 수 있는 힘입니다. 그런 까닭에 그것은 불행한 현실 속에서 아직 도래하지 않은 행복한 삶을 꿈꿀 수도 있지만, 정반대로 행복한 상황에서도 지금 있지 않은 불행한 상태를 상상할 수도 있습니다. 왜 아니겠습니까? 그것은 존재하는 어둠 속에서 존재하지 않는 빛을 상상하는 힘이기도 하지만 존재하는 빛 가운데서 존재하지 않는 어둠을 상상하는 힘이기도 한 것입니다. 그리고 만약 누군가가 이 둘 사이에 어떤 것이 더 어려운 일인지 묻는다면 우리는 당연히 어둠 속에서 빛을 상상하는 것보다는 빛 가운데서 어둠을 상상하는 것이 더 어려운 일이라고 대답해야 할 것입니다. 왜냐하면 불행한 현실 속에서 행복을 바라고 꿈꾸는 것은 인간의 자연스런 본능이 상상력에게 요구하는 일이지만, 그늘 없는 행복한 삶 속에서 굳이 불행한 상황을 상상하는 것은 우리의 유쾌한 기분을 잡치는 일일 뿐이므로 누구도 즐겨 하려 하지 않는 일이기 때문입니다.

그런데 기원전 5세기 그리스 비극은 바로 이런 부자연스런 상상력의 발휘였습니다. 비극이 탄생했던 도시 아테네는 이 시대에 나라의 힘과 위력이 절정에 달했고, 시민들이 다른 어떤 시대보다도 자유와 정의 그리고 물질적인 풍요를 누리며 살았습니다. 그런데 내가 그리스 비극을 생각할 때마다 새삼스레 경탄하게 되는 것은 어떻게 그렇게 행복했던 시대에 이들이 그렇게 어두운 운명의 심연을 응시할 수 있었는가 하는 것입니다. 우리는 베토벤의 음악을 비극적 예술이라 생각합니다만, 그가 살았던 시대와 그의 삶 자체가 또한 비극적이었습니다. 그리하여 그의 음악은 비극적인 예술가의 삶과 시대의 반영이기도 했던 것입니다. 그런데 그리스 비극은 예술가의 비극적 현실 체험을 반영하는 것이 결코 아닙니다. 그 시대 아테네 시민들의 삶은 어떤 의미에서도 특별히 비극적이었다 할 수는 없습니다. 아니 땅 위에 사는 어느 누가 기원전 5세기 아테네의 시민으로서 소크라테스(Sokrates)와 벗하며 사는 삶보다 더 나은 삶을 상상할 수 있겠습니까? 적어도 행복이 문제라면 어떤 시대 어떤 나라 사람들의 삶도 이 시대 아테네 사람들의 삶만큼 자유롭고 행복할 수는 없었을 것입니다. 그런데 사람이 행복에 젖어들면 슬픔 따위는 잊어버리게 마련입니다. 그리고 사람이 아주 슬픔을 잊어버리면 십중팔구 경박하고 천박해지는 법입니다. 이것은 역사 속에서 거의 예외 없이 적용되는 일반법칙과도 같은 것이니, 다른 시대를 들먹이기 전에 우리가 살고 있는 현대의 경박함은 우리 시대 풍요의 그림자가 아니고 무엇이겠습니까?

그런데 아테네의 비극시인들은 그렇게 자유롭고 풍요한 시대에 눈앞에 보이지 않는 인간 존재의 근원적인 비극성을 보았고 또 그것을 동료시민들에게 그려 보여주었습니다. 이처럼 빛 가운데서 어둠을 그려 보이는 것은 얼마나 비범한 상상력의 성취입니까? 그것은 단순히 보이지 않는 것을 꿈꾸는 것이기 때문에 힘든 것이기도 하지만, 인간의 자연스런 감정을 거스르는 것이므로 더욱 힘든 것입니다. 어느 누가 자기의 생일날 죽음을 즐겨 상상하며, 결혼식 날에 이별을 상상하기를 즐겨하겠습니까? 그것은 오직 상상력이 참된 지혜와 만날 때에만 드물게 가능한 일입니다. 그런데 이 시대 아테네 시민들은 가장 행복한 시간에, 끊임없이 죽을 수밖에 없는 인간의 비극적 운명을 일깨우는 시인들의 목소리에 겸허하게 귀기울일 수 있을 만큼 지혜로웠던 것입니다.

그러나 왜 우리는 행복한 순간에 불행을 떠올려야 하며, 왜 생명이 약동하는 순간에 죽음을 기억해야 하는 것입니까? 그것은 오직 죽음 앞에서만 삶의 절대적인 가치가 드러나기 때문입니다. 오직 죽음 앞에서만 인간의 삶에서 참으로 중요하고 가치 있는 것이 무엇인지가 드러납니다. 나는 오래 전에 찻집에 앉아 여자를 앞에 두고 향수와 프랑스 와인에 대해 끝없이 수다를 늘어놓는 남자를 본 적이 있었습니다. 향수와 프랑스 와인이 마치 삶의 존재 이유인 듯이 보일 정도로 그는 그것들에 몰입해서 장광설을 늘어놓고 있었습니다. 하지만 향수와 포도주가 얼마나 하찮은 것인지를 깨닫기 전에는 그는 끝끝내 삶이 무엇인지 알 수 없을 것입니다. 그러나 그가 죽음과 존재의 허무를 상기하지 않는 한, 도대체 다른 무엇이 그에게 향수와 포도주의 하찮음을 깨닫게 해줄 수 있겠습니까? 아테네의 비극시인들이 행복 가운데서 인간의 가장 깊은 불행을 상상한 것은 우리 시대의 작가들이 종종 그렇듯이 고통 그 자체에 병적으로 탐닉해서가 아니라 우리가 인간 존재의 어찌할 수 없는 한계를 상기할 때 비로소 삶이 참된 진지함을 획득하기 때문이며, 인간이 그 한계에 부딪힐 때 당할 수밖에 없는 고통을 통해서만 보이지 않는 정신의 크기를 그려 보일 수 있기 때문이었습니다.

노예적인 정신은 정신이 이룩한 업적 속에서만 정신의 흔적을 발견합니다. 왜냐하면 그것만이 눈에 보이는 것이기 때문입니다. 그러나 자유로운 정신은 도리어 인간이 영웅적으로 패배하는 지점에서 정신의 크기와 위대함을 발견합니다. 승리가 아닌 패배, 생존이 아닌 죽음, 행복이 아닌 불행, 요컨대 멋지고 아름다운 인생이 아니라 비참한 종말 가운데서 자유로운 정신은 도리어 우리를 감동시키고 고양시키는 정신의 무한한 가치를 찾아내는 것입니다. 그러나 여기서 발견이란 무엇입니까? 그것은 눈에 보이는 것을 인지하는 것이 아닙니다. 왜냐하면 비극적 영웅이 패배하고 파멸한 자리에 남아 있는 것은 아무것도 없기 때문입니다. 따라서 거기서 정신이 발견하는 인간성의 크기와 숭고는 눈에 보이는 현실을 넘어가는 상상력의 도움을 받아서만 창조적으로 표상할 수 있는 것입니다. 창조는 자유의 완성이요 정점입니다. 창조하는 자는 자기 아닌 다른 어떤 것에도 의존하지 않고 무로부터 무엇인가를 스스로 형성하기 때문입니다. 그리스 비극시인들은 상상력을 통해 인간 정신의 숭고를 창조적으로 형상화해 보임으로써 자유로운 정신의 크기를 보여주었음은 물론 그들 자신 자유로운 정신 세계의 창조자가 되었습니다. 그리고 더 나아가 동료 시민들을 자유로운 정신의 세계에 참여하게 함으로써 그들을 더불어 자유롭게 했던 것입니다.

편지 9

비극과 상상력

참된 예술이란 무엇입니까? 그것은 상상력의 날개를 타고 현실을 넘어가는 것입니다. 이 초월 속에 예술의 자유와 자율성도 존립하는 것입니다. 그러나 여기서 예술이 현실을 초월한다는 것은 무엇을 뜻하는 말입니까? 한편에서 그것은 예술이 현실의 불완전성을 초월한다는 것을 뜻합니다. 불완전한 현실을 초월하여 완전한 세계를 꿈꾸는 것, 그것이 상상력의 힘이며 또한 예술의 힘입니다. 예술은 현실을 넘어서 있는 이상적 현실을 상상력을 통해 그려 보임으로써 불완전한 현실을 보다 완전한 상태로 나아갈 수 있도록 고무하고 격려합니다. 예술은 존재의 완전성을 그림 그려 보이는 것입니다. 여기서 그림이란 아직 현실이 아니므로 상상의 대상으로서만 있습니다. 그러나 우리는 예술이 상상 속에서 그려 보여주는 완전한 존재의 그림을 한낱 공상이요 백일몽에 지나지 않는다고 매도해서는 안 됩니다. 왜냐하면 예술이 상상하는 현실은 한낱 그림에 지나지 않는다는 점에서는 비현실적인 것이지만, 그것은 동시에 있을 수 있는 일 또는 그럴듯하고 있을 법한 일을 그린다는 점에서 엄연히 가능한 현실의 묘사이기 때문입니다. 그러니까 예술은 아직 실재하지 않는 보다 완전한 현실을 가능성 속에서 그려 보임으로써 주어진 현실을 아직 주어지지 않은 이상적 현실을 향해 갱신해나가도록 우리를 고무하는 것입니다.

예술의 힘은 바로 여기에 있습니다. 사람은 경험적인 동물인지라 대개 보이지 않는 것은 믿으려 하지 않습니다. 보이지 않는 것은 존재하지 않는 것이며, 존재할 수도 없는 것이라 생각해버리는 것입니다. 이런 태도가 하나의 타성으로 굳어져버리면 마지막에 정신은 현실을 변화시킬 수 있는 힘을 잃어버리게 됩니다. 그리고 정신은 눈에 보이는 주어진 현실이 가능한 현실의 전부라고 생각하고 그 현실의 한계 속에 갇혀버리는 것입니다. 그렇게 현실의 한계 속에 갇혀버릴 때 정신은 노예상태에 떨어지게 됩니다. 오직 주어진 현실 너머에서 또 다른 현실, 지금보다 나은 미래를 상상할 수 있을 때 정신은 현실을 살면서도 현실에 갇히지 않고 자기의 존재를 스스로 형성해나갈 수 있는 가능성을 얻게 됩니다. 자유란 그렇게 자기가 자기의 존재와 현실을 능동적으로 형성하는 것에 존립하는 것이지요.

그러나 예술의 힘은 단지 불완전한 현실로부터 완전한 현실을 상상하는 것에만 있는 것은 아닙니다. 예술과 상상력이 현실을 초월한다는 것은 한편에서는 현실의 불완전성을 초월하여 완전성을 향해 나아간다는 것을 뜻하기도 하지만 다른 한편에서는 정반대로 지금 앞에 있지 않은 고통스런 현실을 상기하고 상상하는 것이기도 합니다. 사람이 현실에 갇혀 꿈을 잃어버리는 것은 불행한 일입니다. 그러나 그것 이상으로 불행한 일은 사람이 주어진 현실 속에 안주하여 슬픔과 고통을 잊어버리는 것입니다. 빛의 의미는 어둠을 통하지 않고는 드러나지 않습니다. 죽음이 없다면 무엇을 통해 삶의 의미가 드러날 수 있겠습니까? 존재의 밝음은 오직 허무의 깊음 위에서만 두드러지는 것입니다. 그러므로 삶을 오직 삶으로만 이해하려는 사람은 삶이 무엇인지 알 수 없습니다. 밤이 깊을수록 별은 더욱 또렷이 빛나는 법입니다. 그렇듯 우리의 마음도 더욱 깊은 어둠 속에 있을 때, 우리 마음 속 별은 더욱 찬란히 빛나는 것입니다.

어쩌면 당신은 이런 말을 두고 내용 없는 말장난이라 나무라실지도 모르겠습니다. 하지만 이것은 말장난도 아니고 싸구려 문학적 수사도 아닙니다. 여기에 한 송이의 꽃이 있습니다. 우리는 꽃의 색깔과 향기와 형태의 아름다움에 도취합니다. 워즈워스가 노래했듯이 그것은 얼마나 놀라운 모습인지요? 그러나 우리가 꽃의 색과 향기와 형태에 놀라고 도취할 때, 우리는 아직도 꽃의 신비에 다가간 것이 아닙니다. 정말로 놀라운 것은 꽃의 색깔이 흰색이 아니라 붉은색이라는 것도 아니고 꽃의 모습이 사각형이 아니라 원형이라는 것도 아닙니다. 한 송이 꽃의 가장 놀라운 신비는 단적으로 거기에 꽃이 없지 않고 있다는 사실 자체입니다. 그러나 우리가 꽃의 색과 향기와 형상에 사로잡혀 있는 한, 우리는 꽃의 존재 그 자체에 다가갈 수는 없습니다. 오직 우리가 꽃의 존재, 꽃의 있음 그 자체에 주목할 때, 꽃의 색깔과 향기와 형상 역시 그저 그런 일상성에서 벗어나 하나의 경이로운 존재사건으로 우리에게 다가옵니다. 생각하면 꽃의 색깔이 빨갛다 하여 놀랄 일이 무엇이겠습니까? 그것은 꽃의 색이 희다 하여 놀랄 일이 없는 것과 마찬가지입니다. 오직 꽃이 전체로서든 부분으로서든 그것의 있음 그 자체 속에서 나타날 때 그것은 형언할 수 없는 신비로 우리에게 다가오는 것입니다.

그러나 우리가 꽃의 붉은색을 보고 단지 색깔의 붉음이 아니라 그런 붉은 꽃의 있음에 주목하기 위해서는 꽃이 있는 자리에서 그 꽃의 없음을 생각할 수 있어야만 합니다. 붉은색이 붉은색 아닌 것을 통해 자기의 고유성을 알리듯이 있음은 오직 없음의 배경을 통해서만 자기를 드러내기 때문입니다. 그러나 있는 것 앞에서 없음을 생각하는 일은 눈앞에 있는 것에 사로잡히지 않고 그것을 넘어갈 수 있는 상상력의 힘이 아니라면 결코 가능한 일이 아닙니다. 여기서도 상상력은 주어진 현실을 넘어가 있는 것들의 바탕에 가로놓여 있는 없음의 어둠을 드러내 보임으로써 있는 것들의 있음을 비로소 의미 있게 하는 것입니다.

　이것이 어찌 꽃의 경우에만 해당되는 일이겠습니까? 있음이 없음을 통해 자기를 드러내는 한에서, 없음은 있음의 본질적 진리에 속합니다. 인간의 삶의 경우에도 사정은 마찬가지입니다. 삶이란 무엇입니까? 그것은 활동한다는 것, 행위한다는 것입니다. 삶의 존재는 곧 행위에 존립합니다. 그래서 아리스토텔레스가 비극이 행위를 모방한다 말했을 때, 그것은 또한 비극이 삶을 모방한다는 말이기도 했던 것입니다. 하지만 삶이 행위라 하여 우리가 단지 행위들에만 주목할 때, 우리는 아직도 삶의 진실에 온전히 다가갈 수 없습니다. 오직 우리가 행함 속에서 그 이면에 놓인 당함을 생각할 수 있을 때, 능동성 속에서 수동성을 삶 속에서 죽음을 생각할 수 있을 때, 비로소 삶은 총체성 속에서 반성될 수 있습니다. 그리고 지혜란 다른 무엇보다 삶을 총체성 속에서 사유하는 안목에 존립하는 것입니다.

　사람들은 무엇인가를 위해 행위할 때 그 행위의 한계를 잊고 싶어 합니다. 그것은 우리가 삶이 끝없이 지속되기를 바라는 것과 같습니다. 그러나 자기의 한계를 잊은 끝없는 행위의 확장이야말로 모든 어리석음의 시작입니다. 소크라테스가 보여주었듯이 지혜는 자기의 한계를 자각하는 데 존립합니다. 우리의 삶이 죽음에 의해 한계지어져 있다는 것, 우리의 능동적 행위와 노력이 아무 쓸모 없는 순간이 있다는 것 그리하여 삶은 표면에 드러난 능동적 행위들의 이면에 어찌할 수 없는 수동적 당함의 구조에 의해 규정되고 있다는 것, 우리가 이런 것들을 망각할 때, 우리의 정신은 그 순간 어리석은 욕망에 종노릇하게 됩니다. 그때 욕망이 어리석어지는 까닭은 욕망이 무조건 천박해서가 아니라 욕망이 멈추어야 할 곳을 보지 못하기 때문입니다.

  그러나 언제나 성공적인 삶을 사는 사람이 삶의 한계를 상기하는 것은 쉬운 일이 아닙니다. 성공에 익숙한 사람이 지혜로워지기 어려운 까닭은 자기의 한계를 깨닫기 어렵기 때문입니다. 비극은 우리를 삶의 경계선으로 인도함으로써 우리의 정신을 지혜롭게 합니다. 그러나 능동성 속에서 수동성을, 행함 가운데서 당함을 그리고 삶 속에서 죽음을 생각하는 것은 상상력의 힘이 아니라면 가능한 일이 아닙니다. 예술은 상상력의 힘을 빌려 정신을 자기의 한계 앞에 마주서게 함으로써 우리의 삶과 능동적 행위의 의미를 비로소 온전히 드러나게 합니다. 사람은 죽음 앞에 설 때에야 비로소 삶의 의미를 절실하게 깨닫게 됩니다. 비극은 산 사람들을 상상력의 힘을 통해 죽음 앞으로 호출함으로써 우리로 하여금 삶의 의미를 절실하게 되묻게 하는 것입니다.

두번째 묶음 … 그리스 비극의 바탕인 자유

편지 10
고통에 대한 반성

　정신의 크기를 추구하되, 그것을 다른 것이 아닌 고통과 수난 속에서 발견하려 했다는 것, 이것이 그리스 비극의 가장 중요한 고갱이입니다. 정신의 깊이 정신의 크기는 고통의 크기와 깊이를 통하지 않고는 결코 드러나지 않습니다. 오직 '걷잡을 수 없는 슬픔' 속에서만 정신은 비로소 자기의 위대함을 드러내는 것입니다. 만해가 '쏟아지는 눈물 속에서 당신을 보았다'고 노래한 것은 이런 것을 두고 한 말이었습니다. 함석헌이 말했듯이 하늘나라 즉 진리의 나라는 오직 눈에 눈물이 어릴 때 비로소 그 눈물의 렌즈를 통해서만 보이는 것입니다. 그러나 그렇게 정신을 깊게 하고 크게 하는 슬픔과 고통이란 과연 어떤 것들일까요? 아니면 종류와 상관없이 모든 고통과 슬픔은 우리의 정신을 크고 깊게 만드는 것인가요?
　내가 이런 물음을 던지는 까닭은, 생각하면 슬픔과 고통의 체험이 사람들을 언제나 지혜롭게 만드는 것만은 아니기 때문입니다. 때때로 슬픔과 고통의 체험은 사람들을 지혜롭게 만들기도 하지만, 그보다는 사람들을 더욱 이기적이 되도록 하고 자기중심적이 되도록 합니다. 그 까닭은 슬픔과 고통만큼 개인적인 것도 없기 때문입니다. 요즘 유행하는 철학의 개념들 가운데 익명성이란 낱말이 있습니다. 이른바 근대적 의미의 주체가 무의미하다는 것을 말하기 위해 철학자들이 즐겨 쓰는 말입니다. 그 개념은 주체의 고유성 또는 '자기'의 고유성이라는 것이 허구에 지나지 않는다는 것을 표현하는 말이겠지요. 그러나 철학자분들께는 대단히 미안한 말씀이지만 세상의 모든 일들이 다 이름 없는 익명성 속에 빠져버린다 할지라도 우리들 각자가 느끼는 고통만은 그럴 수 없습니다. 차라리 우리가 사랑하는 사람의 질병을 대신 앓아줄 수 있고 죽음의 짐을 나누어 질 수 있다면 얼마나 좋겠습니까? 그처럼 우리들 각자가 홀로 견뎌야 하는 고통이 익명성 속에 용해되어버릴 수 있다면 얼마나 행복한 일이겠습니까? 그러나 고문대 위에 묶인 사람의 고통이 어떻게 익명성 속에 증발해버릴 수 있겠습니까? 다른 모든 것은 그럴지라도 오직 고통만은 언제나 자기의 것으로 남습니다. 그리하여 우리가 고통받을 때, 우리들 각자는 철저히 고유한 자기인 것입니다.

이처럼 고통은 언제나 자기만의 것인 까닭에, 우리가 자기의 고통에 예민해질 때, 그때 우리는 자기에게 예민해집니다. 만약 인간이 고통을 느끼지 못하는 존재였더라면 그때는 '나'도 없었을 것입니다. 고통을 느낀다는 것은 자기를 느끼는 것, 남이 아닌 자기를 확인하는 것과 같습니다. 나는 오직 고통 속에서만 내가 되는 것입니다.

고통이 사람을 이기적으로 만드는 까닭도 여기 있습니다. 나는 오직 고통을 통해서만 내가 됩니다. 그러나 내가 된다는 것은 언제나 두 가지 측면을 갖습니다. 그 자체로서 그것은 내가 나 자신을 반성적으로 의식하고 자기를 주체로서 정립한다는 것을 의미하는 것으로서 아무런 잘못도 없는 일입니다. 그러나 내가 내가 되는 것이 건강한 자기의식이 아니라 자기에 대한 집착으로 나타날 때 그것이 바로 이기심입니다. 따라서 내가 고통을 통해서 내가 된다 할 때에도 나는 그 고통 속에서 오직 나에게만 집착하는 이기적 인간이 될 수도 있는 것입니다. 아니 사실을 말하자면 일반적으로 고통은 사람들로 하여금 자기 자신을 돌이켜보게 함으로써 참된 지혜로 인도하기보다는 맹목적으로 자기 자신에게 집착하게 함으로써 도리어 사람을 이기적이고 어리석게 만드는 것입니다. 그러나 이처럼 고통이 사람을 이기적이 되게 만드는 경우가 많다 해서 고통이 언제나 사람을 이기적으로 만들고 어리석게 만든다고 말한다면, 이 또한 성급한 일입니다. 괴테(J. W. von Goethe)가 말하지 않았던가요, 한 번도 눈물과 함께 자기의 빵을 먹어본 적이 없는 사람은 삶을 알 수 없노라고. 고통이 언제나 사람을 지혜롭게 만드는 것은 아니지만 또한 아무런 고통의 감수성 없이 정신이 지혜로워지고 깊어질 수는 없는 일입니다.

그렇다면 언제 고통은 사람을 이기적이고 어리석게 만들고 또 언제 그것은 사람을 깊고 지혜롭게 만드는 것입니까? 고통의 의미를 묻는 사람은 언제나 이 물음에서 이야기를 시작할 수밖에 없습니다. 하지만 여기서 문제되는 것은 우리가 고통 겪는 고통 자체의 성격이 아닙니다. 왜냐하면 인간을 깊게 하는 고통이 따로 있고, 인간을 천박하게 만드는 고통이 따로 있는 것은 아니기 때문입니다. 똑같은 고통을 겪는다 하더라도 어떤 사람은 그 고통을 통해 지혜로워지지만 어떤 사람은 같은 고통을 통해 비열하고 야비한 사람이 될 수도 있습니다. 따라서 문제는 고통 그 자체라기보다는 고통에 대한 우리의 태도입니다.

똑같은 고통을 겪는다 하더라도 고통을 대하는 태도는 다릅니다. 그리고 이 태도의 차이에 따라 같은 고통을 겪는다 하더라도 사람이 깊어지기도 하고 천박해지기도 합니다. 그런데 이 문제에 관해서 볼 때 고통에 대해 사람이 취할 수 있는 가장 나쁜 태도는 아마도 고통에 대해 아예 아무것도 반성하지 않으려는 태도일 것입니다. 여기서 반성이란 도덕적 의미에서 자기의 잘못을 뉘우친다는 뜻이 아닙니다. 반성이란 쉽게 말하자면 돌이켜 생각하는 일입니다. 그런데 많은 사람들은 자기가 당했거나 당하고 있는 고통을 돌이켜 생각하고 그것의 의미를 반추하기보다는 고통을 그냥 잊어버리려 하는 경향이 있습니다.

생각하면 이것을 잘못된 일이라 마냥 비난할 수는 없는 일입니다. 고통이 강렬하면 강렬할수록 그것에 대한 반성이 어려워집니다. 누가 고문대 위에서 사유할 수 있겠습니까? 더 나아가 고통이 강렬하면 강렬한 것일수록 그것은 지나고 난 뒤에도 우리의 정신에 깊은 상처를 남깁니다. 우리는 때때로 그렇게 각인된 정신의 상처는 육체의 고통보다 훨씬 더 강하고 지속적인 것이어서 인간의 정신을 송두리째 파괴하는 것을 볼 수 있습니다. 육체의 고통이 끝난다고 마음의 고통이 끝나는 것은 아닙니다. 왜냐하면 생각은 차라리 사라져야 할 고통을 기억 속에서 영속화하기 때문입니다. 고통 속에 있는 사람에게 생각이란 얼마나 큰 감당할 수 없는 짐입니까? 감각은 그 순간이 지나면 사라집니다. 그러나 생각은 사라질 수도 있는 아니 사라져야 할 고통을 기억 속에 붙잡습니다. 그리하여 고통의 감각은 사라져도 잠 못 이루는 밤은 남습니다. 미칠 것 같은 분노로, 감각의 고통보다 차라리 더 깊은 아픔으로, 사무치는 증오로, 원한으로, 모든 것은 생각 속에서 남습니다. 지워지지 않고 끝내 사라지지 않고. 그리하여 우리는 고통을 반복해서 반추하는 것보다 차라리 그것을 깡그리 잊어버리는 것이 보다 건강한 일이라 생각하게 되는 것입니다.

어쩌면 우리에게 역사의식이 결여되어 있었던 것은 우리가 역사 속에서 너무나 큰 고통을 겪어왔기 때문인지도 모르겠습니다. 그렇게 처절했던 역사를 똑바로 바라본다는 것은 우리에겐 너무도 고통스런 일인 까닭에 우리는 고통스런 역사를 돌이켜 생각하려 하기보다는 그것을 그냥 잊고 살려 했던 것인지도 모를 일입니다. 그러나 고통의 체험을 애써 돌이켜 생각하는 것이 아무리 큰 고통을 또다시 초래하는 일이라 할지라도 우리는 그것 때문에 고통을 반성하는 것을 포기해서는 안 됩니다. 왜냐하면 고통을 반추하는 것이 고통스런 일이라 해서 반성을 포기하는 순간 우리는 고통에 영원히 사로잡히고 말기 때문입니다. 아니 우리가 고통의 체험을 돌이켜 생각하는 것을 두려워한다는 것은 우리가 돌이킬 수 없이 고통에 굴복했다는 것을 증명하는 것입니다. 그때 우리는 고통을 두려워 피하려 할 뿐 그것을 정면으로 바라볼 수 있는 용기를 갖지 못합니다. 그리하여 우리는 기억의 노예가 되어버리는 것입니다.

우리가 보고 있는 비극을 탄생시킨 그리스 정신의 첫번째 미덕은 그것이 고통에 대해 반성했다는 사실 그 자체입니다. 인간의 삶에 만연한 고통을 그냥 지나치지도 잊어버리지도 않고 그 고통의 의미를 물었다는 것, 그것 자체가 그리스 비극의 미덕입니다. 인간은 고통 없이는 살 수 없는 것입니까? 고통은 어디서 오는 것입니까, 그리고 고통은 또 무엇을 위해 있는 것입니까? 동학농민전쟁과 6·25 그리고 80년 광주에 이르기까지 우리의 현대사는 넘치는 고통으로 가득 차 있습니다. 용기 있는 사람들의 희생과 고통 덕분에 처절한 고통으로부터 어느 정도 벗어난 지금, 고통의 의미를 묻고 그것에 정당한 가치를 부여하는 것은 우리들 살아남은 사람들의 의무가 아니겠습니까?

편지 11

그리스적 자유의 이념

고통을 반성하는 것이 중요한 일이기는 하지만 그것이 전부는 아닙니다. 보다 중요한 것은 어떻게 반성하느냐 하는 것이지요. 똑같이 고통을 경험한다고 하더라도 그것을 어떻게 반성하느냐는 사람에 따라서 다를 수밖에 없습니다. 마찬가지로 똑같은 체험도 문화적 차이에 따라 반성하고 반추하는 태도는 다를 수 있습니다. 모든 비극은 고통에 대한 반성적 성찰이겠지만, 그 고통을 반성하고 미적으로 승화시키는 방식은 사람에 따라 또는 민족에 따라 다를 수밖에 없습니다.

또한 모든 문학이 그렇듯이 고통의 체험과 반성은 나름의 보편성을 가지고 있는 것이어야 합니다. 보편성을 담고 있지 않다면 그것은 예술적 가치를 가질 수 없습니다. 그런 의미에서 비극 역시 사사로운 고통의 체험을 반추하는 것이 아니라 한 시대의 한 민족이 더불어 느낀 고통을 반성하는 것이겠지요. 각 민족의 정신적 바탕이 어떠한가에 따라 똑같은 것을 보고 겪는다고 하더라도 고통을 반성하는 방식이 다를 수밖에 없고 그것을 통해 산출해낸 비극의 성격 역시 달라질 수밖에 없을 것입니다. 그런 까닭에 우리는 그리스 비극을 제대로 이해하기 위해서는, 고대 그리스인들이 비극작품을 만들어냈을 때 어떤 정신적 바탕 속에서 고통을 반추했는지를 살펴보아야만 할 것입니다.

그렇다면 그리스인들의 가장 본질적인 정신적 바탕이 무엇이었습니까? 한마디 말하자면 그것은 자유의 이념이었습니다. '진리가 너희를 자유케 하리라'는 말 있지요? 신약성경의 「요한복음」에 있는 말인데 네 복음서 가운데서도 「요한복음」은 특히 그리스인들을 상대로 씌어졌다는 것이 정설입니다. 그런데 곰곰 생각하면 신기하지 않습니까? 어떻게 기독교가 그리스인들에게 약속한 것이 하필 자유였을까요? 우리였더라면 예수 믿으면 살아서는 복을 받고 죽어서는 천당 간다고 말하면 그만이었을 텐데 말입니다. 그리스인들에게 자유가 얼마나 중요한 가치였으면 새로이 등장한 종교가 그들에게 다른 모든 것에 앞서 진리와 자유를 약속해야 했을까요? 그러니까 「요한복음」의 저 구절은 자유가 그리스 문화에서 차지하는 위치가 얼마나 중요한 것이었던가를 증언해주는 하나의 증거입니다. 특히 기원전 5세기의 시대정신을 이해하기 위해 우리는 이 시대가 그리스적 자유가 가장 온전한 의미에서 실현되었던 시대였음을 상기할 필요가 있습니다. 그리스 비극은 자유의 문화가 가장 찬란하게 꽃피었던 기원전 5세기의 예술양식입니다. 그러므로 그리스 비극의 정신적인 바탕을 제대로 이해하기 위해서는 다른 무엇보다 그리스인들에게 자유가 무엇이었는지를 해명할 필요가 있습니다.

그런데 가만 보면 그리스적 의미의 자유가 무엇인지 모르는 사람일수록 자유를 형이상학적으로 이해하려는 경향이 있습니다. 물론 자유는 여러 가지 의미에서 이해될 수 있는 까닭에 우리는 비단 정치적 자유뿐만 아니라 철학적인 자유나 종교적인 자유를 말할 수도 있을 것입니다. 이를테면 불교적 의미의 해탈도 자유라 할 수 있고, 기독교에서 말하듯이 죄악으로부터의 자유, 진리 안에서의 자유도 있겠지요. 또한 공자가 나이 70세가 되니 마음대로 해도 법에 어긋남이 없다고 말한 것도 자유라고 할 수 있을 것입니다. 이런 경우 자유란 자연적 욕구와 도덕적 규범이 조화롭게 합치하는 상태를 뜻하는 것일 수도 있겠지요. 이처럼 굳이 정치적 자유가 아니라도 여러 가지 의미의 자유가 있을 수 있을 것입니다.

그러나 그리스적 의미의 자유는 이런 것과는 전혀 다른 것입니다. 그리스인의 자유는 전적으로 정치적인 자유를 의미합니다. 그것은 해탈이나 구원 또는 공자가 말한 욕구와 규범의 조화와 비교하면 훨씬 덜 심오하고 더 세속적인 것처럼 보입니다. 그러나 그렇게 어찌 보면 심오할 것도 고상할 것도 없는 정치적인 자유의 원리야말로 그리스 문화를 위대하게 만들었던 정신적 바탕이었습니다. 생각해보십시오. 우리는 지금 누리는 정치적 자유와 민주주의를 얻기 위해 지난 백년 간을 그렇게 고통스럽게 싸워야 했습니다. 그런데 아테네인들은 민주주의의 창시자들로서 이미 2500년 전에 자유와 민주주의를 지금 우리가 누리는 것보다 더 완전하게 누리고 있었던 것입니다.

오늘날 우리는 민주주의 하면 제일 먼저 선거를 떠올립니다. 하지만 선거란 아테네인들에게는 민주주의의 상징이라기보다는 도리어 그들이 그렇게 거부했던 귀족정치의 상징이었습니다. 왜냐하면 권력이 선거를 통해 배분되면 결국에는 돈 있는 사람들만이 권력을 차지하게 될 테니까 말입니다. 가난한 서민이 어떻게 생업을 제쳐놓고 선거판에 뛰어들 수 있겠습니까? 이것은 그때나 지금이나 마찬가지입니다. 선거가 권력으로 통하는 유일한 출입문이 되어버리면 십중팔구 선거판은 부자들의 잔치가 되어버리고 권력은 다수 인민의 손을 떠나 소수의 부유한 귀족들에게 집중될 수밖에 없는 것입니다. 그것은 민주주의가 아니라 과두정이요 귀족정이며 최악의 경우에는 금권정치로 전락하게 됩니다. 그래서 아테네인들은 모든 시민이 권력에 참여할 수 있는 길을 제도적으로 보장하기 위해 원칙적으로 선거가 아니라 추첨을 통해 사람들을 공직에 앉혔습니다. 물론 굳이 그렇게 따로 사람을 뽑아야 할 필요가 없는 경우에는 모든 시민이 다 모여 국사를 직접 논의하고 결정했는데 그것이 이른바 민회라는 것입니다. 그러니까 아테네의 민주주의는 원칙적으로 직접민주주의요 그것이 불가능할 경우에는 추첨을 통해 자기들의 대표를 뽑았던 것입니다.

물론 예외없는 법칙이 없다는 말처럼 여기에도 예외는 있었습니다. 도저히 추첨으로 뽑을 수 없었던 관직이 있었던 것이지요. 그것이 장군이었습니다. 만약 전쟁터에서 장군을 추첨으로 뽑으면 어떤 일이 벌어지겠습니까? 잘못하면 무능한 장군의 명령 한 마디에 모든 병사들이 전멸할 수도 있지 않겠습니까? 그런데 전쟁에 나가야 할 병사들이란 바로 시민들 자신이었습니다. 이 당시 아테네에 군인이 따로 있었던 것이 아니기 때문입니다. 군인은 곧 시민들 자신이었습니다. 그런 까닭에 시민들이 되는대로 장군을 뽑았다가는 바로 자기들 자신이 파멸할 수도 있는 일이었습니다. 따라서 그들은 전쟁터에서 자기 자신을 가장 안전하게 지키고 승리를 얻기 위해 가장 탁월한 사람을 장군으로 선출했던 것입니다.

그렇게 자기들이 장군으로 선출한 사람에게 아테네 시민은 또한 스스로 복종했습니다. 전쟁터에서 규율이 없다면 결코 전쟁에서 승리할 수 없다는 것을 그들도 모르지 않았기 때문입니다. 그러나 아테네 시민들이 또한 모두 군인이었고 폴리스는 본질적으로 군인 공동체였으며 그들이 살았던 시대가 언제나 전쟁의 가능성에 노출된 시대였다 해서 그들이 전쟁터의 일사불란함에 길들여졌던 것은 결코 아닙니다. 그들은 전쟁터에서는 일사불란하게 지휘관의 명령에 복종했으나, 전쟁터를 떠나면 다시 자유롭고 평등한 시민으로 돌아왔습니다. 그리고 자기들이 스스로 선출하고 복종했던 장군의 처사에 잘못된 점이 있었다면 그것을 가차없이 비판하고 탄핵했습니다. 예를 들면 『펠로폰네소스 전쟁사』를 쓴 투퀴디데스(Thukydides)라는 역사가가 그런 경우인데, 이 사람은 아테네의 명문가 출신으로 아테네와 스파르타 사이에서 벌어졌던 펠로폰네소스 전쟁에 장군으로 참전했던 사람이었습니다. 그런데 전쟁 중 인접부대에서 지원요청이 왔을 때 투퀴디데스의 부대는 그 요청에 즉각 응답하여 부대를 출동시키지 않았습니다. 그 결과 인접부대는 막대한 타격을 입었는데, 나중에 아군의 지원요청에 제때 응답하지 않은 투퀴디데스의 처사가 아테네 민회에서 문제가 되었습니다. 그는 이 일로 탄핵당해 국외추방이란 판결을 받았지요. 이에 따라 그는 아테네를 떠나 약 20년간 유랑생활을 하게 되었는데 『펠로폰네소스 전쟁사』는 이 시기에 씌어진 책입니다.

투퀴디데스의 경우는 그래도 양호한 편이지만 경우에 따라서는 전쟁터에서 돌아온 장군들이 탄핵을 받아 사형에 처해지는 경우도 없지 않았습니다. 국외추방이든 사형이든 자기들이 뽑았던 장군의 실수에 대해 그토록 가혹하게 책임을 물었다는 것이 지금 우리의 눈으로 볼 때에는 놀라운 일이 아닐 수 없습니다만, 당시 아테네인들은 그런 방식으로 시민이야말로 모든 권력의 참된 주체라는 것을 확인했던 것입니다.

그리스적 자유란 이처럼 철저히 정치적인 자유였습니다. 그것은 사회적 삶 속에서 내가 나의 주인이라는 것, 즉 어느 누구도 나를 타율적으로 지배할 수 없다는 것을 의미합니다. 간단히 말해 어느 누구도 다른 사람 앞에서 비굴하게 머리 숙이지 않는 것, 이것이 그리스적 자유의 요체인 것입니다. 이들에게 자유인의 긍지가 얼마나 컸으면, 신에게 기도할 때조차 머리를 숙이지 않았겠습니까. 이런 자유인의 존재를 가리켜 아리스토텔레스는 "자기 자신을 위하여 있음"이라 규정했습니다. 자유란 인간이 자기 자신의 주인으로서 존재하는 것을 의미합니다. 이에 반해 노예는 자기가 자기의 주인이 아닙니다. 그의 주인은 자기가 아닌 다른 사람인 것입니다. 그리고 그는 자기를 위하여 사는 것이 아니라 주인을 위하여 살 수밖에 없습니다. 그러나 자유인은 자신의 주인으로서 자기를 위하여 살며 자기 아닌 어떤 다른 사람에게도 예속되지 않습니다.

그러나 자유인이 자기를 위해서 산다는 것은 그가 고립된 단독자로서 산다는 것을 의미하지 않습니다. 왜냐하면 인간은 사회적 동물인 까닭에 인간의 삶이란 어떤 경우에도 사적인 것일 수 없으며 언제나 사회적이고 공공적인 것일 수밖에 없기 때문입니다. 따라서 우리가 참된 의미에서 자기 삶의 주인이 되기 위해서는 우리가 사는 세상의 주인이 되지 않으면 안 됩니다. 생각해보십시오. 나는 언제나 사회 속에서 살 수밖에 없습니다. 그리고 나는 내가 사는 나라의 법칙을 따를 수밖에 없습니다. 그런데 내가 사는 사회 내가 사는 나라의 법칙과 질서가 내가 원하지 않는 것을 나에게 강요하고 나는 어쩔 수 없이 그에 따라야 한다면, 그때 나는 내 삶의 주인이라 할 수 없을 것입니다. 그러므로 내가 온전한 의미에서 내 삶의 주인이 되기 위해서는 내가 사회와 국가의 주인이 되지 않으면 안 됩니다. 내가 나랏일에 적극적으로 참여하여 사회와 나라의 법과 질서를 스스로 형성하고 다스릴 수 있을 때 비로소 나는 사회 속에서 나 자신의 주인이 될 수 있는 것입니다. 이처럼 우리가 사는 세상을 우리들 자신이 적극적으로 만들어 나가는 것이야말로 정치의 본질입니다. 그리스인들의 자유는 단지 소극적인 자유로서 누구에 의해서도 억압받지 않는다는 의미에서 외적 강제로부터 벗어나 있음을 뜻할 뿐 아니라, 동시에 정치적 참여를 통하여 세상을 능동적으로 형성해나가는 것에 존립하는 것이었습니다. 바로 이런 의미에서도 그리스적 자유는 정치적 자유였습니다. 즉 그들에게서 개인의 자유는 종교적·학문적 수양이 아니라 오로지 정치적 실천을 통해서만 완성되는 것이었기 때문입니다.

그리스인들은 이런 자유를 삶의 최고 가치로 알았던 사람들이었습니다. 그리고 기원전 5세기는 그리스인들의 역사 속에서도 이런 정치적 자유가 가장 탁월한 방식으로 실현되었던 시대였습니다. 비극은 바로 그 시대, 기원전 5세기의 예술입니다. 비극은 그렇게 자유로웠던 시대에 자유로운 사람들이 만들어낸 예술입니다. 긍지 높은 자유인들이 만들어낸 예술, 자유인들이 삶의 고통을 반성하여 빚어낸 예술이 그리스 비극이었던 것입니다.

편지 12
당함의 비극과 행함의 비극

슬픔이란 무엇인가요? 우리는 언제 슬픔을 느끼나요? 많은 사람들에게 슬픔은 수동적인 당함에서 생겨납니다. 나의 욕망이 타자적인 힘에 의해 부정될 때 우리는 슬픔을 느끼지요. 이런 경우 우리에게 슬픔과 고통을 가져다주는 원인, 즉 슬픔의 원인은 나의 밖에 있습니다. 여기서 내가 고통에 떨어지는 것은 나 밖의 타자에 의해 내가 당하기 때문입니다. 이처럼 내가 당함에 의해 고통에 떨어지는 것은 특히 내가 사회 속에서 무기력할 때 더 많이 발생합니다. 내가 나를 지킬 힘이 없을 때 내가 타자적 원인에 의해 고통에 빠질 확률은 그만큼 더 높아집니다.

생각하면 우리가 역사 속에서 경험해야 했던 고통과 슬픔도 대부분 그런 종류가 아니었던가요? 우리는 봉건시대에는 정치권력에 의해 수난을 당했고 그것이 끝에 이르자 이번에는 식민지 지배자들에 의해 수난을 당해야만 했습니다. 6·25전쟁을 전후해서는 이념 대립의 소용돌이 속에서 수많은 사람들이 자기가 왜 죽어야 하는지도 모르는 채 죽어가야 했지요. 이른바 제주 4·3사건 당시에 공산주의자로 몰려 학살당한 사람들이 유족들의 신고에 따라 드러난 통계만으로도 무려 1만 4천 명이 넘는데, 그 가운데 스무 살 아래 어린이와 청소년이 3840명이나 되고 60세 이상 노인들이 860명이나 된다고 합니다.[1] 다시 그 가운데 열 살 아래의 어린이들도 814명이나 되었다 하는데 그 아이들이 죽으면서 자기가 왜 죽어야 하는지 알기나 했을까요? 그 뒤 박정희에서 전두환을 거쳐 노태우까지 이어지는 군사정권 아래서 우리가 겪어야 했던 고통의 원인은 근본적으로 우리 밖의 불의한 권력이었습니다. 그러니까 이런 역사 속에서 우리가 겪어야 했던 고통과 슬픔은 무엇보다 수동적인 당함에서 생겨난 것이라 말할 수 있습니다. 그래서 우리는 비극이라면 무엇보다 당함의 비극을 먼저 생각합니다. 춘향이 변 사또에게 당하고, 콩쥐가 팥쥐 엄마에게 당하고, 흥부가 놀부에게 당하고 하는 일들이 모두 약한 사람들이 남에게 당해서 불행에 빠져드는 것이라고 생각되는 것이지요.

그러나 그리스인들의 비극은 일면적인 당함의 비극이 아니었습니다. 왜냐하면 그들은 자유인들이었기 때문입니다. 어떻든 모든 고통은 수동적인 당함에서 비롯됩니다. 하지만 일면적인 당함의 비극은 자유인의 비극이 아닙니다. 자유인은 자기 삶의 주인이기 때문에 다른 사람의 강제 아래 있지 않습니다. 따라서 그는 그렇게 일방적으로 타자의 폭력 앞에 당하고 있지만은 않는 것입니다. 따라서 그들에게 발생하는 고통은 어떤 의미에서는 타자에 의해 촉발되는 것이 아니었습니다. 오직 직접·간접적인 타자의 강제 아래서 삶을 살 수밖에 없는 사람에게 비극은 타자에 의한 수난으로 일어나는 것입니다. 그런데 그리스 정신은 일반적으로 말해 사람이 남에게 노예적으로 수난당하는 것을 마냥 동정의 눈으로 보지는 않습니다. 플라톤이 『잔치』(Symposion)에서 말하는 것에 따르면, 남에게 불의한 일을 행하는 것도 부끄러운 일이지만, 마찬가지로 남에게 불의한 일을 당하면서도 용기가 없어 저항하지 못하는 것 역시 부끄러운 일입니다. 그러니까 그리스적 감수성에서 보자면 남에게 무기력하게 수난을 당하는 것은 동정의 대상이라기보다는 멸시의 대상에 더 가까운 것입니다. 이런 사정은 지금도 마찬가지입니다. 이를테면 우리가 미국에게 비굴하게 당하고 사는 것은 미국인이나 서양사람들에게는 조금도 동정심을 불러일으키지 않습니다. 노예적 굴종에서 비롯되는 고통은 연민이 아니라 멸시의 대상일 뿐입니다. 당연히 그런 종류의 수난은 예술적 승화의 대상이 될 수도 없습니다. 예술은 감동을 주어야 하는데, 어떻게 멸시의 대상이 사람에게 감동을 줄 수 있겠습니까?

그리스 비극은 당함의 비극, 노예의 비극이 아니라, 자유인의 비극이었습니다. 자유인의 비극은 본질적으로 행함의 비극입니다. 그리스인들이 비극을 드라마(drama)라고 불렀던 것은 뜻없는 우연이 아니었을 것입니다. 드라마라는 말은 행위를 뜻하는 말이거든요. 비극이 드라마라는 것은 어쩌면 그것이 수동적 당함이 아니라 능동적 행함에서 비롯되는 이야기임을 뜻하는 것이 아니겠습니까? 그러나 이름이 어찌 되었든 중요한 것은 그리스 비극에서 인간을 비극적 고통에 빠뜨리는 것, 즉 비극성 자체가 원칙적으로 수동적 당함으로 이해되지 않는다는 사실입니다. 내가 남의 강제에 의해 속수무책으로 당하는 것이 비극이라면 그런 비극은 자유인의 긍지에 비추어 참을 수 없는 모욕이며 남에게 말하기조차 부끄러운 일일 뿐입니다. 그런 것이 비극이라면 아마도 그리스인들은 이렇게 물었을 것입니다. 왜 당신은 그런 고통에 대항해 싸우지 않고 그냥 당하고 있는가?

비극예술이 보여주어야 할 고통은 한편에서는 보편적인 고통이어야 하지만 다른 한편에서는 필연적인 고통이어야 합니다. 아무런 필연성도 없는 고통을 보여주면서 그것에 대해 연민이나 감동을 느끼라고 하는 것은 무리한 요구입니다. 제거할 수 있는 고통이나 제거해야 할 고통을 자기의 게으름이나 비겁함 때문에 제거하지 못하고 당하고 있는 사람이 있다면 그가 겪는 고통은 필연적인 고통, 즉 불가피한 고통이 아닙니다. 우리가 그런 고통을 보면서 아무런 연민도 느낄 수 없는 까닭은 그런 고통은 피할 수 있는 고통이기 때문입니다. 오직 누군가가 자기의 비상한 용기와 성실함에도 불구하고 피할 수 없는 고통에 처할 때, 우리는 그에 대해 깊은 연민을 느끼게 되는 것입니다.

물론 자유인 역시 자유를 잃을 위험에 처할 수도 있고, 삶의 부침에 따라 타자적 강제 아래 고통받을 수 있습니다. 예를 들어 안티고네가 바로 그런 경우입니다만, 그는 자기 나라의 왕이었던 크레온의 명령을 거역한 죄로 죽음에 처해지게 됩니다. 안티고네의 오빠인 폴리네아케스가 테바이를 침공해 전투를 벌이다 사망했을 때, 테바이의 왕 크레온은 에테오클레스가 조국에 대해 반역죄를 범했으므로 그의 시신을 장사지내면 안 된다는 명령을 내리지요. 그러나 안티고네는 오빠가 반역자이긴 하지만 자신은 가족의 의무를 다하기 위해 그 명령을 어기고 오빠의 시신을 흙으로 덮고 장사지내줍니다. 그런데 나중에 그것이 발각되어 죽음을 당하게 되지요. 이 비극에서 안티고네는 아무런 권력도 소유하지 않은 사회적 약자였던 까닭에 타자적 강제에 의해 고통받게 됩니다. 그러나 이 극에서 중요한 것은 안티고네가 수동적으로 고통을 당한다는 사실이 아니라, 앞으로 그가 당할 모든 고통에도 불구하고 안티고네가 자기의 주체적 결심을 포기하지 않았다는 사실입니다. 만약 안티고네가 약자여서 강한 자의 폭력에 수동적으로 고통받고 수난당하는 것이 전부였더라면, 그런 고통은 그리스인들에게는 아무런 감동도 불러일으키지 못했을 것입니다. 단순히 약한 자가 자기의 약함 때문에 당하는 고통은 그 자체로서는 어떤 정신의 크기도 보여주지 못하기 때문입니다. 그러나 안티고네는 자기가 명령을 어길 때 당해야 할 고통을 뻔히 알고 있으면서도 자기의 의무를 다하기 위해 명령에 따르기를 거부하고 오빠의 시신을 흙으로 덮어줍니다. 그렇게 함으로써 그는 고통받게 되는데, 그러니까 그가 받는 고통은 단순히 남에게 수동적으로 당한 것이 아니라 그가 능동적으로 무엇인가 가치 있는 일을 행함으로써 초래한 일이었던 것입니다.

이런 사정은 우리가 잘 아는 오이디푸스 왕의 경우에도 마찬가지입니다. 그가 델포이의 신전에 가서 자기의 부모가 누구인지를 신에게 물었을 때, 델포이의 신은 묻는 말에는 대답을 하지 않고 그가 자기의 친아버지를 죽이고 친어머니와 결혼할 운명을 타고 태어났다는 말을 하지요. 그 말을 들었을 때 오이디푸스는 어떻게 했던가요? 그는 운명에 저항하기 시작합니다. 만약 그가 신들에 의해 결정된 자신의 운명을 어쩔 수 없는 일이라 받아들이기로 하고 다시 부모의 집으로 돌아갔더라면, 도리어 그는 자기에게 내려진 저주스런 운명을 피할 수 있었을 것입니다. 그가 자기의 부모라고 알고 있었던 사람들은 사실은 자기의 친부모가 아니었기 때문입니다. 그러나 오이디푸스는 긍지 높은 자유인이었습니다. 아무리 강한 힘이 자기 밖에서 자기의 삶을 강제적으로 규정하려 든다 할지라도 자기가 스스로 원해서 결단하지 않는 한 외적 강제에 고분고분 굴종하거나 순응하지 않는 사람이 자유인입니다. 대개 사람들은 그 외적 강제가 자기가 이길 수 없을 만큼 강할 때에는 그에 순응하는 것이 삶의 지혜라고 생각하고는 아무런 부끄럼 없이 그것에 굴종합니다. 그러나 오이디푸스는 그렇게 하지 않았습니다. 운명을 거역한다는 것이 무엇을 의미하는지 모든 그리스인들이 잘 알고 있었음에도 불구하고 오이디푸스는 부당한 운명 앞에서 머리를 숙이려 하지 않았습니다. 그리하여 그는 부당한 운명에 저항하여 집을 떠나는데 그의 모든 불행은 이처럼 그가 운명에 능동적으로 저항할 때부터 예비된 일이었던 것입니다.

그리스 비극이 보여주는 정신의 위대함과 숭고는 이처럼 그것이 당함의 비극이 아니라 행함의 비극을 보여준다는 데 있습니다. 그리스 비극의 주인공들은 단순히 자기의 힘이 약해서 수난을 당하는 것은 아닙니다. 물론 안티고네는 크레온의 권력 앞에서 무력한 여인이었습니다. 오이디푸스 역시 마찬가지입니다. 운명의 힘 앞에서 그는 정말 아무것도 아닌 인간에 지나지 않았습니다. 그들은 그렇게 압도적인 타자적 힘 앞에서 수난받고 고통받습니다. 막강한 정치권력 앞에서 한 사람의 여인이 무엇이며, 변경할 수 없는 운명의 힘 앞에서 인간의 의지 따위가 무엇이겠습니까? 아무것도 아닌 것이지요. 그리고 아무것도 아닌 인간은 자기가 어찌할 수 없는 외부의 힘 앞에 맞설 때 파멸할 수밖에 없는 것입니다.

그러나 여기서 중요한 것은 인간의 힘이 약하다는 사실 자체가 아닙니다. 정말로 중요한 것은 어찌할 수 없는 운명의 힘이나 폭력적인 정치권력 앞에서 자기가 무기력하게 파멸할 수밖에 없다는 것을 알면서도 자유로운 인간은 자신의 신념을 굽히려 하지 않는다는 사실입니다. 그리고 그는 자기의 신념에 따라 자유로이 결단하고 행위합니다. 이 자유로운 결단과 행위가 비극을 낳습니다. 그런 한에서 그리스 비극의 주인공들은 스스로의 행위를 통해 비극적 상황을 조성하게 됩니다. 이런 의미에서 그리스 비극은 당함의 비극이 아니라 행함의 비극인 것입니다.

편지 13

중국의 비극

　그리스 비극의 이런 특징을 보다 잘 이해하기 위해 중국의 비극이란 것을 한번 살펴보는 것도 나쁘지 않을 것입니다. 장파(張法)라는 중국사람이 쓴 『동양과 서양 그리고 미학』이란 책에 보면 중국의 비극과 서양의 비극에 대한 흥미있는 비교가 있습니다. 장파는 중국의 비극정신을 설명하기 위해 송나라 때의 시인 육유(陸游)의 예를 들고 있습니다. 육유는 사촌누이 당완(唐婉)을 아내로 맞았는데 금실이 아주 좋았습니다. 그런데 육유의 어머니가 당완을 미워해 고부갈등이 심해지자, 육유는 결국 당완을 버리고 재혼합니다. 장파의 설명에 따르면 "육유는 당완을 사랑하면서도 효자였기 때문에 진퇴양난의 곤경에 빠지고, 결국은 어머니의 분부에 따라 당완을 버리고 말았다"고 합니다. 당완과 이혼을 한 뒤에 육유는 다른 사람과 재혼을 하여 살았습니다. 아마도 이번에는 고부갈등이 없었던 모양입니다. 그리고 당완도 재가를 합니다. 그렇게 두 사람이 헤어져 오랜 세월이 흐른 뒤, 어느 날 육유가 봄놀이를 갔다가 당완을 만납니다. 당완은 술상을 내어 육유를 대접하고, 육유는 「채두봉」(釵斗鳳)이라는 시를 써서 그에 화답했다지요.

발그레한 손엔 황등주
성 안 가득한 봄빛, 궁궐 담장엔 버들가지
동풍 세차게 불더니 즐거움을 날려버렸네.
온 맘 가득 괴로움, 세월도 이별의 아픔 끊지 못하네.
잘못된 거야! 잘못됐어! 잘못됐어!
봄은 예 같은데, 사람은 부질없이 야위었구나
붉은 눈물 자욱 손수건에 가득
복사꽃은 지고, 연못 누대는 텅 비었네
굳은 맹세 여전하지만, 그 마음 띄울 수 없으니
안 된다! 안 돼! 안 돼![2)]

장파는 전형적인 중국의 비극을 보여주기 위해 육유와 당완의 경우 외에도 다른 여러 예들을 소개하는데 그 가운데 하나가 원나라 말기의 희곡 『비파기』(琵琶記)의 주인공 채백개(蔡伯喈)의 경우입니다. 채백개 역시 아내와 금실이 좋았던 사람이었습니다. 그런데 그의 아버지는 그에게 과거시험에 급제해 집안을 빛내기를 바랍니다. 채백개는 사랑하는 아내와 고향에서 사는 것이 더 좋아 처음에는 아버지의 뜻을 거절합니다만 거듭되는 아버지의 강요에 못 이겨 결국에는 서울로 가서 과거시험을 보게 되지요. 다행히 그는 장원급제하지만, 불행하게도 재상의 눈에 들게 되고 재상은 그를 데릴사위로 삼으려 합니다. 그는 아내를 사랑하지만 황제와 재상은 그의 생각을 무시하고 결혼을 명합니다. 그는 황제의 명령에 따라 재상의 데릴사위가 되어 수도에 머물게 되지만, 고향에 돌아가 부모를 뵈려는 소망조차 허락되지 않습니다. 그가 떠난 후 고향에는 재난이 생겨 부모가 모두 돌아가시고 본처인 조오랑(趙五娘)은 갖은 고초를 겪으며 남편을 찾아 나섭니다. 다행히 재상의 딸이 어질어서 그 집에 들어가게 되고, 결국은 일부이처로서 대단원의 막이 내립니다.

　나는 중국문학에 문외한인지라, 이런 이야기들이 장파의 말대로 중국의 전형적인 비극정신을 보여주는 것인지 아닌지 알 수는 없습니다. 더 나아가 이런 비극정신이 한국적 비극에도 적용될 수 있는 것인지는 더더욱 모르겠습니다. 그러나 내가 분명히 말할 수 있는 것은 이런 이야기는 그리스적 관점에서는 비극이 될 수 없다는 사실입니다. 장파는 위의 이야기를 가리켜 비극적 복종이라 말합니다. 아무튼 그 이야기들이 불행한 이야기인 것은 부인할 수 없는 사실입니다. 그리고 모든 불행이 구별없이 비극적이라 불릴 수 있다면 장파가 드는 이야기들도 모두 비극적이라 할 수 있을 것입니다. 그러나 그리스적 관점에서 본다면 모든 고통과 불행이 비극적인 것은 결코 아닙니다. 오직 인간 정신의 숭고를 보여주는 고통만이 참된 의미에서 비극적일 수 있기 때문입니다.

　장파가 말하는 중국의 비극은 자유인의 비극이 아니라 노예의 비극입니다. 장파식으로 말하자면 복종의 비극이지요. 여기서 그가 하는 말을 한번 직접 들어볼까요?

　　……주인공들은 모두 무력하고 모순적이다. 그들은 감정적으로는 반예교와 소례의 편에 서지만, 이성적으로는 예나 대례의 편에 서야 한다고 느낀다. 여기서 우리는 중국인이 진퇴양난의 모순 속에서 개인의 욕망을 천지법칙에 의거한 '예'에 복속시킴으로써 분쟁을 없애고 안정국면으로 나아갔음을 알 수 있다. …… 육유는 모친에게 복종하며, 채백개는 재상에게 굴복한다. 하지만 이런 곤경이 비극적인 것과 마찬가지로 이런 복종 역시 비극적이다.[3]

　알기 쉽게 말하자면, 부부간의 사랑은 작은 예인 반면 효도는 보다 큰 예이고, 사랑이나 효도가 보다 작은 예라면 충성은 보다 큰 예라는 말입니다. 그런데 육유나 채백개의 경우 모두 그들의 삶에서 소례(小禮)와 대례(大禮)가 충돌함으로써 비극적 곤경에 처하게 된다는 것이 장파의 이야기입니다. 재미있는 것은 여기서 장파는 소례는 감정에 속하고 대례는 이성에 속한다고 본다는 것입니다. 쉽게 말하자면 사랑이 사적인 감정에 속하는 것이라면, 임금이나 재상에 대한 충성은 이성적인 당위에 속한다는 말이지요. 개인의 입장에서 볼 때, 어머니의 뜻이나, 임금의 뜻을 따르기 위해 사랑하는 아내와 헤어지는 것은 불행하고 고통스런 일이지만, 이를 통해 "개인의 욕망을 천지법칙에 의거한 예에 복속시킴으로써" 천하의 질서를 보존하게 된다는 것입니다.

장파가 우리에게 보여주는 비극은 우리에게 약간의 연민을 느끼게 하는 이야기임에는 틀림없습니다. 육유나 채백개 그리고 당완과 조오랑의 운명을 생각하면 아무튼 불쌍하다는 느낌이 드는 것은 부인할 수 없는 일이지요. 그러나 그들의 이야기는 나에겐 눈곱만큼의 감동도 불러일으키지 않습니다. 그것은 봉건적 질서 속에서 고통받는 인간에 대한 연민을 불러일으키기는 하지만, 그 연민은 단순한 연민일 뿐 결코 그 이상의 어떤 감동도 주지 못하는 것입니다. 그 까닭이 무엇이겠습니까? 그것은 그들의 고통에는 아무런 정신의 크기도 깃들여 있지 않기 때문입니다. 그들은 포기할 수 없는 가치를 실현하기 위해 싸우다가 고통받는 것이 아니라 저항할 수 없는 외적 강제에 굴종함으로써 고통받았을 뿐입니다. 장파는 중국의 비극적 주인공들의 행위를 정당화하기 위해 그들이 개인의 욕망을 천지법칙에 의거한 예에 복속시킨 것이라 말하고 있습니다. 놀랄 만한 궤변입니다. 그것은 정당하게 혼인한 아내와의 결혼관계는 한갓 사사로운 욕망의 문제이고, 정당한 결혼을 어머니나 재상의 사사로운 감정 때문에 파기하는 것이 이성적인 천지법칙을 따르는 것이라는 말인데, 이것이야말로 불의한 현실을 정당화하기 위해 이성을 참칭하는 전형적인 사례가 아니고 무엇이겠습니까?

장파는 이런 상황을 "어쩔 수 없는 곤경의 비극"이라고 말하면서, 이런 작품들이 스스로 묻는 방식으로 자기 문화를 힐문하는 것이라고 합니다. 쉽게 말하자면 한편에서는 잘못된 사회질서에 어쩌지도 못하고 굴종하면서 다른 한편으로는 그것에 대해 불평불만을 늘어놓는다는 말인데, 이것이야말로 전형적인 노예의 행태가 아닐 수 없습니다. 앞에서는 아무 소리 못하고 당하기만 하면서 뒤에서는 혼자 중얼거리는 것이지요.

그러나 이런 식의 행동에서 우리가 무슨 감동을 받을 수 있겠습니까? 육유와 채백개의 삶은 아무튼 불쌍합니다. 우리에게 연민과 동정을 느끼게 하지요. 그러나 그 연민은 인간성의 숭고에 대한 감동과 더불어 발생하는 것이 아닙니다. 도리어 장파가 보여주는 중국적 비극의 주인공이 우리에게 불러일으키는 연민은 불의한 현실 앞에서 비굴하게 굴복하는 노예적 인간에 대한 멸시를 동반한 것으로서, 한마디로 아무런 감동 없는 연민인 것입니다. 어디서든 노예적으로 당하기만 하면서 참고 인내하고 순응하는 것 속에 비극성이 있다고 말하는 것은 어불성설입니다. 비극은 노예에게서는 있을 수 없습니다. 거기에는 어떠한 숭고도 없기 때문입니다. 아무런 정당성도 없는 사회질서 아래서 아무 저항도 하지 못하고 굴종하면서 고통받는 것은 비굴한 노예의 비극입니다. 그리스적 관점에서 본다면 이렇게 발생하는 비극적 현실은 타도되어야 할 현실이지 절대로 미적으로 승화되어야 할 현실이 아닙니다.

장파가 보여주는 중국의 비극에 비하면 춘향은 똑같이 불의한 봉건질서 아래서 고통받는 사람이지만 훨씬 더 숭고한 모습을 보여줍니다. 춘향도 불의한 사회제도 아래 묶여 있는 여인입니다. 그는 기생의 딸로서 인간의 존엄을 사회적으로 전혀 인정받지 못하는 천민입니다. 객관적으로 보았을 때 그는 기존 질서 안에서 어쩔 수 없이 사로잡힌 노예에 지나지 않습니다. 변 사또는 수청을 들라는 명령을 통해 이런 춘향의 노예상태를 확인하려 합니다. 성적 자기결정권, 사랑의 자기 결정권을 갖지 못한 사람이 자유인일 수는 없습니다. 춘향에게 변 사또가 그런 명령을 내릴 수 있다는 사실 자체가 춘향이 묶인자임을 보여주는 것입니다. 그러나 그렇게 외적으로는 노예적으로 사로잡힌 상태에서 춘향은 어떻게 대처했던가요? 그는 그 명령에 복종하지 않았습니다. 그러기는커녕 춘향은 너무도 당당하게, 눈 하나 깜짝하지 않고 변 사또의 불의함을 탄핵합니다. 이를 통해 그는 자기가 몸은 노예상태에서 묶여 있지만 그의 정신은 자유롭다는 것을 보여주었습니다. 바로 이런 용기, 노예가 아니라 오직 자유인에게 합당한 용기가 춘향을 더욱 불행하게 만듭니다. 그는 막강한 권력에 저항함으로써 보복 당할 수밖에 없었던 것입니다. 그러나 우리가 춘향에게서 느끼는 정신의 크기와 숭고는 그가 보여주는 바로 그 용기에서 비롯되는 것입니다.

우리가 이런 것을 생각하면 자유인의 비극이냐 노예의 비극이냐 하는 구분이 단순히 기존의 사회질서에 기인하는 것이 아님을 알 수 있습니다. 『춘향전』은 똑같이 봉건질서의 한계 속에서 만들어진 작품이지만 인간의 보편적인 긍지를 보여줍니다. 춘향은 신분으로는 노예였으나 마음으로는 결코 노예가 아니었던 것입니다. 따지고 보면 오이디푸스 역시 운명 앞에서 어쩔 수 없는 노예에 지나지 않습니다. 그러나 그는 불의한 운명에 굴종하지 않았습니다. 그런 의미에서 춘향이든 오이디푸스든 모두 같은 자유인들이었던 것입니다.

편지 14

하마르티아

나는 그리스 비극이 자유인의 비극이며, 당함의 비극이 아니라 행함의 비극이라고 말했습니다. 그것은 우선 주인공이 당하는 고통이 원천적으로 그 자신의 행위에서 비롯된다는 것을 뜻하는 말이었지요. 쉽게 말하자면 그것은 고통의 원인이 자기 자신에게 있다는 말이기도 합니다. 다른 사람의 악행이 아니라 자기 자신의 과오로 말미암아 고통받는다는 것입니다.

여기서 다시 장파의 말을 보태자면, 그는 중국문학에서 흔히 등장하는 비극적 상황설정이 충신과 간신의 대립이라고 합니다. 어리석은 황제 아래서 충신이 간신의 간계에 의해 불행에 빠진다는 것이지요. 생각해보면 이것은 중국문학의 경우만이 아닙니다. 서양의 비극에서도 셰익스피어 『오셀로』의 이아고처럼 간사하게 사람 사이를 이간질해서 선량한 사람에게 치명적인 불행을 안겨주는 간신이 있습니다. 그리고 굳이 간신이 아니라도 사람에게 나쁜 짓을 일삼는 악당들이 세상에는 많이 있고, 때때로 우리는 그런 나쁜 사람의 간계로 인해 불행에 빠지기도 합니다. 그러니 동서양을 막론하고 문학에서 그런 인간을 만나는 것은 조금도 이상한 일이 아니지요. 아니 거창하게 문학을 들먹일 것도 없이 사람들이 즐겨 보는 TV 드라마에 그런 악한이 나오지 않는다면 무슨 재미로 사람들이 드라마를 보겠습니까?

그런데 그리스인들의 비극을 유심히 살펴보면 그들은 비극 속에서 그런 간신들이나 악한들을 즐겨 등장시키지 않았습니다. 사람이 더 이상 부러울 것이 없는 행복한 삶을 살다가 사악한 타인의 간계나 음모에 말려들어 불행의 나락으로 떨어진다는 식의 이야기는 그리스 비극에서는 매우 낯선 상황설정입니다. 왜냐하면 그리스 비극에서는 원칙적으로 비극의 씨앗이 자기 속에 있기 때문입니다. 어떤 간신이나 악당 때문에 누군가가 불행에 빠진다면, 그 불행은 타인에 의해 유발된 불행입니다. 그러나 그리스 비극이 자유인의 비극이라는 것은 비극성이 고통받는 사람 자신 속에서 근거지어진다는 것을 의미합니다. 노예의 비극은 비극성의 근거가 자기 밖에 있습니다. 그러나 자유인의 비극은 비극의 씨앗이 타인 속에 있지 않고 자기 속에 있는 것입니다. 자유인에게 자기의 긍지가 자기에게서 비롯된 것이듯이, 자기의 불행 또한 자기에게서 비롯된다는 것, 이것이 그리스 비극이 그려 보이는 고통의 내재성입니다.

아리스토텔레스는 그렇게 비극적 고통을 초래하는 과오를 하마르티아(hamartia)라고 불렀습니다. 아리스토텔레스는 이 말의 의미를 명확하게 설명하지는 않습니다. 하지만 그가 비극의 주인공은 "악덕이나 비행 때문이 아니라 어떤 과오 때문에 불행에 빠진 인물"이어야 한다고 말하는 것을 보면 하마르티아가 처벌받아 마땅한 죄악을 의미하는 것이 아님이 분명합니다. 사실 누군가가 천인공노할 만행을 저지른 뒤에 그 잘못 때문에 고통을 당한다면, 우리는 그의 고통에 대해 연민을 느끼기 어려울 것입니다. 왜냐하면 그때 그의 고통은 자기 자신의 죄에 대한 정당한 대가라고 여겨질 것이기 때문입니다. 그러므로 하마르티아란 단죄되어야 할 악행이라기보다는 인간이기 때문에 누구라도 범할 수 있는 과오나 실수라고 할 수 있습니다. 물론 그렇다고 해서 하마르티아가 사소하거나 경미한 잘못을 의미하지는 않습니다. 예를 들어 오이디푸스가 길을 가다가 친아버지 일행과 시비 끝에 아버지를 살해하는 것은 존속살인이란 점에서 심각한 과오임에 틀림없습니다. 그러나 그것은 오이디푸스가 아버지의 정체를 전혀 알지 못하는 상태에서 일어난 일인데다 그의 입장에서는 정당방위이기도 했던 까닭에 전체 정황을 고려할 때 결코 사악한 범죄행위라고 말할 수는 없을 것입니다. 그러나 그가 알고 한 일이든 모르고 한 일이든 그가 아버지를 살해했다는 것은 움직일 수 없는 사실이며 또한 그것은 그냥 지나쳐버리기에는 객관적으로 볼 때 너무도 심각한 사건이기도 합니다. 경위야 어떠하든 아버지를 살해한 사람은 오이디푸스요, 책임져야 할 사람도 오이디푸스인 것입니다.

그러나 여기서 오이디푸스가 살인에 대해 책임을 져야 하고 또 실제로 그가 자기의 과오 때문에 엄청난 고통을 당하게 되지만, 우리는 누구도 그의 고통을 보면서 고소하다고 느끼지는 않을 것입니다. 도리어 우리는 그의 고통 앞에서 참을 수 없는 연민과 동정심을 갖게 되는 것입니다. 그 까닭은 오이디푸스의 잘못이 전두환의 광주학살극 같은 악행과는 종류가 다르다는 것을 우리가 알고 있기 때문입니다. 물론 그것은 살해당한 사람의 수가 많거나 적은 것과는 아무 상관이 없습니다. 광주학살극의 경우에는 사악한 의도를 가지고 치밀하게 계획된 악행이었으나, 오이디푸스의 경우에는 아무런 악의도 없는 상태에서 단지 무지와 성격의 과격함이 만들어낸 우발적인 사고였던 것입니다.

원래 하마르티아란 창을 던질 때 표적을 빗맞추는 것을 뜻하는 말이었습니다. 사람들은 삶에서 올바른 목표에 도달하기 위해 최선을 다합니다. 선량하고 고귀한 사람일수록 더욱 그렇겠지요. 그러나 아무리 활을 잘 쏘는 사람이라도 언제나 표적을 정확히 맞출 수는 없습니다. 우리의 인생도 다르지 않습니다. 우리는 최선을 다해 올바른 표적을 맞추기 위해 애를 쓰지만 우리의 의도와 노력이 언제나 우리가 실제로 수행한 결과와 합치하는 것은 아닙니다. 따지고 보면 오이디푸스의 비극도 그의 의도가 현실적 결과와 어긋났던 까닭에 생긴 일이 아니었던가요? 그는 부모에게 씻을 수 없는 죄를 저지르지 않기 위해 집을 떠났지만 그 결과 그는 부모에게 돌이킬 수 없는 죄를 범하게 됩니다. 그러니 이 불일치, 즉 의도와 결과의 빗나감이야말로 하마르티아가 아니고 무엇이겠습니까?

그리스 비극에서 인간을 치명적인 불행에 빠뜨리는 것은 간신이 아니라 바로 이런 인간의 삶에 내재한 본질적 불일치입니다. 인간이 완전한 존재였더라면 아마도 그런 불일치는 생기지 않았겠지요. 완전한 존재에게는 의지와 현실이 언제나 하나로 합일해 있을 테니까요. 그러나 인간이란 무엇입니까? 그것은 자기를 향한 동경, 자기를 향한 운동, 곧 자기를 향해 날아가는 화살과도 같은 존재가 아닌가요? 왜냐하면 인간은 언제나 자기 밖에 있는 존재이기 때문입니다. 우리들 사람에게 있음은 언제나 밖에있음, 곧 자기밖에있음입니다. 그러나 여기서 자기 밖에 있음이란 단순히 자기로부터의 이탈을 뜻하지는 않습니다. 내가 나 밖에 있는 것은 또한 내가 나에게 되돌아가기 위함입니다. 떠나 있지 않은 것은 되돌아갈 수도 없기 때문입니다. 그러므로 밖에있음이란 또한 되돌아감이기도 합니다. 그러나 밖에있음을 위해서든 되돌아감을 위해서든 먼저 있어야 할 것은 비어있음입니다. 그 비어있음 속에서 나는 나와 거리 속에 있고 동시에 그 거리 속에서 나를 향해 초월해갑니다. 그 비어있음을 가리켜 우리는 인간의 자유라 부릅니다. 그리고 나를 향한 운동을 통틀어 의지라고 말하는 것이겠지요.

그러나 자유란 얼마나 위태로운 것인가요. 나의 존재가 본질적으로 밖에있음인 한 나의 의지는 결코 최종적으로 나와 완전히 합일해 하나를 이룰 수 없습니다. 나는 끊임없이 온전히 나와 하나되기 위해 나에게로 되돌아가려 하지만 내가 되돌아간 곳에 나는 없습니다. 그리하여 나는 다시 나로부터 멀어지고 새로이 자기 자신을 향한 순례의 길을 걷지 않으면 안 됩니다. 이 자기거리, 이 자기와의 불일치야말로 하마르티아입니다. 그러므로 하마르티아가 죄과를 뜻하는 말이라면, 인간의 존재 그 자체가 하나의 죄과요, 착오인 것입니다.

인간이 삶에서 쌓는 업(業)은 사실은 이런 본질적 과오의 우연한 표출에 지나지 않습니다. 오이디푸스를 불행에 빠뜨린 것은 그의 선한 의지 그 자체였습니다. 악행에 빠지지 않으려는 그의 선한 의지가 그를 도리어 악한 사람으로 만들어버렸던 것입니다. 이것이 어떻게 그만의 일이겠습니까? 때로는 우리의 선의가 도리어 자기와 남을 한꺼번에 불행하게 하는 씨앗이 되기도 한다는 것을 모르는 사람이 있다면 그는 아직 인생이 무엇인지 알지 못하는 사람입니다. 악한 의지가 유익한 결과를 낳을 때가 있듯이, 선한 의지가 도리어 의도하지 않은 불행을 초래할 수도 있는 것입니다.

그리스 비극은 간신이나 폭군에 대한 탄핵이 아닙니다. 만해의 말을 빌려 표현하자면, 그것은 "남에게 대한 격분"을 표현한 예술이 아닙니다. 도리어 그것은 "스스로의 슬픔"에 대한 성찰이었습니다. 그것은 하마르티아, 즉 삶의 근원적 불일치에 대한 성찰이었던 것입니다.

세번째 묶음 … 운명과 합리성

편지 15

합리적 정신의 출현

　우리는 그리스 비극이 자유인의 비극이라고 말했습니다. 구체적으로 말하자면, 비극적 사유의 주체에 관해서 볼 때, 그리스 비극은 자유인의 비극이라 할 수 있습니다. 그것은 그리스 비극이 자유인들이 만들어낸 비극이라는 말입니다. 그러나 그리스 비극을 규정하기 위해서는 이것만으로 충분하지 않습니다. 그리스 비극을 만든 사람들이 어떤 사람들이었느냐 하는 데서 더 나아가 이제 우리는 그리스 비극이 다룬 객체가 과연 무엇이었느냐를 물을 차례입니다.
　물론 그리스 비극이 다룬 대상은 여러 가지로 많습니다. 그러나 그 모든 탐구대상을 하나로 묶어 말할 수 있다면, 그리스 비극의 가장 본질적인 탐구대상은 바로 운명(moira)입니다. 그러나 운명이란 또 무엇인가요? 적극적으로 표현하자면 운명이란 모든 사람이 타고나는 각자의 몫입니다. 철학적으로 표현하자면 그것은 각 사람의 삶의 본질적 형상이라 할 수도 있겠습니다. 그것은 각 사람의 삶에 고유한 성질이니까요. 그러나 소극적으로 말하자면 운명은 우리들 각자가 짊어지고 태어난 자기만의 삶의 몫이면서도 우리 자신이 그 까닭을 알 수 없는 그런 것이기도 합니다. 아킬레우스는 일찍 죽을 운명을 안고 태어났습니다. 그리고 오이디푸스는 친아버지를 죽이고 친어머니와 결혼할 운명을 안고 태어났습니다. 그러나 아킬레우스도 오이디푸스도 자기가 왜 그런 운명을 안고 태어나야만 했는지를 알 수는 없습니다. 그것은 하나의 맹목적 필연성으로 한 인간에게 주어지는 삶의 몫인 것입니다.

문학과 예술의 역사를 돌이켜보면 그리스인들만큼 운명에 대해 깊이 성찰한 민족도 드뭅니다. 특히 그 가운데서도 그리스 비극은 문자 그대로 운명에 사로잡힌 정신의 자기반성이라 할 수 있습니다. 생각하면 이것 역시 매우 역설적인 일입니다. 우리는 앞에서 그리스 비극이 발생했던 기원전 5세기가 시대적으로는 가장 비극적이지 않은 시대라고 말했습니다. 그럼에도 불구하고 그리스인들이 삶의 비극적 어둠을 응시할 수 있었다는 것이 참으로 경이로운 일이라고 우리는 말했었지요. 그런데 마찬가지로 이 시대는 운명을 말하기에는 가장 부적절한 시대이기도 했습니다. 왜냐하면 이 시대야말로 고대 그리스 사회 전체를 통틀어 가장 합리적인 시대였기 때문입니다. 한마디로 말하자면 이 시대는 계몽의 시대였습니다. 전래되어오던 모든 신화적인 믿음이 합리적인 이성의 물음 앞에서 해체되기 시작한 시대가 이 시대였던 것입니다.

아리스토텔레스는 단순한 경험과 학문적 인식(episteme)의 차이를 설명하면서 경험은 하나의 사실을 단순히 아는 것이지만 인식은 같은 사실이라도 그것이 왜 그래야만 하는지 그 근거를 아는 것이라고 말했습니다. 쉽게 말하자면 아침에 해가 동쪽에서 뜬다는 것을 아는 것은 경험이지만 그것이 왜 그런지를 아는 것은 인식의 일이라는 것입니다. 우리는 지구가 태양 주위를 돌면서 스스로 동쪽을 향해 돈다는 것을 앎으로써 왜 해가 매일 동쪽에서 뜨는지를 알게 되지요. 말하자면 이렇게 원인을 아는 것이 참된 인식이라는 것입니다. 그리고 이렇게 모든 일어난 일을 그냥 그럴 수밖에 없는 일로 보지 않고 오직 그것에 합당한 근거가 있을 때에만 참된 현실로 받아들이는 자세야말로 그리스적 사유를 지배했던 합리적 태도였습니다. 그런 까닭에 그리스인들은 어떤 일을 경험할 때 그 일이 왜 그럴 수밖에 없는지 그 원인이 밝혀지기 전까지는 탐구를 멈추지 않았던 것입니다.

그런데 아리스토텔레스가 말하는 이런 합리적 인식태도야말로 비극이 생겨나고 꽃을 피웠던 시대를 특징짓는 시대정신이었습니다. 그리고 이런 인식태도는 다른 무엇보다 전승된 신화적 세계관에 대한 비판으로 나타났습니다. 왜냐하면 신화적 세계이해는 자연과 역사 그리고 사람의 마음의 일을 설명할 때 그것들의 자연적 원인을 탐구하려 하지 않고 많은 일의 원인을 신의 행위로 돌렸기 때문입니다. 예를 들어 지진이 나면 포세이돈이 땅을 뒤흔들어 그렇다고 하고 전염병이 돌면 아폴론 신이 노해서 그렇다고 하며, 사람이 엉뚱한 사랑에 빠지면 아프로디테가 그렇게 만들었다고 생각하는 것이 신화적 세계이해였습니다. 따지고 보면 이런 식으로 원인을 찾는 것도 현상의 원인을 찾는 하나의 방법일 수도 있겠으나, 그 원인을 확증할 수 없다는 점에서 신화적 세계이해는 세계에 대한 합리적 인식이라기보다는 시적인 상상이라 할 수 있을 것입니다. 참된 의미의 합리적 사유란 원인을 탐구하되 그것을 어디까지나 모두가 확인할 수 있는 방식으로 찾아나가는 것이지요.

그런 까닭에 그리스에서 철학과 과학 등 합리적 사유가 태동했을 때, 다른 무엇보다 신화적 사유가 비판받았던 것은 너무도 당연한 일이었습니다. 이미 기원전 6세기에 크세노파네스(Xenophanes, 570~475 BC)라는 철학자는 전승된 신화적 사유를 비판해서 이렇게 말했습니다.

소나 말 그리고 사자가 손이 있어, 사람들이 하듯이 이 손으로 그림을 그리거나 조각상을 만들 수 있었더라면, 말은 신들을 말의 형상에 따라, 소는 소의 형상에 따라 그렸을 것이며, 또한 그렇게 자기들의 모습에 따라 신상들을 조각했을 것이다.[1]

이렇게 주장하면서 크세노파네스는 그때까지 전승되어 내려오던 인간적 신들의 형상을 비판하였습니다. 특히 그는 그리스 신화의 다신교적 체계가 미신적이고 불합리한 것이라 생각하여 유일신을 믿는 경향을 보여주었는데, 이런 사고방식은 많은 자연적 대상물을 신적이라 보는 신화적 세계관과 정면으로 충돌하는 것이었습니다. 그러나 이런 사고방식은 기원전 5세기에 이르면 그다지 놀랍거나 새로운 것도 아니어서 당시의 많은 교양 있는 지식인들에게는 거의 자명한 것으로 받아들여지게 되었습니다. 원래는 이오니아 사람이었으나 아테네에 거주하면서 철학을 가르쳤던 아낙사고라스(Anaxagoras)는 해와 달이 신들이 아니고 불타는 바윗덩어리라고 주장했다가 벌금을 내고 아테네에서 쫓겨나는 수모를 당한 일도 있습니다만, 이런 일은 마치 오늘날 국가보안법이 현실적으로 통용되고 있기는 하지만 사람들 마음속에서는 아무런 공감도 얻지 못하는 것과 비슷한 것이어서, 당시 사람들도 아낙사고라스가 추방된 것이 그가 페리클레스(Perikles)의 친구였기 때문에 페리클레스의 정적들의 미움을 사서 일어난 일이었다는 것을 잘 알고 있었던 것입니다.

아무튼, 이처럼 모든 일에 합리적인 원인과 근거를 묻고 그것을 알아야만 어떤 사태의 진상을 인식했다고 생각하기 시작한 시대에 운명이라는 것이 무슨 심각한 의미를 가질 수 있었겠습니까? 운명이란 인식할 수 없는 삶의 이면입니다. 그것은 까닭을 알 수 없는 어두운 힘, 맹목적인 사슬입니다. 그것은 원칙적으로 합리적 인식을 초월하는 삶의 피안인 것입니다. 그리하여 이 시대의 철학자들은 운명 또한 합리적 사유의 지평 속에서 해체하려 하였습니다. 예를 들어 "모든 것이 흐른다"는 말로 유명한 헤라클레이토스(Herakleitos)는 "다이몬은 성격"이라고 주장했습니다. 여기서 다이몬을 적절히 번역하는 것이 쉬운 일은 아닙니다만 우리는 그것을 운명이라고 이해해도 크게 잘못은 없을 것입니다. 헤라클레이토스는 운명이 신적인 힘 또는 우리가 이해할 수 없는 비합리적이고 맹목적인 피안의 사슬이 아니라 우리들 자신의 고유한 성격이라고 주장함으로써 사람들을 비합리적인 운명적 필연성에 대한 공포로부터 해방시키려 했던 것입니다.

그런데 이처럼 철학자들이 신화적 세계관을 비판하고 맹목적인 운명을 합리적 사유의 틀 안에서 해체하려고 하던 시대에 무엇 때문에 시인들은 다시 운명에 대해, 신들의 섭리에 대해 말하기 시작했을까요? 계몽된 시대에 초자연적인 신의 섭리와 비합리적인 운명에 대해 말하는 것이 어떤 의미를 가질 수 있었을까요? 그리고 당시의 그리스인들은 한편에서는 모든 문제를 합리적으로 인식하기를 원했으면서 어떻게 시인들이 말하는 운명과 신적인 섭리에 대해 마음을 열 수 있었을까요? 따지고 보면 오늘날 우리가 그리스 비극을 이해하기 어려운 까닭은 그들이 말하는 운명이나 신적인 섭리에 대해 우리들 현대인은 선뜻 공감할 수 없기 때문일 것입니다. 그러나 수천 년 시간적 거리가 있기는 하지만 이런 사정은 당시의 그리스인들에게도 크게 다르지는 않았습니다. 확실히 그 시대는 역사상 다른 어떤 시대보다도 합리적 사유가 중시되던 시대였던 것입니다. 그렇다면 그런 시대에 비극시인들은 시대를 거슬러 무엇을 말하려고 운명과 신적인 섭리를 말했던 것일까요? 그리스 비극을 제대로 이해하기 위해 우리는 이 물음에 대답하지 않으면 안 됩니다.

편지 16
합리적 사유의 모태인 자유의 이념

매일 아침해가 동쪽에서 뜨는 것을 아는 것은 경험이지만, 왜 그런지를 아는 것은 인식입니다. 우리가 무엇인가를 참으로 인식하기 위해서 우리는 모든 일에 대해 그것이 왜 그런지를 묻지 않으면 안 됩니다. 그런데 우리가 어떤 사실에 대하여 그것이 왜 그런가라고 물을 때, 우리는 왜라는 물음의 대상이 되는 사건을 언제나 다른 어떤 사건과의 연관성 속에서 이해하게 됩니다. 우리가 어떤 것에 대해 그것이 왜 그런가라고 묻는다는 것은 물어지는 것이 자기의 존재이유를 자기 속에 가지고 있지 않기 때문입니다. 다시 말해 그것은 왜라고 물어지는 사태가 반드시 존재해야 하거나 일어나야 할 무조건적 필연성이 없음에도 불구하고 현실적으로 발생하고 존재한다는 것을 의미합니다. 왜 광주학살이 일어났는가라는 물음이 가능한 까닭은 광주학살이 일어나지 않을 수도 있었기 때문입니다. 그 사건은 일어나지 않을 수 있었던 일이요, 일어나지 말았어야 하는 일이므로 우리는 도대체 왜 그토록 끔찍한 사건이 일어나야만 했는지를 묻고 또 묻게 되는 것입니다. 그러니까 광주학살이란 그 존재의 필연성을 자기 자신 속에 자명하게 가지고 있는 일이 아니요, 우리는 그것이 존재하게 된 까닭을 그것 아닌 다른 어떤 것 속에서 찾을 수밖에 없습니다. 즉 우리는 광주학살의 책임을 그 사건 밖에서 찾는 것입니다.

따라서 우리는 왜 광주학살이 일어났는가 하는 물음에 대해, 왜냐하면 광주학살이 일어났기 때문이다라고 대답하지는 않습니다. 한 사건의 원인은 그 사건 밖에 있어야 합니다. 그리하여 우리가 어떤 사건을 인식할 때, 언제나 우리는 주어진 사건을 그것의 외적 원인과의 연관성 속에서 이해하게 됩니다. 그러니까 인식이 원인이나 근거를 아는 것이라면 그것은 언제나 하나의 사건과 다른 사건을 어떤 필연적 연관관계 속에서 같이 안다는 것을 의미합니다. 그리고 이처럼 사물들의 연관성에 대한 이해가 단편적인 인식에 머물지 않고 확장되어 어떤 보편적 체계를 추구할 때 비로소 과학이라는 것이 생겨나는 것입니다. 그러니까 과학이란 자연에 대하여 왜라는 물음을 전면적으로 제기할 때 비로소 태동하는 것입니다.

오늘날 과학은 우리 삶의 구석구석에 스며들어 있는 까닭에 우리는 과학적 사고방식에 대해 새삼스럽게 놀라거나 특별한 관심을 가지지는 않습니다. 그러나 자연을 향해 왜라고 묻는 것은 아무나 할 수 있는 일은 아닙니다. 어떤 일을 향해 왜 그러한가라고 묻는 것은 적어도 노예적 정신의 소유자에게는 가능한 일이 아니기 때문입니다. 어떤 노예도 주인이 하는 일을 두고 왜라고 물을 수는 없습니다. 우리는 그런 노예적 사고방식의 전형을 사도 바울에게서 볼 수 있는데, 그는 질그릇이 옹기장이에게 왜 자기를 비싼 도자기로 만들지 않고 싸구려 질그릇으로 만들었는지를 물을 수 없듯이 사람은 창조주의 일에 대해 왜라고 물을 수 없다고 말했지요. 어디 이것이 신과의 관계에서만 그렇겠습니까? 자연도 마찬가지입니다. 영원 전부터 그렇게 존재하고 있는 자연의 일에 대해 왜 그것이 반드시 그렇게 되어야만 하는가라고 묻는 것은 노예적 정신에게는 가능한 일이 아닙니다. 자연을 대할 때 더 이상 노예가 아니라 대등한 친구로서 또는 주인으로서 대하는 사람만이 자연의 일에 대해 왜 그것이 그래야만 하는지를 당당하게 따져 물을 수가 있는 것입니다. 그러니까 과학은 자유로운 정신을 소유한 사람들의 공동체에서만 태동할 수 있습니다. 그리고 이것이야말로 온전한 의미에서 과학이 다른 어느 곳도 아닌 그리스의 하늘 아래서 처음으로 생겨날 수 있었던 까닭입니다. 그리스인들만이 참된 자유인들이었기 때문입니다.

통틀어 말해, 왜라고 질문하는 것은 오로지 자유인들에게만 허락된 일입니다. 노예는 왜라고 묻지 않습니다. 근거를 묻는 것은 노예에게는 사치스런 일이거나 주제넘은 일입니다. 언제나 주인이 시키는 일을 따지지 않고 열심히 수행하는 것이 노예의 유일한 미덕입니다. 하지만 자유인은 그렇지 않습니다. 그는 자기와 관계된 모든 일에 대해 왜라고 묻지 않으면 안 됩니다. 그 까닭은 그가 자기 삶의 주인으로서, 자기의 모든 일에 대해 스스로 결정하고 또한 그 결과에 대해 책임을 져야만 하기 때문입니다. 따라서 자유인은 자기가 수행하는 모든 일에 대해 자기가 그 일을 왜 해야만 하는지 이유를 묻고 오직 합당한 이유가 있는 한에서만 그 일을 할 것입니다. 그러나 앞에서 말했듯이 우리는 오직 하나의 일을 다른 하나의 일과 필연적으로 결합시킴으로써만 왜라는 물음에 대해 대답할 수 있습니다. 따라서 자유로운 정신은 왜라는 물음과 더불어 자기의 삶에서 일어나는 모든 일의 근거를 다른 일 속에서 찾으면서, 이를 통해 하나의 일을 다른 일과의 연관성 속에서 인식함으로써, 삶을 하나의 총체적인 문맥 속에서 이해하게 되는 것입니다.

과학이란 이런 자유정신의 소산입니다. 우리가 자연의 일부로서 삶을 사는 한에서 우리는 자연의 뜻에 따르지 않으면 안 됩니다. 이때 만약 우리가 자연의 강제에 대해 무조건 복종해야 한다면 우리는 자연의 노예일 수밖에 없습니다. 그러나 만약 우리가 자연의 이치를 캐묻고 자연이 왜 그렇게 운행해야만 하는지를 명확히 인식하고 그에 맞추어 행위한다면, 그때 우리는 더 이상 자연의 노예가 아닙니다. 우리가 자연을 합리적으로 인식하고 이해한다는 것은 자연의 질서를 생각의 질서에 동화시키는 것과 같습니다. 자연의 질서가 마음의 질서에 합치하는 한에서 마음은 자연을 인식하고 이해할 수 있는 것입니다. 따라서 우리가 자연의 필연성을 이성적으로 인식한 상태에서 자연의 질서에 따른다면 그것은 자연에 대한 노예적 굴종이 아니라 자연의 주인으로서 나 스스로 그 필연성을 승인해준 자연의 질서와 법칙에 따르는 것과 같습니다. 칸트식으로 표현하자면, 자연의 법칙과 질서를 합리적으로 인식한 상태에서 그 법칙에 따르는 것은 이성이 자기가 자연에 부여한 법칙에 스스로 따르는 것과 같은 것입니다.

고대 그리스에서 철학과 과학이 태동한 것은 바로 이런 자유정신 덕분이었습니다. 만사에 합당한 근거와 원인을 찾고 그렇게 구해진 근거에 따라 삶을 형성하려는 태도가 넓어지고 깊어져 자연 전체 아니 존재 전체를 하나의 원리와 근거 속에서 합리적으로 이해하려는 욕구를 낳고 그 욕구가 결국 철학을 낳았던 것입니다.

편지 17

삶의 불합리

하지만 그것이 모두 비극과 무슨 상관이냐고 당신은 물으시겠지요. 합리적 세계인식이 비극적 운명에 대한 성찰과 무슨 상관이 있느냐고 묻고 싶으시겠지요. 옳습니다. 아닌게아니라 만약 그리스인들이 자연을 합리적으로 인식하고 삶을 이성적으로 이해하는 일에서 완전히 성공을 거두었더라면, 아마도 비극은 없었을지도 모릅니다. 그것은 자유의 완성이었을 테니까요. 그러나 삶의 모든 면을 합리적으로 이해할 수 있기엔 우리의 삶은 얼마나 불투명하고 낯선 것인가요?

처음에 철학과 과학이 그리스 땅에서 생겨났을 때, 철학자들의 관심은 자연에 있었습니다. 그래서 사람들은 비극이 태동하던 무렵의 그리스 철학을 가리켜 자연철학이라 부르기도 합니다. 중국철학이 어떻게 시작되었는지를 생각하면, 그리스 철학이 자연의 탐구에서 시작되었다는 것은 다소 기이한 일입니다. 왜 그리스인들은 공자처럼 삶과 도덕을 논하지 않고 건조하게도 먼저 자연의 질서를 탐구했던 것일까요? 어쩌면 처음 자연철학이 태동하던 무렵에 그리스인들은 자연의 질서와 법칙을 인식하기만 하면 우리의 삶의 세계의 문제는 얼마든지 합리적으로 이해하고 관리할 수 있다고 생각했을 만큼 자기 자신의 일에 대해서는 자신만만했는지도 모르겠습니다. 그러나 그것은 얼마나 소박한 생각인가요.

　당신은 최옥란이란 이름을 아시는지요? 그는 태어날 때부터 1급 뇌성마비라는 큰 장애를 안고 태어났습니다. 왜 그가 그런 병을 안고 태어나야 했는지 나는 알지 못합니다. 그러나 비록 그렇게 큰 장애를 안고 태어났더라도 집안이 그렇게 가난하지만 않았다면, 그의 삶이 덜 고통스러울 수 있었겠지요. 그러나 건강하지 못한 몸을 안고 가난한 집에서 태어난 그의 삶은 이중 삼중으로 고통스러울 수밖에 없었습니다. 많이 배우지 못하고 자라나 다행히 동갑내기 총각과 결혼할 수 있었으나, 결혼의 행복은 그리 오래가지 않았습니다. 이혼으로 남편과 헤어져야 했고, 사랑하는 아들을 빼앗겼기 때문입니다. 이렇게 하여 몸의 고통, 가난의 설움에 치유할 수 없는 마음의 아픔이 하나 더해졌습니다. 그는 영구임대주택에 살면서 청계천에서 노점상을 해 간신히 삶을 이어갔습니다. 그런데 지난해 10월 국민기초생활보장제라는 것이 실시되면서 양자택일의 불행에 내몰리게 됩니다. 그 법이라는 것이 이름은 무슨 국민의 기초생활을 보장한다는 식으로 그럴듯한 데 비해 속을 들여다보면 가당치 않은 것이, 한 달 소득이 33만 원을 넘으면 생활보호대상에서 제외될 뿐만 아니라 임대주택에서도 쫓겨나야만 하게 되어 있다는군요. 최옥란 씨는 이럴 수도 저럴 수도 없는 상황에서 어쩔 수 없이 노점상을 포기하게 됩니다. 어찌 되었든 집에서 쫓겨날 수는 없다고 생각했겠지요. 그런데 우리 같으면 서류상으로는 노점상을 포기한다 하고 실제로는 계속할 수도 있었을 것 같은데 그는 그렇게 세상을 속이고 싶지는 않았던 모양입니다. 하여튼 어쩔 수 없이 노점을 접고 집에 들어앉은 그에게 국가가 지급한 것은 고작 30만 5천 원이었습니다. 지금까지의 생업을 포기할 것을 강요했으면 그에 상응하는 생활보장을 해주었어야 할 텐데, 아마도 법을 제정하거나 집행하는 사람은 30만 5천 원으로 한 달을 잘 살 수 있는 매우 검소한 사람들이었던 모양입니다. 그러나 최옥란 씨는 그 돈으로 한 달을 살 수는 없었습니다. 다른 것은 제외한다 하더라도 임대주택 관리비 16만 원과 약값 및 병원비 25만 원만 계산한다 해도 그것만으로도 30만 원이 훨씬 넘는 돈이 필요했던 것입니다. 그는 살아남기 위해 다시 노점상을 하려 했으나 한번 반납한 노점상 자리는 더 이상 자기것이 아니었습니다. 그는 국민기초생활보장제도를 현실에 맞게 개선해줄 것을 요구하다가 자살함으로써 서른여섯 한많은 삶을 스스로 마감하였습니다.

만약 누군가가 이 사람은 왜 이렇게 고통스런 삶을 살다가 비참한 죽음을 맞이했느냐라고 묻는다면 과연 우리는 무어라고 대답할 수가 있겠습니까? 앞에서 우리는 근거와 원인을 아는 것이 참되게 인식하는 것이라고 말했습니다. 그렇다면 우리는 이 사람의 불행한 삶과 죽음에 대해 어떤 원인을 댈 수가 있을까요? 아마도 생물학자는 그가 어머니 뱃속에 있을 때 어디가 어떻게 잘못되어 그런 장애를 안고 태어나게 되었는지 그 원인을 말할 수 있겠지요. 그가 태어날 때부터 안고 살아야 했던 가난에 대해서는 사회학자가 그 원인을 찾을 수 있을 것입니다. 또한 심리학자는 그가 왜 결혼생활에 실패할 수밖에 없었는지에 대해서 객관적인 원인들을 추적할 수 있겠지요. 그리고 정치학자나 행정학자는 그에게 절망적인 양자택일을 강요했던 잘못된 사회보장제도의 맹점을 그의 죽음의 원인으로 지적할 수 있을 것입니다. 그의 불행한 삶과 죽음에 대해 이렇게 자연적인 원인을 탐구하는 것은 아무튼 쓸모없는 일은 아닙니다. 왜냐하면 우리는 불행의 원인을 인식함으로써 또 다른 불행을 미연에 방지할 수 있기 때문입니다. 어떤 불행이 왜 일어나는지를 모를 때, 우리는 같은 불행을 반복해서 당할 수밖에 없습니다. 오직 불행의 원인을 객관적으로 인식할 때에만 우리는 그것을 예방할 수도 있는 것입니다. 아는 것이 힘이라는 것은 그래서 하는 말이겠지요.

그러나 우리가 그의 삶의 처절한 고통과 슬픔의 자연적 원인을 알게 되면, 우리는 그가 왜 그렇게 고통스런 삶을 살아야 했는지를 이해할 수 있게 되나요? 고통의 원인을 알게 되면, 한 사람의 고통이 당연한 것으로 받아들여지게 되나요? 지구가 서쪽에서 동쪽으로 자전하는 까닭에 매일 아침해가 동쪽에서 뜬다는 것을 알고 난 다음에는 그 사실이 조금도 놀랍거나 이상하지 않은 것처럼, 최옥란 씨가 겪어야만 했던 고통의 자연적 원인을 모두 알고 나면, 그가 겪고 있는 고통을 우리는 아무렇지도 않게 당연한 것으로 바라볼 수 있는 것인가요? 그럴 수는 없는 일입니다. 자연적인 인과관계에서 볼 때 그의 고통이 아무리 필연적인 일이라 하더라도 어떻게 그것이 정당한 것이라 할 수 있겠습니까?

더러는 사람이 겪는 고통이 마땅하고 정당한 경우도 있겠지요. 나는 전두환 씨가 아무리 큰 고통을 겪는다 하더라도 그것에 대해 동정심을 느끼지는 않을 것입니다. 그것은 그가 고통받는 것이 정당하다고 내가 생각하기 때문입니다. 그는 자기의 탐욕을 채우기 위해 수많은 사람에게 치유할 수 없는 고통을 주었으니 자기 자신이 그런 고통을 당한다 하더라도 조금도 부당한 일이 아닐 것입니다. 그러나 최옥란 씨는 누구에게 무슨 용서받을 수 없는 잘못을 저질렀기에 날 때부터 그토록 절망적인 고통의 한복판에서 살다가 그렇게 비참하게 죽어야만 했단 말입니까?

유감스럽게도 과학은 이 물음에 대해 아무런 대답도 해줄 수 없습니다. 그것은 아낭케(ananke), 즉 자연적인 필연성에 대해서는 우리에게 많은 것을 말해줄 수 있으나 디케(dike), 즉 도덕적 정당성에 대해서는 아무것도 해줄 수 있는 말이 없는 것입니다. 여기서 우리는 자연학과 윤리학이 비슷하게 필연성을 말하지만 그 필연성의 내용이 어떻게 다른지를 이해할 수 있습니다. 자연학이 말하는 필연성은 사실과 사실의 필연적 연관성입니다. 또는 그것은 뉴턴식으로 말하자면, 힘과 힘 사이의 필연적 연관성이기도 합니다. 하나의 힘, 하나의 작용이 어떻게 다른 작용을 필연적으로 유발하는지를 설명하는 것이 자연학의 일인 것입니다. 그에 비해 윤리학이 말하는 필연성은 쾌락과 고통의 필연적 연관성이라 할 수 있습니다. 하나의 고통은 또 다른 고통을 낳고 하나의 기쁨은 또 다른 기쁨을 낳아야 한다는 것, 이것이야말로 인류역사에서 가장 오래 된 윤리적 필연성이라 할 수 있을 것입니다. 남에게 고통을 준 사람은 자기가 그 고통을 되받아야만 하고 남에게 기쁨을 준 사람은 자기가 기쁨으로 보답받아야 한다는 것은 자연이 사람의 마음속에 심어놓은 가장 오래 되고 강력한 도덕감이라 할 수 있을 것입니다.

하지만 문제는 윤리적 필연성이 자연적 필연성과는 달리 현실 속에서 언제나 관철되는 필연성이 아니라는 데 있습니다. 지구가 서쪽에서 동쪽으로 자전을 한다면 반드시 해가 동쪽에서 뜨는 것이 자연의 필연성입니다. 거기에는 어떤 예외도 있을 수 없습니다. 그런 까닭에 우리는 그것을 필연적인 일이라 부르는 것입니다. 그러나 윤리적 필연성은 그렇지 않습니다. 우리는 남에게 기쁨을 준 사람이 기쁨으로 보답받고, 남에게 고통을 준 사람이 고통받는 것이 마땅하고 필연적이라고 생각합니다. 그러나 이 필연성은 현실 속에서는 너무도 자주 반박됩니다. 그리하여 용서받을 수 없는 악행을 저지른 전두환은 호의호식하며 살지만 죄없이 태어난 장애인은 평생을 절망적인 고통 속에서 살아야 하는 것이 우리의 인생입니다.

바로 여기에 윤리학의 한계가 있습니다. 윤리학은 디케, 즉 정의와 당위적 필연성에 대해 말합니다. 그런데 그것은 현실 속에서 자동적으로 실현되지는 않습니다. 그러나 윤리학은 이 괴리를 어쩌지 못합니다. 왜 선한 사람이 고통받아야 하는지 왜 악한 사람이 호의호식해야 하는지에 대해 윤리학은 아무런 설명도 해줄 수 없습니다. 그것은 도무지 이해할 수 없는 불합리인 것입니다. 자연적 필연성의 원리도 도덕적 당위의 원리도 우리를 납득시킬 수 없는 것이 이것입니다. 왜 그렇게 땅 위에 그토록 많은 사람들이 죄없이 고통받아야 하는 것인지요? 아니 아우구스티누스(Augustinus)가 말했듯이 우리 모두가 크고 작은 죄를 지으면서 살고 있으니 절대로 죄없다 말할 수는 없고 그런 까닭에 고통받는 것이 마땅하다 하더라도, 왜 그 고통은 아무런 균형 없이 무차별하게 사람들에게 뿌려지는 것인가요? 왜 더 큰 죄를 지은 사람이 더 큰 고통을 받고 더 작은 죄를 지은 사람이 더 작은 고통을 받지 않고 엄청난 죄를 지은 사람들이 호의호식하며 살고, 선하게 살기 위해 애쓰는 사람들이 도리어 고통스런 삶을 살아야 하는 것인가요? 이런 것들을 생각할 때마다, 대답 없는 물음 앞에서 나는 어쩔 줄 모르겠습니다.

편지 18

운명

　　나는 이 물음에 대해 전통적인 의미의 종교가 무슨 대답을 해줄 수 있는지는 모르겠습니다. 어쩌면 그 속에 대단히 심오한 대답이 있을 것 같기도 하고, 또 어떤 때에는 기독교든 불교든 이런 물음에 대해 무기력하기는 마찬가지라는 생각이 들기도 합니다. 그러나 실제로 종교가 이런 물음에 대해 대답을 할 수 있든 없든 간에, 사람들이 자연학에도 윤리학에도 머물지 못하고 초자연적인 절대자를 찾는 것은 그런 물음에 대답을 얻기 위해서가 아닌가 싶기는 합니다. 사람들이 신을 찾는 것은 아마도 그런 순간이 아닐는지요? 합리적으로 우리의 삶을 이해하려는 시도가 좌절되었을 때, 우리는 우리들 자신의 존재와 인식의 한계를 뼈저리게 자각하고 인간적 인식의 한계를 넘어가 어떤 초월적인 존재의 지평으로 나아가게 되는 것은 아니겠는지요? 종교의 기원이 무엇이든지 간에 만약 우리가 삶의 모든 일들을 완전하게 합리적으로 인식할 수 있었더라면 사람들은 종교를 필요로 하지 않았을 것입니다. 종교가 무엇이든 또 신이 어떤 존재이든지 간에, 우리의 삶의 일이 삶의 전체 문맥 속에서 도저히 해명되지 않을 때 사람들은 자연적 삶을 넘어선 어떤 초월적 영역에서 그 근거를 찾으려 하겠지요.

그리스인들 역시 마찬가지였습니다. 그들 역시 인간의 합리적 이성으로 이해할 수 없는 삶의 많은 일들을 신의 탓으로 돌렸던 것입니다. 호메로스의 『일리아스』(Ilias)에 보면, 우리는 아킬레우스가 헥토르의 아버지 프리아모스와 대화하면서 죽을 수밖에 없는 인간의 비참한 운명을 제우스 탓으로 돌리는 것을 볼 수 있습니다.

> 그렇게 신들은 비참한 인간들의 운명을 정해놓으셨소.
> 괴로워하면서 살아가도록 말이오. 하나 그분들 자신은 슬픔을 모르지요.
> 제우스의 궁전 마룻바닥에는 두 개의 항아리가 놓여 있는데
> 하나는 나쁜 선물이, 다른 하나는 좋은 선물이 가득 들어 있지요.
> 천둥을 좋아하시는 제우스께서 이 두 가지를 섞어주시는 사람은
> 때로는 궂은 일을 만나기도 하고 때로는 좋은 일을 만나기도 하지요.
> 하나 그분께서 나쁜 것만 주시는 자는 멸시의 대상이 되지요.
> 그런 사람은 신들에게서도 인간들에게서도 존경받지 못하고,
> 심한 궁핍에 쫓겨 신성한 대지 위를 정처없이 떠돌아다니지요.[2]

여기서 아킬레우스는 인간이 당하는 까닭 모를 고통의 원인을 제우스의 의지로 돌리고 있습니다. 그런데 여기서 재미있는 것은 아킬레우스가 제우스가 어떤 사람에게는 좋은 선물과 나쁜 선물을 섞어서 주고 또 어떤 사람에게는 오로지 나쁜 선물만 준다고 말하면서, 좋은 선물만 주는 경우를 아예 말하지 않는다는 점입니다. 아마도 이것은 그리스인들의 염세적 정조를 반영하는 것이겠지만, 어떻든 이 말을 두고 볼 때, 그리스인들이 제우스가 인간에게 그다지 호의적이라고

생각했던 것 같지는 않습니다. 사실 신들이 인간의 행복과 번영을 질투한다는 것은 그리스인들 사이에 상고시대와 고전기를 통틀어 광범위하게 퍼져 있었던 믿음이었습니다. 헤로도토스의 『역사』에서 솔론은 인간의 행복에 대해 묻는 크로이소스에게 이렇게 말하지요. "왕이시여, 왕께서는 제게 인간의 운명에 대해 묻고 계십니다만, 저는 모든 신들이 인간의 번영을 질투하고 인간을 괴롭히길 좋아한다는 것을 알고 있습니다."[3] 아이스퀼로스 역시 당시의 사람들 사이에서 전해 내려오는 오랜 믿음을 이렇게 표현하고 있습니다.

> 사람들 사이에서 전해오는 옛말에 이르기를,
> 인간의 행복은 클 대로 커지면 반드시 자식을 낳고
> 자식 없이 죽지는 않는 법이라
> 그 자손들에게 끝없는 고통이
> 행운으로부터 태어난다고 했다네.[4]

이것은 『아가멤논』에서 합창단이 부르는 노래의 한 토막인데, 여기서 합창단은 다소 중립적인 방식으로 행복이 커지면 그로부터 반드시 고통이 태어난다고 말하고 있습니다만, 이 노래를 듣는 비극의 관중들은 그렇게 행복이 끝에 이르러 반드시 불행으로 뒤바뀌는 까닭은 다름 아닌 신들의 질투 때문이라고 생각했을 것입니다. 아이스퀼로스 자신은 이런 생각에 동의하지 않았던 사람이었으므로 그런 말을 입에 올리지 않았을 뿐이지요.

여기서 보듯 그리스인들은 인간 삶의 까닭없는 불행을 신들의 변덕과 질투 때문으로 보았습니다. 그러니까 이들은 신들을 믿기는 했지만 나중에 기독교인들이 그랬던 것처럼 자기들이 믿는 신을 자애로운 부모라고 생각하지는 않았던 것입니다. 하기야 그것은 별로 놀랄 일은 아닙니다. 세상에 죄없는 사람들이 당해야 하는 그토록 넘치는 고통을 보면서 신이 인간을 사랑하는 자애로운 어버이와도 같다고 생각한다면 아마도 그것이야말로 비현실적인 생각이 아니겠습니까?

생각하면 그리스인들이 인간이 겪는 까닭없는 불행의 원인을 때때로 신들의 의지에서 찾지 않고 아예 신들의 능력조차 초월하는 전적으로 비합리적인 운명에서 찾은 것은 그들이 숭배하는 신들을 그렇게 악의적으로 표상하는 것이 스스로 부담스러웠기 때문인지도 모릅니다. 그래서 그들은 어떤 때는 인간의 길흉화복이 신들에게 달려 있다고 생각하다가도 어떤 때에는 운명의 힘을 신들조차 어찌할 수 없는 절대적으로 초월적인 것으로 그리곤 했지요. 그러니까 인간 위에 신들이 있듯이 신들 위에 운명이 있다고도 말할 수 있습니다. 신들이 아무리 강하다 하더라도 그들도 운명만은 어찌할 수가 없었던 것이지요. 아킬레우스의 어머니였던 테티스 여신의 운명에 얽힌 이야기는 신들이 운명을 얼마나 두려워했던가를 잘 보여줍니다. 그녀는 자기가 낳은 아들이 아버지보다 강한 자가 될 것이라는 운명을 안고 태어났지요. 신들의 왕인 제우스는 그녀를 매우 사랑했지만 그녀가 타고난 운명을 두려워하여 그녀를 건드리지 못하고 어쩔 수 없이 인간과 결혼시키는데, 그렇게 해서 태어난 아들이 아킬레우스였습니다. 이 이야기를 보면 운명은 신들의 왕인 제우스조차도 변경하거나 거역할 수 없을 정도로 엄격한 것이었음을 알 수 있습니다.

그런데 이처럼 운명이 신들의 의지를 초월한다는 것은 그것을 어떤 방식으로도 이해할 수 없다는 것을 뜻하는 것이기도 합니다. 우리가 인간의 길흉화복을 신들의 선물이라고 생각할 때에는, 비록 그것을 이해할 수는 없다 하더라도 최소한의 감정이입을 할 수는 있습니다. 다시 말해 그때 우리는 행운과 불운이 우리의 삶에 무질서하게 교차하는 것을 두고 신들이 변덕스럽고 심술궂어서 그렇다고 말할 수라도 있는 것입니다. 그러나 운명이 신들의 손에서 좌우되는 것이 아니고 아예 그들의 지배권조차 초월하여 전적으로 이해할 수 없는 절대적 피안의 어둠 속에 숨어버리면, 우리는 더 이상 어떤 방식으로도 운명을 합리적으로 해석할 수 없게 됩니다. 그것은 이해할 수 없는 필연성, 까닭없이 인간을 덮쳐오는 낯선 힘인 것입니다.

그런데 우리가 운명을 합리적으로 이해할 수 없다는 것은 또한 그것을 어떤 방식으로도 바꿀 수 없다는 것을 뜻하는 것이기도 합니다. 물론 우리가 어떤 일의 원인을 안다 해서 자동적으로 우리가 그 일을 바꾸고 조작할 수 있는 능력을 갖는 것은 아닙니다. 내가 해가 동쪽에서 뜨는 까닭이 지구가 서쪽에서 동쪽으로 자전하기 때문이라는 것을 안다고 해서 해를 서쪽에서 뜨게 할 수는 없는 일이지요. 그러나 그렇게 불가능한 일들이 많지만 나는 적어도 내 주위의 많은 일에 대해서는 합당한 원인을 앎으로써 그 일들을 내가 원하는 방식으로 통제하고 관리할 수 있습니다.

그런 한에서 그리스인들에게 인식(episteme)은 동시에 기술(techne)이었습니다. 인식한다는 것은 원인을 안다는 것이요, 원인을 안다는 것은 원칙적으로 할 줄 안다는 것을 뜻하는 것이었습니다. 기술이란 무엇인가를 할 줄 아는 능력인데 이것은 오직 원인에 대한 인식에서 비롯되는 것입니다. 그러므로 운명이 완전히 우리의 인식의 범위 밖에 있다면, 우리는 그것을 어떤 방식으로도 바꿀 수 없습니다. 운명에 대한 인식이 없으니 우리에게는 운명을 바꿀 수 있는 어떤 기술도 있을 수 없기 때문입니다. 이런 의미에서 그리스적 사유 속에서 운명의 불변성은 그것의 인식불가능성의 뒷면이었습니다.

편지 19

운명과 숭고

그렇게 이해할 수도 없고 바꿀 수도 없는 운명 앞에서 그리스인들은 어떤 태도를 취했던가요? 처음에 그들은 신의 질투와 변덕이든 아니면 합리성을 초월하는 맹목적 운명이든 그들 자신이 어찌할 수 없는 숙명에 대해 그것을 받아들이고 순응하는 태도를 취했습니다. 어차피 정해진 운명은 바꿀 수가 없는 것이라고 그들이 생각했기 때문입니다.

만약 우리가 타고난 불행한 운명을 바꿀 수 있다면 우리는 누구라도 그것을 바꿈으로써 불행으로부터 벗어나기 위해 최선을 다할 것입니다. 사실 오늘날 사람들이 자기의 운명에 대해 관심을 갖는 주된 이유도 그런 것이겠지요. 사람들은 변경불가능한 것으로 결정된 재앙을 미리 알고 공포에 떨기 위해서가 아니라, 예방할 수 있는 것은 예방하고 고칠 수 있는 것은 고치기 위해 무당과 점쟁이의 말에 귀를 기울입니다. 그러나 만약 운명이 절대로 변경될 수 없는 것이라면 어떻게 되겠습니까? 그때 그것을 바꾸려는 시도는 무의미하고 어리석은 일에 지나지 않을 것입니다. 일어날 객관적 사태는 이미 정해져 있습니다. 아직 정해져 있지 않은 것은 단지 그 운명을 받아들이는 나의 주관적 태도일 뿐입니다. 나는 다만 내가 어쩔 수 없는 운명 앞에서 나 자신의 주관적 태도를 고상하게 만들 수 있을 뿐인 것입니다.

생각하면 바로 이것이 호메로스적 영웅들의 태도였습니다. 그들은 운명 앞에서 구차하게 삶을 구걸하지 않았습니다. 그렇더라도 운명을 바꿀 수는 없다는 것을 그들이 잘 알고 있기 때문입니다. 그러나 그들은 어쩔 수 없는 비극적 운명 앞에서 단지 낙담하거나 체념하지도 않았습니다. 도리어 그들은 비극적인 운명을 자기의 용기의 증거로 삼으려 했습니다. 만약 우리가 죽지 않는 신들이라면, 우리는 어떤 일 앞에서도 죽음을 두려워해야 할 필요가 없을 것입니다. 아마도 그것은 행복한 일이기는 하겠지요. 하지만 그런 경우 우리는 또한 무엇을 통해서도 우리의 용기를 증명하지도 못할 것입니다. 무슨 일을 하든 목숨을 걸어놓고 해야 할 일이 없으니 누가 용감하고 누가 비겁한지가 어떻게 가려질 수 있겠습니까? 그때에는 누가 물리적으로 강하냐 약하냐 하는 것이 드러날 뿐 결코 누가 더 용기 있는 사람인지를 알 수는 없을 것입니다. 왜냐하면 용기란 보이지 않는 정신의 힘으로서 오로지 장애물을 통해 자기를 드러내기 때문입니다. 앞에서도 잠깐 말했듯이 우리가 부딪히는 장애물 가운데서 가장 큰 것이 죽음일진대, 죽지 않는 존재가 무엇을 통해 자기의 정신의 힘과 크기를 증명할 수가 있겠습니까? 오로지 죽을 수밖에 없는 존재인 인간만이 죽음의 운명을 통해 도리어 죽음을 두려워하지 않는 용기, 죽음보다 더 큰 정신의 크기를 보여줄 수 있는 것입니다.

이것은 죽음을 뛰어넘는 또 다른 방법입니다. 존재의 모든 한계를 뛰어넘어 영원성에 참여하려는 것은 인간의 근원적인 욕구라 할 수 있을 것입니다. 그러나 모든 인간은 죽을 수밖에 없는 유한한 존재입니다. 그리하여 우리는 누구도 몸을 가지고 영원히 살 수는 없습니다. 다시 말해 우리는 실재적인 의미에서 죽음을 뛰어넘을 수는 없는 것입니다. 물론 사람들은 이런 육체적 삶의 한계를 신선이 됨을 통해 극복하려 할 수도 있고 하늘나라에서의 영생불사를 통해 극복하려 할 수도 있습니다. 그러나 호메로스의 영웅들은 신선이 되거나 내세에서의 영생을 통해 죽음을 뛰어넘으려 하지는 않았습니다. 도리어 그들은 죽음 앞에서 우리가 느끼는 두려움을 용감하게 뛰어넘음으로써 죽음을 이기려 하였습니다. 즉 그들은 정신의 힘으로 죽음의 공포를 이김으로써 죽음을 초월하는 영원한 가치에 참여하려 했던 것입니다.

호메로스의 영웅들의 세계에서 그들을 위대하게 만들었던 것이 바로 이것이었습니다. 그들은 죽음 앞에서의 용기를 통해 영원한 명성을 얻었던 것입니다.

아버지 제우스여, 이 어둠으로부터 아카이아인들의 아들들을 구하소서!
광명을 주소서! 눈으로 볼 수 있게 해주소서.
이것이 정녕 그대의 기쁨이라면, 죽더라도 날빛 가운데 죽게 해주소서![5]

이것은 『일리아스』 제17권에서 아이아스(Aias)가 전투의 아비규환 속에서 하늘을 향해 부르짖는 말입니다. 아킬레우스의 친구 파트로클로스(Patroklos)가 헥토르의 손에 죽음을 당하고 난 뒤 그리스 군대는 갈피를 못 잡고 혼란 속에 빠집니다. 장수들은 병사들을 독려하면서 다시 대열을 정비해 적에게 맞서려 하지만 세상을 자욱하게 뒤덮은 안개가 모든 것을 어둠 속에 감추어버려 그들은 혼란과 두려움 속에 어쩔 줄 모릅니다. 아이아스는 이런 상황이 제우스의 뜻에 따라 일어난 것임을 깨닫고 있습니다. 그러나 그는 이 상황에서 제우스에게 목숨을 건져달라고 기도하지는 않습니다. 그랬더라면, 그것은 얼마나 구차한 일이었을까요? 그는 오로지 빛을 요구할 뿐입니다. 이것은 무엇을 뜻하는 것입니까? 그가 빛을 요구하는 것은 단지 어둠이 두렵기 때문이 아닙니다. 고대의 수사학자 롱기노스(Longinos)는 이 구절을 설명하면서, 오직 "어둠이 그를 가로막아 어떤 고귀한 일을 위해서도 그의 용기를 발휘할 수가 없었기 때문에, 그리고 그가 전투에 임하여 제대로 싸울 수가 없음을 탄식하여, 그는 한시라도 빨리 빛을 줄 것을 요구한다"[6]고 말합니다. 이것은 그가 자신의 용기에 합당한 죽음을 맞기 위해서라는 것이지요. 비록 제우스가 그에게 대적한다 하더라도 말입니다.[7]

바로 이런 것이 호메로스적 영웅들이 보여주는 긍지입니다. 제우스에게 어둠 속이 아니라 빛 가운데서 싸우다 죽게 해달라고 부르짖는 아이아스는 얼마나 당당한가요? 그리스의 영웅들은 죽음의 운명이 가까이 올 때, 비굴하게 삶을 구걸하지 않았습니다. 어차피 죽어야만 할 인간으로서, 그들은 얼마나 오래 사느냐가 아니라 얼마나 고귀하게 사느냐 그리고 또한 그에 걸맞게 얼마나 용감하게 죽느냐를 통해 한 사람의 존재 가치를 평가하려 했던 것입니다.

파트로클로스가 전사한 뒤 아킬레우스는 더 이상 막사에 칩거하지 않고 다시 일어나 친구의 원수를 갚기 위해 전쟁터로 나가게 됩니다. 이때 그를 싣고 가는 전차를 끄는 말, 크산토스가 아킬레우스를 향해 이렇게 경고합니다.

강력한 아킬레우스여, 진실로 이번에는 우리가 그대를 안전하게 데려다줄 것이나,
그대에게는 파멸의 날이 임박했습니다. 하나 그 책임은
우리에게 있지 않고 위대한 신과 강력한 운명에게 있습니다.
트로이에인들이 파트로클로스의 어깨에서 무장을 벗긴 것도

우리가 게을렀거나 부주의했기 때문이 아니라
머릿결이 고운 레토가 낳은 가장 위대한 신이
선두 대열에서 그를 죽이고 헥토르에게 영광을 내렸기 때문입니다.
우리는 바람 중에서 가장 날래다고 하는
서풍의 입김과 함께 달리겠습니다. 하지만 그대는
한 신과 한 인간에 의해 전사할 운명입니다.[8]

이것은 아킬레우스가 트로이 성의 스카이아 문 앞에서 파리스가 쏜 화살에 맞아 죽게 될 것임을 말이 예언하는 장면입니다. 전해 내려오는 말에 따르면 아킬레우스는 예외적으로 선택적인 운명을 안고 태어난 사람이라 합니다. 즉 그는 전쟁터에서 큰 공을 세우고 전사할 수도 있고 전쟁에서 큰 공을 세우지 못할 경우에는 도리어 전쟁터에서 살아 돌아와서 부귀영화를 누리고 장수할 운명이라는 것이지요. 그러나 아킬레우스는 아무런 명예도 없이 비겁하게 오래 살기보다 전쟁터에서 자기가 해야 할 의무를 다하고 차라리 명예롭게 죽기를 원하지요. 하지만 그가 이렇게 결심하는 것이 목숨을 가벼이 여겼기 때문이겠습니까? 죽음을 피하고 싶은 마음은 모두가 마찬가지일 것입니다. 생각하면 여기서 아킬레우스가 머지않아 죽을 운명이라고 말이 말하는 것은, 죽음을 피하고 싶은 아킬레우스의 내면의 목소리일지도 모릅니다. 그것은 우리 마음속의 저급한 두려움의 표현인 까닭에 시인은 그것을 신이 아니라 말의 입을 통해 표현한 것이겠지요.
 그러나 말이 아킬레우스의 죽음을 예언했을 때, 그는 어떻게 했던가요?

 크산토스여, 그대가 어찌하여 나의 죽음을 예언하는가? 쓸데없는 일이로다.

　나 또한 이곳에서 사랑하는 아버지 어머니로부터 멀리 떨어져 죽을 운명임은
잘 알고 있노라. 하나 그야 어떻게 되든 나는 트로이에인들에게
전쟁에 신물이 나게 해주기 전에는 결코 멈추지 않겠노라.[9]

　굳이 크산토스가 말해주지 않아도 아킬레우스는 자기가 타향에서 죽을 운명임을 알고 있습니다. 그러나 그는 죽음이 두려워 자기의 의무를 저버리지는 않습니다. 어차피 모든 인간은 죽을 수밖에 없는 운명이니 땅 위에서 조금 더 사느냐 덜 사느냐를 가지고 다툰들 무엇하겠습니까? 아킬레우스는 흔들리는 마음을 단호히 꾸짖고 전쟁터를 향해 나아갑니다. 앞에서도 말했듯이 아킬레우스는 자기가 원하기만 한다면 전투를 피해다니며 목숨을 부지했다가 고향에 돌아가 행복한 노후를 보낼 수도 있었습니다. 그러나 그는 그 길을 걷지 않았습니다. 단순히 존재하는 것도 행복하게 사는 것도 인간 삶의 목적은 결코 아니기 때문입니다. 칸트(I. Kant)는 단지 행복하기 위해 사는 삶을 혐오했지요. 그는 인간이 존재하는 까닭은 그냥 생존이나 행복한 삶을 이루기 위해서가 아니라 오로지 인간만이 이룰 수 있는 보다 고귀한 가치, 즉 선을 실현하기 위해서라고 생각했기 때문입니다.

　그런데 이런 생각은 칸트의 생각만이 아니었습니다. 인간이 존재하는 까닭은 인간만이 이룰 수 있는 고귀한 일을 이루기 위해서이지 결코 그냥 땅 위에 살아남기 위해서가 아니라는 것을 호메로스의 영웅들처럼 절실하게 보여주는 사람들이 또 있을까요. 아킬레우스는 행복하게 오래 살려면 살 수도 있었습니다. 그러나 그는 그냥 살아남는 것도, 부귀영화를 누리며 행복하게 사는 것도 원치 않았습니다. 그가 원했던 것은 고귀한 삶이었습니다. 여기서 고귀함이란 자기의 탁월함을

실현하는 것 그리고 공동체 속에서 자기의 의무를 다하는 것을 의미합니다. 그러나 고귀한 삶을 살기 위해 우리는 때때로 죽음의 시험 앞에 서지 않으면 안 됩니다. 80년 광주의 전사들처럼. 삶은 우리가 원하지 않아도 선과 악이 싸우는 싸움터요, 때때로 그 싸움은 우리에게 의로움과 목숨 가운데 하나를 선택하기를 요구할 만큼 치열할 때가 있습니다. 트로이 성 앞에서 아킬레우스는 생존을 버리고 덕을 선택했습니다. 이를 통해 그는 운명보다 더 크고 강한 정신의 힘을 보였습니다. 80년 광주도청을 마지막으로 지켰던 사람들도 그랬겠지요.

편지 20
귀족문학과 시민문학

 운명이 어떻든 제 갈 길을 가는 것, 그것이 호메로스적 영웅들의 삶입니다. 이익이 아니라 명예를 생각하는 것, 아무리 큰 불행을 당할지라도 자기의 안일을 위해 대의를 저버리지 않는 것이 영웅의 삶입니다. 요컨대 단지 살아남기 위해서가 아니라 인간이 이룰 수 있는 탁월함을 위해서만 살아 있기를 원했던 사람이 호메로스적 영웅들이었던 것입니다. 생각하면 그들은 얼마나 고귀한 성품의 소유자들이었던지요. 만약 귀족이라는 말을 우리가 있는 그대로 고귀한 사람이라는 뜻으로 받아들일 수 있다면, 『일리아스』의 영웅들이야말로 참된 의미의 귀족들이었다 할 수 있습니다.
 그러나 비극이 태동할 무렵 아테네 사회는 더 이상 그런 귀족들의 공동체가 아니었습니다. 기원전 5세기 아테네는 한마디로 말해 귀족사회가 아니라 시민사회였습니다. 그리고 비극은 그런 사회에서 태동한 시민문학이었습니다. 사람들은 호메로스를 가리켜 귀족사회와 귀족적 가치를 보여주는 작가라고 말합니다. 아무튼 그 말은 잘못된 말이라 할 수는 없습니다. 어떤 의미에서든 호메로스가 귀족적인 시인이라면 우리는 아테네 비극시인들을 시민적인 시인들이라 할 수 있을 것입니다. 그러나 도대체 무엇이 귀족적인 문학이며 무엇이 시민적인 문학인지요? 두 가지 취향을 당파적으로 대립시키기 위해서가 아니라 오로지 문학의 성격을 중립적으로 규정하기 위해 구별한다면 우리는 인간을 순수한 개별성 속에서 고찰하는 문학을 귀족적 문학으로, 반면에 인간을 사회적 문맥 속에서 고찰하는 것을 시민적 문학으로 나눌 수 있을 것입니다. 쉽게 말해 인간을 똑같이 주체로서 고찰한다 하더라도, '나'로서 고찰하는 것은 귀족적이요, '우리'로서 고찰하는 것은 시민적이라 할 수 있습니다. 이 구분은 비단 문학에서만 가능한 것이 아니어서 우리는 인간이 문제되는 경우에는 어디서든 이런 구분을 할 수 있을 것입니다. 그리하여 우리는 똑같은 윤리학이라도 칸트의 윤리학을 귀족적이라 부르고 헤겔(G.W.F. Hegel)의 윤리학을 시민적이라 부를 수 있는데 그 까닭은 칸트가 윤리적 주체를 사회적 문맥 없는 순수한 인격성 속에서 고찰하는 반면, 헤겔은 철저히 인륜적 사회 속에서 인간의 윤리성을 문제삼기 때문입니다.

물론 이 두 가지 관점 가운데 어떤 것도 다른 것에 비해 더 우월하거나 열등한 것이 아닙니다. 왜냐하면 그것은 인간의 탁월함과 고귀함을 고찰하는 두 가지 상이한 지평을 표시할 뿐이기 때문입니다. 귀족도 시민도 이런 의미에서 모두 같이 인간의 고귀함을 표현하는 이름입니다. 참된 귀족이 고귀하듯 참된 시민 역시 인간이 얻을 수 있는 고귀한 이름인 것입니다. 그러나 귀족적 문학은 인간의 고귀함을 개인의 내면성 속에서 고찰하는 데 반해 시민적 문학은 동일한 것을 시민 공동체라는 사회적 지평 속에서 고찰합니다. 예를 들면 호메로스의 영웅들의 고뇌와 정신의 숭고는 무엇보다 그들의 개인적 삶의 문맥 속에서 표현됩니다. 그리하여 호메로스의 서사시에서는 자연의 배경이 거의 문제되지 않는 것처럼, 마찬가지로 사람이 사는 사회적 문맥 역시 거의 전적으로 배제되어 있습니다. 즉 여기서 인간은 인간 일반으로, 또는 전형적인 개인으로 그려질 뿐 결코 선행적인 사회적 문맥 속에 위치한 개별자로서 그려지지는 않는 것입니다. 물론 인간 일반의 삶 역시 각종 관계와 역할 속에서 이루어지는 까닭에 서사시에서 그런 인간관계가 그려지기는 합니다. 이를테면 우리는 아킬레우스와 파트로클로스 사이의 친구관계, 헥토르와 안드로마케 사이의 부부 관계 같은 것을 들 수 있겠지요. 이것 이외에도 호메로스의 서사시에는 많은 구체적인 인간관계가 묘사되고 있습니다. 하지만 그럼에도 불구하고 여기서는 아직 국가나 시민사회라는 것이 인간의 삶을 본질적으로 규정하는 총체성의 지평으로서 등장하지는 않습니다. 이런 의미에서 호메로스의 서사시에서 그려지는 인간의 탁월함은 시민의 탁월함이 아니라 추상적인 인간 일반의 탁월함, 삶의 탁월함입니다. 그리고 이처럼 인간을 인간성 그 자체의 탁월함에서 고찰하는 한에서 호메로스의 문학은 귀족적이라 할 수 있는 것입니다.

이에 반해 우리가 고찰하고 있는 그리스 비극의 시대는 인간을 철저히 폴리스, 즉 시민 공동체 속에서 이해한 시대입니다. 이것을 잘 표현해준 사람이 아리스토텔레스인데 그가 바로 인간은 정치적 동물이라는 그 유명한 말을 남긴 사람입니다. 그런데 여기서 인간이 정치적 동물이라는 말은 보다 정확히 옮기자면 인간이 폴리스적인 존재라는 말입니다. 즉 그것은 인간은 오직 폴리스 속에서만 비로소 참된 인간으로 존재할 수 있다는 말이지요. 인간은 자연 속에 홀로 있는 한 온전한 인간으로 존재할 수 없습니다. 그는 오직 사람들의 공동체 속에서만 참된 인간이 될 수 있습니다. 폴리스란 그런 모든 공동체들 가운데서도 가장 이상적인 인간 공동체였습니다. 그런 까닭에 한 인간의 삶과 행위의 탁월함 역시 그것의 순수한 내적 가치를 통해 입증되는 것이 아니라 동시에 시민 공동체의 온전함을 통해 검증되어야 했습니다. 물론 이것은 나중에 스토아 철학자들이 생각했던 것처럼 개인이 공동체의 도구가 되어야 한다는 것을 뜻하지는 않았습니다. 기원전 5세기는 이 점에서 볼 때 개인과 국가 사이에 고전적인 균형이 형성되었던 시대입니다. 시민이 폴리스를 통해서만 존재한다는 것은 시민이 폴리스의 도구라는 말이 아니라 시민 폴리스를 통해서만 참된 자유를 누릴 수 있다는 뜻이었지요. 아무튼 시민이 폴리스를 통해서만 참된 인간, 참된 자유인으로 존재할 수 있다면, 인간성의 탁월함 역시 이제는 추상적인 삶의 문맥이 아니라 폴리스 공동체의 온전함을 통해 검증되어야 한다는 것은 당연한 일이라 하겠습니다. 비극은 바로 이런 관점에서 삶을 고찰한 예술입니다. 그것은 인간 삶의 의미와 가치를 추상적인 인간성이 아니라 시민 공동체라는 지평 속에서 고찰한 예술이었던 것입니다.

그런데 이처럼 삶을 시민 공동체의 지평 속에서 고찰할 때 우리는 삶을 지배하는 운명의 비합리성과 맹목성을 쉽게 받아들이기 어렵습니다. 호메로스적 세계에서 운명의 맹목성은 도리어 그에 사로잡힌 인간이 자기의 용기와 탁월함을 보여줄 수 있는 디딤돌이 됩니다. 누누이 말씀드렸듯이 여기서는 인간이 죽을 수밖에 없는 존재인 까닭에 도리어 그는 숭고해질 수도 있는 것입니다. 생각하면, 왜 운명은 헥토르나 아킬레우스처럼 고귀한 사람들은 일찍 데려가고, 세상에 수많은 비열한 사람들은 오래 살게 내버려두는 것일까요? 그러나 호메로스는 이 물음에 대답할 필요를 느끼지 않았습니다. 그는 그런 이해할 수 없는 맹목적인 운명을 인간성의 숭고를 보여줄 수 있는 조건으로 받아들였기 때문입니다.

그러나 만약 우리가 인간성의 탁월함이나 고귀함을 인간 일반의 차원에서 보지 않고 시민적 공동체의 차원에서 본다면 어떻게 되겠습니까? 그때 우리는 더 이상 호메로스식의 해결을 받아들일 수가 없을 것입니다. 왜냐하면 의로운 사람이 예측 못한 운명 앞에 파멸하고 사악하고 불의한 사람이 행운을 얻는 일이 비일비재한 나라가 온전한 나라일 수 없다는 것은 너무도 분명하기 때문입니다. 이를테면 우리는 노태우 정부 시절에 일어났던 이른바 3당 합당 사건에 합류하지 않은 노무현 씨가 나중에 그 여파로 자기 고향에서 국회의원이나 시장에 출마했을 때 계속 선거에서 떨어졌던 일을 예로 들 수 있겠습니다. 여기서 그가 자기의 선택이 자기 개인을 위해서 불이익이 되리라는 것을 모르지 않았으면서도 옳다고 생각한 길을 간 것은 그 사람 개인의 비범한 정신의 용기를 보여주기는 합니다만, 아무리 그렇다고 하더라도 우리는 그런 사람이 자기 자신의 고귀함 바로 그것 때문에 선거에서 떨어질 수밖에 없는 나라를 온전한 나라라 할 수는 없을 것입니다. 그러니까 그가 반복되는 낙선에도 불구하고 부산에서 국회의원이나 시장선거에 출마하고 또 떨어진 것은 그의 참된 용기와 정신의 크기를 보여주는 것이니, 인간성 그 자체의 관점에서 보자면 나무랄 일이 전혀 아니지만, 같은 일을 나라 전체의 관점에서 본다면 그런 사람이 그런 이유 때문에 선거에서 떨어지는 나라는 대단히 잘못된 나라가 아닐 수 없는 것입니다. 이처럼 삶에서 좋고 나쁨은 어떤 지평에서 보느냐에 따라 달라집니다. 인간성의 지평에서는 비극적이기는 하지만 고귀하고 숭고한 일일 수 있는 일이, 나라나 시민 공동체의 지평에서 볼 때에는 아무런 긍정적 의미도 없는 악일 수도 있는 것입니다.

따라서 우리가 운명을 개인의 삶의 일로만 보지 않고 시민 공동체의 지평에서 볼 경우에는, 더 이상 맹목적이고 비합리적인 운명을 인간의 정신의 숭고를 보여주기 위한 조건이라고 긍정적으로 볼 수만은 없습니다. 만약 운명이 전적으로 맹목적이고 무차별해서 악한 사람에게 행운을 선사하고 도리어 선한 사람에게 크나큰 불행을 가져다준다면, 그것이 아무리 운명 앞에 마주선 개인을 숭고하게 만들 수 있다 하더라도, 나라 전체의 온전함을 치명적으로 훼손하는 것이니 말입니다. 정의의 원리가 확립되지 않은 사회가 어찌 온전한 사회일 수 있겠습니까.

그러나 이처럼 맹목적인 운명에 대해 폴리스 공동체의 지평에서 그렇게 간단하게 긍정적인 의미를 부여할 수 있는 것이 아니라면, 이제 우리는 그렇게 변덕스럽고 불합리한 것처럼 보이는 운명과 신의 섭리를 어떻게 이해하고 받아들여야 하겠습니까? 바로 이것이 그리스 비극시인들의 근본 물음이었습니다.

편지 21

비극과 종교

개인의 삶이 아니라 또는 인간성 일반의 관점에서가 아니라 폴리스 전체의 관점에서 운명의 의미를 묻는 것, 다시 말해 비합리적이고 맹목적인 운명을 시민 공동체 전체의 입장에서 의미부여하는 것, 이것이 비극시인들에게 부과된 새로운 과제였습니다. 이런 의미에서 그리스 비극은 좁은 의미의 문학작품이 아니라 종교적인 동시에 철학적인 성찰의 산물이었습니다.

앞에서 한번 언급한 적이 있는 중국사람 장파는 "이성적 파악이 실패했음에도 시대의 이성적 사고로 말미암아 종교적 파악으로 되돌아가지 못할 때 그때에야 비로소 비극의식이 탄생할 수 있다"[10]고 말합니다. 그러면서 그는 "고대 문명 가운데 그리스 문명과 중국 문명만이 이성주의가 거대한 사조를 이룰 수 있었고, 그 속에서 수많은 세계적 철학자가 나와 완전한 비극의식을 형성할 수 있었다"[11]고 주장합니다. 이성을 통해 파악할 수 없는 불합리를 종교적 방식으로 해석하지 않고 다른 방식으로—즉 예술적인 방식으로—물어 들어가는 것이 비극이라는 말이지요.

하지만 이런 판단은 중국의 비극에 적용될지 모르겠으나 그리스 비극에 대해서는 들어맞지 않는 주장입니다. 그리스 비극은 종교를 벗어난 사유가 아닙니다. 한마디로 말하자면 그리스 비극시인들은 새로운 호메로스였습니다. 호메로스가 누구인가요? 그는 그리스인들에게 처음으로 신들의 이름을 지어준 사람입니다. 하늘의 일을 처음으로 알려준 시인이었지요. 그리고 그것은 그 후 모든 그리스 종교의 초석이 되었습니다. 그런데 호메로스의 종교는 세월의 흐름 속에서 비판받고 수정되어야만 했습니다. 그리하여 기원전 5세기에 이르면 그것은 더 이상 원형 그대로 받아들여질 수는 없는 것이 되고 말았던 것입니다.

그러나 그리스인들은 이런 상황 속에서 합리적 철학을 통해 간단히 종교적 사유를 지양해버릴 수 있었던 민족이 아니었습니다. 물론 비극의 시대는 또한 계몽의 시대였고 다른 어떤 시대보다도 종교가 합리적 사유와 비판정신에 의해 종교에 고유한 생명력이 엷어진 시대였습니다. 그러나 비극은 그런 시대정신에 단순히 영합하여 초월적 종교를 인간적 예술로 대치한 것이 결코 아니었습니다. 그렇기는커녕 비극은 그 출발점에서 보자면 이 당시의 일면적 계몽주의를 비판하고, 결코 근절될 수 없는 삶의 종교적 차원을 새로이 복원하고 그것에 대해 당시의 시대정신과 조화를 이룰 수 있는 방식으로 새로운 의미를 부여하려 한 시도였습니다. 그러니까 비극작가들은 단순한 시인이 아니라 온전한 의미에서 신학자였습니다. 상고시대에 호메로스가 그리스인들에게 신들의 본성을 가르쳐주었던 것처럼 이제 변화된 시대에서 비극시인들이 동료 시민들에게 신들의 참된 본성을 가르쳐주었던 것입니다.

그러나 우리는 왜 세속적인 삶으로 만족할 수 없는 것입니까? 왜 인간은 자연적 존재에 만족하지 못하고 굳이 초월적인 신을 찾는 것입니까? 오늘날처럼 인간의 삶이 세속화되고 자연이 철저히 탈신화화된 시대에도 교회와 절에 사람들이 넘쳐나는 것은 무슨 까닭입니까? 물론 교회나 절을 찾는 모든 사람들이 참된 종교인이라 할 수는 없을 것입니다. 그러나 사람들 각자의 종교생활의 정체가 무엇이든지 간에 한 가지는 분명한데, 그것은 종교적 욕구가 단순히 세속적 계몽에 의해 제거되거나 해소될 수 있는 것이 아니라는 사실입니다. 파스칼(B. Pascal)이 『팡세』(Pensées)에서 그렇게 말했지요. 사람이 참된 신을 상실한 뒤에는 모든 것이 신이 될 수 있다고. 나는 이 말을 회상할 때마다, 수백 년 전 남의 땅에서 살았던 파스칼이 우리 시대의 사람들을 위해 어쩌면 이리도 적절한 말을 남겨두었을까 하고 경탄합니다. 예수의 말처럼 사람은 빵으로만 살 수는 없습니다. 인간은 동시에 자기의 전 존재를 걸고 헌신할 가치가 있는 어떤 대상을 필요로 합니다. 그런 대상을 찾을 수 없을 때 삶은 허무의 수렁에 빠져듭니다. 그리고 그것은 우리의 삶을 병들게 합니다.

그런 까닭에 모든 사람은 자기의 삶에 의미를 줄 수 있는 신, 자기의 전 존재를 바쳐서 헌신할 수 있는 신을 필요로 합니다. 다만 그 신이 어떤 것이냐가 문제일 뿐이지요. 파스칼의 말은 우리가 참된 신을 잃어버리고 나면 결국 거짓된 것을 신으로 숭배하게 된다는 것을 뜻합니다. 이를테면 우리 시대에는 많은 사람들에게 돈이 신이겠지요. 정치가에게는 권력이 신일 것입니다. 또는 어떤 어머니에게는 자식이 신일 수도 있고, 어떤 아버지들에게는 가족이 신일 수도 있을 것입니다. 박정희가 선과 악의 가치판단을 넘어서 있다고 말하는 어떤 소설가에게는 박정희가 신이겠지요. 신이야말로 인간의 가치판단을 넘어서 있는 존재일 것이니까요. 그러나 이런 대상이 반드시 구체적인 사물이나 인간일 필요는 없습니다. 추상적인 이념도 절대자의 자리에 앉을 수 있지요. 조선일보에게는 친미·반공이 신이겠지요. 하여튼 우리가 그것을 위해 사는 대상, 그것이 신적인 것이라 하겠습니다. 그런데 우리가 신일 수 없는 것을 신적으로 숭배할 때, 우리의 삶은 물구나무서게 됩니다. 그때에는 궁극목적이 될 수 없는 것이 궁극목적이 되고 수단이 되어서는 안 될 것이 도구의 자리로 전락하는 것입니다. 특히 20세기에 인류가 경험한 파시즘은 인간의 종교적 에너지가 정상적인 출구를 찾지 못할 때 어떻게 왜곡된 형태로 나타나는가를 보여주는 좋은 예입니다. 어디 이것이 20세기만의 일이겠습니까? 어떤 시대이든 참된 신이 사라지고 나면, 사람들은 너무도 자주 절대적이 아닌 것에 절대적 가치를 부여하고 그것을 신으로 숭배하게 되는 것입니다.

한 시대가 이런 어리석음에 빠지지 않기 위해서는 신에 대해 사유하지 않으면 안 됩니다. 생각하지 말고 무조건 믿으라는 것은 언제나 악마의 주술입니다. 그러나 초월적인 것, 신적인 것 또는 비슷한 말이지만 절대적인 것에 대해 생각한다는 것은 무엇을 뜻하는 것인지요? 이것은 간단한 문제가 아닙니다. 왜냐하면 원칙적으로 신적인 것은 경험적 자연과 인간의 합리적 이성을 초월하는 것이기 때문입니다. 그리하여 신적인 것을 생각한다는 것은 생각할 수 없는 것을 생각한다는 말과 같습니다. 그리스의 비극시인들은 바로 이 역설적인 과제를 떠맡았던 사람들이었습니다.

그런데 왜 하필 이 일을 시인들이 떠맡았단 말입니까? 이것은 결코 우연히 시인들이 종교에 관심을 가져서 일어난 일이 아닙니다. 그리스의 종교는 불교처럼 철학적이지도 않고 유대교나 기독교처럼 윤리적이지도 않습니다. 그것은 미적입니다. 그리스 종교의 중심은 명상에 있었던 것도 아니고 제사에 있었던 것도 아닙니다. 그것의 중심은 본질적으로 문학적 이야기에 있었습니다. 그리스에서 종교적 진리는 오로지 시적인 방식을 통해서 계시되었습니다. 그리스인들에게 신적인 것은 오로지 미적인 것이었기 때문입니다. 물론 진리나 윤리가 이들에게 아무런 가치가 없었다는 말은 아닙니다. 그러나 진리든 윤리든 아니면 다른 어떤 가치든지 간에, 모든 고귀하고 신적인 것들은 본질적으로 아름다움의 강보에 싸여 세상에 출현한다는 것이 그리스적 믿음이었던 것입니다. 그런 까닭에 그리스 땅에서 삶을 규정하는 모든 신적인 힘은 오로지 시인의 입을 통해서 사람들에게 계시되었습니다. 호메로스는 사람들에게 신들을 아름다운 형상 속에서 보여준 최초의 시인이었습니다. 그러니까 그는 그리스 최초의 시인이었지만 똑같은 의미에서 최초의 신학자이기도 했던 것입니다.

그런데 앞에서 말했듯이 호메로스가 가르쳐준 신들의 이야기는 기원전 5세기가 되면 더 이상 사람들에게 있는 그대로 받아들여질 수 없게 되었습니다. 호메로스에 의해 계시된 신들의 모습이 너무도 불합리한 것이 많았기 때문입니다. 그러나 전해 내려오는 신들의 이야기가 불합리하고 이해하기 어렵다 해서 그것을 제멋대로 다시 쓸 수도 없는 일입니다. 만약 신이 임의적 창작의 대상이라면 그것은 결코 참된 의미의 신도 절대자도 아닐 것이기 때문입니다. 예를 들어 성경에도 우리 시대의 세계관이나 도덕관념으로 볼 때에는 받아들이기 어려운 이야기들이 많지만, 어떤 신학자도 그 이유 때문에 성경을 다시 쓸 수는 없습니다. 그들이 할 수 있는 일은 주어진 경전의 내용을 재해석하는 일일 뿐이지요. 이런 사정은 그리스 비극시인들의 경우에도 마찬가지였습니다. 비극시대에 그리스가 직면한 종교적 과제도 전승되어온 신화를 완전히 바꾸지 않으면서 새로이 해석하고 의미부여하는 일이었습니다. 비극시인들은 바로 그 일을 떠맡은 사람들이었습니다. 그리스에서 신들의 이야기를 사람들에게 전하는 일은 시인의 몫이었기 때문입니다. 이런 점에서 그리스 비극은 단순한 문학작품이 아니라 종교적 성찰의 열매였습니다. 특히 아이스퀼로스와 소포클레스의 많은 작품들은 변화된 시대정신 속에서 새롭게 제출된 신앙고백이었던 것입니다.

편지 22

비극과 윤리

그러나 전승된 신화가 시대정신과 불화를 일으킨다 할 때, 그 불화의 주된 내용이 무엇이겠습니까? 한편에서 그것은 다신교적이고 인간적인 신들의 형상이 참된 절대자의 이념과 합치하지 않는다는 것을 사람들이 깨달았기 때문입니다. 생각하면 절대자가 결혼도 하고 아이도 낳는다는 것은 두말할 나위 없이 불합리한 일이지만, 여럿의 절대자라는 것도 자기모순입니다. 왜냐하면 동등한 절대자가 여럿이 있다면 그들은 서로에 대하여 상대적인 관계에 놓일 수밖에 없으므로 더 이상 절대자일 수 없기 때문입니다. 그리하여 그리스 비극시인들, 특히 아이스퀼로스와 소포클레스는 우선 호메로스 시대의 완전히 인간적인 신들의 세계를 참된 절대자에게 걸맞은 방식으로 재구성하지 않으면 안 되었습니다. 구체적으로 말하자면 아이스퀼로스는 제우스 신을 다른 신들과 차별하여 유일신적인 절대자로 격상시키는 경향을 보입니다. 물론 여전히 아테네 신이나 아폴론 신이 신적인 존재로 등장합니다만, 이들은 제우스에 비하면 존재론적인 지위에서 명백히 낮은 위치를 차지하고 있습니다. 이 차이는 다른 무엇보다 복수의 여신들(Erinyes)이나 아테네 그리고 아폴론 신은 인간에게 직접 자기를 드러내는 데 반해 제우스 신은 초월적인 절대자로서 자기를 인간에게 전혀 나타내지 않는다는 데서 분명히 드러납니다. 그래서 그리스 신들이 모두 똑같이 초월적인 존재들이라 할지라도 제우스가 기독교식으로 말해 하나님이라면 다른 신들은 천사나 사탄으로 차별화되는 경향을 보이는 것이지요.

이것은 작은 변화가 아닙니다. 왜냐하면 무릇 눈에 보이는 것은 어떤 것도 절대적인 것일 수 없기 때문입니다. 호메로스에게서는 모든 신들이 똑같은 방식으로 개별화되어 있고 감성화되어 있었던 까닭에 참된 절대성을 보존할 수가 없었습니다. 그에게서도 제우스가 가장 지배적인 신이기는 했으나 제우스 역시 특정한 형상을 가진 개별적 존재자에 지나지 않았던 까닭에 참된 절대자가 되기에는 까마득히 못 미치는 처지에 있었던 것입니다. 그런데 아이스퀼로스는 제우스를 유일한 최고의 신으로 상정하면서도 철저히 감성적 형상의 피안에 위치시킴으로써 그가 참된 절대성을 보존할 수 있게 합니다. 이런 경향은 소포클레스에게서도 확인할 수 있습니다. 소포클레스는 아이스퀼로스에 비하면 특별히 제우스 신을 절대자로서 강조하지는 않습니다. 그러나 그에게서는 신들의 세계가 전체로서 피안의 초월성 속으로 고양됩니다. 그리하여 존재의 절대적 본질 또는 신적인 본질은 인간에게는 철저히 감추어진 것으로 나타나게 됩니다. 이리하여 신적인 세계는 인간적 유한성으로부터 벗어나 비록 부정적이기는 하지만 어떤 무한성의 지평으로 높여지고 이를 통해 이전의 모든 불합리한 구체적 양상에서 해방되는 것이지요.

그러나 이 당시 비극시인들이 해결해야 했던 문제는 전승된 신화의 이론적 불합리만이 아니었습니다. 보다 심각한 문제는 전승된 신화와 도덕의 충돌이었습니다. 종교적 교의는 도덕과 분리될 수 없습니다. 그리스의 경우에도 호메로스가 전해준 신화는 신들의 이야기인 동시에 또한 신들 앞에 선 인간의 이야기이기도 했습니다. 즉 그것은 삶의 완전성을 추구하는 인간의 이야기이기도 했던 것입니다. 그러나 사람은 언제 온전해지는 것입니까? 이 점에 관해서도 비극시인들은 이제 호메로스와는 다른 관점에서 대답을 하지 않으면 안 되었습니다. 앞에서 말했듯이 우리는 도덕에서도 귀족적 도덕과 시민적 도덕을 구별할 수 있습니다. 호메로스는 귀족적 도덕을 대변하는 시인입니다. 그는 사회 속에서 인간을 탐구하기보다는 도리어 인간성 속에서 사회적 삶의 진리를 탐구했던 것입니다. 그러나 비극시인의 시대는 시민 공동체로서의 폴리스가 정착되어가던 시대, 아니 정착된 시대였습니다. 이런 시대에 시인의 임무는 폴리스 속에서 존재하는 인간의 삶의 온전함과 탁월함의 의미를 가르쳐주는 일이었습니다. 이런 의미에서 이 시대 비극시인들은 다른 무엇보다 전승된 도덕관념을 변화된 시민사회에 걸맞게 재해석하고 재규정하는 과제를 떠맡았던 것입니다.

구체적으로 말하자면 호메로스가 주인공으로 삼았던 영웅들을 비극시인들이 똑같이 주인공으로 삼는다 하더라도 그들의 본질적 성격은 같지 않습니다. 한마디로 말해 호메로스의 영웅들이 전형적인 귀족이라면 비극시인들의 영웅들은 전형적인 시민인 것입니다. 비록 오이디푸스 같은 사람이 극중 신분은 왕이지만 그의 정신과 세계관 그리고 가치관은 그 시대가 요구하는 이상적인 시민의 모습을 보여준다 할 수 있습니다. 비극시인들은 이처럼 비극을 통해 새로운 시대에 걸맞은 이상적인 시민의 모습을 그려 보임으로써 동료 시민들을 폴리스 공동체의 주인으로서 손색이 없는 사람으로 교육하려 했던 것입니다. 플라톤은 호메로스가 그리스를 교육했다고 말한 적이 있습니다만 이것은 비단 호메로스 한 사람에게만 할 수 있는 말은 아닐 것입니다. 비극시인들 역시 하늘의 일과 땅의 일 모두에 대해 사람들에게 지혜를 전해주어야만 할 시인으로서 변화된 시대에 동료 시민들을 참된 시민이 되게 교육하지 않으면 안 되었습니다. 그러니까 이들 역시 그리스인들의 도덕교사였던 것입니다. 다만 호메로스가 탁월한 인간이 되기 위한 길을 가르쳤다면, 비극시인들은 탁월한 시민의 길을 가르친 것이 차이이지요.

윤리학이 전승된 가치에 대한 비판적 반성에서 시작되는 것이라면, 우리는 그리스 비극시인들을 온전한 의미에서 최초의 윤리학자들이었다 말해도 좋을 것입니다. 물론 그리스에서 윤리학이 아니라 윤리 그 자체를 처음 가르친 사람은 호메로스였습니다. 크세노폰(Xenophon)의 회상에 따르면 니케라토스라는 사람은 어릴 적에 호메로스의 『일리아스』와 서사시를 완전히 외울 정도로 학습했다고 합니다. 그 까닭은 그를 훌륭한 남자로 키우기를 원했던 그의 아버지가 아들에게 호메로스의 작품을 철저히 익히라고 했기 때문이랍니다. 그러니까 원래 그리스인들에게 선한 사람이 되기 위한 가르침을 주었던 사람은 호메로스였던 것이지요. 그러나 단순히 선을 위한 가르침을 주는 것은 아직 윤리학이 아닙니다. 왜 그것이 선한 것인가를 비판적으로 묻기 시작할 때 비로소 학문으로서의 윤리학이 시작될 수 있기 때문입니다. 다시 말해 참된 의미에서 윤리학이란 선의 근거를 사유할 때 비로소 가능한 것이기 때문입니다. 그런데 비극시인들이 전승된 호메로스적 윤리를 변화된 시대에 걸맞게 재해석해야만 했을 때, 그들은 어쩔 수 없이 그것과 비판적으로 대결하지 않을 수 없었습니다. 그리고 어떤 삶이 올바른 삶인지, 어떤 행위가 정당한 행위인지를 새롭게 모색해야 했을 때, 그들은 새로운 시민윤리를 제시하면서 왜 이 새로운 윤리가 정당한 것인지 그 근거를 제시하지 않으면 안 되었지요. 이런 의미에서 비극시인들은 선의 근거를 처음으로 물었던 사람들이라 할 수 있고 그런 까닭에 또한 최초의 윤리학자들이었다 할 수도 있습니다.

물론 비극시인들이 나중에 플라톤이나 아리스토텔레스처럼 선에 대해 논문을 썼던 것은 아닙니다. 그러나 표현 방식이 문제라면 플라톤 역시 논문을 써서 철학자가 된 사람은 아니지요. 그리스 비극은 형식적으로 볼 때 크게 두 부분으로 나뉘는데 하나가 합창이라면 다른 하나가 대화입니다. 그런데 그리스 비극의 대화는 많은 경우 대립되는 입장들, 특히 대립되는 윤리적 입장들의 치열한 쟁론으로 이루어져 있습니다. 이를테면 아이스퀼로스의 오레스테이아 3부작의 첫번째 작품인 『아가멤논』에서 아가멤논의 아내인 클뤼타임네스트라가 남편을 살해한 뒤에 자기 행위의 정당성을 두고 코러스장과 격렬하게 논쟁하는 부분이라든지 같은 3부작의 셋째 작품인 『자비로운 여신들』에서 복수의 여신들과 아폴론 신이 오레스테스의 살인을 두고 죄의 경중을 다투는 장면은 플라톤의 윤리적 대화편의 선구라 해도 좋을 것입니다. 플라톤이 젊은 날 비극작가의 꿈을 가졌던 문학소년이었다는 것은 잘 알려진 일이거니와, 그의 대화편의 형식은 비극의 형식과 전혀 무관하다 할 수 없습니다. 비극의 대화 가운데서 그렇게 대립하는 입장이 서로 쟁론하는 부분을 가리켜 학자들은 안틸로기아(antilogia)라고 부르는데 비극에서 이런 부분만을 떼어놓고 본다면, 그것은 어디에 내놓아도 손색없는 도덕철학적 논쟁입니다. 플라톤의 대화편은 그리스 정신의 발전을 전체로서 살펴볼 때 비극의 쟁론의 형식이 문학으로부터 독립하여 나온 서술형식이라 할 수 있습니다.

그러니까 전체적으로 보았을 때 비극은 종교와 철학 사이에 놓인 다리입니다. 그것은 역사적으로 볼 때 종교와 예술의 시대로부터 철학과 과학의 시대로의 이행과정에 있는 사유형식을 보여줍니다. 비극의 시대가 지나고 나면 이제 도덕과 윤리의 문제는 철학의 한 분야인 윤리학의 중심문제로서 학술적 반성과 토론의 대상으로 옮겨갑니다. 물론 문학도 여전히 선의 문제를 고민하겠지만 더 이상 문학이 이전처럼 선의 준거를 가르치는 도덕교사 노릇을 하지는 않습니다. 그런 시대는 비극시대의 종말과 함께 같이 끝난 것이지요.

그러나 비극이 종교와 철학 사이에 놓인 다리라는 표현은 단순히 비극이 과도기적인 예술형식이었다는 뜻으로 한 말은 아닙니다. 도리어 그것은 비극이 종교적이기도 하고 철학적이기도 하다는 뜻이지요. 즉 그것은 예술 속에서 종교와 철학이, 인간의 일과 신의 일의 진리가 심미적 총체성 속에서 사유되고 있었다는 것을 뜻하는 말입니다. 그리스 비극의 위대함은 바로 이런 총체성에 존립합니다. 시가, 또는 예술이 이런 총체성의 지평일 수 있다는 것, 바로 여기에 그리스 비극의 가치가 있는 것입니다.

네번째 묶음 … 서사시와 서정시 그리고 비극

편지 23
예술의 자율성과 총체성

예술이 삶의 총체성의 지평이라는 것, 그리스 문학예술의 가치는 바로 여기에 있습니다. 그러나 오늘날 우리는 이 말의 참된 의미를 거의 이해할 수 없습니다. 왜냐하면 지금 우리 시대에는 예술이 더 이상 삶의 총체성을 표현하고 실현하는 기관(organ)이 아니기 때문입니다. 우리 시대에 시인이란 과연 무엇입니까? 물론 우리 시대에도 시인은 한 사람만 있는 것은 아닙니다. 그 사람들을 모두 싸잡아 우리 시대의 시인이라 말하는 것은 성급한 일반화의 오류겠지요. 그러니까 시인들에 대해 그다지 아는 것도 없으면서 모든 시인을 싸잡아 말하는 일은 하지 않기로 하겠습니다. 하지만 그리스의 시인들과 우리 시대의 시인들의 차이를 두드러지게 하기 위해 우리 시대 가장 유명한 시인이라 할 수 있는 서정주를 예로 드는 것은 어떨까요? 그리 나쁜 일은 아니겠지요.

자 그렇다면 서정주와 같은 시인의 경우에 시인이란 과연 무엇입니까? 한마디로 말하자면 그런 시인은 더도 덜도 아닌 기생입니다. 기생이 하는 일은 노래부르는 일입니다. 그가 노래하는 까닭은 술판의 흥을 돋우기 위함이지요. 그러므로 그는 잔치판의 흥을 깨는 노래를 불러서는 안 됩니다. 술판을 마련해준 높으신 분들, 돈 많은 분들의 비위를 상하게 하는 노래를 불러서도 안 되겠지요. 종의 아들로 태어나 스스로도 노예에게 어울리는 세계관을 벗어나지 못했던 이 시인이 부를 수 있었던 노래는 시대의 권력자들의 비위를 상하게 하지 않는 범위 내에서 인생의 희로애락을 표현하는 노래뿐이었습니다. 하여 이런 시인은 모두 황진이의 후예들입니다. 한 가지 무시할 수 없는 차이가 있다면 황진이가 자기가 기생인 것을 알고 있었던 데 반해 우리 시대의 시인들은 자기가 기생이라는 것을 깨닫지 못하고 있다는 것 정도일 것입니다. 그러니 자기가 누구인지 알지도 못하면서 시를 쓰는 오늘날의 시인들에 비하면 황진이가 훨씬 더 훌륭한 사람이라 해야겠지요.

시인이 기생인 한에서, 그가 정치·사회적 현실에 대해 자기 의견을 말하는 것은 위험한 일입니다. 물론 이것은 시인이 현실에 대해 아무런 발언도 하지 말아야 한다는 것을 뜻하지는 않습니다. 서정주 역시 그렇지는 않았지요. 그는 일제시대 때는 일본군인으로 대동아전쟁에 참전한 조선청년을 칭송하는 시를 쓰기도 했고 해방된 뒤에는 독재자를 칭송하는 시를 쓰기도 했으니까요. 그러니까 이런 시인들이 정치·사회적 현실에 침묵한다는 것은 절반만 맞는 이야기입니다. 그들이 자기들의 노래를 통해 지배계급의 현실유지에 봉사하기 위해 현실에 대해 발언할 때, 그런 현실참여는 금지되기는커녕 기존의 권력자들에 의해 언제나 장려되어왔습니다. 그러므로 이런 시인들이 현실에 침묵한다는 것은 정확히 말하자면 모든 현실에 침묵한다는 것이 아니라 지배적 권력의 이익에 위배되는 일에 대해 침묵한다는 것을 의미한다 하겠습니다.

박정희나 전두환 같은 독재자가 사라진 지금에는 문학이 권력에 기생한다는 말이 시대에 뒤떨어진 것처럼 보이기도 합니다. 하지만 곰

곰 생각하면 본질적으로 달라진 것은 별로 없습니다. 예전에 서정주 같은 시인이 일본 제국주의자들이나 박정희 또는 전두환의 눈치를 살피며 그들의 비호 아래 시를 썼다면, 오늘날 이 땅의 서정주의 후예들은 조선일보의 눈치를 보며 글을 쓰는 것 정도가 차이라면 차이겠지요. 민주주의가 말 그 자체로서는 인민의 지배를 뜻하는 것이지만, 본질적으로 보자면 그것이 주먹이 아닌 말의 지배요 여론의 지배라는 것을 생각할 때 독재자가 사라진 곳에 언론이 왕노릇하는 것이 이상할 것은 없습니다. 다만 그 언론이 공공적 이성의 객관적 표현과 실현이 아니라 한갓 사사로운 이익을 추구하는 선동꾼과 거짓말쟁이들의 집단, 바로 그리스인들이 말하던 데마고그들의 집단이라면, 민주주의는 껍데기만 남게 되고 시민 공동체는 새로운 독재자의 지배 아래 놓이게 되는 것이지요. 그렇게 새로이 등장한 언론이라는 지배자들 앞에서 몸을 낮추고 그 비위를 맞추는 것은 모든 눈치 빠른 기생지식인과 작가들의 자연스런 행태라 하겠습니다. 몸에 밴 노예근성이 어디 갈 리 없으니까요.

이처럼 시라는 것이 기생의 노래에 지나지 않을 때, 시가 표현하는 아름다움이란 시인이 현실로부터 벗어나 있음을 증명하는 알리바이일 뿐입니다. 정확히 말하자면 그것은 시인이 사회·정치적 현실의 모순과 소외되고 억압받는 사람들의 비참함으로부터 벗어나 있음을 증거하는 알리바이인 것이지요. 이런 사회에서 아름다움이란 죽은 장식품, 거세된 아름다움입니다. 그것은 비극적 현실로부터 스스로 도망쳐 자기의 골방에 갇혀버린 아름다움으로서 현실을 변화시키는 능동적인 힘을 가질 수 없습니다. 도리어 그런 아름다움은 현실의 비참을 잊기 위한 마취제일 뿐이지요. 현실의 모순과 불의 앞에서 무기력한 자가 얻을 수 있는 유일한 구원이 무엇이겠습니까? 그것은 오직 하나 망각입니다. 불의한 현실을 고칠 힘도 용기도 없고 그런 현실로부터 어디 다른 곳으로 도피할 수도 없는 사람이 얻을 수 있는 유일한 처방은 눈앞의 현실을 잊어버리는 것뿐입니다. 그리고 유감스럽게도 철학과 종교 그리고 예술은 너무도 자주 그런 망각의 묘약으로 쓰여 왔습니다. 그런 곳에서 영원한 진리의 탐구는 오늘의 문제를 외면하기 위한 핑계가 되고, 하늘나라에서의 영원한 삶에 대한 열광은 땅 위에서 고통받으며 죽어가는 사람들에 대한 냉담한 무관심의 이면이며, 순수한 아름다움에 대한 탐닉은 현실의 추악함을 잊어버리기 위한 마약인 것입니다. 특히 이 가운데서도 아름다움은 다른 것들보다 더 탁월한 마취제인데, 그것은 아름다움이 언제나 직접적인 쾌감을 동반하기 때문입니다.

그렇게 골방에 갇힌 아름다움을 가리켜 사람들은 미적 자율성이라 하더군요. 아름다움이란 본질적으로 도덕적 가치와 다른 독립적 가치라는 것이지요. 이런 생각을 다른 누구보다 명확히 표현한 철학자는 칸트였습니다. 그는 사람들이 아름다움의 본질을 도덕적 선이나 사물의 완전성 또는 학문적 진리와 동일시하는 태도를 비판하면서 아름다움은 그 자체로서 규정되어야 할 또 다른 하나의 체험영역이라고 주장했습니다. 이를테면 베르사유 궁전을 보고 우리가 아름답다고 말할 때의 판단기준은 우리가 인민의 고혈을 짜내 그 건물을 지은 전제군주의 부도덕을 비판할 때의 판단기준과 전혀 다르다는 것입니다. 생각하면 우리가 세계여행을 하면서 감탄해 마지않는 대다수의 건축물들이란 도덕적인 기준으로 보자면 지탄받아 마땅한 착취에 바탕하고 있다 하겠습니다만, 그럼에도 불구하고 우리는 그 모든 것들을 보며 아름답다고 감탄을 하지요. 칸트는 바로 그것을 두고 미적 판단의 기준이 도덕적 판단의 기준과 다르다는 것을 말하려 했던 것입니다.

칸트는 『판단력비판』(Kritik der Urteilskraft)이라는 책의 미학부분 첫머리에서 이 말을 했는데, 때때로 사람들은 이 말을 두고 마치 아름다움과 선은 아무런 상관도 없는 것이고, 또 그것이 미적 자율성의 본질인 것처럼 말하곤 합니다. 이런 식의 미적 자율성이란 단순화시켜 말하자면 아름다움을 삶에서 하나의 고립된 섬과 같은 것으로 이해하는 태도라 하겠습니다. 또는 스피노자식으로 말하자면 삶에서 아름다움을 마치 국가 속의 또 다른 국가로 보는 것과 마찬가지라 할 수 있겠지요. 그러나 칸트가 아름다움이 진리나 선과 다른 고유한 의미를 가진다고 말한 것은 아름다움이 삶의 다른 가치들과 전혀 무관하다는 말을 하기 위해서가 아니었습니다. 1과 2는 다른 수입니다. 하지만 이것으로부터 1과 2가 서로 아무런 관계도 없다는 결론을 끌어내는 것은 성급한 비약입니다. 아름다움의 경우도 마찬가지입니다. 분명히 미적 체험은 도덕적 체험과 다릅니다. 그러나 이것이 미적 체험이 도덕이나 사물에 대한 참된 인식과 아무런 상관도 없다는 것을 말하는 것은 아닙니다. 도리어 진리든 선이든 아름다움이든 그 모두 마지막에는 같은 사람 속에서 발생하는 의식의 체험에 속하는 것으로서 어떤 식으로든 서로 관계맺고 있다고 하는 것이 보다 온당한 판단일 것입니다. 문제는 그들 사이의 관계의 성격을 분명히 밝히는 것이겠지요.

아닌게아니라 칸트가 진리와 선과 아름다움을 구별한 뒤에 곧이어 제기된 문제는 그렇다면 이들이 서로 어떤 관계 속에 있는가, 아니 더 나아가 이들 가운데 어떤 것이 보다 근원적인 바탕이 되는가 하는 물음이었습니다. 칸트는 저 셋의 의미를 명확히 구별해주기는 했으나 그들 사이의 상호관계에 대해서는 분명한 답을 주지 않았던 것입니다. 칸트가 아름다움이 자연의 영역과 자유의 영역의 분열을 극복하는 다리가 된다고 말하는 것을 들으면 아름다움이 진리와 선을 자기 속에서 포괄하는 보다 근원적인 지평인 것처럼 보이지만 아름다움이 도덕성의 상징이라 말할 때에는 그것이 도덕 아래 있는 것처럼 보이기도 하기 때문입니다.

　독일관념론에서 칸트의 후계자들은 이 문제를 두고 서로 다른 견해를 보였습니다. 피히테(J. G. Fichte)는 상대적으로 도덕의 우위를 주장했고 셸링(F. W. J. Schelling)은 아름다움이야말로 존재의 궁극적 진리의 계시라고 보았지요. 그에 반해 헤겔은 생각하고 인식하는 이성이야말로 도덕과 예술의 근저에 놓여 있는 근원적 지평이라 보았습니다. 그러나 어떤 입장을 취하든지 간에 예술이나 아름다움이 삶의 다른 영역과 전적으로 무관하게 고립되어 자기만의 성을 쌓을 수 있다는 생각은 망상에 지나지 않습니다. 게다가 그렇게 삶의 다른 영역으로부터 고립되는 것을 예술의 자율성이라 생각한다면 그것이야말로 세상물정 모르는 천진함이라 해야겠지요.

　길들여지기 원하지 않는 예술가는 자기만의 성을 쌓고 그 안에 머무르면 예술의 자율성이 지켜진다고 생각합니다. 만약 그런 성을 쌓을 수만 있다면 그 또한 나쁘지 않을 것입니다. 예술가들은 그런 성의 성주로서 마치 에피쿠로스(Epikuros)가 생각한 신들처럼 누구에게도 해를 입지도 않고 끼치지도 않으면서 자족적인 삶을 영위할 수 있을 테니까요. 하지만 설령 예술가들이 그런 성을 지을 수 있다 하더라도 그들은 그 성 안에 유폐되어 살 수는 없습니다. 왜냐하면 자기가 쓴 책을 팔아먹기 위해서 그들은 어쩔 수 없이 성 밖으로 나오지 않으면 안 되기 때문입니다. 성 밖의 시장에는 그곳 나름의 규칙과 질서가 있어서 누구든 거기서 거래를 하려는 사람은 그곳의 법과 질서에 따라야만 합니다. 게다가 그곳에서 힘깨나 쓴다는 사람들에게 잘못 보이기라도 하는 날에는 들고 간 책들을 한 권도 팔지 못하고 돌아와야 할지도 모르지요. 아니면 바깥 세상을 지배하는 권력자들의 총애를 받아 하루아침에 신데렐라가 될 수도 있겠지만. 하여튼 한 가지 분명한 사실은 아무리 시인이 자기만의 성을 쌓는다 하더라도 그 아름다움의 성을 한 발짝도 벗어나지 않고 살 수는 없다는 것입니다.

아마도 당신은 내게 묻고 싶으시겠지요. ──그렇다면 예술의 자율성이란 실현불가능한 망상이란 말입니까? 물론 그렇지는 않습니다. 그러나 만약 예술가가 자기만의 성에 칩거함으로써 예술의 자율성을 지킬 수 있다고 믿는다면, 그것은 틀림없이 헛된 망상에 지나지 않습니다. 하지만 그렇게 예술이 자기만의 영역을 지킨다고 해서 예술의 자율성이 확보되는 것이 아니라면, 언제 예술은 참된 의미에서 자율성을 얻을 수 있는 것입니까? 대답은 이것입니다. 오직 그것이 전체가 될 때 예술은 참으로 자율적이 될 수 있습니다. 자율성이란 언제나 자립성을 전제합니다. 그러나 부분은 그것이 부분이라는 바로 그 이유 때문에 전체의 질서에 종속할 수밖에 없습니다. 그러므로 어떤 부분적 존재도 참된 의미에서 자립적이거나 자율적일 수는 없습니다. 오직 어떤 것이 전체의 주인이 되는 한에서 그것은 참된 의미에서 자율적일 수 있는 것입니다.

예술 또한 마찬가지입니다. 그것이 삶의 한 가지 부분적 영역을 표시하는 한, 그것의 자립성이나 자율성이란 처음부터 불가능한 꿈에 지나지 않습니다. 오직 예술이 삶 전체를 규정하는 원리가 될 때, 다시 말해 그것이 현실 전체를 인도하는 원리가 될 때에만, 예술은 진정으로 자율적일 수 있는 것입니다. 그때 예술은 현실을 능동적으로 형성하는 원리로서 현실의 주인, 세계의 주인이 됩니다. 오직 이런 주인됨 속에서만 예술의 자율성은 현실적으로 실현될 수 있습니다. 우리는 오직 세계의 주인이 되는 한에서만 자기의 주인이 될 수도 있습니다. 이런 사정은 예술의 경우에도 마찬가지입니다. 예술이 자율적이기를 원한다면 그것은 자기의 성이 아니라 세계 전체를 미적 원리에 따라 형성하지 않으면 안 됩니다. 그러니까 예술의 힘에 의해 세계가 아름다워지면 질수록 예술은 더욱더 자율적이게 되는 것입니다. 이처럼 오직 예술이 총체성의 원리가 되는 한에서 그것은 자율성을 획득합니다. 예술의 자율성이란 그것의 고립이 아니라 총체성에 존립하는 것입니다. 오직 스스로 전체가 된 것만이 참으로 자유롭고 자율적일 수 있기 때문입니다.

우리가 그리스의 시인들에게서 배워야 할 가장 중요한 미덕도 바로 여기에 있습니다. 예술이 삶의 자투리 시간의 여흥을 위해서가 아니라 삶을 본질적으로 규정하고 형성하기 위해 존재했던 시대가 고대 그리스 시대였습니다. 그리고 비극은 그런 그리스 예술의 역사 속에서 최후의 완성을 표시합니다. 그것은 예술이 스스로를 어느 정도까지 총체성의 원리로 고양시킬 수 있는지를 보여주는 생생한 실례인 것입니다.

편지 24

존재의 진리인 아름다움

하나이면서 동시에 모두인 것(hen kai pan), 그것이 총체성입니다. 예술이 그 자신 고유한 하나이면서 동시에 모든 것이 될 때 비로소 그것은 총체성의 원리가 됩니다. 그렇게 모든 것이 된 예술, 우리는 그 최초의 모습을 호메로스에게서 발견합니다. 파블로 카잘스(P. Casals)가 늘 그랬다지요. 바흐(J. S. Bach)는 모든 것이라고. 그러나 호메로스야말로 그리스인들에게 온전히 모든 것이었습니다. 바흐의 위대함은 누구도 부정할 수 없지만, 그의 앞에는 수많은 선배 음악가들이 있었습니다. 그들의 유산으로부터 바흐의 음악도 가능했던 것이겠지요. 그러나 호메로스는 누구에게 배워 그토록 위대한 작품을 후세에 남길 수 있었던가요? 그의 앞에는 아무도 없었습니다. 만약 바흐 앞에는 어떤 음악가도 존재하지 않았는데 바흐라는 음악가가 오늘날 우리가 듣는 「첼로 조곡」이나 「바이올린 조곡」 또는 「마태수난곡」 같은 대작들을 처음으로 남겼다고 한다면 우리가 그것을 믿을 수 있겠습니까? 그런데 거의 그와 비슷하게 이해할 수 없고 상상할 수 없는 일이 그리스 정신의 역사에서 실제로 일어났습니다. 마치 천지창조의 순간에 캄캄한 허무의 심연으로부터 처음으로 빛이 비쳐나오듯이, 글로 씌어진 아무런 문학작품도 존재하지 않았던 곳에서 어느 순간 기적처럼 호메로스의 노랫소리가 그리스의 하늘 아래 낭랑히 울려 퍼지기 시작했던 것입니다.

그러나 그것은 단순히 시의 시작, 예술의 시작이 아니었습니다. 호메로스의 시는 또한 그리스의 역사에서 모든 글의 시작이기도 했습니다. 그리스인들이 페니키아인들에게서 받아들인 글자를 개량하여 자기들의 생각을 표현할 수 있게 되었을 때 그리스 정신이 문자로 자기를 표현했던 최초의 유일한 성과가 바로 호메로스의 서사시였던 것입니다. 그러니까 호메로스의 서사시는 단순히 예술의 출발점뿐만 아니라 학문과 종교 그리고 그리스적 도덕의 시원이기도 했습니다. 훗날 플라톤이 호메로스를 가리켜 "이 시인이 그리스를 교육했다"고 말했던 것은 바로 이런 사정을 두고 한 말이었습니다. 한마디로 말해 호메로스는 그리스 문화와 그리스 정신 그 자체의 젖줄이었던 것입니다.

여기서 호메로스가 그리스 정신의 시원이었다는 것은 그 이전에는 그리스에 종교나 도덕이 아예 존재하지 않았었다는 것을 뜻하는 말이 아닙니다. 물론 헤로도토스가 전하는 말에 따르면 호메로스가 처음으로 그리스인들에게 신들의 이름을 가르쳐주었다고 하긴 합니다만 이 말을 곧이곧대로 받아들이기는 어려운 일입니다. 이전부터 전해 내려오던 신들이 호메로스에 의해 집대성되고 개성적으로 형상화되었다고 보는 것이 보다 온당한 일이겠지요.

그러나 사정이 어떠하든지 간에 중요한 것은 그리스 정신이 자기의 모든 것을 시와 예술 곧 아름다움의 지평 속에 풀어놓았다는 사실입니다. 이런 의미에서 호메로스가 모든 것이었다는 말은 곧 아름다움이 모든 것이었다는 말과 같습니다. 그리스에서 모든 문화적 가치는 아름다움의 강보에 싸여 세상에 왔던 것입니다. 횔덜린(F. Hölderlin)은 시가 철학의 시원이며 끝이라 말하면서 "미네르바가 주피터의 머리에서 태어났듯이 철학은 무한한 신적 존재의 시적 표현에서 발생했다"고 말합니다만, 이것이 어디 철학의 경우뿐이겠습니까. 적어도 그리스의 하늘 아래서는 철학과 종교, 과학과 도덕을 막론하고 모든 문화적 성취는 그리스 정신이 아름다움과 동침하여 얻은 소산이었습니다. 그런 한에서 그리스 정신은 미적이었던 것입니다.

호메로스의 서사시는 이런 그리스 정신의 역사에서 가장 근원적인 출발점을 표시합니다. 그러나 그것은 단순히 처음을 의미할 뿐만 아니라 동시에 다른 모든 것이 거기서 흘러나오는 원천이기도 합니다. 아름다움에 매혹된 정신이 그것으로부터 얻는 첫번째 소산은 언제나 예술입니다. 호메로스의 서사시는 그리스 정신이 아름다움과 동침하여 얻은 첫번째 열매로서 그 이후 그리스 정신이 이룩한 모든 정신적 성취의 씨앗이 되었던 것입니다.

생각하면 땅 위의 어느 곳에서도 그리스처럼 시가 문자의 역사를 선도한 경우는 없었습니다. 그리고 다른 어디에서도 예술이 그리스에서처럼 종교나 철학에 예속되지 않고 그 독자성을 유지할 수 있었던 곳도 없었습니다. 여기서 시는 철학이나 역사 또는 종교에 예속되어 그것의 도구가 되지 않았습니다. 그러나 이러한 시의 독자성은 시가 철학이나 종교 또는 역사로부터 단순히 고립되어 아름다움의 성에 자기를 유폐시키고 삶의 한갓 사사로운 희로애락을 노래했기 때문에 가능했던 일이 아니라 시가 그리스인들의 정신적 삶의 전체를 규정하는 총체성의 원리였기 때문에 가능했던 일이었습니다. 예술은 전체가 됨으로써만 독립적이 되고 자유로워지는 것입니다.

호메로스의 서사시는 바로 그런 총체성의 원리가 된 예술의 전형입니다. 그의 서사시는 철학이나 종교 또는 역사의 바깥에 있지 않았습니다. 마찬가지로 그것은 이것들 아래에 있지도 않았습니다. 도리어 호메로스의 서사시는 종교와 철학 그리고 역사와 윤리, 이 모든 것들을 자기 속에 품고 있었습니다. 호메로스의 서사시가 종교적이기도 하고 철학적이기도 한 것은 호메로스의 시가 철학이나 종교의 도구가 되었기 때문이 아니라 거꾸로 철학과 종교의 본질이 아름다움이었기 때문입니다. 간단히 말해 그리스 정신에게 아름다움이란 존재의 진리 그 자체였습니다. 그들에겐 오직 아름다운 것만이 참된 것이었습니다. 예술은 그렇게 존재의 본질적 진리인 아름다움이 자기를 객관적으로 드러낸 것에 다름 아닙니다. 그런 한에서 호메로스의 서사시는 종교와 철학 그리고 역사와 도덕 모두가 그 속에서 꽃을 피웠던 그리스적 삶의 총체성의 지평이었던 것입니다.

나는 가끔 삶이 음악 같을 수 있다면 그것이 하늘나라가 아닐까 생각할 때가 있습니다. 음악 속에서는 모든 소리들이 각자의 고유성을 잃지 않아 팽팽한 긴장 속에 살아 있지만 그 소리들은 언제나 다른 소리와 어울림으로써만 비로소 음악적인 소리 즉 음이 되지요. 이처럼 하나의 음이 언제나 다른 음에 기대서만 자기가 되는 까닭에 아름다운 음악 속에서 음들은 타자를 보존함으로써 자기의 고유성을 생동적으로 실현해나갈 뿐만 아니라 자기를 통해 또한 타자를 가능하게 합니다. 이처럼 자기가 타자를 위해 있고 타자는 자기를 위해 있으며 모든 부분들이 모여 조화로운 전체가 되고 전체가 있음으로써 다시 모든 부분들이 살아 있을 수 있는 것이 바로 음악입니다. 각각의 음들이 최고도로 자기를 실현하고 있으면서도 다른 음을 파괴하지 않고 서로 어울려 하나의 선율과 화음을 이루듯이 모든 사람이 아니 더 나아가 세상에 존재하는 모든 개별자들이 자기의 고유성을 잃지 않으면서도 자기를 통해 서로를 보존하고 아름다운 전체를 이룰 수 있다면, 그것이 우리가 상상할 수 있는 최고의 완전성이 아니겠는지요.

그런데 이런 생각은 나 혼자만의 생각은 아닙니다. 돌이켜보면 삶의 완전성 아니 더 나아가 존재의 완전성이 오로지 아름다움 속에 있다는 생각은 호메로스에 의해 정초된 그리스적 사유의 바탕이었습니다. 모든 것은 아름다울 때 참된 완전성에 도달한다는 것, 그러므로 모든 것은 자기를 완전히 실현하기 위해서는 아름답게 되지 않으면 안 된다는 것, 그것의 아름다움 속에 그것의 진리가 있다는 것, 이것이 호메로스의 가르침이었습니다. 아름다움은 특정한 활동으로서의 예술의 일이 아니라 사실은 모든 존재의 본질적 활동에 속한 일입니다. 아름다워지려는 것은 완전해지려는 것과 같은 말입니다. 아름다워지려는 욕구는 자기를 온전히 실현하고자 하는 욕구와 같은 것입니다. 신이 세계를 창조한 뒤에 보시기에 좋았더라는 말은 이 세계가 타락하기 전 순진무구한 상태에서 아름다웠다는 말이겠지요. 그리고 우리가 다시 실현해야 할 존재의 참모습도 아름다운 모습 외에 다른 것일 수 없을 것입니다. 모든 존재하는 것들이 온전한 자기를 향해 운동하는 것이라면, 모든 것은 또한 아름다움을 향해 운동하는 것이지요. 그러므로 존재가 운동이라면, 그 운동이란 오직 아름다움을 향한 운동일 것입니다. 그런 한에서 아름다움은 좁은 의미의 예술의 일이 아니라 존재 그 자체의 가장 본질적인 일과 활동에 속하는 것입니다.

아름다움이 존재의 진리인 한에서 아름다움은 모든 존재하는 것들을 온전하게 하는 힘입니다. 예술은 존재의 진리, 존재의 근원적 형성력으로서의 아름다움을 인간의 주관적 활동 속에서 반복하고 따라체험하는 활동에 다름 아닙니다. 그것은 인간이 존재의 진리에 가장 탁월한 방식으로 참여하는 방식인 것입니다.

편지 25

포이에시스와 미메시스 그리고 삶의 자기반성

    예술이 총체성을 실현하는 것은 그것이 이렇게 삶의 한갓 장식품으로서의 아름다움이 아니라 존재의 보편적 진리로서의 아름다움에 참여하는 한에서입니다. 인간의 삶은 오직 아름다운 한에서만 최종적으로 총체적인 완전성에 도달할 수 있습니다. 예술이 아름다움 속에서 삶 그 자체의 완성을 지향할 때, 그것은 좁은 의미의 예술이 아니라 삶의 기술이 되고 정치가 됩니다. 그리고 여기서 우리의 삶과 역사가 바로 예술작품인 것입니다.
    그러나 인간의 모든 활동이 삶의 총체적인 완성을 지향할 수는 있겠지만 어떤 개별적인 활동도 삶의 총체성을 그 자체로서 직접 실현하는 활동일 수는 없습니다. 그런 까닭에 삶의 총체성이란 언제나 이념이며, 개별적인 활동들은 총체성의 실현을 위한 다양한 계기들에 속하는 것이라 할 것입니다. 다시 말해 존재의 진리가 아름다움 속에서만 실현되는 한에서 아름다움은 삶의 특정한 영역에 국한되지 않는 보편적인 의미와 가치를 가지겠지만, 인간의 어떤 활동도 총체성 속에서 완성된 삶, 즉 보편적 아름다움을 직접 실현하는 기관일 수는 없습니다. 그런 까닭에 똑같이 아름다운 삶을 지향한다 하더라도 철학의 일과 종교의 일 그리고 예술의 일이 다르며, 마찬가지로 이론의 길과 실천의 길이 다르고, 반성의 일과 노동의 일이 다를 수밖에 없는 것입니다.

따라서 우리가 삶의 완전성이 아름다움에 존립한다는 것을 생각하면, 삶의 완성을 지향하는 모든 활동이 미적이요 예술적이라 할 수 있겠으나, 인간의 어떤 활동도 직접 삶의 총체적 완전성을 실현하는 기관일 수는 없으므로, 개별적 활동으로서의 예술 역시 자기 혼자 삶을 직접 아름답게 형성하고 완성하는 활동일 수는 없는 것입니다.

그렇다면 그렇게 분업화된 활동으로서의 예술이 담당하는 일은 무엇입니까? 보다 구체적으로 말하자면 삶을 아름답게 만들기 위해, 예술 가운데서도 특히 시와 문학이 담당해야 할 일이 무엇인가 하는 것이 지금 우리의 관심사입니다. 그런데 서사시와 서정시 그리고 비극으로 이어지는 그리스 문학의 역사는 이 물음에 대해 오늘날에도 여전히 의미 있는 하나의 전범을 보여줍니다.

통틀어 말해 모든 예술은 무엇인가를 만드는 일입니다. 시를 짓는 일을 그리스인들이 포이에시스(poiesis)라고 불렀던 것은 뜻없는 우연이 아니었습니다. 포이에시스란 직역하자면 '만듦'입니다. 그러니까 무엇을 어떻게 만들든 시는 만듦입니다. 예술의 시원에서 보자면 그것은 무엇인가를 아름답게 만드는 일이었지요. 이를 통해 그것은 존재의 근원적 진리인 아름다움에 참여합니다. 그러나 그것은 무엇을 아름답게 만드는 것인가요? 물론 예술은 마지막에는 삶 그 자체가 아름다움 속에서 완성되기를 바랍니다. 하지만 어떤 예술도 아름다운 삶을 총체성 속에서 직접 만들어낼 수는 없습니다. 시가 할 수 있는 일은 아름다운 삶을 현실 속에서가 아니라 표상 속에서 만들어내는 일입니다. 즉 시가 하는 일은 아름다운 삶을 직접 현실 속에서 실현하는 것이라기보다는 그것을 이른바 미적 가상 속에서 보여주는 일입니다. 이를 통해 예술은 현실의 불완전성을 드러내고 아름다움 속에서 현실을 완성할 수 있는 가능성을 제시하는 것입니다.

이처럼 아름다운 삶을 표상 속에서 만들 때, 시인은 아름다움의 빛 속에서 세계를 산출하는 존재의 진리를 모방하게 됩니다. 예술이 모방(mimesis)이라는 말은 이런 의미로 이해되어야만 합니다. 그것은 플라톤이 말했듯이 거울처럼 사물의 겉모습을 되비춰주는 것이 아니라 상상력의 힘을 통해 아름다운 표상 속에서 존재의 온전함을 반복하고 따라체험하는 운동으로 이해되어야 하는 것입니다. 기독교적으로 표현하자면, 신이 아름다운 세계를 만들었다면 시인은 아름다운 표상을 만들어낸다 할 것입니다. 그러므로 예술은 단순히 이러저러한 사물의 모방이 아니라 창조행위 그 자체의 모방인 것입니다. 비록 그것은 아름다운 삶을 직접 현실 속에서 실현하는 활동은 아니지만 아름다운 표상 속에서 온전한 삶을 형상화해 보임으로써 우리의 삶과 역사가 나아가야 할 방향을 지시합니다. 그리고 이를 통해 예술은 삶의 이념을 정립하게 되는 것입니다. 따라서 예술의 모방이 신의 창조행위를 모방한다 할 때는 그것이 이차적이고 파생적인 만듦의 행위인 것처럼 보이지만, 우리가 예술이 상상력의 힘을 통해 주어진 현실을 뛰어넘어 삶의 이념을 스스로 정립한다는 사실에 주목할 때, 그것은 자유로운 자기표현과 자기정립으로서 인간의 근원적인 자유에 속하는 일이라 하겠습니다.

그리스인들 사이에서 사용되었던 미메시스의 원래 의미도 이와 무관하지 않습니다. 그것은 처음에는 플라톤이나 아리스토텔레스가 생각했던 것처럼 어떤 사물적 대상을 모사하는 것을 표현하는 말이 아니었습니다. 플라톤은 모방으로서의 예술을 폄하했으므로 더 말할 필요도 없지만 모방의 개념에 긍정적인 의미를 부여한 아리스토텔레스의 경우에도 모방개념을 스승과 마찬가지로 대상의 모사라는 의미로 사용하기는 마찬가지였지요.

시짓기(poietike)는 일반적으로 인간의 본성에 내재하고 있는 두 가지 원인에서 발생하는 것 같다. 모방한다는 것(mimeisthai)은 어렸을 적부터 인간 본성에 내재한 것으로, 인간이 다른 동물들과 다른 점도 인간이 가장 모방을 잘하며, 처음에는 모방을 통하여 지식(matheseis)을 습득한다는 점에 있다. 또한 모든 인간은 모방된 것에 대하여 쾌감을 느낀다. 이러한 사실은 경험이 증명하고 있다. 아주 보기 흉한 동물이나 시체의 형체처럼, 실물을 볼 때면 불쾌감만 주는 대상이라고 하더라도 극히 정확하게 그려놓았을 때에는 보고 쾌감을 느낀다. 그럴 것이 무엇을 배운다는 것은 비단 철학자들뿐만 아니라 그 밖에 다른 사람들에게도—비록 그들이 배움의 능력이 적다 하더라도—최상의 즐거움이기 때문이다.[1]

이에 따르면 모방은 배우고 공부하는 것과 거의 다르지 않습니다. 모방에 따르는 미적 쾌감 역시 배움의 기쁨과 같은 것이 되어버렸군요. 모방의 개념을 후대에 전승한 사람이 아리스토텔레스였던 까닭에 그 후 이 개념은 이렇게 인식론적으로 이해될 수밖에 없었습니다. 예술이 본질적으로 배움과 다름없는 것이 된 것이지요. 아리스토텔레스가 역사상 몇 안 되는 천재 학자였으니 배우고 익히기를 즐겼으리라는 것은 충분히 이해가 가는 일이기는 합니다. 그러나 미메시스의 원래 뜻은 이 철학자가 말하듯이 사물을 모사하고 그것을 통해 무엇인가를 배운다는 것과는 좀 다른 말이었습니다.

학자들이 말하는 것에 따르면 미메시스란 처음에는 좁은 의미의 시 문학에 적용되어 언어를 통해 어떤 사태를 기술하는 것을 뜻하는 말이 아니었다고 합니다. 그것은 문학이 아니라 춤에서 유래한 말로서,

춤동작과 노래 등 다양한 표현방식을 통해 사람의 감정과 내면세계를 밖으로 표출하고 표현하는 것을 의미하는 말이었습니다. 한마디로 말해 미메시스의 핵심은 어떤 타자적인 것을 수동적으로 모사하는 것이 아니라 자기를 능동적으로 표현하는 행위였던 것입니다. 그런데 플라톤과 아리스토텔레스의 시대에 오면 미메시스라는 말은 위의 인용문에서 보듯 다양한 영역에서 대상적인 것을 있는 그대로 모사하는 것으로 이해되었고 이런 용어법이 나중에까지 영향을 미치게 됩니다.

물론 이런 식으로 말의 의미가 변한 것이 플라톤이나 아리스토텔레스 개인의 책임이라 하기는 어렵습니다. 도리어 아리스토텔레스의 경우에 이미 변화된 미메시스의 일상적 용어법을 받아들이기는 하지만, 비극을 단순한 대상의 모방으로 이해하지 않고 행위와 삶의 모방이라 규정함으로써 미메시스의 능동적인 자기표현적 성격을 보존합니다.[2] 만약 아리스토텔레스가 말하듯이 시가 "삶의 모방"이라면 누가 삶을 모방한다는 말이겠습니까? 물론 시인이라고 당신은 대답하시겠지요. 그런데 삶을 모방하는 시인은 한 송이 꽃을 관찰하는 생물학자나 하늘의 별들을 관찰하는 천문학자들처럼 관찰되는 사물 밖에 존재하는 사람이 아닙니다. 시인이 삶을 반성하고 모방할 때 시인 역시 전체 삶의 일부인 것입니다. 그러므로 우리가 이렇게 추상적으로 말해도 된다면, 시가 삶의 모방이라 할 때, 그것은 삶이 시를 통해 삶 자신을 모방하는 것이라고 말할 수 있을 것입니다. 그렇다면 여기서 모방이란 무엇입니까? 그것은 더 이상 타자적인 것의 모사가 아니라 자기 자신의 반성(reflexion)일 것입니다. 그리하여 포이에시스와 미메시스 그리고 삶의 자기반성은 시 속에서 뗄 수 없이 같이 있는 것입니다.

이것을 분명히 하기 위해 우리는 반성의 의미를 좀더 자세히 살펴볼 필요가 있습니다. 반성이란 무엇입니까? 한마디로 말하자면 반성은 정신이 자기를 돌이켜보면서 자기의 자화상을 그리는 일입니다.

그런데 이것은 정신이 무엇인가를 그린다는 점에서 모방행위라 할 수 있으나, 그것은 같은 모방이라도 타자적 대상을 그리는 것과는 다릅니다. 정신이 타자적 대상을 그릴 때 그것은 대상을 단순히 모사할 수 있을 뿐입니다. 대상은 여전히 자립적인 존재로서 정신 밖에 있고 정신은 다만 그것을 바라보고 그려낼 수 있을 뿐이지요. 그리고 대상에 대한 이런 관조와 모사는 대상 자체를 침해하지도 않고 그것의 모습을 변화시키지도 않습니다. 이에 반해 정신이 자기 자신을 반성할 때, 정신은 자기를 단순히 대상적으로 고정시켜 놓고 관조하는 것이 아니라 자기를 어떻게든 변화시키게 됩니다. 원칙적으로 타자적 대상은 정신의 규정에 의해 변화되지는 않습니다. 호박을 보고 수박이라 부른다고 해서 호박이 수박이 되지는 않습니다. 그러나 정신은 다릅니다. 정신은 자기가 자기를 어떻게 규정하느냐에 따라 실제로 자기의 존재가 달라집니다. 물론 여기에도 한계가 있습니다. 내가 나 자신이 삶은 계란이라고 생각한다고 해서 내가 삶은 계란이 되는 것도 아니고 내가 자기를 부처라고 생각한다 해서 내가 지금 당장 부처가 되는 것도 아닙니다. 그런 한에서 정신이 그리는 자화상이 언제나 참된 자기인 것도 아니고 자기가 자화상을 그리는 대로 자기가 실현되는 것도 아니겠지요. 하지만 정신이 자기를 확장하고 실현할 수 있는 한계가 얼마만큼이든지 간에, 정신은 주어진 한계 내에서 자기를 능동적으로 규정하고 실현할 수 있습니다. 그것이 정신의 자유라는 것이지요.

따라서 정신이 자기를 반성할 때, 정신은 마치 정물화를 그리는 화가처럼 자기 자신을 고정된 오브제로 마주놓고 관조할 수는 없습니다. 정신은 고정된 현실이 아니라 언제나 가능성으로서 존재하는 까닭에, 정신이 자기를 반성할 때, 그것은 미리 고정되어 주어진 자기를 단순히 관찰하고 모방하는 것이 아니라, 동시에 가능성으로서 열려 있는 자기를 만들고 형성하게 됩니다. 이런 의미에서 모방과 만듦, 미메시스와 포이에시스는 반성 속에서 공속합니다. 그리하여 아리스토텔레스의 정의에 따라 시를 "삶의 모방"이라 부를 수 있다면, 그것은 시를 통하여 삶이 삶을 모방하는 것으로서, 삶의 자기반성이라 할 수 있습니다. 그 반성 속에서 삶은 자기를 모방하면서 동시에 형성하고 만들어나가는 활동인바, 바로 이것이 시인 것입니다.

편지 26

서사시와 총체성의 원리

호메로스의 서사시는 바로 그런 시의 시원입니다. 시가 삶의 모방이라는 것을 『일리아스』처럼 명확히 보여주는 시도 없을 것입니다. 호메로스는 풍경화를 그리지 않습니다. 한 송이 꽃의 아름다움, 폭풍우 치는 바다의 숭고, 이런 것들에 대해 호메로스는 별 관심이 없습니다. 그가 모방하는 것은 인간의 삶입니다. 물론 이것은 호메로스의 서사시가 인간적 삶 이외의 다른 것을 전혀 묘사하지 않는다는 말은 아닙니다. 호메로스도 자연에 대해 말합니다. 그것은 주로 비유의 형태로 나타나는데 예로부터 호메로스가 비유 가운데서 마치 한 폭의 풍경화를 그리듯 생생하게 자연을 묘사하는 솜씨는 경탄의 대상이었습니다. 그리고 그는 우리가 잘 아는 대로 인간이 아닌 신들에 대해서도 말합니다. 그리스인들에게 신들의 개성을 처음으로 명확히 형상화해 준 사람이 바로 호메로스였으니까요.

그러나 이처럼 호메로스가 그의 작품 속에서 인간 아닌 자연과 신에 대해 말한다 하더라도 본질적으로 달라지는 것은 아무것도 없습니다. 왜냐하면 자연이든 신이든 그 모든 것들은 호메로스의 세계에서는 인간적 삶의 세계 속에 놓여 있는 계기들에 지나지 않기 때문입니다. 신이든 자연이든 그 어떤 것도 인간적 삶의 세계 밖에서 존재하는 것은 아닙니다. 그 모든 것들은 인간적 삶의 세계 속에서 삶의 세계를 구성하는 다양한 계기들에 지나지 않는 것입니다. 따라서 인간적 삶은 자연에서 신에 이르기까지 모든 존재하는 것들의 본질이라 할 수 있습니다. 그리하여 시인이 인간적 삶을 노래할 때, 그는 동시에 존재의 본질적 진리를 노래하는 것입니다.

　호메로스는 밖을 알지 못하는 총체성으로서의 삶, 또는 비슷한 말이지만 존재 일반의 본질로서의 삶을 노래합니다. 이 총체성에 대한 확신이야말로 서사시의 특징입니다. 물론 인간적 삶이 자기의 밖을 허락하지 않는 존재 일반의 총체성의 원리라고 해서 호메로스가 삶의 모든 타자성과 부정성을 무시하는 것은 아닙니다. 인간의 삶이란 자기 자신에게 헤아릴 수 없는 심연이어서 우리 모두는 자기 자신에게 남이 아니던가요. 운명이란 바로 자기 자신에게 은폐되어 있는 삶의 타자적 이면이라 할 수 있습니다. 그러나 운명이 아무리 삶의 이면에 감추어진 심연이라 하더라도 그것은 어디까지나 삶 그 자체의 이면입니다. 그런 한에서 이것은 타자성은 타자성이되 삶 자신의 감추어진 타자성이요, 그런 한에서 내재적 타자성이라 할 수 있습니다. 그러니까 서사시의 세계에서는 존재의 타자성과 부정성조차도 삶의 절대적 외부가 아닙니다. 다시 말해 호메로스에게서 삶은 자기의 외부조차도 자기 속에 포괄하는 절대적 총체성인 것입니다.

　호메로스의 서사시는 그렇게 존재의 총체성의 원리가 된 인간적 삶을 노래합니다. 그것은 삶의 모방입니다. 그러나 앞에서 말했듯이 시가 삶을 모방한다는 것은 삶의 고정된 모습을 사진찍는다는 것을 의미하지 않습니다. 시는—특히 서사시의 경우가 전형적입니다만—삶의 자기반성입니다. 시를 통해 삶이 자기 자신을 반성하는 것입니다. 그리고 모든 반성은 자기를 모방하는 것, 자기를 되돌아보는 것인

동시에 이 되돌아봄 속에서 자기를 드러내는 것이요, 이를 통해 자기를 현실적으로 형성하는 것이기도 합니다. 그 까닭은 인간적 삶의 본질은 정신이기 때문입니다. 인간적 삶은 정신적 삶입니다. 인간의 삶이 단순한 생명활동과 구별되는 것은 그것이 정신적 삶이기 때문입니다. 그런데 정신은 그 자체로서 자기 자신에게 대하여 있습니다. 자기에게 숨어 있어 자기와 대면하지 않는 정신, 스스로에게 반성되어 있지 않은 정신은 정신이 아닙니다. 그것은 아직 자기를 현실적으로 정립하지 않은 정신이요, 그런 한에서 무의식이나 다름없는 정신입니다. 정신은 오직 자기를 되돌아보고 이 되돌아봄 속에서 자기를 표현하는 한에서만 현실적으로 자기를 정립할 수 있는 것입니다. 따라서 시가 정신적 삶을 모방한다는 것은 단순한 자기관조가 아니라 자기표현이며, 동시에 자기실현이기도 합니다. 정신은 오직 자기를 되돌아보고 자기를 능동적으로 표현하는 한에서만 실현되는 것이기 때문입니다. 이런 의미에서 정신적 삶이 시를 통해 자기를 모방하는 것은 자기를 현실적으로 만들고 형성하는 일이기도 한 것입니다.

이런 의미에서 호메로스의 서사시는 정신적 삶의 자기표현이요 자기실현입니다. 그런데 원칙적으로 모든 시가 삶을 표현한다 하더라도 그 방식은 같지 않습니다. 그리스 문학의 역사는 이 점에 관해 하나의 전형적인 구분을 보여줍니다. 우선 서사시는 시적 표상 속에서 삶을 표현하되 그것을 다른 무엇보다 이상적인 완전성 속에서 표현하려 합니다. 『일리아스』에 등장하는 인물들은 마치 플라톤이 생각한 이데아의 세계에 속한 사람들과도 같습니다. 제우스는 권위 있는 군주의 이데아를 보여줍니다. 프리아모스는 인자한 아버지의 이데아를 보여줍니다. 헥토르가 이상적인 남편이라면 안드로마케는 지혜로운 아내의 이데아를 보여줍니다. 아킬레우스는 격정적이고 두려움을 모르는 젊은 전사의 모범이요, 오뒤세우스는 지혜롭고 주도면밀한 재사(才士)

요, 분쟁의 조정자입니다. 이들 모두는 인간의 삶의 다양한 계기들을 전형적으로 형상화하는 인물들입니다. 비단 이런 지체 높은 사람들뿐만 아니라 『일리아스』에 등장하는 거의 유일한 평민이라 할 수 있는 테르시테스의 경우조차 전형적인 불평꾼으로 그려져 있습니다. 만약 플라톤이 생각한 이데아의 세계에 인간의 역할과 성격에 따라 다양한 이데아가 있다면, 『일리아스』의 주인공들이야말로 바로 그런 이데아라 할 수 있을 것입니다.

이처럼 서사시는 삶을 모방하되 단순한 일상성 속에서가 아니라 어떤 이념적 완전성 속에서 포착된 삶을 노래합니다. 다시 말해 서사시는 아름다운 표상 속에서 삶을 이상화합니다. 루카치(G. Lukács)가 『소설의 이론』(*Die Theorie des Romans*)에서 말했던 것처럼 서사시에 시간이 배제되어 있는 것도 이런 이상화 때문입니다. 아리스토텔레스는 호메로스가 트로이 전쟁의 전 과정을 다루지 않고 한 단면만을 한정하여 『일리아스』를 지은 것을 시의 형식적 통일성의 면에서 칭찬했습니다만, 만약 그 시인이 요즘식으로 대하소설을 썼더라면 다른 무엇보다 시간 속에서 변해가는 주인공들의 모습을 그려야만 했을 것이므로 삶을 이상적인 완전성 속에서 그리기 어려웠을 것입니다. 하지만 이데아의 세계에는 시간이 흐르지 않고 모든 것은 영속적인 완전성 속에 머무르고 있습니다. 『일리아스』의 주인공들은 물리적 세계의 객관적 시간관계에 따라 나이를 먹는 것이 아니라 자기의 역할에 따라 정해진 나이에 머무릅니다. 그리하여 아킬레우스는 일찍 죽을 운명을 타고난 불행한 영웅으로서 늙음을 모르는 영원한 청년이요, 아가멤논은 제왕의 위엄에 어울리는 장년으로 그려지며, 마찬가지로 지혜로운 네스토르는 산전수전 다 겪은 영원한 노인으로 그려지는 것입니다.

서사시가 이처럼 시간을 초월한 영원성 속에서 삶을 형상화하는 것은 삶을 완전성 속에서 그려 보이기 위함입니다. 여기서 삶을 완전성 속에서 형상화한다는 것은 그것을 크고 아름답게 그린다는 것을 의미합니다. 아니 보다 정확히 말하자면 그리스인들에게서 아름다움과 완전성이란 같은 것의 두 얼굴이라 할 것입니다. 삶은 자기를 최대한도로 실현할 때 완전한 것일 수 있습니다. 마치 잘 마른 장작이 자기를 마지막 한 부분까지 남김없이 태워 휘황한 불꽃을 피울 때처럼, 삶은 자기의 가능성을 마지막까지 남김없이 꽃피울 때 가장 아름다울 수 있는 것입니다. 그런데 인간의 삶이 자기의 가능성을 완전한 단계에 이르도록 실현하는 것은 오직 정신의 활동을 통해서만 가능한 일입니다. 인간의 삶은 본질적으로 정신적인 것이기 때문입니다. 그리하여 서사시는 삶의 완전함을 정신적 활동의 완전함 속에서 그려 보여줍니다.

여기서 정신적 활동의 완전함이란 다른 무엇보다 정신적 활동성의 정도를 표시하는 말입니다. 불완전한 정신은 잠든 정신입니다. 잠든 정신은 아무것도 할 수 없는 허약한 정신입니다. 정신은 완전하면 완전할수록 강하고 활동적입니다. 이 점에 대해 호메로스가 보여주는 가장 좋은 실례가 아킬레우스입니다. 아가멤논의 부당한 처사에 대해 그는 전쟁을 포기하고 돌아갈 생각을 할 만큼 분노합니다. 그러나 그 격렬한 분노의 순간에도 그는 신적인 자제심을 발휘하여 아가멤논과의 칼부림만은 피하지요. 가슴에 품은 격정적인 분노가 컸던 만큼, 차가운 지혜의 힘 또한 놀랄 만큼 강했던 사람이 아킬레우스였던 것입니다. 마찬가지로 전투에서 헥토르를 살해한 뒤 분에 못 이겨 그의 시신을 마차 뒤에 매달고 광포하게 온 들판을 달리며 죽은 자에게 상해와 모욕을 가할 때, 그의 야만적인 행태는 신들의 경고를 받을 만큼 지나친 것이지만, 바로 그 원수의 아버지인 프리아모스가 아들의 시신을 찾아 자기를 찾아왔을 때 노인의 손을 붙잡고 삶의 덧없음을 탄식하며 눈물 흘릴 줄 아는 아킬레우스는 또 얼마나 관대하고 섬세한 인간성의 소유자인가요. 보통의 경우라면 이런 성격의 다양함은 인간성의 자기모순이나 자기분열로 나타나겠지만 아킬레우스에게서 그것은 인간성의 풍요함으로 나타납니다. 이 점에 대해서는 이미 헤겔이 『미학강의』(Vorlesungen über die Ästhetik)에서 언급한 바 있습니다만, 그의 인간성 속에서 인간이 가질 수 있는 다양한 소질과 품성이 가장 격렬하게 분출·발휘되고 있으면서도 그 모든 측면들이 한 사람의 인간성 속에서 공존할 수 있다는 것이야말로 호메로스가 그려 보이는 아킬레우스적 인간상의 완전함이라 할 수 있습니다.

그러나 삶의 모든 현실은 이상을 그대로 실현하고 있는 것은 아닙니다. 그러므로 문학이 삶을 모방한다 하더라도, 그것이 삶을 이상적인 완전성 속에서 그려 보일 때, 그것은 단순한 삶의 모방이나 현실의 수동적인 반영이 아니라, 이상적인 삶의 형상을 적극적이고 능동적으로 만들어내는 것입니다. 그리하여 서사시가 그리는 삶은 단순히 있는 그대로 관조된 삶이 아니라 욕구된 삶입니다. 헤겔은 자기의식이 본질적으로 욕구로 발생한다고 말했습니다만, 문학을 통해 삶이 자기 자신을 반성하는 경우에도 사정은 마찬가지입니다. 즉 여기서도 반성과 자기의식은 자기의 회상인 동시에 또한 자기에 대한 동경인 것입니다. 서사시는 지나간 과거를 회상하는 형식을 취합니다. 그러나 그 과거는 어떤 특정한 역사적 시점에 고정된 과거가 아닙니다. 도리어 그것은 무시간적인 과거, 곧 영원한 과거이며 삶의 본질을 표시하는 과거입니다. 그 본질은 우리가 떠나온 시간이지만 돌아가야 할 시간이라는 점에서 무시간적인 과거입니다. 서사시는 우리가 지나온 시간에 대해 말한다는 점에서 과거에 대한 회상이지만 동시에 우리가 돌아가야 할 시간에 대해 말한다는 점에서 영원한 과거에 대한 동경인 것입니다.

이처럼 삶을 모방하되 그것을 이상적 완전성 가운데서 그려 보이는 것이 서사시의 첫번째 특징이라 할 수 있습니다. 서사시는 단순히 주어져 있는 현실을 그리는 것이 아니라 현실의 근저에 놓여 있는 이념적 현실 또는 비슷한 말이지만 현실을 인도하는 있어야 할 현실을 표상 속에서 만들어냅니다. 그리고 이렇게 삶을 이상화함으로써 서사시는 삶이 나아가야 할 방향을 제시하는 것입니다. 비록 서사시의 시대는 갔지만, 우리는 문학이 삶을 이상적인 완전성과 영원한 이념 가운데서 그려 보일 때, 그런 문학을 서사시적이라 부를 수 있을 것입니다.

그러나 우리는 서사시가 삶을 완전성 속에서 반성한다는 것을 그것이 삶을 일면적으로 미화시키는 것이라고 이해해서는 안 됩니다. 서사시가 그리는 이상적인 삶은 아무런 슬픔도 고통도 없는 동화 같은 무릉도원의 삶이 아닙니다. 호메로스가 이상적으로 그려 보이는 있어야 할 현실이란 삶의 모든 계기들이 자기를 최고의 완전성 속에서 실현하고 있으면서도 그 모든 다양한 계기들이 모여 하나의 조화로운 전체를 이루고 있는 상태를 말합니다. 여기서는 죽음과 삶의 비극성조차도 삶을 일그러지게 하는 이물질이 아니라 도리어 삶을 풍요롭게 하고 최종적으로 완성하는 요소로서 긍정되고 있습니다. 삶의 참된 총체성이란 삶에서 아무것도 배제하지 않으면서 모든 것이 조화로운 전체를 이룰 때 실현됩니다. 서사시가 추구하는 것은 바로 그런 총체성인 것입니다.

편지 27

보편적 정신의 자기반성

생각하면 서사시가 그렇게 삶의 모든 계기들을, 부정적이고 비극적인 계기들까지도 긍정할 수 있다는 것이야말로 서사시가 보여주는 반성의 힘입니다. 반성은 삶을 제한하는 죽음과 삶을 병들게 하는 고통조차도 자기의 시야 속에 너그럽게 받아들입니다. 그런데 서사시의 총체성은 그것이 이처럼 삶의 모든 부정성까지도 시적 반성 속에서 포용하고 있다는 것, 즉 반성되는 대상의 포괄성만을 의미하는 것은 아닙니다. 서사시의 총체성은 동시에 시적 반성의 주체에 관해서도 똑같이 적용되는바, 여기서 삶에 대한 시적 반성은 어떤 특정인의 개인적 자기반성이 아니라 보편적 정신의 자기반성의 형태로 나타납니다.

도대체 호메로스가 누구인지 전혀 알려져 있지 않다는 것부터가 이런 사정을 가장 극적으로 보여줍니다. 예로부터 호메로스라는 눈먼 방랑시인이 『일리아스』와 『오뒤세이아』의 지은이라고 전해져왔습니다. 그래서 우리는 지금도 관행적으로 이 작품들을 가리켜 호메로스의 서사시라고 부르지요. 하지만 이미 고대 그리스 시대에서부터 호메로스가 어떤 사람이었는지에 대해서는 아무것도 알려져 있는 것이 없었습니다. 그래서 사람들은 괴테와 실러의 말을 빌려 이렇게 즐겨 말하지요. 호메로스는 자기의 작품을 "무한한 시간을 향해 내던지고 침묵 가운데서" "자기 자신을 잊어버렸노라"고.[3] 사정이 이러하다 보니 호메로스란 사람이 누구인지는 물론이거니와, 『일리아스』와 『오뒤세이아』를 쓴 사람이 같은 사람인지, 각 작품을 한 사람이 지었는지 여러 사람이 같이 썼는지, 이런 아주 기초적인 문제에서부터 학자들은 의견일치를 보지 못하고 있는 실정입니다.

여기서 이 문제에 골몰하는 것은 우리의 관심사는 아닙니다. 아마도 우리의 판소리가 그랬던 것처럼, 서사시도 오랫동안 여러 방랑가인들에 의해 구전되어오던 것이 기원전 8세기경에 누군가에 의해 지금의 형태로 집대성된 것이겠지요. 그런데 이처럼 호메로스 서사시의 지은이가 알려져 있지 않다는 것은 단순한 우연이라기보다, 그 자체로서 서사시의 본질적 성격을 나타내는 징표이기도 합니다. 즉 서사시는 정신의 자기반성이되 어떤 특정한 개인에 의해 수행된 반성이 아니라 보편적 민족정신의 자기반성으로서, 서사시의 지은이가 누구인지 알지 못한다는 것은 적극적으로 보자면 처음부터 그것이 한 사람이 아니라 모든 그리스인들의 반성이었다는 것을 반증하는 것일 수 있다는 말입니다. 물론 나는 고전학자들이 뭐라 말하든 『일리아스』와 『오뒤세이아』가 처음부터 끝까지 집단창작의 산물이었으리라고 생각하지는 않습니다. 그렇게 보기엔 그것들이 너무도 놀라운 통일성을 지니고 있기 때문입니다. 하지만 그렇다고 해서 이 작품들이 그 내용과 형식 모든 면에서 오로지 한 사람의 천재에 의해 창작되었다고 생각하는 것도 비현실적인 일입니다. 오랫동안 구전되어오던 흩어진 노래들을 정리하고 집대성해서 지금의 형태로 만든 이는 호메로스라 불리는 어느 시인이었겠지만, 그 내용에 관해서 보자면, 호메로스 서사시의 수많은 이야기들은 오랜 세월 동안 그리스 정신의 총체성으로부터 서서히 자라 나온 집단적 자기반성의 표현이라 해야겠지요. 그러니까 그의 서사시는 한 사람을 통해 수행된 정신의 자기반성이지만, 그 한 사람이란 단순한 개인이 아니라 그리스적 정신의 보편적 총체성을 자기 속에서 구현했던 사람이기도 했던 것입니다.

우리는 서사시가 삶의 총체성을 추구한다고 말했습니다만, 호메로스 서사시의 탁월함은 삶의 총체성이 또한 정신의 총체성으로부터 반성되고 있다는 데 존립하는 것이기도 합니다. 이처럼 『일리아스』와 『오뒤세이아』가 그리스적 정신의 총체성으로부터 탄생한 작품인 한에서 그것의 지은이가 누구인가 하는 물음은 무의미한 물음입니다. 왜냐하면 이 경우 그것의 지은이는 그리스 정신 그 자체이기 때문입니다. 그리스 정신 일반이 호메로스라는 눈먼 방랑가인의 정신을 통해 자기를 반성적으로 표현한 것, 그것이 『일리아스』와 『오뒤세이아』인 것입니다.

함석헌이 말했듯이 물질의 세계에서는 가장 보편적이려면 추상적이어야 하지만 정신의 세계에서는 오직 가장 개성적인 인격 속에만 참된 보편성 곧 정신의 총체성이 깃들이는 법입니다. 오래 전 그리스 정신, 그리스 민족은 행복하게도 그렇게 자기를 총체성 속에서 반성하고 표현할 수 있는 비범한 정신, 개성적인 인격을 발견할 수 있었습니다. 그리하여 그리스 정신은 그 속에서 자기를 반성하면서 자기를 근원적으로 정립하고 형성할 수 있었습니다. 그리고 그 이후 모든 그리스인들은 호메로스의 정신 속에서 그리스인들이 되었습니다. 이런 의미에서 플라톤은 호메로스를 가리켜 그리스의 스승이라 불렀던 것입니다.

그러나 우리에게 그런 스승은 누구입니까? 우리의 삶을 가장 밝은 빛에서부터 가장 깊은 어둠에 이르기까지 감싸안을 수 있을 만큼 깊고 넓은 정신을 가진 시인은 누구였습니까? 우리에게도 많은 시인들이 있었고, 그들 가운데에는 어디에 내놓아도 손색없는 정신의 깊이를 보여주는 시인들도 있었지만, 호메로스처럼 온전한 의미에서 서사시인이라 부를 수 있는 사람은 없었습니다. 그러나 이것은 서사시라는 형식으로 씌어진 시가 없었다는 뜻이 아니라 참된 의미의 총체성을 실현한 시인이 없었다는 뜻에서 하는 말입니다. 우리의 정신사는 유감스럽게도 이상적인 총체성 속에서 자기를 정립하는 데서 출발하지 못하였습니다. 우리가 우리말글로 본격적으로 시를 쓰기 시작한 것은 자유로운 삶 속에서 자기를 근원적으로 정립하면서가 아니었습니다. 세계사 속에 새롭게 등장하면서 글로 자기를 표현하기 시작했던 그리스인들과는 달리 우리가 자기말글로 시를 쓰기 시작한 것은 나라를 잃고 온 겨레가 이민족의 발 아래 돌이킬 수 없이 노예화되어 가던 시대였기 때문입니다. 그리하여 우리 시의 출발은 자유로운 삶을 아름다운 이념 속에서 정립하는 것이 아니라 도리어 그 속에서 자기를 정립할 수 있는 자기의 땅과 세계를 잃어버린 것에 대한 탄식에서 시작되었던 것입니다.

> 나는 꿈꾸었노라, 동무들과 내가 가지런히
> 벌가의 하루 일을 다 마치고
> 석양에 마을로 돌아오는 꿈을,
> 즐거이, 꿈 가운데.
>
> 그러나 집 잃은 내 몸이여,
> 바라건대는 우리에게 우리의 보습 대일 땅이 있었더면!
> 이처럼 떠돌으랴, 아침에 저물손에
> 새라 새로운 탄식을 얻으면서.[4)]

그리스인들에게 예술의 꿈은 아름다운 삶을 이념적인 형상 속에서 정립하는 것이었으나, 우리에게 꿈은 곧 탄식이었습니다. 그리하여 우리의 시는 처음부터 서사시 없이 곧바로 서정시에서 시작될 수밖에 없었습니다. 또한 이런 의미에서 우리에게는 호메로스처럼 우리의 삶을 이상적인 총체성 속에서 형상화해준 시인이 없습니다. 그리하여 그리스인들이 서사시에서 출발해 서정시 그리고 비극으로 나아간 것과는 달리 우리는 서정시에서 시작해 비극으로 나아가고 마지막으로 가능하다면 서사시로 나아가야 하는 것입니다.

그러나 나는 이것이 우리의 불행이라고 생각하지는 않습니다. 그리스에서 호메로스의 서사시는 그 뒤 그리스인들의 모든 정신적 삶의 확고한 전제였습니다. 그렇게 언제나 기댈 수 있는 터전이 있었다는 것은 그들의 행복이었습니다. 그러나 그런 전제는 한계이기도 합니다. 우리는 그런 전제에서 출발하지 못했으나 동시에 구속되어야 할 한계 또한 없는 자유인입니다. 그런 까닭에 우리는 아무 데서도 고향을 찾을 수 없겠지만 또한 모든 곳이 고향일 수 있는 사람들입니다. 처음부터 확고히 정립된 자기가 없었으니 모든 타자에게서 자기를 만날 수도 있는 사람들이지요. 어디 우리들뿐이겠습니까? 자기의 보습 대일 땅이 없는 세상의 모든 가난한 사람들 또한 그러하겠지요.

편지 28

서정시, 주체의 자기반성

우리 시의 역사가 서정시와 함께 시작되었다면, 그리스에서 서정시의 시대는 서사시의 시대가 끝났을 때 시작되었습니다. 서정시는 정신이 자기를 개별자로서 자각할 때 나타나는 예술입니다. 한마디로 말해 서사시가 총체성의 예술이라면 서정시는 주체성의 예술인 것입니다.

영어로 서정시를 리릭(lyric)이라 하지요. 그런데 이 말은 원래 그리스에서 뤼라(lyra)라는 현악기의 반주에 맞추어 부르는 노래를 뜻하는 말이었습니다. 그러니까 서정시는 시인 동시에 음악이었습니다. 시가 음악과 결합했을 때 그것이 서정시가 되었던 것이지요. 따라서 서정시의 본질을 해명하기 위해서는 시와 음악의 결합의 의미를 해명하지 않으면 안 됩니다. 이상섭 교수의 『문학비평용어사전』은 이 문제를 설명하면서 서정시의 시적 요소를 "개인적인 감정을 표현하는" 것이라 본 반면, 서정시의 음악적 요소를 어떤 "비개인적" 성격을 갖는 것이라 설명하고 있습니다.

노래는 많은 사람을 대상으로 한다. 즉 비개인적이다. 개인적 감정의 표현은 많은 사람을 대상으로 하지 않는다. 이처럼 노래의 대중지향성과 〔시적〕 감정 표현의 개인지향성을 서정시는 한꺼번에 가지고 있어서 서정시의 폭은 극에서 극까지 넓은 셈이다.[5]

이런 설명에 따르면 서정시에서 음악은 대중적 요소 또는 공동적 요소이고 시는 개인적 요소라고 규정해야 할 것입니다. 그러나 이런 설명은 음악에 대한 치명적인 오해에서 비롯된 잘못된 설명입니다. 여러 사람이 같이 듣는다는 의미의 대중성이나 공동성은 음악의 본질과는 아무런 상관도 없습니다. 그런 의미의 공동성은 모든 예술에게 어떤 식으로든 공통된 것이기 때문입니다. 칸트는 『판단력비판』에서 아름다움의 본질들 가운데 하나로서 보편적 전달가능성을 들었거니와, 예술이 객관적 가치를 가지기 위해서는 그것이 반드시 모두가 같이 나눌 수 있는 것이 아니면 안 되는 것입니다. 따라서 자기 자신만을 위한 예술이란 처음부터 거의 형용모순에 가까운 것이며, 모든 예술은 결국 "모든 사람을 대상으로 한다"고 말할 수밖에 없습니다.

물론 여기서 이상섭 교수는 외적 표현방식에 관해 노래가 여러 사람들 앞에서 불려야 한다는 것을 말하는 것으로 보입니다. 하지만 나는 이것부터가 의문입니다. 혼자 베틀 앞에 앉아 베를 짜는 아낙네가 부르는 노래는 남이 들으라고 부르는 노래는 아닙니다. 거꾸로 우리는 음악은 입 밖으로 소리를 내야만 하지만 시는 소리 없이 읽기만 하는 것이므로 그 둘 사이에 차이가 생기는 것이라 생각해서도 안 됩니다. 고대 그리스에서 사람들은 어떤 종류의 글도 오늘날 우리처럼 소리 없이 읽지는 않았습니다. 시든 산문이든 오랫동안 그들은 묵독(默讀)이라는 것을 알지 못했으며 혼자 책을 읽는 경우에조차 큰 소리로 낭독을 하며 읽었던 것입니다. 하물며 초기에 시는 더 말할 것도 없습니다. 처음으로 상업적으로 유통되는 책이 생긴 것이 비극시대에나

와서야 이루어진 일이었으니, 혼자 조용히 책을 펼치고 시를 읽는 것은 고대 사회에서는 가능한 일도 현실적인 일도 아니었습니다. 그러므로 반드시 음악이 동반된다고 해서 시가 많은 사람들을 대상으로 불리고 음악이 없다고 해서 시가 혼자 읽히고 감상되는 것이 아니었던 것입니다. 그러므로 노래와 시 사이에는 외적 표현방식에 관한 한 근본적인 차이가 있었던 것이 아닙니다.

그러나 더 중요한 것은 우리가 서정시의 성격을 올바르게 분석하기 위해서는 노래가 아니라 음악에 대해 말해야 한다는 것입니다. 노래는 이미 시와 음악이 결합된 합성물이요 서정시의 한 구성요소가 아니라──적어도 형식적으로는──그 자체로서 완결된 서정시라고 말해야 할 것입니다. 그러므로 우리는 서정시의 구성요소를 분석적으로 해명할 때 그것이 시와 노래가 아니라 시와 음악의 결합이라 말해야만 합니다. 바로 이 음악이야말로 서정시를 서사시와 구별하여 서정시답게 만들어주는 결정적 요소인 것입니다.

그런데 서정시에서 음악이 문제라면, 음악을 혼자서 듣느냐 여럿이 같이 듣느냐 하는 것은 음악의 본질적 성격과는 아무런 상관도 없는 아주 우연한 일에 지나지 않습니다. 음악의 본질은 그것을 혼자 듣느냐 여럿이서 같이 듣느냐 하는 것에 의해 좌우되지 않습니다. 음악을 다른 모든 예술과 구별해주는 정말로 중요한 차이는 혼자 듣느냐 같이 듣느냐 하는 것과 상관없이 음악이 정신의 자기반성을 표현하는 예술이라는 데 있습니다. 부정적으로 말하자면 음악은 어떤 외적 대상도 직접적으로 묘사할 수 없습니다. 음악이 직접 모방할 수 있는 대상은 고작해야 동일한 종류의 대상이라 할 수 있는 소리뿐입니다. 물론 음악 가운데는 표제음악이라는 것도 있습니다만 그것이 자연을 모방하는 것은 마치 추상회화처럼 막연하고 유비적인 것에 지나지 않습니다. 그러므로 만약 우리가 미메시스를 플라톤이 이해했던 것처럼 자연의 모방이라 생각한다면 음악은 본질적으로 미메시스가 아닙니다. 우리는 이것을 다른 무엇보다 근대 음악의 역사에서 혁명적으로 발전한 절대음악을 통해 확인할 수 있습니다. 만약 음악이 미메시스라면, 근대적 의미의 순수음악이 모방하고 재현하려는 대상이 과연 무엇이라 할 수 있겠습니까? 예를 들어 바흐의 「무반주 첼로 조곡」이나 베토벤의 「현악 4중주」가 모방하고 재현하는 대상이 과연 무엇이 겠습니까? 그것은 아무것도 아닙니다. 한마디로 말해 순수음악은 어떤 대상도 객관적으로 모방하거나 재현하지 않습니다. 음악은 그런 의미에서 미메시스가 아닌 것입니다.

그리하여 음악예술을 통해 마음은 대상을 지향하는 것이 아니라 도리어 자기 자신에게 침잠할 뿐입니다. 그것은 이런 의미에서 모방이 아니라 반성(reflexion)의 예술입니다. 내가 커다란 연주회장에서 여러 사람들과 같이 음악을 듣든 혼자 집에서 오디오에서 흘러나오는 음악을 듣든, 그것은 음악감상에서 그저 우연한 외적 차이일 뿐입니다. 본질적인 것은 내가 어디에서 음악을 듣든 음악은 나의 마음을 대상적 지향성으로부터 되돌려 자기 자신에게 침잠하게 한다는 것입니다. 따라서 서정시가 시와 음악의 결합, 즉 노래로서 발생했다는 것은 서정시가 주체의 자기반성에 걸맞은 외적 형식으로서 음악을 동반자로 선택했다는 것을 의미합니다. 한마디로 말해 서정시는 시와 음악이 결합된 노래였는데 여기서 시가 정신의 자기반성의 내용이라면, 음악은 자기반성의 형식이라 할 수 있습니다. 그리고 서정시는 내용과 형식 모든 면에서 주체의 자기반성을 표현하는 예술이었던 것입니다.

그러나 여기서 주체의 자기반성이란 서사시에서 보았던 삶의 자기반성과 어떻게 다른 것입니까? 앞에서 나는 서사시가 그리스 정신이 자기를 총체성 속에서 반성함으로써 낳은 작품이라고 말했습니다. 이 사람 또는 저 사람의 정신이 아니라 정신 일반이 총체성 속에서 삶을 반성할 때, 그것이 서사시로서 나타나는 것입니다. 『일리아스』와 『오뒤세이아』의 지은이가 누군지 모른다는 것은 이미 말한 바와 같습니다만, 우리는 이 두 작품 속에서 지은이가 어떤 사람이었는지 무언가 단서가 될 만한 것을 찾으려 아무리 애를 써도 눈곱만큼도 시인의 흔적을 찾을 수 없습니다. 이것은 시인이 단순히 자기 자신에 대해 철저히 침묵한다는 것만을 의미하지 않습니다. 서사시에는 시인의 이름이 없을 뿐 아니라 아예 원근법이 없습니다. 삶을 반성하는 개별적 시점이 없는 것입니다. 그리하여 삶은 평면 위에서 마치 파노라마처럼 펼쳐져 있을 뿐입니다. 물론 서사시도 처음과 끝이 있는 이야기인 한에서 통일성을 갖추고 있습니다. 그러나 서사시의 통일성은 개별적인 자기의식의 통일성에 근거하지 않습니다. 서사시가 보여주는 삶의 통일성이란 헤겔식으로 말하자면 객관적 정신의 통일성에 기초하는 것이기 때문입니다.

그러나 서정시는 다릅니다. 그것은 철저히 개별적인 자기에 대한 반성의 형식을 띠고 나타납니다. 만약 우리가 좁은 의미에서 정신의 주체성이 개별적 자아의 자기의식에 존립하는 것이라 본다면, 호메로스의 서사시는 그런 주체성을 알지 못합니다. 그것은 서정시의 시대에 이르러서야 비로소 등장합니다. 서정시는 자기를 남이 아닌 바로 고유하고 개별적인 자기로서 의식하는 정신의 자기반성인 것입니다.

그러나 정신은 언제 자기를 개별적인 자아로서 느끼는 것입니까? 그리스 정신은 세계와 불화 속에 빠지면서 자기를 고유한 자기로서 의식하기 시작합니다. 최초의 서정시인이라 알려져 있는 아르킬로코스(Archilochos)가 노예 신분의 어머니에게서 태어난 서자였다는 것은 이 점에 관해서 볼 때 매우 시사적입니다. 그의 정확한 출생·사망 연대는 알려져 있지 않지만 그 자신이 언급하는 일식현상이 기원전 648년에 발생한 것으로 미루어 이때를 전후하여 생존했다는 것은 분명한 일입니다. 그런데 이 시대는 그리스 사회가 급격한 경제·사회적 변화를 겪고 있던 시대였습니다. 이 시대는 밖으로는 대규모 식민활동이 활발히 벌어지던 때였으며, 안으로는 이런 변화의 결과로서 전통적인 신분질서가 무너지기 시작하던 때였습니다. 물론 그런 변화의 와중에 전승된 가치관 역시 흔들리기 시작한 시대였지요.

서정시는 이처럼 전통적인 사회질서가 해체되던 상황에서 등장한 예술형식이었습니다. 서사시가 그려 보여주었던 질서 있고 조화로운 삶이 해체되기 시작하면서 그리스인들은 처음으로 자기를 개인으로서 의식하기 시작합니다. 서정시적 인간은 자기가 객관적 세계 그리고 총체적 삶과 더 이상 조화로운 화해 속에서 존재하지 않는다는 것을 자각하고 있는 개인입니다. 그렇게 세계가 자기로부터 낯설음 속에서 멀어질 때 인간은 비로소 자기를 다른 어떤 타자로도 환원될 수 없는 고유한 자기로서 느끼기 시작하는 것입니다. 앞에서 말했듯이 아르킬로코스는 이오니아 해안의 파로스라는 섬에서 태어났으나 그의 불행한 출생의 내력 때문에 자기가 태어난 공동체에 동화되지 못하고 장성하여 고향을 떠나 용병으로 세상을 떠돌아다니며 살았습니다. 아버지와 형제들에게서 버림받고 사랑에도 실패한 뒤에 어디에도 뿌리내리지 못하고 세상을 떠돌아야만 했던 그에게 세상은 낯선 타자였고 전통은 무가치한 것에 지나지 않았습니다.

트라키아인 가운데 어떤 자가 내 의지와는 무관하게 울창한 숲 속에 남기고 온 결코 욕됨이 없는 나의 방패를 집어들고 자랑스레 떠벌리고 있구나. 나의 생명을 보존했는데 왜 내가 그깟 방패를 걱정해야만 하는 것인가? 그 방패는 이제 사라져버렸지만 그와 똑같이 훌륭한 다른 것을 사면 되는 것을.[6]

이 시는 순전히 예술적 기준으로 보자면 결코 대단한 작품이라 할 수는 없겠습니다만, 여기서 표현되고 있는 생각은 전승된 가치관에 비추어보자면 얼마나 발칙한 도발입니까? 시인은 아무런 수치심도 없이 자기가 전쟁터에서 방패를 잃고 목숨을 부지한 것을 회상하고 있습니다. 서사시에서 그리도 높이 칭송되었던 전쟁터에서의 용기는 이제 자기보존에 비하면 부차적인 가치가 되고 말았습니다. 생각하면 이상할 것도 없는 일입니다. 자기의 나라를 떠나 용병으로 세상을 유랑하는 사람에게 목숨을 걸고 충성을 바칠 조국이 어디에 있었겠습니까? 그에게는 어떤 것도 자기 자신만큼 소중하지는 않았던 것입니다.

물론 모든 서정시인이 아르킬로코스처럼 살았던 것은 아닙니다. 그러나 세계로 환원되지 않는 자기를 자각하고 그런 자기의 삶을 반성하는 것은 원칙적으로 서정시의 본질에 속하는 것이라 말할 수 있습니다. 이전에 서사시의 등장인물들은 자립적인 개인이라기보다는 삶의 총체성 속에서 그들이 맡은 역할의 전형적(또는 이상적) 수행자로서 묘사되었습니다. 이런 의미에서 서사시에서 반성되는 것은 개인의 삶이 아니라 총체성 속에서 파악된 삶인 것입니다. 그러나 서정시에서 반성되고 있는 것은 다른 무엇보다 개인으로서의 시인 자신의 삶과 체험 그리고 내밀한 욕망과 동경입니다.

제우스의 따님으로 옥좌에 앉아 계시는
불멸의 아프로디테여.
온가지 재간이 그대의 것이려니
오 여왕이시여! 근심과 걱정으로
제 마음을 짓누르게 하시지는 마옵소서.
하지만 가까이 오셔 주사이다.
그대 지난날에도 아버지의

높은 황금의 누각에서 호사스런 마차를 타고
떠나신 적이 있으시다면, 귀를 솔깃이 하고
높은 곳에서 제 기도를 듣고 계시다면.
재빠르고 아름다운 참새들이 그대를 싣고
각양각색의 날개들을 퍼덕거리며
하늘로부터 공중을 날아 검은 대지로
재빠르게 날아와 주사이다.
축복받은 이, 당신께서는
불멸의 용모에 자애로운 웃음을 띠신 채로
재차 이번에는
나에게 무슨 문젯거리가 있는지를,
왜 나를 간절히 불렀는지를,
나의 난심(亂心)에 도대체 어떤 일이 일어나기를 고대하는지를,
물어주사이다.
'페이토(Peitho, 설득의 신)가 그대의 사랑을,
누구에게로 이끌기를 바라는가?
사포여, 누가 그대를 상심하게 했는가?
지금은 그녀가 도망친다고 해도,
그러나 이내 그녀가 너를 좇을 것이다.
그 선물을 그녀가 받지 않는다고 해도,
그녀가 받아들이도록 하겠노라.
그녀가 사랑하지 않는다면,
설령 사랑하지 않는다고 해도,
이내 그녀가 사랑하게 할 것이다.'
어서 나에게 오셔서
가혹한 근심으로부터 나를 다시 구원하여 주사이다.

내가 성취하고자 갈망하는 모든 것을
성취하게 해주셔서,
당신이 내 편이 되어주사이다.[7]

이 시는 기원전 600년경에 활동했던 초기 서정시인 사포(Sappho)의 시입니다. 그는 이오니아 해안의 레스보스(Lesbos) 섬의 귀부인이었는데 동성애자였습니다. 오늘날 여성동성애자를 가리키는 레즈비언이라는 말은 원래 레스보스 여인을 뜻하는 말로 사포가 동성애자였던 데서 유래한 말이지요. 이 시에서도 사포는 어떤 여인에 대한 사랑의 감정을 토로하면서 사랑의 신 아프로디테에게 자기를 도와줄 것을 간청하고 있습니다.

그런데 이 시에서 문제되고 있는 것은 객관적 삶이나 보편적 가치가 아니라 철저히 사포라는 개인의 체험입니다. 그것도 가장 내밀하고 주관적인 감정이라 할 수 있는 사랑의 감정이 이 시의 주제입니다. 사포는 자기 자신의 체험을 자기의 눈으로 반추하고 있는 것입니다. 그런 한에서 이 시는 시인의 개인적 자기반성입니다.

그런데 이처럼 시가 시인 자신의 개인적 자기반성으로 나타날 때, 반성은 본질적으로 회상으로 발생할 수밖에 없습니다. 내가 나를 돌이켜 생각한다는 것은 내가 나 자신의 과거를 기억하고 회상한다는 것을 의미하기 때문입니다. 이 시에서도 사포는 아프로디테 여신이 예전에도 자기를 도왔던 것을 상기하고 있습니다. 그러면서 이전에 그랬던 것처럼 지금도 자기를 도와줄 것을 청하고 있는 것입니다.

편지 29

서정시와 시간

그렇게 시인이 자기를 기억 속에서 반성할 때, 자기는 비로소 자립적인 정신으로 나타납니다. 나의 기억이란 타인의 기억과 불연속적인 단절 속에 있는 까닭에 자기의 기억을 반추하는 정신은 오로지 자기 곁에 머무르는 정신인데, 이처럼 자기 곁에 머무르고 있는 것(Bei-sichsein)이야말로 헤겔이 말했듯이 정신의 첫번째 본질인 것입니다. 이렇게 정신이 회상 속에서 자기 자신과 관계할 때, 비로소 시간이 정신의 내적 자기관계의 지평으로서 개방됩니다. 모든 관계는 관계를 가능하게 하는 거리 속에서 발생합니다. 그런데 정신이 회상 속에서 자기 자신과 관계할 경우 그 거리는 공간적인 것일 수 없습니다. 공간은 오직 사물들의 외적 관계를 가능하게 하는 거리의 지평이기 때문입니다. 정신이 자기 자신과 내적으로 관계할 때 이 관계는 시간적 거리 즉 시간간격 속에서만 발생할 수 있습니다. 호메로스의 세계 속에서는 누구도 시간이 흐르는 것을 느낄 수 없습니다. 분명히 그 세계에서도 역동적으로 행위가 이루어지고 있음에도 불구하고 그 행위들은 마치 정지된 시간 속에서 발생하는 것처럼 느껴지는 것입니다. 그러나 서정시는 정신의 자기반성 속에서 처음으로 시간의 지평을 개방합니다. 서사시가 삶을 무시간적인 이념 속에서 본질적으로 반성하고 정립했다면, 서정시는 이제 삶을 시간성 속의 현실로서 반성하는 것입니다.

이와 더불어 삶의 비극성을 노래하는 방식도 달라집니다. 서사시든 서정시든 비극이든, 문학이 고통을 노래하지 않을 수는 없는 일입니다. 그런 한에서 세 가지 모두가 제 나름대로 비극적이라 할 수 있습니다. 다시 말해 서사시와 서정시 그리고 비극이 모두 고통의 탐구, 슬픔의 해석이라는 점에서는 한가지인 것입니다. 차이는 고통과 슬픔을 해석하는 방식에 있을 뿐이지요. 그런데 그리스 정신 속에서 모든 고통과 비극성은 원칙적으로 대립되는 힘들의 충돌에 있는 것이라 파악됩니다. 모든 것이 자기동일성 속에 있다면 고통은 없었을 것이라는 말이지요. 그런데 같은 대립이라도 서사시는 공간적인 세계 속에서 상충하는 세력들의 대립을 통해서 고통을 드러냅니다. 그것은 고통의 본질을 대립하는 힘들의 충돌로 파악하되 그것들을 객관적 현실 속에 나란히 있는 것으로 그려 보입니다. 거기서는 내면의 갈등조차도 외적 행위를 매개로 해서 표현되는 것입니다. 그런 한에서 서사시에서 고통과 슬픔이 발생하는 지평은 시간이 아니라 공간이라 할 수 있습니다.

이에 반해 서정시에서는 고통과 슬픔이 발생하는 지평이 공간이 아니라 시간입니다. 처음부터 서정시에서 정신은 외부세계를 관찰하는 것이 아니라 자기 내면을 반성합니다. 이처럼 정신이 안으로 자기를 향해 있는 한에서, 내적인 세계가 펼쳐지는 지평은 공간이 아니라 시간입니다. 시간은 서정시인의 의식이 운동하는 지평이지요. 이런 사정은 서정시가 고통과 슬픔을 반성할 때에도 마찬가지입니다. 서정시는 내면적 의식 속에서 상충되는 계기들을 묘사함으로써 삶의 비극성을 드러냅니다. 과거에 대한 추억과 회상, 판이한 현재의 상황 그리고 미래에 대한 소망이 한 편의 서정시에서는 중첩되고, 이런 겹쳐짐에서 비롯되는 다양한 정신적 계기들 사이의 거리와 차이가 비극적인 정조를 만들어냅니다. 즉 여기서 비극성의 뿌리는 내면세계의 갈등과 분열입니다. 그런데 이 갈등은 시간적인 지평 속에서 현실화됩니다. 시간 속에서는 어떤 것도 동일하게 머물지 않습니다. 시간 속에서 모든 것이 절대적인 자기동일성 속에 있다고 한다면, 시간이 흐른다는 말은 무의미한 말일 것입니다. 시간이 흐른다는 것은 오직 변화를 통해서만 측정되고 식별되는 것입니다. 그런 의미에서 시간은 자기부정의 형식입니다. 그런데 바로 이런 시간의 부정성이야말로 서정시가 반추하는 삶의 비극성의 뿌리입니다. 시간 속에서 모든 것은 결국에는 자기 자신에게 대립하게 됩니다. 이처럼 자기 아닌 것으로 이행할 수밖에 없는 것, 그것이 삶의 비극성입니다.

내 피부는 벌써 세월 앞에 주름이 잡히고 노쇠하였구나.
나의 검푸른 머리털은 벌써 백발로 변해버렸구나.
무언가를 들을 수조차 없도록 손은 무기력해지고,
무릎은 쇠약해졌구나.
이제 나는 더 이상 소녀들의 틈 사이에 섞이어
춤추는 걸음을 옮길 수조차 없으며,
또한 저녁 숲속에서 암사슴들과 같이 걸을 수도 없구나.
하지만, 어떻게 할 수가 있단 말인가?
물론, 죽어야만 하는 인간이 영원히
젊음을 누릴 수는 없을 것이다.
인간들은 이렇게 노래한다.
에오스(새벽의 여신)가
특히 그것을 경험해야만 했었다라고.

그녀는 일찍이 남몰래 세계의 끝에까지
젊은 연인인 티토노스를 데리고 갔었다.
하지만, 노년이 우수에 잠긴 그를 넘어서 살며시 다가왔다.
밤이 되어서 연심이 있어도
부드러운 여신에게 가까이 갈 수 없게 된 지금,
그는 어떤 행복도 자신에게서 사그라져버렸다고 생각한다.
그래서 그는 제우스 신에게 죽음을 빨리 내려달라고 탄원하고 있다.
그러나 나는 언제나 우아함과 황금이 충만한 것을 갈망해왔었다.
이 찬연한 것은 항시 나의 주위에서 빛나고 있었다.
왜냐하면 태양을 사랑하고 있기 때문에.[8]

이 시는 불완전하게 남아 있는 사포의 시의 단편을 고전학자들이 복원한 것입니다. 여기서 사포는 젊었을 적의 아름답던 시절을 회상하면서 삶의 무상함을 노래하고 있습니다. 시간은 사포의 젊음과 아름다움을 빼앗아간 대신 백발만을 남겨놓았습니다. 시간 속에서는 아무것도 머무르지 않습니다. 시간 속에 존재하는 모든 것들은 끊임없이 다름을 향해 이행하지 않으면 안 됩니다. 그러나 그것은 얼마나 쓰라린 일인지요. 뺨이 붉은 에오스(Eos)는 아침 하늘을 붉게 물들이는 새벽의 여신이었습니다. 매일같이 새벽을 열던 어느 날 티토노스라는 청년의 아름다움에 마음을 빼앗겨버립니다. 그러나 그 청년은 신이 아니라 죽을 수밖에 없는 인간이었습니다. 하지만 어떤 장애도 사랑의 열정을 잠재울 수 없었고, 결국 에오스는 티토노스와 결혼을 하게 됩니다. 그런데 에오스가 자기의 사랑하는 사람이 언젠가 죽을 수밖에 없다는 사실을 받아들일 수 있었겠습니까? 에오스는 제우스에게 약혼자를 죽지 않게 해달라고 간절히 부탁을 하지요. 제우스는 에오스가 너무나 간곡히 부탁을 하니까 차마 거절하지 못하고 그 부탁을 들어주었습니다. 그러나 에오스는 늙음을 모르는 신이어서 그랬는지 티토노스가 죽지 않게 해달라는 부탁은 했으나, 그가 늙지 않게 해달라는 부탁을 하는 것을 미처 생각하지는 못하였습니다. 티토노스는 제우스의 은혜로 죽음을 피할 수는 있었으나 늙음을 피할 수는 없었습니다. "밤이 되어 연심이 있어도 부드러운 여신에게 가까이 갈 수 없게 된 지금" 그는 제우스 신에게 차라리 죽음을 허락해달라고 탄원했지만, 그리스 신들의 세계에서는 신들이 한번 결정하여 이루어진 일은 되물릴 수도 없고 다시 변경할 수도 없었습니다. 사랑에도 시작이 있는 것처럼 끝도 있어서 끝내 에오스 역시 더 이상 젊음도 아름다움도 없는 남편을 보고 싶어하지 않았다고 하더군요. 여신은 그를 골방에 가두어버렸는데 죽고 싶어도 죽을 수도 없었던 티토노스는 작아지고 또 작아져 마지막에는 한 마리 귀뚜라미가 되었다고 전해집니다.

서정시는 이처럼 시간성의 지평 속에서 발생하는 대립의 진리를 반추합니다. 시간 속에서 벌어지는 인간의 내면의 대립 또는 삶의 내적인 대립을 반성하는 것이지요. 모든 인간이 시간의 굴레에 매여 있는 한에서 이 대립은 보편적 비극성의 형식입니다. 과거는 이미 지나가버린 시간이고 어떤 형태로도 다시 돌이킬 수 없는 타자성으로서만 기억 속에서 현재화될 뿐입니다. 회상과 추억은 그래서 무기력한 반성입니다. 시간성 속의 대립은 어떻게 할 수 없이 고착되고 극복될 수 없는 모순으로 드러날 뿐입니다. 그래서 서정시의 자아는 절망의 장소입니다. 절대로 합일할 수 없는 옛것과 지금 또는 꿈속의 미래가 하나로 모이기는 하지만 그것이 화해를 이루지 못하는 만남의 장소, 그래서 다시 절망의 장소가 되는 것입니다. 사포는 그런 절망 속에서도 자기의 마음속에서 언제나 빛나고 있는 태양을 생각함으로써 비극적 현실을 초월하는 정신의 힘을 보여주려 합니다. 그것은 이 시가 보여주는 정신의 숭고이기는 하지만 그것이 비극적 상황 그 자체를 변경시킬 수는 없는 일입니다. 그리하여 서정시의 주체는 여전히 비극적 주체로 남아 있는 것입니다. 그리고 서정시가 보여주는 이런 비극성은 인간이 시간 속에서 현존하는 한 영원히 벗어날 수 없는 보편적이고 필연적인 비극성이기도 합니다. 서정시는 이것을 처음으로 명확히 드러내 보였던 것입니다.[9]

편지 30

서정시와 주체성

　서정시가 시간의 지평을 처음으로 드러낸 것의 의미는 여기서 그치지 않습니다. 서정시가 삶을 시간성 속에서 반성했을 때, 그것은 또한 처음으로 현실을 참된 의미의 현실로서 반성할 수 있었습니다. 서사시에서 삶이 이념적 형상 속에 정립된 한에서 그것은 아직 참된 현실이 아니었습니다. 그러나 서정시는 삶을 시간성 속에서 반성함으로써 시간과 역사 속에서 발생하는 현실의 지평을 처음으로 개방했던 것입니다. 그래서 고전학자들이 그리스에서 역사학의 탄생을 가능하게 한 배경의 하나로서 서정시를 드는 것도 이런 의미에서 충분히 이해할 수 있는 일입니다. 서정시는 시간 속에서 변화하는 현실을 처음으로 명확하게 보여주었던 것입니다.
　그러나 서정시에서 정신은 현실을 시간성 속에서 개방하기는 하지만 서사시와는 달리 현실을 능동적으로 형성하는 능력을 행사할 수는 없습니다. 왜냐하면 여기서 정신은 자기에게로 후퇴하여 자기 자신하고만 관계할 뿐이기 때문입니다. 그리하여 서정시는 현실을 현실로서 개방하지만 그 현실은 내가 어찌할 수 없는 타자적 현실로서 나에게 대립합니다. 시는 이 타자적 현실을 능동적으로 규정하거나 형성할 수 없습니다. 시가 할 수 있는 일은 이제 순수한 정신의 내면성 속에 머물러 자기 자신을 반성하는 것뿐입니다. 시는 더 이상 객관적 세계에 대해 말하지 않습니다. 그것에 대해 말하는 것은 이제 철학과 과학의 몫이 되었습니다. 이런 사정을 생각할 때, 그리스에서 서정시와 철학이 거의 동시적으로 출현하는 것은 우연이 아닙니다. 서사시에서 구현되었던 삶의 총체성이 붕괴된 뒤에 제일 처음 분열된 것이 바로 주관적 정신과 객관적 현실이었습니다. 이리하여 반성과 인식이 처음으로 분열되었습니다. 예전에는 이 두 가지 정신활동이 구별되지 않았을 뿐 아니라 시인의 지혜가 인식과 반성을 모두 관장하고 있었습니다. 그러나 삶이 타자적 외부세계와 주관적 내면세계로 분열된 뒤에 현실 세계에 대한 객관적 인식은 철학자의 몫이라는 생각이 생겨나기 시작했습니다. 여전히 시인은 총체적 지혜의 주인으로 남아 있고 싶어했으나 이미 시는 현실 세계를 객관적으로 인식할 능력도 현실을 능동적으로 형성할 수단도 가지고 있지 않았습니다. 그리하여 시는 객관적 정신 속에서 총체적 삶이 자기를 반성하는 것이 되지 못하고 개별화되고 주관화된 정신의 자기반성으로 나아갈 수밖에 없었습니다. 서정시는 그렇게 개별적 주체와 인격으로서 자기를 의식하는 정신의 자기반성이었던 것입니다.

그러나 우리는 서사시에서 구현되었던 삶의 총체성이 서정시에 이르러 파괴되었다 해서 서정시가 서사시에 비해 열등한 형식이라 생각하면 안 됩니다. 그리스 문학의 역사에서 서정시는 서사시의 총체성을 희생한 대신 서사시가 알지 못했던 주체성을 선물했기 때문입니다. 정신은 개별화되기 전에는 자기를 주체로서 의식하지 못합니다. 주체성이란 자기를 자기로서 자각하는 자기의식에 존립하는 것인데, 이 자기의식은 언제나 자기가 타자가 아니라는 구별의 의식과 동전의 앞뒷면처럼 공속합니다. 정확히 말하자면 '나는 나'라는 주체의 자기의식은 나는 아닌-나가 아니라는 구별의 의식을 전제하는 것입니다. 이처럼 내가 나를 모든 아닌-나와 구별할 때 나는 개별자로서 나를 의식하게 됩니다. 그런 한에서 주체의 자기의식은 헤겔이 말했듯이 대상의식 또는 세계의식의 부정으로서만 발생할 수 있습니다. 정신이 세계와 조화로운 화해 속에 머물러 있을 때, 그것은 자기를 고유한 자기, 타자와 구별되는 개별적인 자기로서 의식하지 못합니다. 그것은 마치 아직 어머니의 품을 떠나지 않은 젖먹이와도 같아서 자기를 독립된 개체와 인격으로 의식하지 못하기 때문입니다. 오직 삶의 총체성이 해체되고, 정신이 어머니 대지를 떠나 홀로 서며, 이를 통해 세계로부터 소외를 경험할 때, 정신은 비로소 전체로 환원될 수도 없고 다른 어떤 존재와 대치될 수도 없는 절대적인 주체로서 자기를 의식하게 되는 것입니다.

서정시는 그렇게 세계로부터 이탈하여 자기를 주체로서 의식하는 정신의 자기반성입니다. 그것은 한편에서는 총체성의 해체의 반영으로서 정신의 소외의식의 표현이지만, 다른 한편으로 서정시는 개별화된 정신의 주체성과 자립성의 표현이기도 합니다. 정신이 자기를 주체로 의식한다는 것은 그것이 삶을 자기의 경험으로서 이해하며 그 경험의 중심에 자기를 놓는다는 것을 의미합니다. 이것은 다른 무엇보다 개별적 주체로서의 자아가 가치의 중심으로 등장할 때 두드러지게 나타납니다.

> 어떤 이는 이 어두운 대지 위에서 기병이,
> 어떤 이는 보병이,
> 또 다른 이들은 해군이 가장 아름답다고 말하네.
> 하지만, 오히려 나에게는
> 내가 사랑하는 것이야말로

가장 아름다운 것이네.[10]

　여기서 보듯이 서정시의 세계에서는 객관적인 가치의 척도는 주관적인 확신 뒤로 후퇴합니다. 이 시에서 시인은 그리스 정신에서 가장 본질적인 가치라 할 수 있는 아름다움에 대해 말하고 있습니다. 그러나 시인은 아름다움을 객관적·보편적 방식으로 규정하지 않고 아름다움에 대한 이 사람, 저 사람의 주관적인 견해를 말한 뒤에 마지막으로 자기가 사랑하는 것이야말로 가장 아름다운 것이라 말하고 있습니다. 이러한 주관적 자기확신의 관철은 서사시의 시대에는 상상할 수 없었던 것이었으나, 서정시에 오면 도리어 당연한 것이 되었습니다.

　서정시는 이를 통해 자아의 주체성을 확고히 합니다. 생각하면 이것은 서정시가 꽃피었던 시대의 시대정신의 표현이자 실현이었다 하겠습니다. 진리는 소외된 객관성이 아닙니다. 그것은 이제 내가 확인할 수 있고 확신할 수 있는 것, 즉 내가 스스로 확증할 수 있는 것이어야만 했습니다. 이런 의미에서 나의 내면적 의식은 진리의 지평이었던 것입니다.

　그러나 서정시가 보여주는 주관적 자기확신은 객관적 현실이 주관적 확신을 뒷받침해주지 않는 한 언제 어떻게 파괴될지 모르는 불안정한 확실성에 지나지 않습니다. 그런 한에서 서정시의 주체성은 비극에 의해 지양될 수밖에 없는 운명 속에 있었습니다.

　　세찬 파도에 씻긴 해안가에
　　상투를 튼 트라키아인들이 그를 잡아 발가벗긴 채,
　　한밤중에 살미데소스 해안에 붙잡아두기를,
　　거기서 그는 노예의 **빵**을 먹는 혹독한 고통을 당하기를
　　나는 바란다.

세찬 한기가 밀려오는 파도에 온통 바닷말로 뒤덮인 채 있는
그를 얼어붙게 하기를,
바닷물을 토해내며 절망적으로
바닷가의 가장자리에 한 마리의 개처럼 누워
달각거리며 이를 부딪쳐대기를.
한때는 나의 절친한 친구였던 사람이
철석같은 약속을 자신의 발로 짓밟아 뭉개버렸기 때문에,
이것이 바로 내가 보고 싶어하는 바이다.[11]

이 시는 아르킬로코스가 자기를 배신한 친구를 저주하면서 쓴 시입니다. 내가 이 시를 따온 스넬(B. Snell)이란 고전학자는 이 시를 평하면서 여기서 표현되고 있는 것이 단순히 주관적인 감정이 아니라 어떤 보편적 정당성을 갖는 정의감이라고 말하고 있습니다만, 나는 그런 평가에 동의하지 않습니다. 도리어 나는 이 시의 의미는 그것이 서정시의 본질적 한계를 보여주는 데 있다고 생각합니다. 서정시는 개별적 주체의 자기반성입니다. 그러나 시가 참된 의미에서 시가 될 수 있기 위해서는 그것이 무엇을 노래하든 마지막에는 어떤 보편적 사태를 표현하지 않으면 안 됩니다. 그런데 서정시가 반성하는 것은 일단은 객관적 삶이 아니라 개별적인 주체의 삶입니다. 하지만 서정시가 시로서 가치를 가지기 위해서는 개별적 주체의 자기반성이 어떤 식으로든 보편적 의미와 가치를 가져야만 합니다. 여기서 서정시의 역설이 생겨납니다. 즉 그것은 자기에 대해 말하면서 도리어 보편적이고 객관적인 삶과 세계에 대해 말해야만 하는 것입니다. 그것은 언뜻 보기에는 지극히 개인적이고 사사로운 주체의 외관을 띠고 나타나지만, 사실은 그런 개별적 주체 속에서 표현되고 실현되는 것은 보편적 주체성인 것입니다. 그러나 서정시의 위험은 그것이 개별적인 자

아의 자기반성의 형식을 띤다는 바로 그 외관에 있습니다. 참된 자기반성과 감상적 자기연민·자기도취가 모두 구별없이 주체의 자기반성의 형식 속에서 발생하기 때문입니다. 그리하여 똑같은 서정시라도 어떤 시는 가장 개성적인 인격 속에서 가장 보편적인 진리를 계시하지만, 어떤 시의 경우에는 한갓 사사로운 넋두리가 되고 마는 것입니다. 문제는 서정시가 참된 자기반성과 사사로운 넋두리를 구별할 기준을 스스로 가지고 있지 않다는 데 있습니다. 그래서 위의 시도 보기에 따라서는 천박한 감정의 배설일 수도 있고 정반대로 고상한 정의감의 표현일 수 있는 것이겠지요.

  이런 사정은 특히 우리의 현대시를 볼 때 아주 두드러집니다. 만해나 소월의 경우 우리는 그들의 시에서 그들 개인의 흔적을 조금도 찾아볼 수 없습니다. 그들은 겉으로는 자기에 대해 말하고 있으나 그들이 반성하는 자기란 사사로운 개인으로서의 시인 자신이 아니라 그런 개별성을 뛰어넘은 자기입니다. 그런 까닭에 그들의 시는 참된 보편성을 가질 수 있었던 것입니다. 나는 이 두 시인의 시를 읽을 때마다 어쩌면 이들은 그렇게 내밀한 방식으로 자기에 대해 말하면서도 그토록 철저하게 자기 자신에 대해서는 침묵할 수 있었는지 새삼 놀라곤 합니다. 그에 비하면 김수영의 유명한 시「어느날 古宮을 나오면서」는 어떻습니까?

    왜 나는 조그마한 일에만 분개하는가
    저 王宮 대신에 王宮의 음탕 대신에
    五十원짜리 갈비가 기름덩어리만 나왔다고 분개하고
    옹졸하게 분개하고 설렁탕집 돼지 같은 주인년한테 욕을 하고
    옹졸하게 욕을 하고

한 번 정정당당하게
붙잡혀간 소설가를 위해서
언론의 자유를 요구하고 越南파병에 반대하는
자유를 이행하지 못하고
二十원을 받으러 세 번씩 네 번씩
찾아오는 야경꾼들만 증오하고 있는가

옹졸한 나의 전통은 유구하고 이제 내 앞에 情緖로
가로놓여 있다.
이를테면 이런 일이 있었다
부산에 포로수용소의 第十四野戰病院에 있을 때
정보원이 너어스들과 스폰지를 만들고 거즈를
개키고 있는 나를 보고 포로경찰이 되지 않는다고
남자가 뭐 이런 일을 하고 있느냐고 놀린 일이 있었다
너어스들 옆에서

지금도 내가 반항하고 있는 것은 이 스폰지 만들기와
거즈 접고 있는 일과 조금도 다름없다
개의 울음소리를 듣고 그 비명에 지고
머리에 피도 안 마른 애놈의 투정에 진다
떨어지는 은행나무잎도 내가 밟고 가는 가시밭

아무래도 나는 비켜서 있다 絶頂 위에는 서 있지
않고 암만해도 조금쯤 옆으로 비켜서 있다
그리고 조금쯤 옆에 서 있는 것이 조금쯤
비겁한 것이라고 알고 있다!

그러니까 이렇게 옹졸하게 반항한다
이발쟁이에게
땅주인에게는 못하고 이발쟁이에게
구청직원에게는 못하고 동회직원에게도 못하고
야경꾼에게 二十원 때문에 十원 때문에 一원 때문에
우습지 않으냐 一원 때문에

모래야 나는 얼마큼 적으냐
바람아 먼지야 풀아 나는 얼마큼 적으냐
정말 얼마큼 적으냐……

이 시는 「풀」과 함께 김수영의 대표시라고 알려져 있을 정도로 사람들의 사랑을 받는 시이지만 내가 보기에 이것은 자기연민으로 가득 찬 사사로운 넋두리에 지나지 않습니다. 시인 개인이 모래보다 적든 아니든 그것이 무슨 상관일까요? 그러나 어쩌면 바로 이 자기연민적 성격이 도리어 이 시를 많은 사람들에게 사랑받게 만드는 이유인지도 모르겠습니다.

아무튼 문제는 굳이 이 시가 아니라 하더라도 서정시의 경우에는 과연 무엇이 참된 자기반성이고 무엇이 사사로운 넋두리인지 판단하는 것이 어렵다는 데 있습니다. 그래서 언제부터인가 우리의 시인들은 시를 통해 아무런 저어함 없이 사사로운 자기에 대해 말하기 시작했는데, 급기야 근래에 어떤 시인은 온갖 너절한 상소리로 동료 시인을 비방하는 글을 시랍시고 여기저기 문학잡지에 실었다가 명예훼손으로 송사에 휘말렸는데 자기는 순수한 시를 쓴 것일 뿐 개인의 명예를 훼손할 의도 같은 것은 없었다고 강변한다는군요. 그러니 이 송사가 어떻게 끝났는지는 모르겠지만, 시는 얼마나 편리한 도구입니까?

사람들 지나다니는 큰길 가에 똥을 싸놓고는 사람들이 나무라면 똥도 예술이라 주장하면 되니 말입니다.

편지 31

소외된 주체의 자기반성

    그리스에서 서정시가 비극에 의해 지양될 수밖에 없었던 까닭도 이와 무관하지 않습니다. 그리스에서 서사시가 꽃을 피웠던 시대가 귀족들의 시대였다면, 서정시가 꽃을 피웠던 시대는 참주(tyrannos)들의 시대였습니다. 물론 서정시가 참주들의 삶이나 세계관만을 대변한다고 할 수는 없습니다. 하지만 참주가 이 시대를 대변하는 전형적인 인물인 것은 사실입니다. 참주는 귀족들로부터 권력을 빼앗아 전제적으로 통치하던 독재자들을 가리키는 이름입니다. 이들의 성격은 여러 가지였습니다. 많은 경우에 참주는 사모스 섬의 폴뤼크라테스(Polykrates)처럼 홀로 차지한 권력과 재산에 의지해 용병들을 사들이고 이들을 통해 나라를 전제적으로 통치한 독재자에 지나지 않았으나, 경우에 따라서는 아테네의 페이시스트라토스(Peisistratos)처럼 시민의 권리를 신장하고 민주주의의 발전을 위해 기여한 사람도 있었습니다. 오늘날 참주라면 독재자와 같은 말이고 그 시대에도 이런 사정이 크게 달랐던 것은 아닙니다만, 대개 참주들은 전통적 귀족들의 권력을 찬탈하여 평민들의 지지를 바탕으로 통치했던 까닭에, 개인에 따라서는 평민들의 환심을 살 만한 정책들을 펼쳤던 것도 사실이었습니다.

그러나 서정시의 시대가 참주의 시대였다는 것은 참주가 민중의 편에서 통치했느냐 아니면 오로지 자기의 권력유지를 위해 통치했느냐와는 아무런 상관이 없습니다. 여기서 중요한 것은 참주들이 어떤 식으로 통치했든 그들은 혼자 통치했고 그런 한에서 그들이 참된 의미의 공동체로부터 소외되어 있었다는 사실입니다. 그들이 좋은 통치자였든 아니었든지 간에 그들은 고독한 개인, 고립된 자기로서 존재하는 사람일 수밖에 없었습니다. 그런 한에서 참주는 서정시의 시대에 고독한 개인을 가장 전형적으로 대변하는 사람입니다. 서정시가 참주의 시대에 꽃핀 예술이라는 것은 다름이 아니라 그것이 고립된 개인의 시대에 꽃핀 예술이라는 말인 것입니다.

그러나 그리스 사회, 특히 아테네가 민주주의의 시대로 접어들기 시작했을 때, 서정시는 더 이상 시대정신을 온전히 담아내는 그릇이 될 수 없었습니다. 우리가 앞에서 말했듯이 서정시는 개별적 주체의 자기반성의 형식 속에서 삶을 반성하는 까닭에 너무도 쉽게 사사로운 개인의 특수성과 개별성에 함몰될 위험을 안고 있었기 때문입니다. 물론 이런 위험이 언제나 현실로 나타나는 것은 아닙니다. 많은 시인들이 자기를 노래하면서 사사로운 자기를 뛰어넘어 보편적 주체성의 지평을 열어 보여주는 것도 사실입니다. 그러나 그런 경우라 할지라도 세계로부터 소외된 주체의 자기반성이라는 서정시의 본질적 성격이 변하는 것은 아닙니다. 간단히 말하자면 서정시는 아무리 훌륭한 경우라 할지라도 전체로부터 분열되고 소외된 주체의 자기반성일 수밖에 없는 것입니다. 왜냐하면 주체성이란 타자와 날카롭게 구별되는 개별성을 본질적 계기로 가지는데, 이 개별성이란 주체가 타자와 자기와의 차이를 날카롭게 의식하면 할수록 더욱 또렷하게 드러나는 것이기 때문입니다. 그리하여 서사시의 탁월함이 가능한 한 삶을 이상적인 총체성 속에서 형상화하는 데 있다면, 서정시의 탁월함은 거꾸로 총체성의 분열상, 즉 바로 주체의 소외를 절실하게 표현하는 데 존립하는 것입니다. 총체성의 해체가 시대의 운명이 되어버린 시대에는 해체된 총체성과 소외된 주체성을 노래하는 것 그 자체가 하나의 보편적 진실성을 획득하는 것입니다.

물론 총체성의 해체와 주체의 소외가 마냥 부정적인 것은 아닙니다. 그렇게 총체성이 해체되고 주체가 세계로부터 소외되는 과정은 또한 자유롭고 자립적인 주체가 출현하기 위해 필연적으로 거쳐야만 하는 과정이기 때문입니다. 서정시는 주체로 하여금 자기를 자립적인 실체로서 자각하게 해줌으로써 정신을 즉자적 상태에서 해방시켜 대자적인 자기의식의 상태로 이끌어올립니다. 그리고 이를 통해 정신은 자기의 참된 현실태를 향해 한걸음 더 나아가게 되는 것입니다.

그러나 서정시가 열어 보이는 정신의 주체성이 정신의 참된 현실태에 도달하기 위해서는 주체성이 보편성과 매개되지 않으면 안 됩니다. 정신의 힘은 그것이 자기인 동시에 모두일 수 있다는 데 있습니다. 이 두 가지 요소는 정신의 진리에서 하나라도 제거할 수 없는 것으로서 둘 중 하나라도 빠지면 정신은 참된 자기를 실현할 수 없습니다. 시가 정신의 참된 자기반성으로서 그 속에서 정신이 자기 자신의 진리에 도달할 수 있으려면 이 두 가지 요소가 반드시 매개되지 않으면 안 됩니다. 그런데 서사시는 정신이 삶의 보편성과 총체성을 파악할 수 있다는 것을 보여주지만, 아직 정신의 주체성을 보여주지는 못합니다. 그에 반해 서정시는 정신의 주체성을 또렷이 보여주기는 하지만 어떻게 개별성이 보편성과 만날 수 있는지, 그리고 어떻게 주체성이 삶의 총체성과 만날 수 있는지를 보여주지는 않습니다. 그런 한에서 이제 서정시는 정신의 보편성과 주체성을 같이 매개하는 문학형식에 의해 지양되지 않으면 안 되었던 것입니다.

이처럼 주체성과 보편성을 매개하는 것은 단순히 문학의 문제가 아니라 동시에 정치의 문제이기도 했습니다. 참된 민주주의를 실현하기 위해서는 한편에서는 시민들 각자가 독립적인 주체로서 자기를 정립하는 것도 필요한 일이었지만 동시에 그들 모두가 모여 시민적 공동체를 이루는 것 또한 절실하게 요구되는 일이었던 것입니다. 그러나 서정시는 자기를 고유한 주체로서 자각하는 시민들이 고립된 개별성 속에 함몰되지 않고, 어떻게 더불어 시민 공동체를 이룰 수 있겠는지에 대해 아무런 전망도 줄 수 없었습니다. 그런 한에서 서정시는 더 이상 새로운 시대의 시대정신을 이끄는 예술일 수 없었습니다. 그것은 고립된 주체의 독백을 벗어날 수 없었던 것입니다. 비극은 이런 상황에서 등장한 새로운 예술이었습니다.

편지 32

주체와 시민

   사람은 확정적으로 만들어진 사물로서 이 세상에 오지 않습니다. 인간은 언제나 자기 자신에게 하나의 과제입니다. 우리는 자기 자신을 스스로 만들어나가지 않으면 안 됩니다. 인간의 근원적인 자유는 바로 여기에 존립하는 것입니다. 물론 우리는 삶의 다양한 문맥 속에서 여러 가지 의미로 자기 자신을 형성합니다. 그러나 어떤 문맥, 어떤 의미로 자기를 창조하고 형성하든지 간에 그 모든 자기형성의 전제가 되는 것은 인간의 주체성입니다. 주체성이란 내가 나를 남이 아닌 나로서 의식하고, 그런 나를 내가 스스로 형성하는 능력에 존립합니다. 요컨대 그것은 인간이 자기로서 산다는 것을 의미하는 것입니다. 생각하면 인간이 참된 의미에서 주체가 된다는 것, 참된 자기가 된다는 것은 지극히 어려운 일입니다. 오죽하면 하이데거(M. Heidegger)가 인간은 보통때에는 사람들 사이에 휩쓸려서 그들의 일원으로 살고 오직 예외적으로만 자기로 산다고 했겠습니까. 사람들은 자기가 자기를 반성적으로 의식할 수 있으니 자기가 자기라고 생각합니다. 그리고 자기가 원하는 것을 할 수 있으면 자기가 자기의 주인이라고 생각하지요. 그러나 곰곰 생각하면 우리의 판단은 얼마나 자주 고정관념과 편견 그리고 여론에 의해 조종되며 우리의 욕망은 또 얼마나 자주 유행에 휩쓸리는 것인지요? 우리는 사실은 신문이 조종하는 대로 판단하고 광고가 자극하는 대로 욕구하면서, 자기가 판단하고 자기가 욕구한다고 착각합니다. 그러니 참된 의미에서 자기가 되는 것은 얼마나 어려운 일인지요. 사람들이 외적 억압 아래 있을 때에는 차라리 자기가 아직 참된 주체가 아니라는 것을 의식하고 진정한 자기로서 살기 위해 애쓰고 싸우다가도, 눈에 보이는 외적 강제가 사라지면 편견과 고정관념 그리고 유행의 노예로 살면서도 스스로를 자유롭고 주체적인 인간이라고 쉽게 믿어버립니다. 인간이 참으로 자유롭고 주체적인 인간으로 살기 위해서 극복해야 하는 것이 바로 이런 착각이지요.

그렇게 군중 속에서 자기를 상실한 인간에게 자기를 일깨우기 위해 필요한 것이 무엇이겠습니까? 그것은 고독입니다. 외로움입니다. 다른 누구와도 바꿀 수 없는 단독자의 의식입니다. 홀로있음 속에서 세계는 나로부터 낯설게 달아나고 타인은 건너갈 수 없는 거리 속에서 멀어집니다. 그때 내가 느끼는 외로움 속에서 비로소 나는 남이 아닌 바로 나 자신과 정직하게 대면할 수 있는 것입니다. 서정시는 우리를 홀로 있는 자기와 대면하게 해줍니다. 그것은 반성의 언어요, 독백의 언어입니다. 서정시의 미덕은 우리를 고독하고 외롭게 한다는 데 있습니다. 이를 통해 그것은 우리를 자립적인 주체가 되도록 훈련시키는 것입니다.

그러나 우리가 땅 위에서 참된 의미에서 주체로서 살 수 있기 위해서는 단순히 홀로있음을 깨닫는 것만으로는 충분하지 않습니다. 왜냐하면 인간은 사회적 존재인 까닭에, 절대적인 고립 속에서는 자기를 지키고 보존할 수 없기 때문입니다. 그리하여 우리는 어떤 사회적 공동체 속에서 살 수밖에 없습니다. 그런 한에서 나의 삶은 불가피하게 공동체의 질서와 규범에 의해 규정됩니다. 이런 상황 아래서 내가 주체성과 자유를 보존하는 것이 어떻게 가능한 것입니까? 오직 한 가지 경우밖에 없습니다. 나는 공동체의 주인이 되는 한에서 나의 주인이 될 수도 있는 것입니다. 하지만 그리스인들은 내가 공동체의 주인이 된다는 것은 전제군주가 된다는 것으로 이해하지 않았습니다. 그들에겐 내가 사회의 주인이 된다는 것은 나와 너 즉 우리 모두가 자유롭고 평등하게 더불어 나라의 주인이 되는 것을 의미하는 것이었습니다. 그렇게 더불어 나라의 주인이 되는 사람들을 그리스인들은 시민이라 불렀습니다. 개인의 자유와 주체성은 오직 그가 참된 시민이 될 때 실현되는 것입니다.

그러나 주체가 되는 것이 어려운 일이듯이 시민이 되는 것 역시 쉬운 일이 아닙니다. 시민이 된다는 것은 나 혼자 할 수 있는 일이 아닙니다. 그것은 나와 너, 우리 모두가 더불어 하나의 시민 공동체를 형성한다는 것을 의미합니다. 그러면서도 이 공동체 속에서 각자가 자기 자신을 상실하지 않고 개별적 주체성을 보존하지 않으면 안 됩니다. 만약 공동체의 통일성이 각 사람들이 획일성 속에서 자기의 주체성과 자립성을 잃어버리는 것을 의미한다면, 그런 공동체는 참된 시민 공동체가 아니라 예속된 노예들의 집단에 지나지 않을 것입니다. 그러므로 참된 시민 공동체의 형성을 위해서 우리는 자기의 주체성을 잃지 않으면서도 타인과 더불어 사는 법을 배우지 않으면 안 됩니다. 그러나 서정시는 독백 가운데서 자기를 반성하고, 홀로있음 속에서 자기가 되는 법을 가르쳐주기는 하지만, 내가 어떻게 타인과 만나고 소통해야 하는지를 가르쳐주지는 않습니다. 아테네에서 민주주의가 뿌리내려가던 시기에 새로운 예술형식으로서 비극을 요구했던 것은 바로 이런 서정시의 한계 때문이었습니다. 독백의 예술은 주체들을 하나의 시민 공동체로 묶어낼 수가 없었던 것입니다.

편지 33

비극예술의 새로운 형식

개별적인 주체들을 시민으로 육성하고 그들을 하나의 시민 공동체의 일원으로 묶어낼 수 있기 위해서는 각 주체들을 자기만의 고립된 상태에서 벗어나 만남의 광장으로 나오게 하지 않으면 안 됩니다. 여기서 우리는 비극이 대규모 관객들을 상대로 한 공연예술이었다는 것이 단순한 우연이 아니었음을 깨닫게 됩니다. 그것은 극장을 필요로 했던 예술이었습니다. 그때나 지금이나 마찬가지지만, 극장이란 서사시나 서정시를 감상하기 위해서는 필요하지 않은 시설입니다. 그것은 대규모의 감상자들을 위한 문학형식이 아니었기 때문입니다. 서사시는 본질적으로 감상자의 수에 관심을 두지 않습니다. 이 무관심 자체가 서사시의 본질에 속하는 일입니다. 그것은 인간성 일반, 또는 보편적 삶 그 자체의 자기반성일 뿐, 인간의 삶을 인륜적 사회의 지평 속에서 반성하는 문학이 아닙니다. 물론 이 말은 서사시에서 인륜적 사회성이 전혀 반영되지 않는다는 말이 아닙니다. 그러나 거기서는 인간성이 사회성 속에서 반성되는 것이라기보다는 사회성이 도리어 인간성 속에서 반성되고 있는 것입니다. 그런 까닭에 서사시는 언제나 삶의 진실 그 자체를 드러내는 것을 목표로 삼을 뿐, 듣는 사람의 사회적 상황에 대해서는 직접적인 관심을 가지지 않습니다. 서사시를 한 사람이 혼자 듣든, 여러 사람들이 같이 듣든, 그에 대해서는 아무런 관심을 가지지 않는 것이 서사시의 본질적 특징인 것입니다.

이에 반해 서정시의 효과는 시를 혼자 읽을 때 극대화됩니다. 왜냐하면 서정시는 독백이요, 고독한 주체의 자기반성이기 때문입니다. 물론 이 말은 무조건 서정시를 혼자 읽을 때에만 제대로 감상할 수 있다는 말은 아닙니다. 여러 사람이 같이 시를 듣는다 하더라도 각자는 자기 혼자의 세계 속에 침잠할 수 있을 것이기 때문입니다. 그리고 실제로 서정시가 언제나 혼자만을 위한 문학형식이었던 것도 아닙니다. 원래 서정시는 뤼라 반주에 의한 노래였고 그런 한에서 듣는 사람을 암암리에 전제하고 있었다 말할 수도 있습니다. 하지만 그럼에도 불구하고 문학적인 내용에 관해서 볼 때, 서정시의 첫번째 관심이 타인과의 소통이 아니라 혼자 듣느냐 같이 듣느냐 하는 외적 감상의 조건에 상관없이 주체의 자기반성에 있었다는 것은 분명한 일입니다. 그런 한에서 서정시는 혼자 듣느냐 같이 듣느냐 하는 외적 감상의 조건에 상관없이 주체가 순수한 자기반성의 상태 속에 있을 때 가장 생생한 감동을 줄 수도 있는 것입니다. 그러나 이에 반해 비극은 처음부터 사람과 사람의 만남과 소통을 목표로 하는 예술입니다. 그것은 고립된 주체를 공동체 속의 시민으로 도야하기 위한 예술이었기 때문입니다. 그런 까닭에 비극은 내용과 문학적인 형식을 따지기 이전에 그 외적 상연의 방식에서부터 대규모 관객들을 상대로 한 극장예술의 형태를 띠지 않으면 안 되었던 것입니다.

물론 사람들이 한자리에 모여 공연을 관람한다 해서 자동적으로 개별적 주체들이 하나의 시민 공동체로 고양되는 것은 아닙니다. 열린 공간에서 사람들 사이에 참된 만남이 이루어질 때 비로소 그들은 시민 공동체를 형성할 수 있는 것이지요. 그러므로 비극이 주체를 시민으로 도야하기 위해서는 예술적 표현방식에서도 이전의 예술과는 달라야만 했습니다. 무언가 사람들을 개방적으로 소통하게 하고 하나로 묶어낼 수 있는 예술의 형식이 필요했던 것입니다. 아마도 그런 반성이 시인들로 하여금 비극을 크게 나누어 대화와 합창으로 구성하게 했을 것입니다.

문학은 어떤 형태로 나타나든 말을 매개로 한 예술입니다. 그러나 서사시가 보고와 진술의 형식, 즉 문자 그대로 이야기의 형식을 취하고 있는 데 반해 서정시는 독백과 회상의 형식을 취합니다. 이것은 이 시들 각각의 본질적 성격과 뗄 수 없이 결합되어 있는바, 서사시가 삶의 객관적 진실을 표현하는 것을 첫번째 목표로 삼는 한에서 보고와 진술의 형식을 취하는 것이 적절하다면, 서정시는 주체의 자기반성의 표현인 한에서 독백과 회상의 형식을 취할 수밖에 없다고 할 수 있겠습니다. 이에 반해 비극은 만남과 소통을 위한 문학인 한에서 다른 무엇보다 대화와 합창의 형식을 취해야만 했습니다.

니체는 이 두 가지 구성요소 가운데서 합창이 더 중요한 것이라 생각했습니다. 물론 비극에서 합창은 일종의 객관적 정신의 표현으로서 없어서는 안 되는 부분입니다. 합창단은 종종 비극의 특정한 장면에 필요한 다수의 등장인물들 역할을 맡습니다. 예를 들어 아이스퀼로스의 『자비로운 여신들』(*Eumenides*)에서 복수의 여신들은 합창단이 맡을 수밖에 없는 배역이지요. 그러나 대개 합창단은 불특정의 시민 공동체를 형상화하며, 추상적으로 표현하자면, 보편적인 정신 또는 공공적인 이성을 형상화하는 것이라 할 수 있습니다. 쉽게 말하자면 합창단은 시민 공동체, 아니 극장에 모인 관객들 자신의 대표자인 것입니다. 그런 한에서 합창은 고립된 개별성에서 벗어나 공동체를 이룬 시민적 주체성의 상징이라 할 수 있습니다. 비극이 앞에서 말했듯이 개별적 주체를 시민 공동체로 고양하는 것을 첫번째 목표로 삼는 한에서 합창은 그런 비극의 목표에 부합하는 정신의 자기표현방식이라 할 수 있을 것입니다.

이처럼 비극에서 합창이 중요하다는 것은 누구도 부인할 수 없는 일이지만, 비극의 탄생과정을 돌이켜볼 때, 비극을 서사시와 서정시가 아닌 비극으로 만들어준 것은 합창이 아니라 대화입니다. 그 까닭은 두 가지입니다. 첫번째로 합창은 비극을 통해 처음 생겨난 표현방식이 아닙니다. 어떤 문화권에서든 있을 수 있는 자연스런 감정의 표현으로서 예술 이전의 노래에 속하는 합창을 제외한다 하더라도, 그리스 문학의 역사에서는 이미 예술의 다양한 갈래 속에서 합창이 불리고 있었습니다. 서정시의 전통 속에서 합창은 주로 송가(頌歌)로 나타났는데, 예를 들면 신을 찬미하기도 하고 올림피아 경기의 승리자를 찬미하기도 하는 그런 노래들이었습니다. 그 밖에도 디튀람보스 합창이 있었지요. 그것은 앞에서 말한 대로 디오뉘소스 제전에서 불린 노래로서 이로부터 비극이 유래했다는 것은 잘 알려져 있는 일입니다. 니체는 디오뉘소스 찬가로부터 비극이 유래했다 해서 마치 합창이 비극에서 본질적인 구성요소이고 대화는 이물질과도 같은 것처럼 취급했습니다만, 아무리 비극경연대회가 디오뉘소스 제전에서 유래한 것이라 하더라도 만약 합창이 대화에 의해 보완되지 않았더라면, 아테네에서 비극 같은 것은 결코 생겨날 수가 없었을 것입니다.

이 두번째 이유, 즉 합창이 비극의 본질에 관한 한 결정적인 요소가 아니라는 보다 중요한 이유는 비극이 추구하는 시민적 주체성이 개별적 주체들의 맹목적 합일을 통해서 생겨나는 것이 아니기 때문입니다. 생각하면 자기를 잊어버리는 도취와 공동체에 대한 몰입을 표현하기에 합창처럼 적합한 것도 없습니다. 합창의 힘이 얼마나 강한지는 80년대 우리의 민중가요가 여실히 증명한 바 있지요. 만약 니체가 말하듯이 합창이 그냥 비극일 수 있다면, 80년대 민중가요는 전부 어디에 내놓아도 손색없는 비극일 것입니다. 그리스 비극의 합창 가사보다 우리의 민중가요의 가사가 딱히 못할 것이 무엇이겠습니까? 게다가 그 시대를 몸소 체험한 우리들에게 말입니다. 그러나 그리스 비극의 경우든 우리 민중가요의 경우든 합창이 그 자체로서 비극이 되지 못하는 까닭은 그것이 사람들을 도취와 엑스타시스 가운데서 하나로 묶어줄 수는 있지만, 한 사람 한 사람을 주체성 속에서 깨어 있게 만들지는 못하기 때문입니다.

그러나 비극이 추구하는 시민이란 단순히 공동체 속에서 자기를 상실한 사람이 아니라 주체로서 깨어 있으면서 동시에 시민으로 자기를 의식하는 사람입니다. 여기서 주체와 시민은 전혀 상호 모순적인 개념이 아니어서, 시민이란 한마디로 말하자면 자기를 고립된 개인적 주체가 아니라 나라의 주인, 즉 폴리스의 주체로서 자각하는 사람인 것입니다. 그러나 합창은 그 자체로서는 우리를 깨어 있는 주체로 만들지는 않습니다. 왜냐하면 합창 속에서 우리는 하나가 될 수는 있겠지만 깨어서 생각할 수는 없기 때문입니다. 하지만 주체성은 생각에 존립하는 것으로서, 우리가 스스로 생각할 때 우리는 주체가 되고, 그렇게 스스로 생각하는 사람들이 더불어 생각할 때, 그들은 시민이 되는 것입니다. 그런 까닭에 비극시인들이 아테네 사람들을 시민적 주체로 도야해야만 했을 때 그들은 합창을 넘어 새로운 말의 지평으로 나아가지 않으면 안 되었던바, 그것이 바로 대화였던 것입니다.

편지 34

안틸로기아

대화란 무엇입니까? 한마디로 말하자면 그것은 생각함과 같은 말입니다. 플라톤은 『테아이테토스』(*Theaitetos*)라는 대화편에서 생각함(dianoeisthai)을 가리켜 "영혼이 자기가 고찰하는 주제에 관해 자기 자신과 나누는 말"[12]이라고 정의하고 있습니다. 그러니까 내가 깨어서 생각할 수 있는 것은 내가 나 자신과 대화할 수 있는 한에서입니다. 헤겔식으로 말하자면 사유의 본질은 곧 반성인 것입니다. 앞에서 우리가 말했듯이 주체성이 다른 무엇보다 스스로 생각함에 존립하는 것이라면, 이제 내가 참된 의미의 주체가 되는 것은 다른 무엇보다 내가 스스로 생각할 줄 알 때이며, 이것은 또한 내가 나 자신과 대화할 줄 알 때인 것입니다.

서정시가 진정한 의미에서 주체의 출현을 알리는 까닭도 그것이 정신의 자기반성 즉 자기와의 대화의 기록이기 때문입니다. 그러나 정신이 자기 자신하고만 대화할 때 그는 고립된 개인적 주체성의 한계를 벗어날 수 없습니다. 오직 스스로 생각하는 사람들이 공동의 주제에 대해 더불어 생각할 때, 비로소 그들은 고립된 개별적 주체성에서 벗어나 보편적 주체성 즉 시민적 주체성에 참여하게 되는 것입니다.

아테네 비극시인들이 대화의 형식을 비극의 결정적 구성요소로서 선택한 까닭도 바로 이것입니다. 즉 그들은 비극의 관객인 아테네 시민들을 대화의 마당으로 초대하고 그에 참여하게 함으로써 그들을 스스로 생각하되 더불어 생각하는 참된 의미의 시민적 주체로 도야하려 했던 것입니다.

　대화 속에서 나와 너의 만남이 이루어지고 있는 한에서 그것은 합창과 비슷합니다. 그러나 합창 속에서 우리는 스스로 생각하지도 않고 더불어 생각하지도 않습니다. 아무튼 노래는 우리를 느끼게 만들 뿐 생각하게 만들지는 않습니다. 물론 사람들이 더불어 느낀다는 것은 매우 중요한 일입니다. 그것 또한 고립된 개인들이 보편적 주체성을 실현하고 거기 참여하기 위해서 반드시 요구되는 것이지요. 발이 느끼는 아픔이 손이 느끼는 아픔과 아무런 상관이 없다면 그것이 어떻게 하나의 몸이라 할 수 있겠습니까? 그렇듯 우리가 기쁨과 슬픔을 같이 느낄 수 있을 때, 우리는 진정한 의미에서 보편적 주체성을 실현할 수 있습니다. 시민적 주체성이란 폴리스의 구성원들이 바로 그런 보편적 주체성에 더불어 참여할 때 비로소 가능한 것이지요.

　그러나 사람들이 같이 느끼는 것이 시민적 주체성의 실현을 위해 아무리 중요한 것이라 하더라도 만약 거기에 더불어 생각하는 것이 빠져 있다면, 같이느낌이란 한갓 맹목에 지나지 않는 것이요, 때때로 그것은 차라리 없는 것만 못한 어리석은 집단감정에 지나지 않습니다. 오직 감정이 사유와 같이 있을 때, 그것은 삶의 건강한 에너지가 될 수 있는 것입니다. 비극이 합창과 대화로 이루어져 있는 까닭도 이와 무관하지 않습니다. 비극시인들은 합창을 통해 아테네 시민들에게 감정과 정서적 일체감을 불러일으키면서도 이것이 멍청한 맹목에 빠지지 않도록 하기 위해 그들을 깨어서 생각하게 하지 않으면 안 되었습니다. 대화란 시민들이 더불어 생각함의 형식에 다름 아니었던 것입니다.

　대화란 타인과 소통하는 것입니다. 그것은 내가 타인과 만나는 일입니다. 그러나 내가 어떤 사람과 대화할 때 나는 단지 그와의 만남을 위해 나의 개별적 주체성을 포기하고 맹목적 집단성에 매몰되지는 않습니다. 도리어 대화 속에서 나는 나의 고유한 입장을 객관적으로 명료하게 드러내게 됩니다. 그리고 대화가 생산적이려면 상대방 역시 자기의 관점과 입장을 분명하게 드러내지 않으면 안 됩니다. 만약 대화의 상대가 나의 입장과 모든 면에서 동일하다면, 그때 둘의 대화는 아무리 대화의 형식을 띠고 있다 하더라도 독백과 다를 것이 없을 것입니다. 그러나 대화를 하는 사람들이 끝까지 자기의 처음 입장만을 고수한다면, 그것 또한 혼자 떠드는 것이나 마찬가지여서 참된 대화라 할 수는 없을 것입니다. 대화의 당사자들이 자기의 주체성을 잃지 않으면서도 타인의 입장을 이해하고 이를 통해 자기만의 좁은 시야에서 벗어나 문제되는 사태에 대한 전체적인 전망에 도달할 때에만 대화가 대화다울 수 있는 것입니다.

　사람이 개인적 한계 속에 갇혀 있을 경우에는 자기의 입장 자기의 관점 그리고 자기의 이해관계에만 사로잡혀 있습니다. 그러나 이처럼 자기의 한계를 벗어나지 못할 때, 우리는 참된 시민적 주체가 될 수는 없습니다. 오직 내가 개별자로서가 아니라 전체 폴리스의 주체로서 생각하고 판단할 때 나는 비로소 시민적 주체성과 공공적 이성에 참여하는 시민이 될 수 있습니다. 비극시인들이 하려 했던 일은 이처럼 시민들을 고립된 개별성으로부터 해방시켜 공공적 이성에 참여하는 참된 시민으로 도야하는 일이었습니다. 대화는 공공적 이성의 표현과 실현이었던 것입니다.

　비극의 대화는 이런 의미에서 가장 대화다운 대화입니다. 비극의 대화는 단순히 여러 사람이 같이 말한다는 의미의 대화 이상의 것이었습니다. 많은 사람들이 서양에서 대화형식의 글의 전형으로 플라톤의 글들을 들곤 하는데, 예를 들어 그의 『잔치』(Symposion)는 에로스에 대해 대여섯 명의 등장인물들이 자기 나름의 찬사를 바치는 형식으로 이루어져 있습니다. 거기서 에로스에 대한 담론은 연설이 거듭될수록 깊어져서 마지막에 소크라테스의 차례에 이르면 최고의 정점에 도달하게 되지요. 물론 플라톤의 대화편이 언제나 여러 사람들 사이의 담화로 이루어져 있는 것은 아닙니다. 이를테면 같은 에로스에 대한 대화라도 『파이드로스』(Phaidros)에서는 소크라테스와 파이드로스가 한적한 교외에서 에로스의 의미를 친밀하게 논하는 형식으로 쓰어 있습니다. 그러나 어찌 되었든 플라톤의 중기 이후의 대화편들의 경우를 보면 대개 우호적인 분위기 속에서 진리를 추구하는 방식으로 책이 쓰어 있습니다.

그러나 비극의 대화는 기본적으로 스승과 제자가 우호적인 분위기 속에서 진리를 탐구해나가는 방식으로 쓰어진 것이 아니라, 서로 다른 입장을 대변하는 주인공들이 적대적 대립상황 속에서 치열하게 시비를 논하는 것이 대부분입니다. 다시 플라톤의 경우와 비교하자면 그것은 중기나 후기의 대화가 아니라 초기 대화편의 분위기에 가깝다고 할 수 있습니다. 이를테면 『고르기아스』(Gorgias)에서 소크라테스가 선에 대하여 여러 소피스트들과 차례로 치열하게 토론하는 것이나 『국가』(Politeia) 제1권에서 역시 소크라테스가 트라시마코스와 정의에 대하여 논쟁을 벌이는 것처럼 말입니다. 따지고 보면 플라톤의 초기 대화편에서 볼 수 있는 적대적 논쟁의 분위기는 바로 그리스 비극의 대화의 분위기를 그대로 옮겨놓은 것과 같습니다. 플라톤이 젊은 시절 비극을 습작했다는 것은 뜻없는 일이 아니었던 것입니다. 예를 들면 『아가멤논』에서 클뤼타임네스트라가 남편을 살해한 뒤에 코러스장과 주고받는 격렬한 대화나 『자비로운 여신들』에서 아폴론

신과 코러스장(복수의 여신)이 주고받는 대화 그리고 『안티고네』에서 안티고네와 크레온이 주고받는 대화 같은 것들은 친근한 분위기 속에서 오가는 부드러운 대화가 아니라 적대적 대립 속에 있는 사람들이 상대방에게 치열하게 자기의 정당성을 논변하는 대화들입니다. 그런 까닭에 예로부터 사람들은 비극의 대화를 단순한 대화 즉 디알로기아(dialogia)라고 부르지 않고, 논쟁을 뜻하는 말인 안틸로기아(antilogia)라고 불렀습니다. 그리고 이 안틸로기아야말로 비극을 참으로 비극답게 했던 가장 중요한 요소였던 것입니다.

삶을 전체의 관점에서 본다는 것, 또는 사회를 전체의 관점에서 본다는 것은 무엇을 뜻하는 것입니까? 소극적으로 말하자면 그것은 자기만의 관점을 편협하게 고집하지 않는 것을 의미하겠지만, 적극적으로 보자면 우리의 삶 속에 본질적으로 내재하는 어떤 대립을 같이 사유하는 것을 의미합니다. 그러나 이것이 얼마나 어려운 일인가는 우리 사회를 조금만 살펴보면 어렵지 않게 알 수 있습니다. 공무원 시험에서 군 가산점을 없앴다고 해서 여성들과 입씨름을 벌이는 남자들은 남자로서 사유할 뿐, 인간으로서 사유하는 것도, 시민으로서 사유하는 것도 아닙니다. 정치에서의 지역감정은 굳이 언급하지 않아도 되겠지요.

물론 자기 개인의 입장을 무조건 배제하고 추상적인 전체의 입장을 고수하는 것이 시민적 주체성의 본질이라 할 수는 없는 일입니다. 때때로 우리는 그런 식의 획일성이 시민의 마땅한 도리라고 강변하는 사람들을 볼 수 있는데, 이를테면 노동자가 파업을 하기만 하면 국가 전체를 위해 파업을 하지 말아야 한다고 떠들어대는 조선일보식의 언론이 그런 획일성의 전형이라 할 수 있겠습니다. 따라서 참된 의미의 시민적 주체성과 공공적 이성이 가능하기 위해서는 자기의 주체성을 잃지 않으면서도 동시에 전체를 사유할 수 있는 균형이 요구됩니다.

비극의 안틸로기아는 시민들로 하여금 이처럼 자기를 자기로서 지키면서도 동시에 전체를 사유할 수 있도록 도야하기 위해 시인들이 제공한 정신의 훈련장이었던 것입니다.

합창은 이런 깨어 있는 대화와 토론의 과정 위에서 마지막으로 찍히는 화룡점정(畵龍點睛)입니다. 그것은 니체가 말했듯이 도취상태에서 개별자의 한계를 초월한 상태를 표현하는 것이지만, 그것은 결코 전체 속에서의 단순한 자기상실이 아닙니다. 그것은 우리가 술취한 상태에서 이성의 마비에 힘입어 막연하게 젖어드는 일체감이 아니라, 날카로운 로고스의 가시덤불을 통과해서만 도달할 수 있는 친밀하고 아름다운 공감(共感)의 동산입니다. 그리고 오직 이렇게 치열한 사유의 활동을 통해서 얻어진 공감이야말로 자기기만 없는 참된 공감일 수 있는 것입니다.

편지 35

만남의 총체성

생각하면 이 공감이야말로 비극이 추구한 새로운 총체성이었습니다. 앞에서 나는 총체성이란 한마디로 표현해 하나인 모두(hen kai pan)를 의미한다고 말했었습니다. 비극예술이 추구했던 삶의 총체성이란 삶의 모든 계기들이 하나의 통일을 이루는 것을 의미한다 하겠습니다. 그러나 이 말은 그 자체만으로는 총체성이 무엇인지를 우리에게 아무것도 가르쳐주는 바가 없습니다. 뿐만 아니라 듣기에 따라서는 모두가 하나가 된다는 것은 오늘날 이구동성으로 비판의 대상이 되고 있는 독단적이고 억압적인 보편주의나 전체주의적인 획일성을 지향하는 것처럼 들리기도 합니다. 그렇다면 도대체 모두가 하나가 된다는 것은 또 무엇을 의미하는 것인지요?

그것은 만남과 나눔입니다. 오늘날 보편성을 획일성과 동일시하고 그것을 비판하는 것은 시대의 유행이 되어버렸습니다. 이런 유행 속에서 무언가 하나를 추구한다는 것은 언제나 불온한 기도라고 의심받기 십상입니다. 그러나 획일성이 나쁘다 해서 만남까지 포기할 수는 없는 일입니다. 그리고 사람과 사람이 만나기 위해서는 어떤 의미로든 그들이 만날 수 있는 자리가 마련되지 않으면 안 됩니다. 삶의 총체성에서 말하는 하나란 우선은 하나의 공동체를 이루어야 할 모든 사람이 더불어 만나는 하나의 장소를 뜻한다고 하겠습니다. 물론 이 장소는 공간적 장소는 아닙니다. 그것은 사람들이 소통할 수 있는 정신의 장소입니다.

내용적으로 말하자면 이 장소는 사람들 사이에 공유된 세계관으로 나타납니다. 현실적으로 세계관이 이질적이면 이질적일수록 사람들 사이에 소통은 어려워지고 비슷하면 비슷할수록 소통이 원만해집니다. 한 민족은 자신들이 공유할 수 있는 세계관을 정립함을 통해 만남과 소통의 장소를 잡는 것입니다. 세계관은 여러 가지 방식을 통해 표현됩니다. 그것은 정신이 자기를 표현하는 방식이 여러 가지이기 때문입니다. 이를테면 정신은 문학예술이 아닌 다른 예술형식 속에서도 자기를 드러낼 수 있습니다. 그리고 예술이 아닌 철학 또는 종교를 통해서도 자기를 드러낼 수 있는 것이지요. 그러나 정신의 활동이 본질적으로 말의 사용에 존립하는 한에서 삶의 총체성은 다른 무엇보다 말 속에서 가장 또렷하게 자기를 드러냅니다. 더 나아가 흘러가는 말이 아니라 고정된 글 속에서 자기를 표현할 때, 정신은 자기를 어떤 지속적인 형식 속에 정립할 수가 있는 것입니다. 이처럼 정신이 글을 통해 자기를 표현하는 것이 중요한 까닭은 오직 글만이 말과 생각을 객관화시키기 때문입니다. 말이 객관화되고 타자화되어야만 말은 자기를 반성할 수 있습니다. 그리고 이 말의 자기반성이야말로 정신의 본질에 속하는 일입니다. 그러므로 자기를 글로 표현하지 않는 정신은 아직 자기를 반성하지 못하는 정신이요, 진정한 의미에서 자기에게 복귀하지 못한 정신입니다. 따라서 정신이 더불어 머무를 수 있는 장소는 그것이 글의 형태로 자기를 표현할 때 비로소 온전히 개방될 수 있습니다.

그리스에서 아직 글이 쓰여지기 전에는 암송되는 노래만 있었을 뿐이요. 그것만으로는 아직 그리스 민족의 삶의 총체성을 표현할 수 있는 항구적인 터전이 마련될 수는 없었습니다. 호메로스의 서사시를 통해 구비문학의 시대가 끝나고 글자의 시대가 시작되었을 때, 비로소 그리스 정신은 자기가 들어가 살 수 있는 집을 가지게 되었던 것입니다. 그런 의미에서 호메로스의 서사시는 그리스 정신이 지향하는 삶의 총체성을 처음으로 정립했다고 할 수 있습니다.

하지만 어떤 집도 정신이 영속적으로 거주할 수 있는 집일 수는 없습니다. 세상의 모든 것들이 그러하듯이 정신의 집 또한 세월의 흐름 속에서 낡고 비좁아져 수리와 재건축을 필요로 하는 것입니다. 서정시는 호메로스가 지어놓았던 그리스 정신의 집이 더 이상 그대로 사용할 수 있는 것이 아니게 되었을 때 등장한 예술입니다. 그것은 우선 호메로스적 서사시가 정립한 총체성의 분열과 해체를 반성합니다. 분열의 시대에는 보편성의 불가능성을 반성하는 것 자체가 하나의 보편성을 가지게 됩니다. 서정시는 이런 역설적 보편성을 노래함으로써 시작됩니다. 정신은 보편적이고 객관적인 진리를 사유하는 대신 사유하는 주체 자신을 반성합니다. 삶의 중심은 더 이상 객관적인 세계 속에 있지 않고 생각하는 영혼 자신에게 있습니다. 그리하여 굳이 총체성을 찾아야 한다면 이제 모든 것을 사유할 수 있는 하나의 정신 하나의 주체가 바로 총체성의 지평이라 해야 할 것입니다. 아닌게아니라 서정시와 같은 시대에 시작된 철학은 서서히 이 길을 걸어갔던바, 헤라클레이토스가 세계를 로고스 속에서 이해하고, 파르메니데스가 존재의 진리를 사유의 진리 속에서 찾았을 때 정신은 객관적 총체성의 지평을 등지고 차라리 자기 자신 속에서 총체성의 지평을 발견하려 했던 것입니다.

서사시와 서정시 그리고 철학 속에서 삶의 총체성은 이처럼 정립되기도 하고 해체되기도 합니다. 그러나 어떤 경우든 거기서는 정립되고 부정되는 총체성이 문제였을 뿐, 거기에 참여하는 주체가 문제되지는 않았습니다. 총체성은 전제되어 있는 원리이거나 아니면 없는 것이었습니다. 대개 사람들은 만약 총체성이 가능하다면 그것은 즉자적으로 존재하는 것이어야 한다고 생각합니다. 즉자적으로 존재한다는 것은 그것이 그 자체로서 스스로 존재해야 한다는 말입니다. 그리고 그런 총체성을 발견할 수 없을 경우 사람들은 그것이 아예 존재할 수 없는 것이라 생각하는 것입니다. 사람들이 총체성을 이런 식으로 생각하는 까닭은 우리도 바로 앞에서 말했듯이 그것이 언제나 만남의 전제가 되어야 한다고 생각하기 때문입니다.

총체성이 이런 식으로 생각될 때 그것은 결국에는 사람들을 구속하고 억압하는 멍에가 되고 삶을 제한하는 한계와 테두리가 됩니다. 그것은 우리가 거역해서는 안 되는 보편으로 작동하게 되는 것이지요. 현대철학자들이 보편성이니 총체성이니 하는 말에 대해 알레르기 반응을 보이는 것도 이런 문맥에서 이해할 수 있는 일입니다. 아무리 사람과 사람의 만남과 소통도 좋지만 그것 때문에 내가 삶의 모든 부분에서 구속을 받아야 한다면 누군들 그것을 반길 수 있겠습니까?

그러나 총체성이 언제나 만남의 전제로서만 이해되어야 할 필요는 없습니다. 우리가 이처럼 총체성을 전제라고 이해할 때 그것은 이미 만들어져 고정되어 있는 것이 되고, 사람들은 그것을 수동적으로 받아들이거나 아니면 공동체로부터 소외되는 것밖에 다른 선택가능성이 없습니다. 그러나 총체성은 사실 만남의 전제라기보다는 만남의 과제입니다. 즉 총체성은 만남을 통해 실현되어야 할 목표인 것입니다. 그것은 만남 자체가 하나의 과제이기 때문입니다. 만약 만남이 단순히 같은 장소에 두 사람이 같이 있는 것을 뜻하는 것이었다면 총체성이란 사람들이 만날 수 있는 장소였을 것이며, 그것은 당연히 사람들의 만남에 앞서서 전제되어야 했을 것입니다.

그러나 사람과 사람의 만남은 두 사람이 단순히 같은 장소에 있다 해서 자동적으로 이루어지는 것은 아닙니다. 그것은 단지 하나의 시작일 뿐입니다. 만남은 단순한 같이있음이 아니라 나눔 속에서 깊어지고 완전해집니다. 그리고 거기에는 끝이 있을 수 없습니다. 우리의 삶이 그러하듯, 만남도 평면이 아니라 깊이이기 때문입니다. 그리하여 총체성이란 만남의 고정된 전제가 아니라 만남 속에서 실현되어야 할 과제입니다. 나와 네가 만나 어떤 나눔을 갖느냐 하는 것은 나와 너 모두에게 주어진 과제인 것입니다.

따라서 진정한 의미의 총체성이란 만남의 행위와 구별되어 만남에 앞서서 완결되어 주어지는 것이 아니라 만남의 행위 속에서 실현되고 완성됩니다. 그런데 우리의 만남과 행위가 언제나 과정 중에 있는 한에서 총체성은 사실 만남의 과정 그 자체에 다름 아닌 것입니다. 비극의 의미도 바로 여기에 있습니다. 즉 그것은 삶의 총체성을 단순히 만남의 전제로서 즉자적으로 정립된 것, 완성된 것으로 제시하려 한 것이 아니라 그것을 주체들의 능동적인 참여와 공감 속에서 실현되는 것으로 이끌어 올리려 했던 것입니다.

만약 총체성이 아직 그것에 참여하는 주체들의 반성적 참여 없이 그 자체로서 주어져 있을 뿐이라면, 그때 총체성이란 과연 무엇이겠습니까? 사람들이 그 총체성 속에서 아무런 낯섦이나 이질감을 느끼지 않고 안주하고 있는 한에서, 그것은 공동체의 구성원들을 하나로 결속시켜주는 끈이 될 것입니다. 사실 호메로스의 서사시도 처음에는 그런 것이었겠지요. 그것은 주체와 객체의 분화 이전의 근원적 공통성과 보편성의 표현이자 실현이었습니다. 그것은 그리스인들에게 너무도 소박하고 자연스러운 세계관이어서, 그리스인들 각자에게 때마다 자기의 세계인 동시에 모두의 세계를 보여주고 있었던 것이지요.

그러나 루카치가 탄식했듯이 이제 그런 근원적 총체성의 시대는 지나가버렸습니다. 그리고 한번 원초적 총체성의 지평이 해체되고 나면 마치 깨진 유리공이 그렇듯이 다시는 원래의 행복한 상태로 돌아갈 수는 없는 법입니다. 우리가 한번 선악과를 먹고 낙원에서 추방된 뒤에는 누구도 그때로 되돌아갈 수 없듯이 말입니다. 그러나 사람들이 더 이상 낙원에 거주하지 않는다는 것은 무엇을 뜻하는 말입니까? 그것은 그들이 자기를 세계로부터 분리된 개별자로 보기 시작했다는 것과 같은 말입니다. 사람들이 그렇게 자기를 분리되고 고립된 개별자로 자각한 이래 단절과 고립을 극복하고 다시 타자와, 세계와 낙원에서처럼 만나는 것은 모든 인류의 소망이 되었습니다.

그러나 인간이 한번 자기를 주체로서 자각하고 나면 주체성을 자각하기 이전의 상태로 되돌아갈 수가 없습니다. 그리하여 자기를 주체로서 자각하는 인간은 다시는 세계 속의 사물적 존재상태로 되돌아가지 못합니다. 사물적 존재란 언제나 타자에 의해 수동적으로 규정되는 존재상태를 의미합니다. 그러나 주체로서 존재한다는 것은 자기관계 속에서 존재한다는 것을 의미합니다. 이 자기관계야말로 주체성의 본질인바, 외적 세계로 환원되지 않는 주체의 내면 세계는 바로 이 자기관계에 존립하는 것입니다. 주체의 자유란 바로 이 자기관계에 다름 아닌 것으로서, 주체가 오직 내적 필연성에 따라 자기를 규정할 때, 그것은 참된 의미에서 자유로운 주체성을 실현할 수도 있는 것입니다.

그러나 그렇게 자유로이 세계 내의 사물적 관계로부터 풀려난 주체는 한편에서 객체로서의 세계와 대립하고 다른 한편에서는 다른 주체들과도 대립하게 됩니다. 이처럼 인간이 자기를 주체로서 정립하고 난 뒤에는 이렇게 분열된 주체의 현존에 다시 총체성을 부여하는 것이 역사의 과제가 됩니다. 그리스 비극은 이미 자기를 주체로서 자각한 사람들이 어떻게 하나의 공동체를 이루고 총체성을 실현할 수 있는가를 보여주는 전형적 실례입니다. 그리고 이것은 아직도 서정시의 시대, 분열과 소외의 시대를 벗어나지 못하고 있는 우리들에게도 타산지석이 되는 것입니다.

그리스 비극의 미덕은 총체성을 추구하되, 그것을 위하여 주체성을 희생하지 않았다는 데 있습니다. 서양에서 근대적 정신의 역사는 이 점에서 매우 적절한 반면교사입니다. 근대인들은 주체성의 자각과 함께 찾아온 고독에 신물이 났을 때, 낭만주의에서 안식처를 찾았습니다. 그러나 낭만주의란 무엇입니까? 한마디로 말하자면 그것은 절대적 합일과 동일성에 대한 열망입니다. 그러나 아름다운 영혼은 고독에 지쳐 맹목적인 합일을 꿈꾸지만, 우리의 삶은 언제나 분열 속에 있으며 절대적 합일의 평화는 오직 죽음을 통해서만 실현될 수 있는 것이 아니었던가요? 노발리스(Novalis)가 깨달았던 것처럼 말입니다. 그리하여 현실 속에서 추구되는 절대적 합일이란 십중팔구 맹목적인 전체주의 이외에는 아무것도 아닙니다. 고독에 지친 개인이 절대적 합일을 추구할 때, 그 종착역은 전체주의적 획일성인 것이지요. 그런 까닭에 릴케식의 고독은 히틀러의 전체주의적 광기와 동전의 앞뒷면인지도 모릅니다. 철학에서든 정치에서든 근대인들은 고독에 지쳤을 때, 절대적 합일과 동일성에서 가망없는 구원을 찾으려 했던 것입니다.

오늘날 히틀러의 참극을 경험한 현대인은 총체성 자체를 아예 꿈꾸지 않으려 합니다. 고독을 참고 견디는 것, 이것이야말로 철학자들이 설교하는 우리 시대의 지혜입니다. "나의 벗이여 너의 고독 속으로 달아나라. 사납고 거센 바람이 부는 곳으로!"[13] 이는 현대철학의 후견인이라 할 만한 철학자 니체의 권고입니다. 니체가 이렇게 부르짖은 것은 사람들이 고독을 견디지 못하고 자꾸 시장바닥으로 모여드는 것을 목격했기 때문입니다. "위대한 일은 한결같이 시장터와 명성에서 멀리 떨어진 곳에서 이루어진다"[14]는 것이 니체의 확신이었습니다.

우리는 이 말이 무엇을 의미하는지 모르지 않습니다. 그러나 한평생 시장의 한복판에서 철학했던 소크라테스를 생각한다면, 저 말은 얼마나 근대적인 편견으로 가득 찬 말인지요? 사실 근대인들 그리고 지금 우리 현대인들 역시 시장의 소란과 수도원의 고독의 이분법에서 벗어나지 못하고 있습니다. 사람들은 고독을 견디지 못하고 시장으로 모여듭니다. 그리고 철학자들은 다시 그들을 사납고 거친 바람이 부는 고독한 바위산 속으로 내쫓으려 합니다. 그러나 부질없는 일입니다. 왜냐하면 누구도 절대적인 고독 속에서 혼자 살 수는 없기 때문입니다. 그러므로 시장의 소란과 어리석음을 고독한 홀로있음을 통해 해결하려 해서는 안 됩니다. 이 둘 사이에 하나를 선택해야 한다는 것부터가 우리 시대의 비극인 것입니다.

참된 길은 만남에 있습니다. 참된 만남은 군중 속의 같이있음과는 다릅니다. 거기서 나는 나를 잃어버리고 있지만, 참된 만남을 통해 나는 너 속에서 나의 존재를 확인하고 있기 때문입니다. 그리스 비극의 탁월함은 바로 여기에 있습니다. 그것은 만남의 예술이었습니다. 그러나 그리스 비극은 만남을 근대인들이 몽상했듯이 절대적인 합일과 혼동하지는 않았습니다. 만남이 절대적 동일성과 혼동될 때, 그것은 결국 개인을 구속하는 멍에가 됩니다. 절대적 동일성은 나와 너의 차이를 무차별한 동일성 속에서 지양해버립니다. 그러나 이 동일성은 주체성의 무덤입니다. 나는 나인 한에서 아닌-나가 아니기 때문입니다. 따라서 주체성을 보존한다는 것은 차이를 보존한다는 것을 뜻합니다. 그러나 고독에 지친 사람들은 차이를 보존하려 하지 않고 맹목적인 동일성의 심연에 자기를 던져버립니다. 그리하여 그들은 고독에서 벗어나면서 동시에 자기에서도 벗어나버립니다. 그들은 외로움에서 벗어나기 위해 자기를 포기해버리는 것입니다.

그러나 비극시대 그리스인들은 그런 길을 걷지는 않았습니다. 이 점에서 그들은 근대인들보다 훨씬 더 현명한 사람들이었습니다. 하지만 이 말은 그들이 자기의 개별성을 끝까지 고집하고 자기의 고독한 성 안에 갇혀 있었다는 뜻은 아닙니다. 모두가 하나되는 것은 그들에게도 중요한 과제였던 것입니다. 그러나 그들은 모두가 하나되는 것을 절대적인 합일이나 무차별한 동일성 속에서 찾지는 않았습니다. 설령 그런 것이 가능하다 하더라도, 그런 합일과 동일성이란 결국 주체를 밖에서 구속하는 소외된 보편성일 수밖에 없다는 것을 깨달을 수 있었을 만큼 그들은 지혜로웠던 것입니다. 그리하여 그리스 비극은 사라진 총체성을 다시 복원하려 하되, 그것을 즉자적으로 정립할 수 있고 확증할 수 있는 어떤 동일성 속에서 찾으려 하지는 않았습니다.

 그렇다면 비극이 추구한 새로운 총체성은 무엇입니까? 그것은 만남 그 자체였습니다. 사람들이 총체성을 만남의 전제로 간주하거나 만남의 결과로 이해할 때, 총체성은 고정된 상태로 사물화됩니다. 그리고 여기서 다시 주체의 능동적인 참여는 무의미해집니다. 왜냐하면 그런 경우 총체성이란 주체의 능동적인 참여 이전의 것이거나 이후의 것이기 때문입니다. 이처럼 총체성이 주체의 참여와 무관한 동일성으로 정립될 때, 그것은 어김없이 주체를 밖에서 억압해 들어오는 소외된 권위가 될 수밖에 없습니다. 오직 만남이 그 자체로서 목적이 되고 있는 곳에서만 주체는 자기의 주체성을 지키면서도 자기 속에 갇히지 않고 타인에게로 건너갈 수 있습니다. 그리스 비극은 만남의 예술입니다. 그것이 추구했던 총체성은 죽은 동일성이 아니라 살아 있는 만남 속에서 실현되는 총체성이었습니다. 아니 만남 그 자체가 비극이 추구했던 새로운 총체성이었던 것입니다.

편지 36

대립과 건너감

    총체성이 즉자적인 것으로서 고정되어 있을 때 그것은 도리어 개인의 주체성과 사고방식의 다양성을 억압하는 획일성으로 흐를 수밖에 없습니다. 그리하여 이렇게 사물화된 동일성은 만남을 가능하게 하는 관계의 지평이 아니라 만남을 도리어 가로막는 억압적 획일성이 되어버리는 것입니다. 만남은 나눔인데 획일적 동일성 속에서 주체가 자기를 상실한 상태에서는 자기를 줄 나도 받을 너도 없기 때문입니다. 그러므로 총체성이 참된 의미의 만남의 지평이 되기 위해서는 그 속에서 언제나 개인의 주체성이 보존되지 않으면 안 됩니다.

    비극에서 대화의 형식이란 개별자들이 만남 속에서도 자기의 주체성을 보존할 수 있도록 하기 위해 도입된 형식이었습니다. 그러나 우리가 앞에서도 말했듯이 비극의 대화는 조화로운 만남을 의미하지는 않습니다. 도리어 여기서 대화는 대립과 갈등의 표현방식입니다. 비극은 대화의 형식 속에서 삶의 다양한 계기들의 대립을 드러내고 그 대립의 결과를 극한에 이르기까지 추궁해 들어갑니다. 물론 어떤 의미로든 극단적인 대립은 지양되어야 합니다. 이것은 하나의 무조건적인 당위입니다. 하지만 그렇다고 해서 비극은 대립을 조정하고 화해

시켜 줄 어떤 합일점을 보여주는 것을 일차적 목표로 삼지는 않습니다. 도리어 비극은 대화를 통해 주체들을 만나게 하되, 이 만남을 통해 합일의 상태를 보여주기보다는 인간의 삶 속에 내재하는 대립을 대립으로서 드러냅니다. 그리고 이것이야말로 그리스 비극의 고유한 특징에 속하는 것입니다.

대립과 갈등 없는 삶은 없습니다. 문학예술의 가장 중요한 역할도 내용적으로 보자면 그런 대립을 반추하는 것이겠지요. 그런데 서사시는 대립을 대립으로서 사유하기보다는 삶의 계기들로서 사유합니다. 다시 말해 거기서는 아무리 격렬한 대립이라도 그 모든 것들은 다시 삶을 이루는 한 계기들로서 삶의 전체상 속에서 조화롭게 자기 자리를 지키게 됩니다. 대립은 곧 풍요한 삶의 내용이기도 한 것입니다. 그러나 서정시에 오면 이런 균형은 깨지고 대립이 내면화되면서 분열과 대립의 의식이 강화됩니다. 비극은 대화를 통해 이 대립을 객관화시킵니다. 대립은 주체의 내면 세계에서 밖으로 나와 인륜적 삶의 문맥 속에서 전개됩니다. 비극은 그 대립이 얼마나 비극적일 수 있는지를 생생하게 그려 보입니다. 대립의 치열함이야말로 비극의 본질입니다. 그리고 그 대립 속에서 삶은 다양한 관점 속에서 자기를 반성하게 됩니다. 개별적 주체성이란 바로 이 다양한 관점들 속에서 보존되는 것입니다.

하지만 만약 이처럼 비극이 하는 일이 단지 대립과 갈등을 객관적으로 드러내는 데 지나지 않는다면, 비극이 추구하는 총체성이란 과연 무엇이겠습니까? 아니 이런 대립 속에서도 총체성이 가능하기나 하단 말입니까? 언제나 사물적인 동일성이나 고정된 합일점만을 총체성의 원리라고 믿는 우리 현대인들에게 이것은 너무도 당연한 물음일 것입니다. 그렇습니다. 그리스 비극은 총체성을 추구하되 그것을 고정된 합일점으로서 찾지는 않습니다. 비극은 다만 대립 속에 있는 다양한 관점들을 보존하면서 서로 매개하려 할 뿐입니다. 매개란 쉽게 말해 관계를 맺어주는 것인데, 이것은 이행 즉 건너감을 통해 이루어집니다. 비극은 관객을 하나의 관점, 하나의 주체성으로부터 다른 관점으로 건너가게 합니다. 이 건너감 속에서 관점들은 능동적으로 얽혀들고 관점과 관점, 주체와 주체는 이제 적극적으로 대결하게 됩니다. 그리스 비극의 미덕은 이런 대립을 그 자체로서 지양하고 제거하는 것을 최고의 목표로 삼지는 않는다는 데 있습니다. 만약 비극이 보여주는 대립이 언제나 해소되고 지양되어버렸더라면 그리스 비극은 처음부터 비극이 아니었을 것입니다. 도리어 그리스 비극은 해소될 수 없는 삶의 어떤 본질적 대립 속에서 파멸해가는 인간을 보여주었기 때문에 비극으로 남을 수 있었던 것입니다.

 물론 그렇다고 그리스 비극이 단순히 대립을 대립으로 방치하는 것은 아닙니다. 대립은 지양되어야 합니다. 이것은 모두가 바라는 바입니다. 그리스 비극 역시 주어진 대립의 해소와 화해를 지향합니다. 치열한 대립 속에서 대립의 해소를 지향하는 것, 바로 이것 자체가 비극에서 이루어지는 만남입니다. 그리고 이 만남이 비극이 보여주는 역동적 총체성인 것입니다. 그러나 그리스 비극의 지혜는 대립의 해소를 지향하면서도, 대립이 궁극적으로 해소되는 지점을 명시적으로 제시하지 않는다는 데 있습니다. 이를테면 『콜로노스의 오이디푸스』에서 오이디푸스는 오랜 방랑 뒤에 마지막으로 신의 품에 안기게 됩니다. 신들은 이전에는 그를 내리쳤으나 지금은 그를 다시 일으켜 세웠습니다. 그가 눈을 뜨고 온 세상을 능동적으로 활보하고 다닐 때에는 그는 아무것도 제 뜻대로 할 수 없었으나 도리어 눈멀어 어쩔 수 없는 수동성 속에 빠졌을 때 그는 다른 사람의 운명을 좌우하는 인물이 되었습니다. 어쩌면 이 작품 속에서 시인은 신들의 섭리와 인간의 자유의지가, 그리고 능동성과 수동성이 마지막에는 하나로 화해한다는 것을 말하려 했는지도 모릅니다. 그러나 우리는 어디서 어떻게 화해가 이루어지는지 그 진상을 알 수는 없습니다. 그리하여 궁극적인 화해는 여전히 꿈과 동경으로 남아 있을 뿐입니다.

아마도 사람들은 우리에게 이렇게 물을지도 모르겠습니다.―그처럼 삶의 대립을 드러내기만 할 뿐 해소하지 못하는 예술이 우리에게 무슨 소용이 있단 말인가? 아름다운 영혼은 대립이 해소된 낙원을 꿈꿉니다. 그 몽상의 날개를 타고 아름다운 영혼은 삶이 뿌리내린 대지를 벗어나버립니다. 그러나 비극이 우리에게 주려 하는 것은 하늘나라의 영원한 삶에 대한 가르침이 아니라 대지의 진실입니다. "투쟁은 모든 것의 아버지이다." 이것은 고대 그리스의 철학자였던 헤라클레이토스의 말입니다. 이 말 속에 그리스인들이 깨달은 삶의 진실이 요약되어 있습니다. 비극은 삶을 규정하는 피할 수 없는 대립과 갈등을 드러내고 그런 삶의 비극적 진실 앞에 우리를 마주서게 합니다.

그러나 이것은 대립을 단순히 치유할 수 없는 대립으로 드러내고 방치하기 위해서가 아닙니다. 비극은 삶을 규정하는 대립을 객관화시키지만, 또한 이를 통해 관객들이 대립하는 하나의 관점에 갇히지 않고 하나의 입장에서 다른 입장으로 이행할 수 있게 해줍니다. 안티고네는 가족에 대한 사랑에서 죽은 오라비의 시신을 묻어주었습니다. 그러나 크레온은 나라의 수호자의 입장에서 반역자의 시신을 매장하는 것을 금지했습니다. 죽은 사람은 같은 사람인데, 같은 사람이 한 사람에게는 오라비지만 다른 사람에게는 반역자였습니다. 그리하여 이 둘은 피할 수 없이 충돌하고 대립하게 됩니다. 이 극을 통해 시인이 말하려는 것은 누가 옳고 누가 그른가 하는 것은 아닙니다. 더 나아가 이 두 입장이 어떻게 화해하고 지양되는가 하는 것도 시인의 관심은 아닙니다. 양쪽 모두 나름의 진실과 나름의 정당성을 가지고 있습니다. 그리하여 대립은 해소되지 않고 극단을 향해 치닫게 됩니다.

그리고 멈추지 않는 대립의 마지막에는 비극적 파멸이 기다리고 있습니다. 시신 위에 다시 시신이 쌓이고 뒤에 남은 자의 절망적인 탄식 속에 비극은 막을 내립니다.

이런 결말에서 첩첩이 쌓이는 시신만을 보는 사람은 그리스 비극이 어찌 보면 무의미한 투쟁에 맹목적으로 탐닉하고 있다고 생각할 수도 있습니다. 그러나 이런 대립을 통해 그리스 비극이 보여주려는 것은 단지 대립의 비참함만이 아닙니다. 이런 극단적인 대립상을 통해 시인은 우리를 하나의 입장에서 다른 입장으로 건너갈 수 있게 합니다. 그것은 우리로 하여금 나와 다른 입장도 나름대로의 정당성을 갖는다는 것을 이해하게 합니다. 그리고 이처럼 다양한 입장들로 건너감을 통해 비극은 궁극적으로는 우리로 하여금 삶을 전체로서 볼 수 있도록 도야하는 것입니다.

총체성과 관련하여 비극이 가지는 가장 큰 의의는 바로 이것입니다. 비극은 모든 것이 하나로 합일하고 화해하는 지점을 찾아주지는 않습니다. 비극이 수행하는 것은 삶을 규정하는 다양한 대립상들을 드러내 보이고 하나의 대립항으로부터 다른 대립항으로 건너가게 함으로써 삶의 전체상을 우리 스스로 볼 수 있도록 해주는 일입니다. 그렇게 삶을 전체로서 볼 수 있을 때 각자는 고립된 자기 세계에서 벗어나 만남의 자리에 설 수도 있습니다. 비극시인들이 보여주려 했던 총체성이란 바로 이런 이행 속의 만남이었던 것입니다.

편지 37

슬픔 속에서 만남

　내가 이행 속의 만남이 비극이 추구한 총체성이었다고 말하면, 헤겔주의자들은 반색을 하고 말할 것입니다. 바로 그것이 우리의 스승이 가르쳤던 것이라고. 아닌게아니라 헤겔이 고정된 합일점이 아니라 보편적 이행가능성에서 총체성을 찾았던 것은 사실입니다. 그러나 무엇을 통해 그 이행은 가능해지는 것인가요? 그것은 개념적 파악이 아니라 오직 고통과 슬픔의 이해를 통해서입니다. 그러니까 우리가 어떻게 헤겔과 같은 길을 걸을 수 있겠습니까? 우리는 명석한 사유 속에서만 참된 이행이 이루어진다고 생각하지 않고 오직 슬픔에의 참여를 통해서만 참된 만남이 가능하다고 생각하기 때문입니다.

　물론 그렇다고 해서 나는 개념적 생각이 타자를 이해하는 데 아무 쓸모가 없는 것이라고 주장하고 싶은 생각은 없습니다. 생각이 일어나지 않는 곳에서는 나도 없고 너도 없을 테니 말입니다. 그러나 생각은 나를 나로서 정립하고 너를 너로서 정립할 수는 있겠지만 만약 그 생각이란 것이 오로지 개념적 파악을 의미하는 것이라면 그런 생각을 통해서는 결코 참된 의미에서 타자를 이해할 수는 없을 것입니다. 왜냐하면 그런 개념적 사유 속에서 타자는 오로지 대상적으로 규정될 뿐이기 때문입니다.

　내 앞에 하나의 술잔이 있습니다. 나는 그것이 술잔이라는 것을 인식합니다. 또 그 술잔이 유리로 되어 있다는 것도 압니다. 유리는 딱딱하고 투명합니다. 이 모든 것을 나는 생각을 통해 인식합니다. 그러나 이런 인식이란 무엇입니까? 그것은 사물을 규정하는 것입니다. 그 규정 속에서 사물은 서서히 해체됩니다. 그리고 마지막에는 아무것도 남아 있지 않게 됩니다. 마치 해부학자의 손끝에서 해체되는 신체가 더 이상 살아 있는 몸일 수 없는 것처럼, 개념적 인식은 아무것도 그것 자체로서 남겨두지 않습니다.

　타인을 이해하는 것도 마찬가지입니다. 만약 타인을 이해하는 것이 단순히 그를 개념적으로 파악하는 것을 의미하는 것이라면, 인식하는 주체 앞에서 다른 사람의 운명이 내 앞의 술잔의 운명과 다를 수가 없습니다. 그때 타인을 이해한다는 것은 타인을 해부한다는 것과 다른 일이 아닙니다. 그리하여 내가 개념적 사유를 통해 타인을 모두 규정할 수 있다면, 나는 누더기가 된 타인의 시신 앞에 있게 될 것입니다. 그런 것을 두고 이성의 신봉자들은 타자를 이해하는 것이라 부르겠지요.

　그러나 우리가 타인을 이해한다는 것은 과연 무엇을 의미하는 것인가요? 그것은 내가 나 속에 타인을 받아들이는 것, 타인이 내 속에 들어와 머물고 쉴 수 있는 자리를 마련하는 것 그리하여 때로는 내가 곧 네가 되어버리는 것, 그런 것이 아니던가요? 그러나 타인은 언제 내 속에 들어와 머무를 수 있는 것입니까? 그것은 오직 타인의 슬픔이 내 속에서 쉴 때뿐입니다. 오직 내가 타인의 슬픔이 내 속에서 머무를 수 있는 자리를 만드는 한에서 타인은 내 속에 들어와 고요히 쉴 수 있습니다. 내가 타인을 이해할 수 있는 것은 오로지 내 속에서 타인의 슬픔이 고요히 움직이는 것을 느낄 때인 것입니다.

그리스 비극이 보여주는 이행은 개념적 사유를 통해 타자를 규정함으로써 이루어지는 이행이 아니라 바로 이처럼 타인의 고통을 같이 나눔으로써 가능한 이행이었습니다. 우리가 크레온과 안티고네의 입장을 개념적으로 이해하는 것도 중요합니다. 그리고 비극 역시 그것을 위해 두 사람의 입장을 날카롭게 대립시킵니다. 그러나 우리가 삶에서 대립하는 관점들을 개념적으로 아무리 잘 이해한다 하더라도, 단지 그것만으로 우리가 하나의 관점으로부터 다른 관점으로 이행할 수 있게 되는 것은 아닙니다. 그것은 누군가를 감시하는 비밀경찰이 감시받는 사람을 아무리 속속들이 안다고 하더라도 그를 참으로 이해하게 되지는 않는 것과 마찬가지입니다.

우리가 안티고네의 입장에서 크레온의 입장으로 또 이쪽의 입장에서 저쪽의 입장으로 건너갈 수 있는 것은 그들의 고통의 동질성 때문입니다. 안티고네와 크레온은 물과 기름처럼 적대적으로 대립하는 입장 속에 있었습니다. 그러나 그 모든 차이에도 불구하고 그들이 고통받았다는 점에서 두 사람은 같은 자리에 있었습니다. 그러므로 슬픔은 얼마나 평등한가요? 그것은 슬픔 속에 있는 모든 사람들의 차이들을 하나로 이어지는 눈물의 바다 속에 용해시켜버립니다. 나와 같이 너도 고통받고 슬픔 속에 있는 존재라는 것을 깨달을 때, 우리는 자기의 좁은 방으로부터 벗어나 타인의 슬픔에 참여하게 됩니다. 그리고 그렇게 타인의 슬픔에 참여함으로써만 우리는 타인과 진정으로 만날 수도 있게 되는 것입니다.

이미 오래 전에 호메로스는 이 만남의 진리를 『일리아스』에서 이렇게 그려 보여준 적이 있었습니다. 헥토르가 아킬레우스 손에 목숨을 잃었을 때, 아킬레우스는 친구의 원수를 죽이고도 분이 풀리지 않아 그의 시신에 대해 온갖 해코지를 한 뒤에 시신을 전차에 매달고 온 들판을 끌고 다니며 모욕을 가합니다. 그런 광경을 멀리 트로이 성의 탑

위에서 바라보던 헥토르의 아버지 프리아모스 왕은 거의 실신상태에 이르도록 슬픔에 몸서리치지요. 그러나 고귀한 프리아모스는 그런 상황에서도 다시 용기를 내어 피도 눈물도 없는 아킬레우스에게서 아들의 시신을 찾아오기 위해 수레에 몸값으로 줄 금은보화를 가득 싣고 밤의 어둠을 틈타 혼자 적진으로 들어갑니다. 이리하여 프리아모스와 아킬레우스가 마주 앉게 되었을 때, 프리아모스는 아킬레우스에게 고향에 계신 늙은 아버지를 생각하고 아들의 시신을 내어줄 것을 간청합니다.

신과 같은 아킬레우스여, 그대의 아버지를 생각하시오.
나와 동년배이며 슬픈 노령의 문턱에 서 있는 그대의 아버지를
혹시 인근에 사는 주민이 그를 괴롭히더라도
그를 파멸과 재앙에서 구해줄 사람은 아무도 없습니다.
그래도 그는 그대가 살아 있다는 소식을 들으면
마음속으로 기뻐하며 날이면 날마다 사랑하는 아들이
트로이에서 돌아와 상봉하게 되기를 고대하고 있을 것이오.
......
그러니 아킬레우스여, 신을 두려워하고 그대의 아버지를 생각해서
나를 동정하시오.

이런 말로 노인은 그의 가슴속에 아버지를 위해 통곡하고 싶은 욕망을
불러일으켰다. 그래서 그는 노인의 손을 잡고 살며시 뒤로 밀어냈다.
그리고 두 사람은 저마다 죽은 자를 생각했으니 프리아모스는
아킬레우스의 발 앞에 쓰러져 사람잡는 헥토르를 위해 통곡했고

아킬레우스는 그의 아버지를 위해, 또 때로는 파트로클로스를
위해
울었다. 그리하여 그들의 울음소리가 온 집안에 가득 찼다.
그러나 고귀한 아킬레우스는 실컷 울고 난 뒤에
울고 싶은 욕망이 그의 마음과 사지에서 떠나자
자리에서 벌떡 일어나 노인의 손을 잡고 일으켜 세웠다.
그러고는 노인의 흰머리와 흰수염을 가엾게 여겨
그를 향하여 이렇게 유창하게 말하는 것이었다.

아아 불쌍한 분, 그대는 마음속으로 많은 불행을 참았소이다.
그대의 용감한 아들들을 수없이 죽인 사람의 눈을 만나보고자
이렇게 혼자서 감히 아카이아인들의 함선을 찾아오시다니!
그대의 심장은 진정 쇠로 만들어진 모양이구려.
자 아무튼 자리에 앉으십시오. 아무리 괴롭더라도
우리의 슬픔은 잠시 가슴속 깊이 묻어두기로 합시다.
비통하게 운다고 도움이 되지는 않을 테니까요.[15]

그러면서 아킬레우스는 죽을 수밖에 없는 인간의 불행한 운명에 대해 말하지요. 전쟁터에서는 피도 눈물도 없는 것처럼 보였던 아킬레우스를 이토록 부드러운 사람으로 만들어준 것이 무엇인가요? 그것은 바로 눈물입니다. 아킬레우스가 고향의 아버지를 떠올리며 죽을 수밖에 없는 인간의 운명을 상기했을 때, 그는 자기를 찾아온 프리아모스나 고향의 늙은 아버지나 자기 자신 역시 죽을 수밖에 없는 인간이며, 고통으로부터 벗어날 수 없는 인간이라는 것을 깨닫게 되었던 것입니다. 아무리 아킬레우스와 프리아모스가 서로를 파멸시켜야 할 적대적 관계에 있다 하더라도 그처럼 고통 가운데 살다가 죽을 수밖

에 없는 인간이라는 점에서 그들은 모두 같은 사람들이었던 것입니다. 아킬레우스는 그것을 생각하면서 프리아모스를 자기와 같은 존재로 받아들일 수 있었습니다. 그러니까 오직 슬픔 속에서 아킬레우스와 프리아모스는 '우리'가 될 수 있었던 것입니다.

적의 눈물을 존중할 수 있었던 시대 그리고 그의 눈물을 존중할 만한 가치가 있는 적을 가진 사람들은 행복합니다. 그러나 지금 우리는 적은 고사하고 동료와 이웃의 눈물조차 낯설어진 시대에 삽니다. 해마다 오월이 오면 광주는 홀로 눈물 흘리고 그 눈물 값으로 우리는 박정희도 전두환도 없는 이 좋은 세상에 시름없이 자기의 쾌락에 탐닉합니다. 어디 그 눈물뿐이겠습니까? 가난하고 힘없는 사람들에겐 너무도 불친절하고 적대적인 이 땅에서, 부는 바람은 한숨이요, 내리는 비는 눈물일 것입니다. 그러나 우리는 자기 상처의 쓰라림에 대해서만 예민해질 뿐 타인의 눈물과 이웃의 슬픔에 점점 더 둔감해져 갑니다. 그렇게 외따로 흐르는 눈물이 같이 모여 시내가 되고 강물이 되어 흐르는 날은 언제일까요? 동과 서와 남과 북이 서로의 눈물에 대해 경의를 표하게 될 만큼 우리의 정신이 성숙하는 날은 언제일까요? 그렇습니다. 그날은 우리가 참된 의미의 비극시인을 가지게 되는 날일 것입니다. 주체의 자기소외를 홀로 반추하는 서정시의 시대를 극복하고 고통의 나눔을 통해 새로운 총체성의 지평을 형성하는 비극시대가 시작될 때, 우리는 이 깊은 고립의 어둠에서 벗어나 비로소 타자에게로 건너갈 수 있을 것입니다.

다섯번째 묶음 ··· 비극과 카타르시스

편지 38

비극적 쾌감에 대한 물음

생각하면 바로 이런 '슬픔 속에서의 만남'이야말로 비극이 우리에게 주는 감동의 요체입니다. 오랫동안 사람들은 비극이 관객에게 주는 감동의 본질이 과연 무엇인지를 물어왔습니다. 예술이 하는 일이 무엇이든지 간에 그것이 관객에게 어떤 쾌감을 준다는 것을 부인하는 사람은 없을 것입니다. 예술이 설교도 아니고 학문도 아니라 바로 예술일 수 있는 까닭은 그것이 우리에게 예술만이 줄 수 있는 쾌감을 주기 때문입니다. 오늘날 시대도 복잡해졌고 그에 따라 예술 역시 옛날의 예술과는 달라서, 우리는 전통적인 관점에서 보자면 쉽게 이해할 수 없는 형태의 예술작품, 예술행위들을 자주 만나게 됩니다.

그러나 감히 단언하건대, 세상이 아무리 변하고 예술이 아무리 달라진다 하더라도, 예술이 관객에게 쾌감을 주어야 한다는 원칙이 부정되는 일은 없을 것입니다. 때때로 도발적인 예술가가 나타나서 이 원칙을 뒤집으려는 시도를 할 수는 있을 것입니다. 그리하여 자기의 예술작품들을 통해 관객에게 참을 수 없는 불쾌감과 모욕감을 주려 할 수도 있을 것입니다. 그러나 나는 이런 일이 얼마든지 현실로 일어날 수 있다는 것을 인정하지만, 그렇다고 해서 예술의 첫번째 존재이유가 작품을 통해 쾌감을 주는 데 있다는 저 원칙이 반박될 위험이 있다고 생각하지는 않습니다. 왜냐하면 어떤 예술가가 자기의 작품을 통해 쾌감이 아니라 불쾌감을 주려는 시도를 할 수는 있겠지만, 그런 작품에 대해서는 어김없이 관객이 등을 돌리게 될 것이기 때문입니다. 도대체 어느 누가 모욕받고 불쾌감을 맛보기 위해 돈을 주고 극장에 들어가려 하겠습니까? 오직 예술이 관객에게 기쁨을 선사하는 한에서 사람들은 아무런 실용적 이득도 주지 않는 예술의 존재이유를 인정하는 것입니다.

그러나 이처럼 예술의 첫번째 존재이유가 미적 쾌감을 선사하는 데 있다면 과연 비극은 우리에게 어떤 종류의 쾌감과 기쁨을 선사하는 것입니까? 여기서 문제의 핵심은 비극이 우리에게 그려 보여주는 대상이 그 자체로서는 관객에게 쾌감을 주기에 합당하지 않은 것들이라는 데 있습니다. 비극이 묘사하는 대상은 원칙적으로 슬프고 비참한 일이기 때문입니다. 그러나 슬프고 비참한 일을 보면서 누가 쾌감을 느낄 수 있겠습니까? 나는 지난번 의정부에서 일어난 미군 장갑차 살인사건의 피해자인 미선, 효순 두 여학생의 시신의 현장사진이 인터넷에 올랐을 때, 차마 그 사진을 클릭해서 내 눈으로 볼 용기가 없었습니다. 장갑차의 무한궤도에 참혹하게 짓이겨진 사람의 시신을 정면으로 보아야 한다는 것은 내겐 상상만 해도 끔찍한 일이었던 것입니다. 그런데 소심한 나는 상상만 해도 끔찍한 일을 몸소 당한 그 부모의 마음은 또 어떠하겠습니까? 그 분노, 그 절망, 그 끝없는 고통을 어떻게 말로 표현할 수 있겠습니까? 그런데 만약 그 부모의 마음속의 고통을 눈으로 보듯이 볼 수 있다면 나는 그 고통을 정면으로 응시할 수 있을까요? 그럴 수 없을 것입니다. 원한과 고통으로 참혹하게 짓이겨져 있을 그 부모의 영혼을 어떻게 똑바로 바라볼 수가 있겠습니까? 그런데 비극은 그처럼 참혹한 타인의 고통 앞으로 우리를 인도합니다. 그리하여 우리로 하여금 결코 보고 싶지 않은 타인의 고통을 정면으로 바라보게 합니다. 그리하여 내가 재능 있는 비극시인이었다면 미선이와 효순이 부모의 마음을 마치 해부학자가 사람의 내장을 열어 보이듯 생생히 그려 보였을 것입니다. 그리하여 슬픔으로 참혹하게 일그러진 그들의 영혼을 사람들 앞에 펼쳐 보였겠지요. 호메로스가 아들 잃은 프리아모스의 형언할 수 없는 슬픔을 전율스럽게 형상화했던 것처럼 말입니다.

그러나 비극이 그려 보이는 참혹한 슬픔과 고통이 과연 그것을 보는 사람들에게 어떤 쾌감을 주는 것이기에 예술가는 시대가 바뀌어도 새로운 비극을 만들어내고 우리는 또 자발적으로 비극이 그려 보이는 고통스런 현실에 기꺼이 빠져드는 것입니까? 비극이 희극이 아니라 비극인 까닭은 그것이 참혹하고 고통스런 삶을 묘사하기 때문입니다. 그러나 슬프고 고통스런 삶을 응시하는 것은 그 자체로서는 고통스런 일이요, 우리에게 아무런 쾌감도 줄 수 없습니다. 타인의 고통을 보면서 쾌감을 느끼는 사람이 있다면 그런 인간은 변태적 감수성의 소유자로서 결코 정상적인 정서를 가진 사람이라 할 수 없을 것입니다. 그렇다면 비극은 도대체 무엇을 위해 그렇게 집요하게 고통스런 삶에 렌즈를 들이대며, 참혹한 현실을 사람들에게 보여주려 하는 것입니까?

그 의도가 무엇이든지 간에 한 가지 분명한 것은 이것입니다. 즉 비극이 예술이기를 원한다면 그것은 고통의 재현을 통해 우리에게 일정한 쾌감과 기쁨을 주지 않으면 안 된다는 것입니다. 물론 우리에게 아무런 쾌감도 주지 않는다 하더라도 우리가 정면으로 응시해야만 할 고통스런 현실도 많이 있습니다. 이를테면 한국사람들 중에 방금 말했던 두 여학생의 참혹한 죽음의 진상을 애써 알고 싶어하지 않는 사람이 있다면, 어떻게 그런 사람을 가리켜 주권국가의 시민이라 부를 수 있겠습니까? 마찬가지로 이스라엘이 미국을 등에 업고 팔레스타인 사람들에게 어떤 만행을 저지르는지를 굳이 알고 싶어하지 않는 사람이 있다면, 그를 가리켜 어떻게 책임 있는 세계시민이라 할 수 있겠습니까? 세상에는 참혹한 일들이 너무도 많은데, 인류가 겪는 그 많은 슬픔을 외면하지 않고 관심을 기울이는 것은 선량한 마음에서 우러나는 자연스러운 경향성인 것입니다.

그러나 이처럼 타인의 고통에 관심을 가지고 그 고통의 진상을 정확히 인식하는 것이 아무리 중요한 일이라 하더라도, 비극의 존재이유가 단순히 고통스런 현실을 있는 그대로 우리에게 보여주는 것일 수는 없습니다. 참혹하고 비참한 삶을 있는 그대로 보여주는 것은 비극의 일이 아니라 르포(reportage)에 속하는 일입니다. 그리하여 성실한 르포작가는 주어진 현실이 아무리 고통스런 것이라 할지라도, 그리고 그것을 정면으로 응시하는 것이 아무리 불쾌한 일이라 할지라도, 그에 개의치 않고 고통스런 현실을 있는 그대로 보여주려 합니다. 그러나 비극은 고통스런 현실을 묘사한다는 점에서 본다면 르포와 다를 것이 없지만 한 가지 점에서 그것과 구별되는데, 그것은 비극이 예술인 한에서 고통의 재현을 통해 단순히 고통스런 현실을 관객에게 인식시키는 것으로 그치지 않고 거기서 더 나아가 관객에게 어떤 종류의 쾌감과 즐거움을 주지 않으면 안 된다는 것입니다. 오직 심미적 쾌감을 통해서만 예술은 예술이 되는 것인바, 비극 역시 한갓 르포가 아니라 예술이 되기 위해서는 예술에 고유한 쾌감을 우리에게 주어야만 하는 것입니다. 그러나 과연 비극은 타인의 고통을 우리에게 그려 보이면서 이를 통해 우리에게 어떤 쾌감을 주는 것입니까? 방금 나는 남의 고통을 응시하면서 쾌감을 느끼는 것은 변태들에게나 가능한 일이라고 말했습니다. 만약 비극의 관객들이 그런 변태들이 아니라 한다면 도대체 비극은 어떤 마술적인 능력으로 차마 눈뜨고 볼 수 없는 참혹한 고통을 우리에게 보여주면서도 우리로 하여금 그 속에서 미적인 쾌감을 느끼게 하는 것인가요? 이것이야말로 비극의 본질을 해명하려 했던 모든 철학자와 비평가들이 예로부터 부닥쳐온 가장 근본적인 물음이었습니다.

편지 39

자기연민

과연 비극이 우리에게 주는 쾌감이 어떤 것인가라는 물음이 주어질 때, 많은 사람들은 그에 대해 스스로 대답을 할 수는 없다 하더라도 아리스토텔레스가 그 물음에 대해 카타르시스 개념을 통해 대답을 시도했다는 것을 기억할 것입니다. 앞에서도 한 번 인용한 적이 있는 『시학』의 유명한 구절에서 그는 비극을 정의하면서 그것이 "연민과 공포를 통하여 이런 정념들의 카타르시스를 완수한다"고 말했지요. 그가 이처럼 비극적 쾌감을 카타르시스(katharsis)라고 규정한 이래 서구미학의 역사에서 아리스토텔레스의 저 한마디는 사람들이 비극적 쾌감의 본질을 규정하려 할 때마다 끊임없이 반복되어온 하나의 공리와도 같은 것이 되었습니다.

그러나 아리스토텔레스는 카타르시스란 말을 통해 무엇을 말하려 했던 것일까요? 사실 아리스토텔레스가 카타르시스를 통해 말하려 한 것이 무엇인지 우리는 알지 못하고 또 알 수도 없습니다. 카타르시스에 대해 그가 말한 것이 『시학』의 이 구절을 제외하고는 거의 없기 때문입니다. 물론 사람들은 『정치학』과 『수사학』 등 아리스토텔레스의 모든 책들을 뒤져서 공포와 연민 그리고 카타르시스에 대해 조금이라도 언급한 구절들이 있으면 남김없이 뽑아내어 그로부터 카타르시스의 개념에 대해 무언가 보다 구체적인 규정들을 찾아내려 노력해 왔습니다. 그러나 나는 프랑스 비평가들에게서 시작하여 레싱(G. E. Lessing)과 베르나이스(J. Bernays)를 거쳐 오늘날까지 이어지는 카타르시스 개념의 본질에 대한 끝없는 논쟁이 처음부터 아리스토텔레스의 텍스트 해석에 관한 문제가 아니었다고 생각합니다. 왜냐하면 어차피 아리스토텔레스는 카타르시스에 대해 거의 아무것도 설명해준 것이 없기 때문입니다. 그가 후세에 남긴 것은 비극적 쾌감이 무엇인가에 대한 대답이 아니라 도리어 카타르시스란 무엇인가라는 새로운 물음이었습니다. 그러니까 카타르시스란 비극적 쾌감의 본질에 대한 대답이라기보다는 그 문제에 관한 새로운 화두(話頭)였던 것입니다. 그러나 모든 화두가 그렇듯이 카타르시스의 의미도 우리가 아리스토텔레스에게 물어보아야 할 문제라기보다는 우리 스스로 깨달아야 하는 문제입니다. 그리고 아리스토텔레스는 그 과정에서 우리가 가끔 같이 대화해야 할 상대이지 무작정 의존해야 할 절대적 권위일 수는 없는 것입니다. 자, 그렇다면 비극이 우리에게 주는 카타르시스란 과연 무엇입니까? 사람들은 무엇을 원해서 모두 손에 손수건을 들고 참혹한 이야기를 듣기 위해 극장에 모여드는 것입니까? 도대체 어떤 쾌감으로 우리를 유혹하기에, 비극은 차마 눈뜨고 볼 수 없는 비참한 현실을 우리에게 보여주면서도 우리로 하여금 그 앞에서 끝내 떠날 수 없게 만드는 것입니까?

조금 엉뚱하게 들릴지도 모르겠습니다만, 이 물음에 대해 제일 먼저 대답을 했던 사람은 실은 아리스토텔레스의 스승이었던 플라톤이었습니다. 그에 따르면 비극이 사람들에게 주는 쾌감은 다른 것이 아니라 자기연민입니다. 사람들이 무대 위에서 재현되는 타인의 고통을 보면서 한숨 쉬고 눈물 흘릴 때, 그들은 겉으로는 주인공의 불행을 탄식하고 있는 것처럼 보이지만, 의식의 깊은 속내에서는 바로 자기 자신의 불행을 슬퍼하고 있다는 것이 플라톤의 말이었습니다. 그리하여 비극은 타인의 고통을 빙자하여 자기 자신을 위해 눈물 흘리는 것을 허락하는 예술입니다. 그리고 이것이야말로 비극이 사람들을 극장으로 끌어들이는 매력이라는 것입니다.

앞서 제 한 몸에 일어난 불행의 경우에는 억지로 눌리고 있었지만, 실은 실컷 울고 한탄해서 그것으로 만족되기를 애타게 구하고 있었던 '영혼의' 부분, 원래 그런 것들을 욕구하는 성질을 가진 그 부분이야말로 바로 시인들을 통해 만족을 얻고 즐거워하는 부분이라는 것일세.[1]

플라톤이 비극시인들을 비판했던 까닭이 바로 이것입니다. 그들이 쓰는 비극이란 사람들로 하여금 자기 자신에 대해 억제하고 있었던 연민과 참았던 눈물을 터뜨리는 것을 허락합니다. 처음에 그것은 위장된 방식으로 이루어집니다. 사람들은 극장 안에서 오직 무대 위에서 벌어지는 타인의 고통에 공감하고 그들의 슬픔 때문에 눈물을 흘릴 뿐입니다. 그러나 플라톤에 따르면 비극적 공감은 겉보기에는 타인에 대한 연민인 것처럼 보이지만 본질적으로는 자기 자신에 대한 연민입니다. 무대에서 벌어지는 불행한 일들을 보며 관객이 눈물을 흘릴 때, 그 눈물은 겉보기에는 타인을 위해 흘리는 눈물인 것처럼 보이지만 본질적으로는 자기 자신을 위해 흘리는 눈물이라는 것입니다. 플라톤의 입장에 따른다면 바로 이 자기연민의 달콤함이야말로 비극이 사람들에게 선사하는 쾌감입니다. 모든 사람들에게는 자기의 불행에 대한 연민의 감정이 본능적인 욕망으로 있습니다. 그러나 이 본능은 제멋대로 분출되어서는 안 됩니다. 왜냐하면 자기연민이 강해지면 강해질수록 사람들은 사소한 고통에도 점점 더 예민해져 정상적으로 세상을 살아나갈 수 없을 만큼 유약해질 뿐만 아니라, 그에 더하여 자기의 고통에 점점 더 예민해져 끝내는 다른 사람의 고통에 대해서는 차갑고 무감동한 이기적인 인간이 될 수밖에 없기 때문입니다. 그러므로 타인의 고통을 나의 고통에 견주어보고 타인의 고통에 공감할 수 있기 위해서가 아니라면 자기연민 따위는 없으면 없을수록 좋은 정념입니다. 그러나 플라톤에 따르면 비극이란 그렇게 굶기고 억제해야 할 저급한 정념에 물을 주어 그것을 북돋우는 예술입니다. 그러니 우리의 고매한 이상주의자 플라톤이 어떻게 비극시인들을 비판하지 않을 수 있었겠습니까? 비극이 주는 쾌감이 고작해야 천박한 자기연민의 달콤함이라면 말입니다.

당신은 내가 언젠가 임순례 감독의 영화 「와이키키 브라더스」를 보고 너무너무 감동을 받았노라고 아주 신이 나서 이야기했던 것을 기억하시지요? 그때 당신은 영화보는 것을 몹시도 싫어하는 내가 갑자기 영화 이야기를 하자 재미있어하면서 도대체 그 영화의 어디가 그리도 좋다는 것인지 물었었지요. 그때 내가 뭐라고 대답했던가요? 영화에 대해 딱히 아는 것이 없는 나는 내가 받은 감동을 어떻게 설명해야 할지 몰라 그저 「와이키키 브라더스」는 『오이디푸스 왕』이 아니라서 좋다고, 그 영화는 그리스 비극과 달라서 좋다고 대답했었지요. 그러자 당신은 이번에는 내가 그 영화를 대뜸 그리스 비극에 갖다붙이는 것을 듣고는 더욱 재미있어하면서 눈을 크게 뜨고 웃음을 터뜨렸지요. 지금 당신이 다시 물어본다 해도 나로서는 「와이키키 브라더스」가 왜 그토록 감동적이었는지를 더 이상 자세히 설명할 수는 없을 것입니다. 그저 그 영화는 그리스 비극이 보여주는 영웅주의에 사로잡히지 않아서 좋았다고, 하지만 우리 이웃의 평범하고 일상적인 삶을 보여주면서도, 그것을 왜소하고 비루하게만 그리지 않아서 좋았다고, 아니 도리어 그렇게 보잘것없는 일상성 속에 어떻게 정신의 크기와 인간성의 숭고가 깃들일 수 있는지를 보여주어서 좋았다고, 굳이 영웅을 통해서가 아니라도 삶은 깊고 숭고해질 수 있다는 것을 느낄 수 있어서 좋았다고―예, 이 모든 것들이 그리스 비극의 영웅주의적 숭고미학과 달라서 너무너무 좋았노라고 말할 수밖에 없을 것입니다. 「와이키키 브라더스」에 비하면 그리스 비극은 어쩌면 모든 것이 과장되어 있는 것인지도 모릅니다. 주인공의 성격도, 그가 겪어야 하는 고통도, 그리하여 고통을 뚫고 솟구치는 정신의 숭고도 어쩌면 지나치게 과장되고 극단화되어 있는지도 모릅니다. 그러나 「와이키키 브라더스」에서 나는 어떤 과장이나 허세도 찾아볼 수 없었습니다. 이 모든 것들이 나로 하여금 이 영화를 보면서 거의 경악에 가까운 감동을 느끼게 했던 까닭입니다.

그런데 내가 한동안 이 사람 저 사람 만날 때마다 「와이키키 브라더스」에 대해 노래를 부르고 다니던 무렵 절친한 친구 하나가 내 말에 반색을 하고 맞장구를 치며 이렇게 말하더군요. "그거 우리 이야기야!" 그는 악의없이 웃자고 한 말일 뿐이었는데, 그 영화가 바로 우리 같은 사람, 나 같은 사람을 두고 만든 것이라는 이야기를 들었을 때 나는 내 마음속에 그리도 아름답게 펼쳐져 있었던 심미적 도취의 무지개가 마치 비눗방울이 터지듯 한순간에 사라지는 것을 보았습니다. ―그렇다면 나는 「와이키키 브라더스」의 이야기 속에서 나를 발견했기 때문에 그 영화에 매혹되었단 말인가? 평생 기타 하나 들고, 들어주는 이 없는 노래를 부르며 삶의 언저리를 배회하는 그들의 모습이 아무 데도 쓸모없는 철학에 목매달고 사는 내 모습과 너무도 흡사했기 때문에 영화라면 손사래질을 하던 내가 그 영화에는 그리도 몰입했던 것인가? 그래서 그 영화에서 내가 느꼈던 어떤 비극적 감동은 고작해야 자기연민에 불과한 것이었다는 말인가? 그런 생각들을 하면서 나는 그 영화에 대해 느꼈던 따뜻한 감동이 병든 몸의 신열처럼 전율이 되어 싸늘하게 온몸을 훑고 지나가는 것을 느꼈습니다. 그것은 무언가 더럽혀졌다는 느낌, 순수한 감동이 참을 수 없는 자기연민에 의해 돌이킬 수 없이 오염되고 불결해졌다는 느낌이었습니다. "그거 우리 이야기야"라고 말했던 친구가 차라리 그래서 그 영화는 형편없는 영화라고 비판했더라면 내 마음이 그리도 비참하지 않았을지 모르겠습니다. 그러나 너무 지나친 결벽증이었던 것일까요, 그 영화가 바로 우리 같은 사람의 이야기를 그린 것이란 말을 들으면서, 나는 그 영화도 싫고 나도 싫어졌습니다. 그리고 다시는 남들 앞에서 그 영화 이야기를 하지 않았습니다.

그렇다면 「와이키키 브라더스」는 나쁜 영화란 말입니까? 물론 나는 그렇게 생각하지는 않습니다. 누가 뭐래도 그 영화가 정말로 좋은 영화임에는 틀림없습니다. 그러나 그 영화가 아무리 좋은 영화, 아무리 뛰어난 비극이면 무슨 소용이 있겠습니까? 그것을 보는 관객들이 그 영화 속에서 고작 자기 자신에 대한 나르시시즘이나 자기연민에 빠져들 뿐이라면, 그 영화가 그 자체로서 아무리 훌륭한 작품이라 하더라도, 결과적으로는 사람들의 정신을 병들게 하는 독약이 되고 마는 것입니다. 나는 이런 생각들을 하면서 왜 플라톤이 차라리 비극시인들을 다 추방하는 것이 낫지 않을까 생각했는지 그 마음을 이해할 수 있었습니다. 그는 어렸을 적에는 스스로 비극작가가 되려 했던 사람이었고 게다가 그때는 아직 소포클레스와 에우리피데스가 생존해 있었을 때였으므로 최고의 시인들의 최고의 비극들을 원없이 보며 자랐을 것입니다. 그리고 그 역시 어떤 비극이 좋은 비극이고 어떤 비극이 나쁜 비극인지 판단할 수 있는 세련된 심미안을 가지고 있었던 사람이었습니다. 하지만 비극시인이 아무리 심오한 작품을 창작한다 하더라도 관객들이 그 비극 속에서 오직 자기연민만을 구할 뿐이라면,

아무리 훌륭한 비극이라 한들 무슨 소용이 있겠습니까? 그때 비극은 차라리 없느니만 못한 것이 될 수밖에 없는 것입니다. 그러니 어쩌면 고대로부터 오랫동안 비극시인들이 같은 시대의 평범한 사람들을 주인공으로 삼지 않고 신화적 인물들을 주인공으로 삼았던 것은 관객들로 하여금 너무 쉽게 자기연민에 빠지지 않도록 하기 위한 배려였는지도 모를 일입니다. 그러나 아무리 비극시인들이 그런 장치를 통해 관객과 주인공 사이에 심리적 거리를 조성한다 하더라도 보는 사람이 비극 속에서 악착같이 자기 자신만을 비추어보려 한다면 그 모든 일이 무슨 소용이 있겠습니까? 플라톤이 비극을 비판한 것은 결국 이런 염려 때문이었습니다.

편지 40

플라톤의 비극비판

기왕에 말이 나왔으니 나는 여기서 플라톤이 비극을 비판할 수밖에 없었던 사정을 좀더 자세히 말하고 넘어갔으면 합니다. 널리 알려져 있는 대로 비극에 대한 모든 비판자들 가운데서 아마도 플라톤처럼 중요한 사람은 없을 것입니다. 그는 자기의 이상국가에서 아예 시인들을 추방하려 했던 철학자로 알려져 있으니까요. 그런데 대개 사람들은 그가 어떤 시인을 왜 추방해야 한다고 생각했는지 그 자세한 사정을 알지는 못합니다. 그저 시인이 헛된 것을 모방하는 사람들이니까 진리의 기준에 비추어 비판했나 보다 생각할 뿐이지요. 그러나 정확히 말하자면 플라톤이 모든 시인을 이상국가에서 추방해야 한다고 생각한 것은 아니었습니다. 도리어 그가 시인에 대해 그렇게 예민하게 군 까닭은 시인의 일이 얼마나 중요한지를 그가 너무도 잘 알고 있었기 때문입니다. 그가 시인의 추방에 대해 말했던 『국가』라는 대화편은 여러 가지 측면에서 이해될 수 있는 책이지만, 그것은 또한 인간의 교육에 관한 연구서이기도 합니다. 그런데 플라톤은 교육의 첫번째 단계가 예술교육 또는 미적 교육이어야만 한다고 생각했던 사람입니다. 그러니까 예술교육이란 모든 교육의 첫 단추입니다. 만약 우리가 이 첫 단추를 잘못 끼우면 그 다음부터는 모든 것이 잘못될 수밖에 없는 것이지요. 플라톤이 왜 예술교육이 첫번째 교육이 되어야 하는지 그 까닭을 『국가』에서 논리적으로 자세히 설명하지는 않습니다만, 그의 철학체계에 비추어 그가 이렇게 생각한 까닭을 짐작하기는 어렵지 않습니다. 생각하면 예술은 인간의 가장 원초적인 감정을 도야합니다. 그런데 자연적 욕망의 덩어리로서 이 땅에 던져지는 인간이 문화적인 단계로 도야되어갈 때, 제일 먼저 다듬어야 할 것이 감정이라고 플라톤은 생각했던 것입니다. 의지와 지성은 다음 문제라는 것이지요. 돌도 되기 전에 공부를 시켜야 한다고 법석을 떠는 한국의 부모들에게는 미안한 말이지만 사람이 감정이 바르게 도야되지 못하고 왜곡되어 있을 때에는 아무리 의지가 굳고 총명한 지성을 가지고 있다 하더라도 그 모든 것이 없느니만 못한 것이 되고 맙니다.

감정이란 구체적으로는 희로애락의 발동인데 기뻐할 때 기뻐하지 않고 엉뚱한 일에 기뻐하는 사람, 슬퍼할 때 슬퍼하지 않고 엉뚱한 일에 슬퍼하는 사람, 그리고 분노할 때 분노할 줄 모르면서 사소한 일에 지나치게 분노하는 사람이 온전하게 사람 구실을 하는 것은 지극히 어려운 일인 것입니다. 미적 교육이 중요한 까닭은 예술이 인간의 감정을 표현하는 방식이기 때문입니다. 모든 탁월한 예술은 고귀한 감정의 객관적 표현입니다. 그런 까닭에 예술을 통해 우리는 순화되고 고상한 감정을 자기것으로 내면화시키게 되는 것입니다. 플라톤적 통찰에 따르면 예술의 중요성은 바로 여기에 있습니다.

그런데 그 모든 예술 가운데서도 인간의 교육을 위해 가장 중요하고 첫째가는 것이 플라톤에 따르면 바로 문학입니다. 쉽게 말하자면 모든 교육은 어머니의 품 또는 할머니의 품에 안겨 듣는 옛날 이야기에서 시작된다는 것이지요. 그 옛날 이야기는 모두 하나의 문학입니다. 플라톤이 시인을 추방하니 마니 언성을 높인 까닭은 시가 그만큼 중요한 것이기 때문이었습니다. 사람이 어떤 이야기를 듣고 자라느냐 하는 것이 한 사람의 인격의 형성에서 가장 중요하고 결정적인 것임을 너무도 잘 알고 있었던 까닭에 그는 시를 되는대로 쓰는 시인들을 용납할 수 없었던 것입니다. 물론 이렇게 말한다 하더라도 플라톤을 용서할 수 없는 예술지상주의자들이 많이 있을 것입니다. 그러나 그런 사람들은 한국의 TV연속극이 한국인의 정신을 얼마나 오염시키는지를 돌이켜보면 플라톤의 분노를 조금은 이해할 수 있을 것입니다. 나는 확신하거니와 오늘날 한국에서 큰 인물이 나오기 어려운 것은 거의 전적으로 TV드라마 탓입니다. 허구한 날 남자 하나를 사이에 두고 여자 둘이서 비열하고 유치하게 싸우는 드라마를 보고 큰 사람들 사이에서 어떻게 여자다운 여자가 나올 수 있겠습니까? 그리고 여자다운 여자가 없는 곳에 어떻게 남자다운 남자가 나올 수 있겠습니까?

　이야기가 옆길로 샜군요. 공연히 흥분하지 말고 플라톤에게로 돌아가지요. 그가 시인을 비판했다고 하지만 모든 시인을 싸잡아서 비판한 것은 아닙니다. 그가 비판한 시인은 크게 두 가지인데 하나는 악한 일을 미화해서 재미있게 이야기하는 시인이고 다른 하나는 비극시인이었습니다. 여기서 첫번째 경우는 쉽게 이해할 수 있습니다. 아무튼 예술이 나쁜 일을 미화하면 안 되지요. 이것은 그때나 지금이나 만고불변의 진리입니다. 이를테면 전두환의 광주학살을 어떤 시인이 찬양하고 미화한다면 우리가 그것을 용납할 수 있겠습니까? 하기야 문학을 업으로 삼는 사람들 가운데 제정신이 아닌 사람들이 워낙 많기 때문에 세월이 지나면 틀림없이 정신 못 차리고 전두환을 찬미하는 포스트모던의 아류들이 생겨날 것입니다. 박정희를 찬미한 소설가가 이미 있는데 전두환을 찬미하는 소설가가 없어야 할 까닭이 있겠습니까? 그때나 지금이나 시인들 가운데는 이처럼 판단력이 결여된 사람들이 드물지 않은데, 플라톤이 우리식으로 말하자면 박정희 따위를 찬미하는 작가를 보고 격분한 것은 너무도 당연한 일이지요. 그런데 그건 그렇다 하더라도 그가 비극시인을 두고 자기의 공화국에서 사라져야 한다고 핏대를 올린 것은 무슨 연유에서였단 말입니까? 플라톤이 자기연민을 혐오했다는 것은 앞에서 이미 말했습니다만, 전후 사정을 충실하게 설명하기 위해 잠깐 에움길을 돌아야겠습니다.

　플라톤이 비극시인을 비판하면서 자주 예를 들었던 사람은 자기 시대의 비극시인들이라기보다는 호메로스였습니다. 그는 호메로스야말로 비극시인의 원조라고 생각했지요. 물론 엄밀하게 형식을 두고 따지자면 그는 비극시인이 아니라 서사시인이지만 내용 면에서 보자면 호메로스를 가리켜 비극적 시인이라 부르는 것이 조금도 이상한 일이라 할 수는 없습니다. 특히 호메로스의 『일리아스』는 그 내용을 놓고 볼 때 서사시이기 이전에 손색없는 비극이라 할 수 있습니다. 이 작품의 비극적 절정은 제22장에 묘사된 트로이의 영웅 헥토르의 죽음입니다. 그런데 여기서의 묘사를 주의 깊게 살펴보면 비극적인 것은 헥토르의 죽음 그 자체라기보다는 차라리 살아남은 사람들의 슬픔입니다. 다른 말로 표현하자면, 시인은 여기서 그가 그리는 사태의 비극성을 헥토르의 죽음의 묘사를 통해서라기보다는 그 죽음을 지켜보는 사람들의 울부짖음을 통하여 그 절정으로 끌어올리고 있는 것입니다. 그 가운데서도 특히 헥토르의 아버지였던 트로이의 왕 프리아모스가 아들의 죽음 앞에 거의 실신한 상태에서 울부짖는 장면은 『일리아스』 전편을 통해 호메로스가 그려내는 비극적 생생함의 극치라고 말하기에 조금도 손색이 없습니다. 늙은 프리아모스는 다른 백성들과 함께 트로이의 성곽 위에 서서 헥토르와 아킬레우스 사이의 최후의 일전을 지켜봅니다. 헥토르는 트로이에서 가장 뛰어난 장수이기는 했으나, 하지만 더할 나위 없이 유덕한 이 영웅도 아킬레우스의 적수가 될 수는 없었습니다. 헥토르에게 있어서 운명의 저울은 이미 하데스 즉 죽음을 향해 기울어 있었던 것입니다. 결국 헥토르는 아킬레우스의 손에 죽음을 당하고 마는데 아킬레우스는 헥토르를 죽인 뒤에 복수심에 불타 그의 시신을 창칼로 찌르며 해코지를 한 뒤에 그러고도 분이 풀리지 않아 시체를 자기 전차에 거꾸로 매달고 온 들판을 끌고 다닙니다. 이 광경을 멀리서 처음부터 지켜보고 있었던 아버지 프리아모스는 이 순간에 이르러서는 억누를 수 없는 슬픔에 왕으로서의 품위와 자제심을 송두리째 잃어버리고 거의 실신한 상태에서 아들을 향해 성문 밖으로 뛰쳐나가려고 울부짖습니다. 이 광경을 호메로스는 이렇게 그리고 있습니다.

> 백성들은 슬픔을 이기지 못해 문 밖으로
> 나가려는 노인을 가까스로 제지할 수 있었다.
> 노인은 더러운 먼지 위에 뒹굴면서
> 한 사람 한 사람의 이름을 부르면서
> 모든 사람에게 애원했다.

> 그만하라 친구들이여
> 그대들은 내가 염려스럽겠지만
> 나 혼자서 성에서 나가 아카이아인들의
> 함선을 찾아가도록 내버려두라
> 내 저 끔찍한 일을 저지르는 저주스런 자에게
> 애원해보리라[2]

왕이 먼짓구덩이에 뒹굴며 그를 제지하는 사람들 하나하나의 이름을 불러가며 제발 자기를 밖으로 나가게 해달라고 애원하는 모습은 우리를 전율케 합니다. 나는 한 사람의 내면적 슬픔이 이처럼 처절하고 생생하게 형상화된 구절을 다시 찾지 못하였습니다. 만약 비극이 슬픔을 시적으로 형상화하는 것이라면, 이 구절은 호메로스 시편의 백미요 모든 비극 중의 비극이라 할 것입니다. 그런데 플라톤은 바로 이 구절을 지적하며 호메로스를 비판합니다. 그 이유는 이렇습니다.

> 왜 그런고 하니 사랑하는 아데이만토스 만약에 젊은이들이 그런 얘기를 열심히 듣고도 아무 값어치도 없는 것이라고 비웃지 않는다면 그 젊은이들 중의 누군가가 무엇인가 그런 것을 말하거나 행하고 싶어질 경우에 스스로 인간으로서 아무 값어치도 없다고 생각해서 자신을 책망하기는커녕 오히려 조금도 부끄러워하지도 않고 참지도 못하고 아주 보잘것없는 불행에 대해서도 울부짖고 숱한 애가를 부를 것이기 때문일세[3)]

이 말에 대해서는 복잡한 설명이 필요 없을 것입니다. 플라톤은 여기서 사람들 특히 자라나는 청소년들이 슬픔과 비탄의 감정에 중독되는 것을 두려워하고 있습니다. 그리고 바로 이것이 그가 일체의 애가(哀歌)를 그의 이상적 공화국에서 허용하지 않으려 한 이유입니다. 젊은이들이 이러저러한 애가를 통해 슬픔의 감정이나 한(恨)의 감정에 길들여지고 중독될 경우 이러한 감정은 대개 돌이킬 수 없는 경향성으로 굳어져 일종의 천성과도 같은 것으로 고착되어버리기 십상입니다. 그런데 사람들이 이처럼 슬픔의 감정에 중독되어버리고 나면 그들은 삶의 모든 일들을 이런 감정의 창을 통해 바라보게 됩니다. 그리하여 이런 종류의 사람들은 사소한 아픔과 보잘것없는 불행 앞에서도 그 마음이 슬픔과 우수로 가득 차 어찌할 줄 모르는 것입니다. 그러나 플라톤주의적 입장에서 볼 때 고귀한 정신의 눈에는 인간적인 것들 가운데 어떠한 것도 대단히 염려해야 할 가치를 가진 것이 없으며,[4] 그런만큼 또한 각별히 슬퍼해야 할 값어치를 지닌 것도 없습니다. 뿐만 아니라 그와 같은 이상주의적 관점에서가 아니라 지극히 일상적이고도 세속적인 판단기준에 따라 살펴본다 하더라도, 슬픔의 감정이란 우리가 일상의 삶을 현명하게 꾸려나가는 데 아무런 도움도 되지 못합니다. 왜냐하면 슬픔이란 그 자체로서는 전적으로 비생산적인 감정이기 때문입니다. 프리아모스 왕이 아들의 죽음 앞에서 울부짖는 것은 그 자신을 위해서도 아들을 위해서도 그리고 그가 다스리고 책임져야 할 트로이의 백성들을 위해서도, 도대체 누구를 위해서도 도움이 되지 않는 것입니다. 이런 의미에서 플라톤은 이렇게 말합니다.

우리는 넘어졌다고 해서 어린애들처럼 다친 데를 움켜잡고 울고 불고하는 데 시간을 낭비해서는 안 되네 오히려 우리는 넘어져서 아픈 데를 가능한 한 빨리 치료하고 회복함으로써 의술에 의하여 탄식의 노래를 그치게 하는 습관을 가지도록 항상 영혼을 단련시키지 않으면 안 되네[5]

이런 입장에 따르면 중요한 것은 고통에 대해 강건한 정신이요, 탄식의 노래가 아닙니다. 그런데 비극은 억제되어야 할 슬픔의 감정에 도리어 물을 주고 북돋워 사람들의 감정을 돌이킬 수 없이 유약하게 만듭니다. 그런 까닭에 시가 원하든 원치 않든 간에 인간의 교육과 정신의 도야를 위해 어떤 식으로든 영향을 미친다는 것을 고려할 때, 사람들로 하여금 쉽사리 슬픔에 젖어들게 만드는 일체의 시는 원칙적으로 금지되어야 한다는 것이 플라톤의 입장이었던 것입니다.

나는 플라톤이 뭐라고 말을 하든 호메로스를 나의 공화국에서 추방하고 싶은 생각은 추호도 없습니다. 하지만 그럼에도 불구하고 나는 플라톤의 입장을 이해하고 존중합니다. 슬픔의 문제란, 철학에서든 문학에서든, 일단 정신의 강건함이 증명되었을 때에만 의미 있는 탐구대상이 될 수 있습니다. 그렇지 못할 때 철학도 시도 똑같이 사사로운 탄식과 넋두리에 떨어지게 됩니다. 그러나 시가 말해야 할 슬픔은 결코 감상적 자기연민의 감정이어서는 안 됩니다.

모든 사람은 하나의 세계입니다. 그리고 나는 결코 타인의 세계를 나 자신의 세계로 만들 수도 없고, 타인의 세계를 내 세계와 바꿀 수도 없습니다. 우리 모두는 자신의 세계 속에 갇혀 삶을 반성할 수밖에 없는 것입니다. 슬픔에 대해서 볼 때도 사정은 마찬가지입니다. 나는 타인의 슬픔에 대해서 말할 때조차도 그 슬픔을 나의 슬픔으로 만들 때에만, 그리하여 타인의 슬픔을 나의 세계 속에서 용해시킴을 통해서만 슬픔에 대해 말할 수 있게 됩니다. 그리하여 내가 슬픔에 대해 말할 때, 겉으로 보기에 그 슬픔의 종류와 내용이 무엇이든지 간에, 슬픔에 대한 나의 말과 생각은 고스란히 나 개인의 슬픔의 장소와 깊이를 그대로 드러내게 되는 것입니다. 이것은 어쩔 수 없는 일인데, 왜냐하면 모두는 오직 자기 자신의 정신을 매개로 해서만 슬픔에 다가갈 수 있기 때문입니다.

그런데 만약 정신이 자기연민에 빠져 거기 길들여져 있다면, 이때 나는 무엇을 슬퍼하든, 결국 값싼 감상의 차원을 넘어서지 못하게 됩니다. 그리하여 역사와 존재의 어둠이 결국은 서푼 가치도 없는 감상으로 환원되는 것입니다. 나는 기회 있을 때마다 오직 슬픔 속에서 존재의 진리가 계시된다 말해왔습니다만, 만약 우리가 말하는 슬픔이 한갓 감상적인 자기연민에 지나지 않는다면 삶의 어둠, 슬픔의 깊이로 다가가려는 우리의 모든 노력은 한갓 웃음거리와 조롱거리에 지나지 않을 것입니다. 물론 감상이 늘 값싼 것은 아닙니다. 그러나 삶과 존재의 어둠의 깊이는 결코 허약한 감상을 통해서는 측량되지 않습니다. 오직 강건한 정신만이 그 어둠의 깊이로 뚫고 들어갈 수가 있는 것입니다. 이런 의미에서 일삼아 슬픈 노래를 부르는 시인들을 비판하는 플라톤은 비난받아야 할 이유가 없습니다. 오직 우리는 슬픔을 넘어선 곳에서만 온전히 슬픔에 대해 반성할 수 있게 되기 때문입니다.

그러나 과연 우리는 언제 그런 사사로운 슬픔을 넘어서는 것입니까? 그것은 오직 내가 나 자신을 참된 의미에서 잊어버릴 수 있을 때입니다. 정신의 허약함은 언제나 눈에 보이는 자기 자신에 대한 집착에서 비롯됩니다. 허약한 정신은 언제나 자신의 눈앞에 보이는 소유물에 집착합니다. 그리고 그것을 잃었을 때 상실감에 빠집니다. 이것이 그에게는 상처로 남습니다. 그리고 그런 상처들이 모여 슬픔의 앙금을 이룹니다. 이런 종류의 사람들은 자신의 공허를 언제나 눈에 보이는 것을 통해 채우려 합니다. 그리고 그것이 이루어지지 않을 때, 슬픔에 빠집니다. 그러나 이런 종류의 슬픔에 대해서라면 우리는 침묵하지 않으면 안 됩니다. 우리가 말해야만 할 슬픔은 내가 내 손에 움켜쥔 모든 것을 스스로 버렸을 때, 그때도 남는 어둠입니다. 오직 그런 경우에만 우리는 슬픔 속에서 자기 자신의 구차하고 처량한 모습이 아니라, 보편적인 슬픔의 어둠 속에 감추어진 존재의 깊이를 응시할 수 있기 때문입니다.

편지 41

아리스토텔레스와 카타르시스

그렇다면 어떻게 해야 하겠습니까? 플라톤이 생각했듯이 우리도 모든 종류의 비극작가들을 추방해야 하겠습니까? 그럴 수도 없고 또 그래서도 안 될 것입니다. 하지만 왜입니까? 그 까닭은 비극이 우리에게 줄 수 있는 기쁨이 단지 자기연민만은 아니기 때문입니다. 어쩌면 모든 비극이 관객으로 하여금 자기연민에 빠져들 수 있도록 하는 개연성을 가지고 있다고 가정하더라도, 또한 우리는 이것만이 비극적 감동의 전부는 아니라는 것을 인정해야 합니다. 어차피 사람들은 무엇을 보든 자기 자신의 정신의 깊이만큼 볼 수밖에 없습니다. 그러므로 아무리 좋은 것이라도 보는 사람의 눈이 비뚤어져 있다면, 어쩔 수 없이 왜곡될 수밖에 없는 것입니다. 같은 물이라도 소가 마시면 젖이 되지만, 뱀이 마시면 독이 됩니다. 하지만 그렇다고 해서 물을 탓할 수는 없는 일입니다. 비극도 마찬가지입니다. 어떤 사람에게 그것은 어리석은 자기연민의 수렁이 되지만 또 어떤 사람에게 비극은 지혜로운 깨달음의 바다가 될 수도 있는 것입니다. 그리하여 어떤 사람은 자기연민의 쾌감 때문에 비극이 묘사하는 비참하고 고통스런 현실에서 눈을 떼지 않겠지만 다른 사람은 비극이 주는 보다 고양된 기쁨 때문에 기꺼이 예술이 재현하는 삶의 고통에 참여하려 하는 것입니다.

그러나 비극이 주는 쾌감이 단지 자기연민에 그치는 것이 아니라면, 과연 그것은 무엇입니까? 아리스토텔레스가 카타르시스에 대해 말한 것은 결국 이 물음에 대답하기 위해서였습니다. 그는 자기의 스승이 비극에 가했던 전면적 비판으로부터 비극을 구해내고 그것에 존재이유를 마련해주기 위해 카타르시스 개념을 제시했던 것입니다. 그가 했던 짧은 말을 한 번 더 인용한다면 이렇습니다. ─비극은 "연민과 공포를 통해 이런 감정들의 카타르시스를 완수한다." 아리스토텔레스에 따르면 "연민과 공포에서 비롯되는 쾌감"이야말로 비극시인이 작품을 통해 제공해야 할 쾌감입니다.[6] 그러니까 어떤 의미로든 카타르시스가 마음의 정화를 의미한다면 그것은 연민과 공포의 쾌감을 통해 완수되는 것입니다. 그러나 연민과 공포가 어떤 쾌감을 주며, 그것이 그런 종류의 감정들을 정화한다는 것은 또 무엇을 의미하는 것입니까?

원래 카타르시스란 깨끗이 한다, 즉 정화한다는 뜻을 가진 낱말이었는데, 이미 아리스토텔레스 당시의 그리스 시대에서부터 이 말은 두 가지 다른 의미로 이해되어왔습니다. 한편에서 그것은 의학적·생리적인 의미에서 깨끗이 씻어낸다는 것을 의미했습니다. 다른 한편 그것은 종교적 의미에서 영혼을 깨끗이 한다는 의미로도 사용되었습니다. 몸을 깨끗이 하든 영혼을 깨끗이 하든 카타르시스는 깨끗이 함을 뜻하는 말입니다. 그런데 아리스토텔레스는 이 말을 비극이 관객의 마음에 미치는 긍정적 효과를 표현하기 위해 사용했던 것입니다. 그러니까 아리스토텔레스가 카타르시스 개념을 통해 어떤 의미로든 심리적·정신적 정화를 말하려 했다는 것은 분명한 일이라 하겠습니다. 그러나 비극이 우리의 마음을 깨끗이 한다는 것은 또 무엇을 뜻하는 말이겠습니까?

어원을 따지자면 이 말은 몸을 물로 씻어 깨끗이 하는 것을 의미하거나 아니면 짐승의 피 또는 신에게 바치는 제물의 피로써 죄를 깨끗이 사하는 것을 의미했습니다만, 플라톤과 아리스토텔레스의 시대에 이르면, 이것이 의학에서 같은 것으로 같은 것을 깨끗이 씻어 치유한다는 의미를 가지게 됩니다. 즉 카타르시스란 의학에서 이열치열의 심리치료를 뜻하는 말로 쓰이게 되었던 것입니다. 예를 들면 그것은 간질이나 발작증세를 보이는 사람에게 아주 격렬하고 시끄러운 음악을 들려줌으로써 그를 진정시키는 일종의 동종요법을 의미하는 말로 쓰였는데, 아리스토텔레스가 『시학』에서 비극이 "공포와 연민을 통해 이런 감정들의 카타르시스를 완수한다"고 말할 때, 그도 역시 여기서 카타르시스를 이열치열, 즉 의학의 동종요법과 유사한 것으로 이해하고 있다는 것은 굳이 의심할 필요가 없습니다. 그러니까 카타르시스란 연민과 공포를 통해 그와 유사한 감정들을 치유하는 것을 의미하는 것입니다. 그러나 여기서 정화하는 연민과 공포는 무엇이고 정화되는 그런 감정들은 또 무엇입니까? 그리고 정화되는 감정도 정화해 주는 연민과 공포와 비슷한 종류의 연민이나 공포의 감정이라면 둘 사이에 어떤 의미에서 이열치열의 관계가 성립되는 것입니까? 카타르시스를 이열치열이라고 일단 설명하는 것은 부적절한 것은 아니지만 아직 충분한 것도 아닙니다. 그 말만 가지고는 어떤 공포와 연민이 어떤 또 다른 공포와 연민을 잠재울 수 있다는 것인지 아무것도 밝혀진 것이 없기 때문입니다. 당신은 내가 이렇게 따지는 것을 보고 결국 비극의 카타르시스란 실컷 울고 난 뒤의 후련함 같은 것이 아니겠느냐고 말할 수도 있을 것입니다. 그러나 내가 묻고 있는 것은 그 후련함의 정체가 과연 무엇이냐 하는 것입니다.

나는 여기서 이 문제에 대해 대답을 시도했던 많은 유명한 철학자, 비평가들의 말을 언급하며 시간을 허비하지 않고 곧바로 내 생각을 이야기하려 합니다. 그 까닭은 지금까지 이 주제에 대해 이루어진 유명인사들의 논쟁의 역사가 말의 화려함에 비해 그다지 실속이 없기 때문입니다. 그러므로 나는 여기서 다만 아리스토텔레스가 공포와 연민이 그 비슷한 감정들의 카타르시스를 수행한다 할 때 과연 무엇이 무엇의 카타르시스를 수행한다는 것인지 또 어떤 의미에서 그렇다는 것인지에 집중해서 말을 했으면 합니다. 그런데 간단히 요점만 말하자면, 정화되어야 하는 감정 즉 연민과 공포와 비슷한 "그런 종류의 감정들"이란 똑같은 연민과 공포라도 카타르시스를 수행하는 연민과 공포에 비해 저급한 감정들이라 할 수 있습니다. 그런 까닭에 그것은 보다 높은 연민과 공포에 의해 지양되어야 하는 감정인 것입니다. 당신은 그것이 도대체 무엇이기에 정화되고 지양되어야 할 저급한 정념인지를 묻고 싶으시겠지요? 그 까닭은 그것이 바로 자기 자신에 대한 연민과 공포이기 때문입니다. 그런데 내가 이것이 저급한 정념이고 정화되고 지양되어야 할 정념이라고 말하는 것은 그것이 단지 도덕적으로 열등한 것이기 때문만은 아닙니다. 물론 언제나 자기 자신에 대한 연민과 자기 한 몸에 대한 두려움에 사로잡혀 있는 정신이 도덕적으로 저급한 단계에 머물러 있는 정신이라는 것은 부인할 수 없는 일이기는 합니다. 그러나 자기 자신에 대한 연민과 공포가 지양되고 극복되어야 하는 까닭은 그것이 그런 자기연민과 공포의 감정에 사로잡혀 있는 사람을 직접적으로 괴롭히고 힘들게 만들기 때문입니다. 나는 앞에서 자기연민이 일종의 쾌감이라 말했습니다만, 따지고 보면 그것은 또한 언제나 절반의 쾌락이며 병적인 쾌감에 지나지 않습니다. 왜냐하면 자기연민에 빠질 수 있기 위해 우리는 먼저 고통과 슬픔 속에 빠져 있어야만 할 것이기 때문입니다. 내가 느끼는 슬픔과 고통이 크면 클수록 자기연민도 절실해질 것이므로, 우리가 자기연민의 달콤한 쾌락에 빠져들기 위해서 우리는 먼저 자기 자신에게서 비롯되는 고통과 슬픔에 젖어 있어야만 하는 것입니다. 이처럼 자기연민의 쾌감이 언제나 선행하는 슬픔과 고통을 요구하는 것이니, 어떻게 그것이 병적인 쾌감이 아닐 수 있겠습니까? 결국 그것은 고통과 불쾌감을 통해서 발생하는 쾌감, 자기의 고통과 불쾌감에 탐닉하는 쾌감이니, 도착되고 왜곡된 쾌감일 수밖에 없는 것입니다.

이처럼 자기연민이 병적인 정념일진대, 자기에 관한 공포의 감정은 오죽하겠습니까? 예전에 박정희나 전두환 치하에서 붙잡혀 들어가 고문받았던 사람들이 가끔 하던 말입니다만 정말로 고통스러운 순간은 정작 고문을 당하고 있는 순간이 아니라 고문당하기 30분 전 의사가 들어와 눈꺼풀을 뒤집어 보고 건강상태를 확인할 때라고 하더군요. 이제 30분 뒤면 고문대 위에 오를 것이라는 두려움, 자기에게 임박한 고통 앞에서 우리가 느끼는 두려움처럼 참기 어려운 것이 또 어디 있겠습니까? 차라리 그것은 내가 현실적으로 고통을 당하고 있는 것보다 도리어 더 고통스러운 일인 것입니다. 그러니까 자기 자신에 대하여 느끼는 연민과 공포의 감정을 극복하고 제거해야 하는 까닭은 굳이 도덕적인 이유가 아니라도 그것이 그 자체로서 가장 참기 어려운 고통이기 때문입니다. 비극이 가치를 가지는 까닭은 그것이 우리를 병들게 하고 괴롭히는 자기연민과 공포의 정념을 치유하고 정화하는 힘을 행사하기 때문입니다.

그러나 비극은 도대체 어떤 능력을 통해 자기 자신에 대해 우리가 느끼는 연민과 공포를 치유하는 것입니까? 아리스토텔레스가 말하는 것에 따르면 비극은 놀랍게도 연민과 공포를 통하여 자기 자신에 대한 연민과 공포를 치유하고 정화한다는 것입니다. 그렇다면 자기연민을 치유하는 또 다른 연민과 공포는 과연 무엇이란 말입니까? 아리스토텔레스는 이에 대해 자세한 설명을 하지는 않았습니다. 그러나 굳이 그가 장황한 설명을 늘어놓지 않는다 하더라도 그가 하려는 말뜻은 어렵지 않게 짐작할 수 있습니다. 아리스토텔레스가 『수사학』에서 설명하는 것에 따르면 연민(eleos)이란 타인이 부당하게 고통받을 때 우리가 느끼는 감정이요, 공포(phobos)란 우리들 자신에게 임박한 고통 앞에서 우리가 느끼는 감정입니다. 그러니까 우리는 비극이 연민과 공포를 통해 카타르시스를 수행한다 할 때, 이 연민은 결국 무대 위에서 묘사되고 있는 타인에 대해 우리가 느끼는 연민이라고 생각할 수 있을 것입니다. 그런데 우리가 타인의 고통에 대해 연민을 느낄 수 있기 위해서는 우리가 고통받는 타인의 자리에 우리들 자신을 위치시킬 수 있어야만 합니다. 오직 우리는 나도 저런 고통을 당할 수 있다는 가능성을 인정할 경우에만 타인의 고통에 대해 깊은 공감과 연민을 느낄 수 있습니다. 그리고 이것이 날 때부터 부유한 환경 속에 자라 한 번도 가난을 경험한 적이 없고 앞으로도 그럴 일이 없으리라고 철석같이 믿고 사는 사람들이 가난한 사람들에게서 연민을 느끼기 어려운 이유입니다. 우리는 오직 나도 저 사람과 같은 불행을 당할 수 있다는 가능성을 인정함으로써 타인의 고통을 가능한 나의 고통으로 같이 느끼고 이를 통해 잠재적으로 공포를 느낄 수 있을 때에만 타인의 고통에 대하여 연민을 느낄 수도 있는 것입니다. 그러니까 아리스토텔레스가 공포와 연민을 통해 그와 비슷한 감정들의 카타르시스를 수행한다고 말하는 것은 타인의 고통을 나의 고통으로 받아들이고 그에 대해 공포와 전율을 느끼고 이러한 공포로부터 다시 타인의 고통으로 건너가 그에 대해 연민을 느낌으로써 자기 자신을 억누르고 있는 사사로운 연민과 공포의 감정을 극복한다는 것을 의미하는 말이라 할 수 있습니다.

한마디로 말하자면 카타르시스란 우리가 타인의 고통에 동참함으로써 자기의 고통을 초월하고 극복한다는 말입니다. 우리는 비극이 묘사하는 타인의 고통을 보면서 저것이 나의 경우일 수도 있다는 것을 생각하며 두려움을 느낍니다. 그러나 이 두려움은 다행히 아직 나에게 임박한 고통에 대한 것은 아닙니다. 나는 다만 무대 위에서 재현되는 타인의 고통에 잠시 나 자신을 대입해보았을 뿐입니다. 이 안도감과 함께 나는 타인의 고통에 대해 공감할 수 있는 최소한의 여유를 가지게 됩니다. 내가 저 사람의 처지에 있었다면 내가 얼마나 고통스러웠을까? ─나는 그것을 생각하며 한편으로는 가능성의 세계에서 두려움과 공포를 느끼지만 현실의 세계에서 그런 고통에 지금 놓여 있는 사람에 대해 무한한 연민과 동정심을 느끼게 됩니다. 그리고 이를 통해 비록 잠시라도 자기 자신에 대한 연민 또는 자기를 사로잡는 공포에서 벗어날 수 있게 되는 것입니다.

편지 42

니체와 비극

그러나 이런 설명만으로 우리 시대의 많은 사람들이 비극적 카타르시스의 가치를 인정하려 하지는 않을 것입니다. 사실 『비극의 탄생』(*Die Geburt der Tragödie*)이라는 책으로 우리 시대에는 그리스 비극에 대하여 어쩌면 아리스토텔레스보다 더 큰 권위를 행사하는 니체는 타인의 슬픔과 고통에 대한 참여가 자기의 슬픔과 고통을 극복하는 힘이 된다고 전혀 생각하지 않았습니다. 물론 그도 비극이 추구하는 것이 무섭고 의심스러운 것 앞에서 두려움 없는 상태를 보여주는 것이라고 생각하기는 했지요.

비극 예술가는 자신의 무엇을 전달하고 있는 것일까? 그는 무섭고 의심스러운 것에 대면해서 두려움 없는 상태를 나타내 보여주고 있는 것은 아닐까?―이 상태 자체가 하나의 고귀한 소망의 대상이 아닐 수 없다. 그것을 아는 자는 그것에 최고의 경의를 표한다. 그는 그것을 전달해야만 한다. 강력한 적을, 험난한 고난을, 혐오를 불러일으키는 문제를 대면했을 때의 용감성과 침착성―이 승리의 상태야말로 비극 예술가가 선택하고 찬미하는 바의 것이다. 비극을 직면했을 때 우리들 영혼 속의 전투적 '본능'은 그 사투르누스제(祭)를 거행한다. 고통에 익숙한 자, 고통을 찾아다니는 자, 영웅적 인간은 누구나 비극으로써 자신의 존재를 찬양한다. ──이러한 인간에 대해서만 비극시인은 가장 달콤한 이 잔혹의 술을 따르는 것이다.[7]

여기서 니체는 비극이 무섭고 의심스러운 것에 대면해서 "두려움 없는 상태"를 보여준다고 말합니다. 이것은 아리스토텔레스의 언어로 말하자면 마음이 고통으로부터 정화된 상태라 할 수 있겠습니다. 니체에 따르면 이런 상태는 비극이 지향하는 "고귀한 소망의 대상"입니다. 그러니까 여기까지는 니체도 아리스토텔레스와 같은 길을 걷고 있다고 말할 수 있겠습니다. 그런데 그 다음 말을 보면, 니체식의 비극으로 단련된 사람들은 "고통에 익숙한 자"요, 한걸음 더 나아가 "고통을 찾아다니는 자"라고 하는군요. 니체가 말하는 이런 영웅들이 고통을 두려워하거나 피하지 않는 것은 고사하고 스스로 찾아다니기까지 하는 까닭은 가장 강력한 적과 싸워 이기는 것을 통해 자기의 힘과 용기를 확인하기 위해서랍니다. 이런 의미에서 "영웅적 인간은 누구나 비극으로써 자기의 존재를 찬양한다"는 것입니다.

그러나 도대체 누가 니체가 말하는 그런 영웅이란 말입니까? 오이디푸스가 그런 사람이었습니까? 그래서 그가 운명의 역풍을 맞기 위해 찾아다닌 적이 있었습니까? 아니면 오레스테스가, 아니면 안티고네가, 그도 아니면 메데이아가 또는 히폴뤼토스나 파이드라가 그런 사람이었습니까? 도대체 그리스 비극이 그려 보이는 영웅들 가운데 누가 재미삼아 자기의 힘을 시험해보고 승리의 기쁨을 누리기 위해 고통을 기꺼이 짊어지려 했던 변태가 있었단 말입니까? 내가 알기로는 적어도 그리스적 영웅들 가운데서는 아무도 없었습니다. 그렇다면 니체는 그런 사람이 존재하지도 않는데 날조해서 말한 것이란 말입니까? 아마도 그렇지는 않을 것입니다. 그가 말하는 두려움을 모르는 영웅이 그의 곁에 있었으니 그가 바로 바그너(R. Wagner)의 지크프리트(Siegfried)였습니다. 「니벨룽겐의 반지」(Ring des Nibelungen)에 등장하는 이 전사는 두려움이라는 말이 무엇을 뜻하는지조차 몰랐던 영웅, 바그너의 정신 속에서 독일식으로 퇴화된 헤라클레스였습니다. 그러니까 니체가 말하는 영웅은 그가 동경해 마지않았던 그리스 비극이 그려 보인 영웅들이 아니라 한때 그가 숭배했으나 나중에는 그가 그토록 경멸해 마지않았던 바그너의 영웅이었던 것입니다. 보다 더 알기 쉽게 말하자면 니체의 영웅이란 싸우지 않으면 몸이 근질거려 시빗거리를 찾아 이 골목 저 골목 어슬렁거리는 이소룡이나 김두한, 그러니까 오늘날 한국의 극장이나 TV에서 넘쳐나는 조폭 영화에서나 찾으면 딱 알맞은 그런 인간입니다. 그리하여 사람들이 경탄의 감정을 품고 말하는 그리스적 명랑성이라는 것도 니체에게 오면 고통을 두려워하지 않는 무감각과 같은 것이 되고 말았습니다. 어떤 경우에도 무감각이 탁월함의 징표일 수는 없는 일입니다. 그런데 니체의 영웅들의 탁월함은 바로 그 무감각에 기인하는 것입니다.

나는 여기서 니체가 말하는 영웅적 인간 즉 "고통에 익숙한 자, 고통을 찾아다니는 자"를 길러내는 것이 비극의 기능도 아니고, 근본적으로 비극을 통해서든 다른 무엇을 통해서든 실현가능한 일도 아니라고 생각합니다. 삶에는 익숙해질 수 없는 고통이 있기 때문입니다. 이미 오래 전에, 니체가 혐오했던 루소(J. J. Rousseau)가 말했지요. "피로, 쇠진, 배고픔으로부터 오는 육체적인 고통을 없애주는 습관은 없다"고.[8] 그러니 무작정 모든 고통에 익숙해져서 그것과 힘겨루기를 하기 위해 고통을 찾아다니기까지 하는 영웅적 인간이 되고 싶어하는 것은 어린애 같은 허세요, 세상물정 모르는 천진함의 소산이라 하지 않을 수가 없겠습니다. 그러나 사정이 어떠하든지 간에 니체가 비극을 통해 두려움 없는 상태에 도달하기를 염원했다는 것은 어떻든 비극이 연민과 공포의 감정을 정화하고 지양한다는 아리스토텔레스의 가르침을 자기 나름대로 이해하고 받아들인 것의 표현이었다는 것만은 분명한 일이라 하겠습니다. 어떤 의미에서든 비극은 우리를 일차원적인 삶의 고통으로부터 벗어나게 해준다는 것, 이 점에 관해서는 니체도, 아리스토텔레스도 그다지 생각이 다르지 않았던 것입니다.

그러나 똑같이 비극이 우리 속의 고통스런 정념을 정화해준다고 보았으면서도 니체는 그것이 타인의 고통에 대한 연민에 가득 찬 참여와 공감을 통해 이루어진다는 생각에 대해서는 명백한 반대의사를 밝혔습니다.

비극적이란 무엇인가?—나는 여러 차례나 아리스토텔레스가 두 가지 침울한 정념 가운데서, 즉 전율과 동정 가운데서, 비극적 정념이 인식될 수 있다고 믿었을 때, 그의 커다란 오해를 지적해왔다. 그가 옳다면 비극은 삶에 대한 위험한 예술임에 분명하다. 사람은 무언가 공공에게 해롭고 악평을 받고 있는 것을 대하듯이 비극을 경계해야만 한다. 일반적으로 삶의 커다란 자극제, 삶에서 느끼는 도취, 삶에의 의지에 다름 아닌 예술이 여기서는 하강운동에 봉사하면서, 말하자면 페시미즘의 봉사자로서 건강에 해로운 것이 될 것이다.(—왜냐하면 이들 정념의 흥분에 의하여 이들 정념으로부터 정화된다는 것은, 아리스토텔레스는 그렇게 믿고 있었다고 생각되는 것이지만, 분명히 오해이기 때문이다.) 습관적으로 공포라든가 연민이라든가를 야기하는 무엇인가는 해체시키고 약화시키고 의기소침하게 만든다.[9]

여기서 니체는 아리스토텔레스에 정면으로 반대하여, 만약 비극이 일삼아 공포와 연민의 정념을 불러일으킨다면, 그것이 아무리 이열치열의 의도에 따른 것이라 하더라도, 결과적으로 삶의 약화와 해체 또는 하강운동으로서의 페시미즘에 봉사하게 될 뿐이라고 말하고 있습니다. 니체는 그 까닭을 『인간적인, 너무나 인간적인』(Menschliches, Allzumenschliches)이라는 책에서 이미 말했는데, 그에 따르면 비록 "주기적으로 완화되더라도 모든 충동은 오랜 시간 만족하는 것을 연습함으로써 강화된다"는 것입니다. 따라서 "개별적인 경우에는 연민과 공포가 비극에 의해 완화되고 해소되는 것이 가능할지도 모르지만, 그럼에도 불구하고 연민과 공포가 전체적으로 비극의 영향을 받아 더 커질 수도 있다"는 것이지요.[10] 요컨대 니체는 비극이 보여주려는 것이 두려움 없는 상태라는 것을 부정하지는 않았지만, 그것이 타인의 고통에 대한 연민을 통해 이루어질 수 있다는 것은 인정하지 않으려 했던 것입니다.

고통조차도 그 앞에서는 하나의 자극제 구실을 하는, 넘치는 생명과 힘의 느낌으로서의 주신제(酒神祭)—그것에 관한 심리학은, 특히 우리네 염세주의자들뿐 아니라 아리스토텔레스까지도 오해를 했던, 그 비극적 감정이라는 개념을 이해할 수 있는 열쇠를 내게 제공해주었다. 비극은 쇼펜하우어가 뜻했던 그리스인들의 염세주의를 지지해주는 증거가 아니라 그러한 생각에 대한 결정적인 부정적 증거와 반대평결로 간주되어야 한다. 가장 낯설고 가혹한 삶의 문제들 가운데서도 찾아볼 수 있는 삶에 대한 긍정, 가장 고귀한 삶의 전형을 희생시켜가면서도 제 고유의 무궁무진함에 환희를 느끼는 삶에의 의지—그것이 바로 내가 디오뉘소스적이라 부르는 것이며, 그것이 바로 내가 비극시인의 심리학에 이르는 교량으로서 인식한 것이다. 연민과 공포를 없애기 위해서가 아니라—아리스토텔레스는 그렇게 이해했었지만—연민과 공포를 넘어서서 자기 자신 안에서 생성의 영원한 기쁨을 실현하기 위해서—파멸에 대한 기쁨까지도 포함하는 그 기쁨을 실현하기 위해서 말이다…….[11]

여기서 니체는 비극적 감정 또는 비극적 감동의 본질이 무엇인지를 말하고 있습니다. 그에 따르면 그것은 그리스인들의 페시미즘을 표현하는 것이 아닙니다. 도리어 그것은 삶에 대한 무조건적인 긍정, 삶에 대한 적극적 의지의 표현입니다. 비극은 아리스토텔레스가 생각했던 것처럼 타자에 대한 연민과 공포의 격심한 방출을 통해 자기 속에 응어리져 있는 그 위험한 감정을 정화하기 위해서 존재하는 것이 아니라, 오로지 자기 자신 안에서 생성의 영원한 기쁨을 실현하기 위해서 존재하는 것입니다. 그러면서 니체는 그 기쁨 속에는 파멸에 대한 기쁨도 포함된다고 설명을 덧붙이고 있습니다.

이런 종류의 비극이론에 따르면 더 이상 타인에 대한 연민이나 공감은 문제조차 되지 않습니다. 비극의 존재이유는 타인과의 관계나 또는 타자적인 것 일반으로의 이행에 있는 것이 아니라 철저히 고립된 주체의 반성적 자기관계에 있을 뿐입니다. 니체의 입장에 따르면, 비극이 주는 기쁨이란 자기 자신 안에서 반성되는 기쁨입니다. 그러니까 그것은 타자로의 이행이나 타인과의 만남 속에서 산출되고 확인되는 기쁨이 아니라, 오직 자기 자신 속에서, 다시 말해 자기관계 속에서, 아니 더 나아가 본질적으로는 자기동일성 속에서 반성적으로 확인되는 기쁨인 것입니다.

나는 과연 삶의 기쁨이 오직 "자기 자신 안에서" 생성될 수 있는지 자신 있게 말하지 못하겠습니다. 그러나 나는 자기 자신 속에서 기쁨을 추구하는 사람들과 굳이 논쟁하고 싶은 생각은 없습니다. 만약 그럴 수 있다면 그렇게 살면 될 것입니다. 그러나 나는 오직 자기 자신 속에서 고통과 슬픔을 지양할 수 있다는 생각에 대해서는 진지하게 되묻고 싶습니다. ─과연 인간은 자기 자신 속에서 자기의 고통을 스스로 지양할 수 있는 존재인가?

세상에는 내가 어찌할 수 없이 당할 수밖에 없는 고통이 많이 있습니다. 인간이 신이 아닌 이상 능동적 행위능력에 제한과 한계가 있을 수밖에 없는데, 그 한계는 어쩔 수 없는 수동적 당함으로 나타나는 것입니다. 원하지 않은 것을 당해야만 하고 바라지 않는 것을 겪어야만 할 때 우리는 고통받게 됩니다. 그런데 어떻게 하면 우리는 그 모든 고통들을 자기 자신 속에서 생성의 영원한 기쁨으로 전환시킬 수 있는 것입니까? 그래서 어떻게 하면 니체가 말하는 것처럼 파멸조차도 기쁨으로 탈바꿈시킬 수 있는 것입니까. 익히 알려진 대로 니체는 이를 위해 우리에게 두 가지를 주문합니다. 하나는 강해지라는 것이요, 또 하나는 긍정하라는 것입니다. 강해진다는 것은 객관적으로 고통을 이길 수 있는 힘을 가지는 것을 의미합니다. 인간은 약하면 약할수록 더 수동적이 되고 고통에 쉽게 내맡겨질 수밖에 없습니다. 반대로 우리는 강해지면 강해질수록 고통에 대해 외부의 자극에 대해 저항력을 가지게 됩니다. 앞에서도 보았습니다만 니체에 따르면 연민과 공포 따위의 정념은 강화되면 될수록 삶을 약화시킬 뿐입니다. 그러므로 우리는 오직 스스로의 권력의지, 간단히 말해 자기 자신의 생명력을 강하게 함으로써만 고통의 정념으로부터 해방될 수 있습니다. 하지만 내가 아무리 강해진다 하더라도 내가 극복할 수 없는 고통이 나를 찾아온다면 그때는 어떻게 해야 하는 것입니까? 우리의 철학자는 그런 경우에는 운명을 사랑하고 삶을 무조건적으로 긍정하라고 가르쳤습니다. 잔혹한 고통과 파멸의 운명조차 기쁨으로 긍정하는 것, 그것이 이른바 디오뉘소스적인 삶에의 의지라는 것입니다. 나중에 들뢰즈

(G. Deleuze)는 이것을 설명하면서 디오뉘소스에게서 삶은 굳이 정당화될 필요가 없다고 말했습니다. 삶은 그 자체로서 가장 고통스런 고통조차 긍정한다는 것입니다.[12] 삶이, 현존이 그 자체로서 정당화를 필요로 하지도 않을 정도로 정당하고 긍정할 만하다는 것, 이것이 니체와 그 아류들이 오늘날 디오뉘소스적 도취와 열광 속에서 드높이 부르는 합창입니다.

나는 그런 합창에 대하여 다시 최옥란 씨의 삶을 들먹이지는 않도록 하겠습니다. 가진 것 없고 배운 것 없어 직업소개소를 찾았다가 자기도 모르는 새 인신매매되어 지금은 그저 살기 위해 매일 밤 자기를 죽여야 하는 이름 모를 여인들을 들먹이지도 않도록 하겠습니다. 도대체 그런 사람들에게 네 운명을 사랑하고 삶을 있는 그대로 긍정하라는 설교가 무슨 의미가 있을 것인지도 묻지 않도록 하겠습니다. 나는 다만 그들의 철학이 그들 자신을 구원할 수 있었던가 하는 것만을 한 번 물어보려 합니다. 니체와 들뢰즈의 철학이 과연 그들 자신을 구원할 수 있었습니까? 그리하여 그들이 허무에 빠지지 않고 언제나 노래하는 파랑새처럼 행복할 수 있었단 말입니까?

인간이 존재한 이래, 인간이 기쁨을 누린 일이 너무도 적었다. 나의 형제들이여, 이것만이 우리의 원죄다. 우리가 좀더 기뻐할 줄 알게 된다면 다른 사람에게 고통을 준다거나 다른 사람들을 고통스럽게 할 궁리를 우리는 어느 때보다도 하지 않게 된다.[13]

이것은 기쁨에 겨워 춤을 추다 미쳐버린 사내의 말입니다. 생각하면 니체의 철학은 거대한 반어, 비극적 아이러니입니다. 나는 디오뉘소스적인 도취와 열광이 광기와 한통속이라는 것은 익히 알고 있었습니다만, 그 광기가 아주 미쳐버리는 것을 뜻하는 줄은 예전엔 미처 몰랐습니다. 얼마나 놀라운 일입니까? 기쁨에 겨워 아주 미쳐버린다는 것은! 그러나 이것도 기쁨에 겨워 자살해버리는 것에 비하면 아직도 한참 수준이 뒤떨어지는 것이라 말해야 하겠는지요?

도대체 슬픔보다 기쁨이 좋다는 것을 모르는 사람이 누구입니까? 그렇게 당연한 소리를 하기 위해 철학이 있는 것이라면, 이 얼마나 허탈한 일이겠습니까? 철학이 사람들에게 말해주어야 할 것은 슬픔보다 기쁨이 좋다는 식의 당연한 말이 아니라, 과연 우리가 고통스런 현실 속에서도 어떻게 참된 기쁨에 참여할 수 있는가 하는 것입니다. 그러나 불행하게도 니체는 남들이 다 아는 것, 즉 슬픔보다 기쁨이 더 좋다는 것은 알았지만 도대체 어떻게 해야 어찌할 수 없는 슬픔 속에서도 우리가 기뻐할 수 있는지 깨닫지는 못했습니다. 그러므로 그는 고작해야 스스로 강해지고 삶을 긍정하라는 뻔한 설교말고는 아무것도 할말이 없었는데, 그런 말이야 억울하면 출세하고 힘없으면 태권도 배우고, 배고프면 빵 사먹고, 빵 사먹을 돈조차 없으면 우물가에 가서 물배라도 채우라는 식의 설교에 지나지 않는 것입니다. 그러니 그 알량한 지혜로 남들은 고사하고 어떻게 자기 한 몸인들 구원할 수 있었겠습니까?

편지 43

만남의 기쁨

　고통스런 현실을 보면서 그 현실을 있는 그대로 긍정하라고 권하는 것은 허기진 정신을 물배로 채우라는 것과 마찬가지입니다. 이것은 철학을 빙자한 일종의 자기기만으로서 결국에는 그렇게 자기를 기만하는 사람들 자신을 파멸로 이끄는 주술인 것입니다. 진정한 비극은 고통스런 현실 앞에서 보아라 이 얼마나 멋진 세상이냐 하고 허세를 부리지 않습니다. 도리어 참된 비극은 인간의 삶에 편재하는 고통과 슬픔의 필연성을 보여주고 우리를 삶의 비극적 진실 앞에 마주 서게 합니다. 니체는 페시미즘을 싫어했지만, 우리의 삶에서 끝끝내 고통을 다 제거할 수는 없다는 비극적 세계관은 내가 좋다고 해서 받아들이고, 싫다고 해서 버릴 수 있는 한갓 관념이 아닙니다. 그것은 우리가 삶에 정직하게 마주서기 위해서는 반드시 거쳐야만 하는 가장 초보적인 깨달음인 것입니다. 비극은 바로 그런 삶의 비극적 진실의 표현입니다. 세상에 어느 누구도 고통과 슬픔으로부터 완전히 면제된 사람은 없다는 것, 슬픔은 우리가 끝끝내 헤어질 수도 없고 내칠 수도 없는 삶의 동반자라는 것, 그것을 비극은 우리에게 보여주는 것입니다.

그러나 이런 삶의 비극적 진실 앞에 마주 서는 것은 불쾌한 일입니다. 나도 무대 위의 주인공처럼 티없이 행복한 삶을 살다가도 하루아침에 고통스런 파멸의 나락으로 떨어져버릴 수 있다는 가능성을 생각하는 것은 우리에게 일종의 전율과 공포를 불러일으키기 때문입니다. 그러나 비극은 우리를 자기 자신에게 닥칠 수 있는 고통에 대한 공포의 감정에 그대로 묶어두지는 않습니다. 비극은 내가 나에 대해 느끼는 두려움이 강렬한 만큼 지금 무대 위에서 고통받는 주인공의 슬픔에 대해 마찬가지로 강렬한 연민을 느끼지 않을 수 없게 만듭니다. 바로 이것이 비극의 힘입니다. 그것은 모든 인간에게 닥칠 수 있는 보편적 고통을 그려 보여줌으로써 한편으로는 나 자신의 허약함과 그런 나에게 언제든지 닥쳐올 수 있는 고통의 크기 앞에서 공포와 전율을 느끼게 하지만, 이런 감정을 자기 자신만을 염려하는 이기적이고 자기중심적인 정념으로 치닫게 하지 않고, 도리어 나와 똑같은 타인이 당하는 고통에 동참하고 연민을 느낄 수 있는 디딤돌이 되게 합니다. 앞에서도 말했듯이 타인이 겪는 고통이 나에게도 닥칠 수 있다는 것을 생각하는 순간 우리는 공포와 전율을 느끼지 않을 수 없습니다. 그러나 비극은 이 공포를 자기의 안위만을 염려하는 이기적 정념으로부터 타인의 고통을 이해하고 연민을 느낄 수 있는 근원적 능력으로 전환시키는 것입니다. 루소는 『에밀』(Emile)에서 동정심의 원리를 설명하면서 "사람은 오직, 자신도 면할 수 없으리라고 생각되는 타인의 불행만을 동정한다"고 말한 적이 있습니다. 같은 이치를 레싱은 『함부르크 연극론』(Hamburgische Dramaturgie)에서 아리스토텔레스의 카타르시스를 해명하면서 우리는 오직 자기가 공포를 느낄 수 있는 타인의 불행에 대해서만 연민을 느낄 수 있다고 말했습니다. 우리는 타인의 고통을 나 자신에게도 일어날 수 있는 불행이라고 생각하고 먼저 남이 아닌 자기 자신을 위하여 두려움을 느낄 수 있을 경우에만 타인의 고통에 대해 연민과 동정심을 느낄 수도 있는 것입니다. 이처럼 자기에게 닥칠 수 있는 고통에 대한 두려움과 공포는 우리가 타인의 고통에 대해 연민을 느낄 수 있는 가능근거인 것입니다.

물론 내가 나 자신에게 닥칠 수 있는 고통이나 불행에 대하여 느끼는 공포가 언제나 타인의 고통에 대한 연민으로 이어지는 것은 아닙니다. 도리어 많은 사람들에게 있어서 자기가 당하고 있는 고통은 그들을 한갓 자기연민에 빠져들게 할 뿐이요, 자기에게 닥쳐올 고통에 대한 공포는 그들을 맹목적인 이기심의 노예로 만들 뿐입니다. 그리하여 똑같은 고통이라도 어떤 사람에게는 그를 이기적으로 만드는 원인이 되지만 다른 사람에게는 타인에 대한 따뜻한 연민의 원인이 되기도 하는 것입니다. 그러나 두 가지 경우 가운데 어떤 쪽이 현실 속에서 더 쉽게 볼 수 있는 경우인지 묻는다면 글쎄요, 고통이 사람을 더 쉽게 이기적이 되도록 만드는 것이 아닌가 하는 생각이 먼저 드는 것은 내가 세상을 너무 어둡게 보기 때문인지요? 그러나 우리가 이 문제에 대해 어떤 식으로 생각하든지 간에 자기 자신에 관계된 고통에 대한 예민한 감수성이 자동적으로 타인의 고통에 대한 예민한 공감과 연민으로 이행하는 것은 아니라는 것만은 동의할 수 있을 것입니다. 고통은 양날의 칼과도 같아서, 그것을 어떻게 이끌어가느냐에 따라 이기적 정념이 될 수도 있고 이타적 정념의 원천이 될 수도 있는 것이지요.

비극의 힘은 자기 자신의 고통에 관한 연민과 공포의 정념들을 자기중심적인 구심(求心)운동으로부터 해방시켜 그것을 타인의 고통, 아니 더 나아가 우리 모두가 같이 겪을 수밖에 없는 보편적 고통에 대한 연민과 공감으로 이행하도록 하는 데 있습니다. 이것이야말로 비극예술이 수행하는 감정의 삼단논법입니다. 그리고 아리스토텔레스가 카타르시스라고 이름했던 비극의 기능도 간단히 말하자면 바로 이런 이행에 존립하는 것입니다. 아리스토텔레스는 비극이 연민과 공포를 통해 이런 감정들의 카타르시스를 수행한다고 말합니다. 여기서 이런 정념들이란 똑같지는 않지만 그와 비슷한 감정들을 의미합니다. 즉 그것은 앞의 연민이나 공포와 동일하지는 않으나 유사한 연민과 공포의 감정인 것입니다. 그리하여 아리스토텔레스의 카타르시스를 풀어보면 그것은 어떤 연민과 공포가 또 다른 연민과 공포를 정화한다는 것을 의미한다 하겠습니다. 그렇다면 여기서 정화해주는 연민과 공포는 무엇이며 정화되는 연민과 공포는 또 무엇이겠습니까? 내가 길게 말하지 않아도 이제 당신은 내가 무슨 말을 하고 싶어하는지 아실 것입니다. 한마디로 말해 정화되어야 할 연민과 공포는 자기 자신에 대한 연민과 공포이며 정화해주는 연민과 공포는 타인에 대한 연민이며 보편적 고통에 대한 공포입니다. 앞에서도 구분했듯이 우리는 자기가 겪었던 고통이나 지금 겪는 고통에 대해 자기연민을 느낄 수 있습니다. 그리고 자기가 겪게 될 고통에 대해서는 두려움을 느끼게 마련입니다. 그런데 이처럼 자기 자신에 대하여 느끼는 연민과 고통의 감정이 강하면 강할수록 그것은 정신적 건강의 측면에서나 윤리적 측면에서나 우리의 삶을 병들게 만듭니다. 비극은 타인의 고통을 미적 아우라 속에서 그려 보여줌으로써 우리로 하여금 자기 자신에 대한 몰입과 집착에서 벗어나 타인의 고통에 눈길을 돌리도록 합니다. 나와 아무런 상관도 없는 사람의 일에 대해 마치 나의 일인 듯이 몰두하게 만드는 것이야말로 비극예술의 힘이거니와, 타인의 삶과 고통에 대해 강렬하게 몰두하면 할수록 나는 그의 고통을 마치 나의 고통인 것처럼 공감하게 되고, 이를 통해 타인의 고통에 대해 강렬한 연민의 감정을 느끼게 되는 것입니다.

그렇게 내가 타인의 고통에 참여하고 그것에 대해 연민과 동정심을 느낄 때, 나는 어느새 자기 자신의 고통에 대한 편협한 집착에서 벗어나게 되는데, 바로 이것이야말로 하나의 고통을 통해 다른 하나의 고통을 정화하는 것이라 하겠습니다. 왜냐하면 나는 그때, 내 마음을 짓누르고 있었던 나 자신에 대한 연민과 공포의 짐을 나도 모르는 사이에 내려놓기 때문입니다. 비극예술이 그려 보이는 허구적 타인의 고통에 대해 느끼는 연민은 나 자신에 대한 연민과 공포를 잊어버리게 합니다. 더 나아가 비극이 재현하는 타인의 삶과 고통 속에서 형상화되는 보편적인 고통에 대한 감수성은 나로 하여금 개별적인 주체로서가 아니라 보편적인 주체로서 삶 일반의 보편적 고통에 대하여 두려움과 전율을 느끼게 합니다. 이를테면 『오이디푸스 왕』에서 우리가 느끼는 두려움과 전율은 단지 나 개인도 저런 일을 겪을 수도 있겠다는 단순한 가능성에서 비롯되는 것만은 아닙니다. 아니 어쩌면 오이디푸스가 겪었던 사건 자체를 두고 보자면 우리는 누구도 자기가 현실적으로 그런 일을 겪을 가능성이 있다고 생각하지는 않을 것입니다. 그것은 아리스토텔레스가 말했듯이 그럴듯하기는 하지만 현실적으로는 불가능한 일입니다. 하지만 그럼에도 불구하고 나는 『오이디푸스 왕』을 보면서 공포에 가까운 전율을 느끼게 됩니다. 그렇다면 이 전율의 정체는 무엇입니까? 그것은 나와 너를 떠나서 내가 인간 일반의 자리에서 보편적 주체로서 전체로서의 삶의 밑바탕에 놓여 있는 본질적인 비극성을 응시하면서 느끼는 공포와 전율일 것입니다. 그러니까 비극은 고통을 보편화시키는 것만큼 또한 그것을 바라보는 우리들 각자를 개별적 주체성의 한계에서 해방시켜 보편적인 주체성에 참여하게 한다고 말할 수 있습니다. 이처럼 보편적 주체로서 인간 일반의 고통을 응시할 때, 나는 나 하나에게 닥칠 수 있는 고통 앞에서 두려움을 느끼는 왜소한 개별자로부터 상승하여, 삶과 존재의 근저에 놓여 있는 어떤 본질적이고 근원적인 비극성을 응시하면서 그 앞에서 전율을 느끼는 보편적인 주체로 탈바꿈하는 것입니다. 존재 그 자체에 깃들여 있는 그 엄청난 비극성의 질량 앞에서 나 개인에게 닥칠 수 있는 고통의 질량은 비할 나위 없이 가벼워집니다. 삶 그 자체 속에 깃들인 비극성 앞에서 우리가 느끼는 공포와 전율 속에서 우리의 사사로운 공포의 감정은 그렇게 씻겨나가고 정화되는 것입니다.

사족에 지나지 않는 말이기는 하지만 여기서 반드시 더 큰 연민이 더 작은 연민을 정화하고 더 큰 공포가 더 작은 공포를 정화한다는 것이 연민과 연민, 공포와 공포의 일대일 대응을 뜻하는 것은 아닙니다. 중요한 것은 전체적으로 타인에 대한 아니 인간 일반의 존재의 비극성에 대한 감수성이 사사로운 자기의 고통에 대한 감수성을 극복하고 정화한다는 것입니다. 유감스럽게도 니체가 전혀 알지 못했던 것이 바로 이것으로서, 인간은 오직 타인의 고통에 적극적으로 동참하는 정도만큼만 자기 자신을 괴롭히는 고통으로부터 해방될 수 있습니다. 비극은 우리들을 자기 자신이 칩거하고 있는 좁고 어두운 골방에서 끌어내어 타인의 고통 앞에, 모든 사람이 처해 있는 보편적 고통 앞에 마주 서게 합니다. 그리고 이를 통해 그것은 우리들 자신의 사사로운 고통을 가볍게 해줍니다. 바로 그 가벼움이 주는 유쾌함과 명랑함, 끝끝내 벗어날 수 없는 페시미즘에도 불구하고 내가 결코 홀로 외로이 고립되어 있는 것은 아니라는 유대감, 그런 것들이 비극적 카타르시스 속에 감추어져 있는 기쁨의 요체인 것입니다. 여기서 페시미즘과 비극적 카타르시스는 공속합니다. 삶이 고해(苦海)라는 것, 고통은 우리 삶의 피할 수 없는 동반자라는 것, 아무리 부유하고 아무리 건강하고 아무리 많은 권력을 소유하고 있는 사람이라 할지라도 고통으로부터 최종적으로 면제된 것은 아니라는 것, 요컨대 페시미즘은 니체가 말했듯이 우리의 삶에의 의지를 약화시키고 병들게 할 수 있습니다. 그러나 비극은 그렇게 위험한 페시미즘 속에서 도리어 삶에 대한 명랑한 긍정을 가능하게 하는 마술입니다. 니체는 삶을 긍정하라고 설교했지만, 도대체 무엇을 위해, 무엇 때문에 삶을 긍정해야 하는지 합당한 근거를 전혀 알지 못했기 때문에 치명적인 허무주의를 끝끝내 벗어날 수 없었습니다. 세상에 어쩔 수 없는 고통이 널려 있다는 것을 부정할 수 없기는 니체도 마찬가지였는데, 그는 누구도 부정할 수 없는 고통스런 현실 앞에서 항상 기뻐하고 무조건적으로 긍정하라는 지루한 설교만을 반복했습니다. 앞에서도 인용했듯이 급기야 그는 "파멸에 대한 기쁨"이라는 해괴한 말까지 입에 올리게 되는데, 도대체 비극적 파멸 앞에서까지 무조건적으로 기뻐해야 한다는 이런 맹목이 누구를 설득할 수 있겠습니까? 모든 맹목은 허무주의의 온상으로서, 이는 니체의 경우에도 예외일 수는 없는 일입니다. 그리하여 그는 디오뉘소스적 긍정과 기쁨을 주문처럼 입에 달고 살았지만 정작 자기 자신은 점점 더 깊은 허무주의의 수렁 속으로 빠져 들어갈 수밖에 없었던 것입니다. 삶을 진정으로 긍정하기 위해서는 치명적인 고통까지도 긍정할 수 있어야만 합니다. 나는 이 점에서 니체에게 반대할 생각은 없습니다. 그러나 고통을 긍정하기 위해서는 고통의 의미를 납득할 수 있어야만 합니다. 그렇지 않을 때 우리는 우둔한 맹목에 빠지게 되며 결과적으로 고통스러운 삶을 긍정할 수도 없게 되는 것입니다.

그러므로 결국 문제는 고통의 의미, 고통의 존재이유를 해명하는 일입니다. 세상에 널려 있는 슬픔과 고통은 다 무엇을 위해 있는 것입니까? 비극은 이 물음에 대해 철학적으로 논증하지는 않습니다. 그러나 그것은 고통의 정념을 강화하고 증폭시킴을 통해서만 카타르시스가 가능하다는 것을 보여줌으로써 우리의 삶에서 고통이 가지는 의미가 무엇인지를 말없이 증거합니다. 카타르시스란 무엇입니까? 그것은 내가 편협한 이기심과 고립된 개별성에서 벗어나 열린 광장에서 타인과 만나고 더 나아가 보편적인 주체성에 참여할 때 느끼는 기쁨입니다. 내가 타인의 고통으로 눈물 흘리고 우주적 비극성 앞에서 전율할 때, 나의 사사로운 고통이나 번민은 가벼워지고 나의 정신은 무한히 넓어집니다. 카타르시스는 그렇게 내가 확대되고 고통은 가벼워질 때, 내가 느끼는 충만한 생명력의 기쁨인 것입니다. 그리고 그때 우리는 수많은 고통 앞에서도 삶을 향해 마치 파우스트처럼 "멈추어라 너 참 아름답구나"라고 외칠 수 있게 되는 것입니다. 그러나 이 긍정, 존재의 의미에 대한 이 깊은 신뢰는 어디서 비롯되는 것입니까? 그것은 타인의 고통 그리고 삶 그 자체에 놓여 있는 측량할 수 없이 큰 고통에 내가 참여함으로써 가능해지는 것입니다. 그리스의 비극시인들은 마치 그 당시 의사들이 발작상태에 빠진 사람에게 도리어 더 시끄럽고 요란한 음악을 들려줌으로써 그의 마음의 격동을 조용히 잠재웠던 것처럼, 사람들의 마음을 무한히 깊고 넓은 타자적인 고통과 보편적인 슬픔의 바다에 빠뜨림으로써 자기의 사사로운 고통과 슬픔에서 구원하려 했던 것입니다. 우리의 삶에서 고통과 슬픔을 치유하고 위로하는 것은 또 다른 고통과 슬픔입니다. 이런 의미에서 페시미즘과 카타르시스는 공속합니다. 카타르시스는 고통을 통해서만 발생하는 기쁨인 것입니다.

  인간이 자기 자신 속에 고립되어 있는 경우에는 그가 아무리 슈퍼맨이나 초인이라 하더라도 고통에서 완전히 벗어날 수 없고, 더 나아가 고통스런 삶으로부터 순결한 기쁨을 길어낼 수도 없습니다. 우리는 오직 타인의 고통과 인류의 보편적 고통에 동참함으로써만 자기의 고통을 잊어버릴 수 있는 것입니다. 마찬가지로 우리는 자기 홀로 아무리 강하고 탁월하며 풍요한 삶을 산다고 해서 삶을 긍정할 이유를 자기 속에서 발견할 수 있는 것도 아닙니다. 우리는 타인의 고통에 참여함으로써 타인을 만나고 이 만남 속에서 내가 우리로 확장되어 나아가는 것을 경험할 때, 오직 그때 나는 비로소 순수한 기쁨 속에서 삶을 긍정해야 할 이유를 발견합니다. 그 까닭은 삶은 오직 만남 속에서만 가능하며, 또한 삶 그 자체가 곧바로 만남이기 때문입니다. 삶은 단순한 현존과 같은 것이 아닙니다. 멸종 위기에 놓인 한 마리 짐승은 이 우주 내에 단 한 마리가 홀로 남아 있다 하더라도 살아 있는 것임에는 틀림없습니다. 그러나 만약 이 세계 내에서 인간이 유일하게 혼자 살아 있다면, 그는 다만 존재하는 것일 수는 있지만 결코 삶을 산다고 말할 수는 없을 것입니다. 인간의 삶은 단순한 현존이 아니라 오직 사람과 사람의 만남 속에서 바로 이 만남 자체로서 발생하는 것이기 때문입니다. 그리하여 삶은 우리 모두에게 언제나 실현되어야만 할 과제입니다. 그것은 만남이 우리에겐 언제나 새롭게 시도되고 새롭게 실현되어야 할 과제이기 때문입니다.

그러나 우리는 언제 다른 사람과 온전히 만날 수 있는 것입니까? 오직 우리가 삶에서 끝끝내 피할 수도 제거할 수도 없는 고통을 통해서만 우리는 타인에게로 건너갈 수 있습니다. 지금까지 우리가 살펴보았던바, 비극은 고통을 통한 만남의 기쁨을 우리에게 가르치는 예술입니다. 그러니까 아리스토텔레스가 카타르시스라 불렀던 것, 즉 비극이 주는 기쁨도 결국 만남의 기쁨인 것입니다. 그 기쁨은 오직 고통을 통해서만 얻을 수 있는 기쁨입니다. 그 까닭은 오직 고통을 통해서만 만남이 가능해지기 때문입니다. 기쁨은 타자와의 만남을 애써 요구하지 않습니다. 고대 그리스의 철학자 에피쿠로스는, 신들이 인간에게 더러는 복을 주고 더러는 벌을 준다고 믿는 사람들을 향해 신들은 너무도 행복한 삶을 살고 있기 때문에, 언제나 인간 세상에서 멀리 떨어져 자기의 성에 거주하면서 인간에 대해서는 호의든 악의든 어떠한 관심도 가질 필요가 없다고 가르쳤습니다. 이것이 우리에게 말해주는 것은, 타자에게 긍정적으로든 부정적으로든 관심을 가지고 손을 내밀게 되는 것은 언제나 불완전한 존재에게 해당되는 일로서, 간단히 말해 슬픔과 불행을 안고 사는 존재만이 타자와의 만남을 필요로 한다는 것입니다. 그러므로 우리는 에피쿠로스의 신들과 비교해서 인간의 불행과 고통을 마냥 슬퍼할 필요도 없고, 삶에 치명적인 고통이 언제나 같이 있다 해서 니체가 염려했던 것처럼 삶을 과격하게 부정하고 피안의 세계를 동경할 필요도 없습니다. 왜냐하면 슬픔이 아무런 뜻없이 우리에게 주어져 있는 것은 아니기 때문입니다. 오랫동안 나는 세상에 왜 이토록 받아들일 수 없는 슬픔과 고통이 널려 있는지 묻고 또 물어왔습니다. 지금 나는 나를 여기까지 이끌어왔던 그 오랜 물음에 대해 이렇게 대답하려 합니다. ─오직 사랑을 완성하기 위해 그 많은 슬픔이 존재하는 것이라고. 사랑은 만남에 존립합니다. 그리하여 신은 만남과 사랑을 완성하라고 인간에게 이 많은 슬픔을 넘치도록 허락했던 것입니다. 그러니 어떻게 단지 고통을 핑계로 우리가 삶을 거부할 수 있겠습니까? 에피쿠로스의 신들이 아무리 완전한 행복을 누리고 산다 하더라도 내가 그들의 삶을 조금도 부러워하지 않는 것은, 만남 없는 삶의 행복이 무엇을 뜻하는 것인지 내가 이해할 수 없기 때문입니다. 마찬가지로 내가 인간의 삶에 널려 있는 슬픔과 고통 앞에 몸서리치면서도 인간의 가난한 삶의 가치를 부정하지 않는 것은 오직 고통과 슬픔 속에서만 우리는 서로에게 손내밀고 서로에게 말건네며 서로서로 온전히 만날 수 있기 때문입니다. 그러니 사랑하는 그대, 우리에게 삶은 얼마나 신비한 선물인지요? 폭풍우치는 이 깊은 고통의 바다 위에서도 삶은 깃털처럼 가볍고, 마음은 파랑새처럼 명랑할 수 있으니…….

편지 44

그리스 비극의 명랑함과 숭고

    명랑함, 오직 고통을 통해서만 우리가 도달할 수 있는 그 명랑함이 야말로 생각하면 그리스 비극이 보여주는 정신의 크기요, 숭고입니다. 오랫동안, 그리스 정신에 매혹되었던 고전학자들은 한결같이 그리스 정신이 보여주는 신비로운 명랑함(Heiterkeit)에 대해 경탄을 표시해왔습니다. 그리스 정신은 마치 어린아이처럼 그늘 없는 천진함, 삶의 깊은 고통 속에서도 어두워지지 않는 청명함을 보여주지만, 그것은 아직 고통을 알지 못하는 미성숙한 정신이 보여주는 단순함이 아니기에 보면 볼수록 이해하기 어려운 신비로 나타났던 것입니다. 르네상스 시대가 그리스 정신을 새로이 발견한 이래 사람들은 그리스적 명랑함의 신비를 나름대로 이해하고 설명해왔습니다. 니체가 어린이를 예찬했던 것도 따지고 보면 그리스적 명랑함에 대한 동경을 그렇게 표현한 것이라 할 수 있지요. 그러나 과연 그리스적 명랑함이란 무엇을 의미하는 것입니까?
    앞에서도 보았듯이 니체는 그 명랑함이 디오뉘소스적 긍정에서 비롯되는 것이라고 말합니다. 그러나 그가 말하는 디오뉘소스적 긍정이란 쉽게 말하자면 맹목적이고 무조건적인 긍정입니다. 그리고 모든 맹목이 그렇듯이 이런 긍정은 우둔한 긍정입니다. 그것은 오직 한 번도 삶의 긍정과 부정 사이에서 고통스런 줄다리기를 해본 적이 없는 사람, 그리하여 처음부터 삶을 가볍게 살아온 사람들에게나 통할 수 있는 공허하고 기만적인 수사에 지나지 않습니다. 그리스 비극이 보여주는 명랑함은 삶에 대한 그런 맹목적 긍정에서 비롯된 천진난만함이 아닙니다. 만약 그랬더라면 그것이 도대체 누구를 감동시킬 수 있었겠습니까? 그리스 비극이 보여주는 명랑함은 가장 깊은 고통 속에서 길어낸 기쁨입니다. 그것이 우리에게 주는 감동도 바로 이런 역설에 존립하는 것으로서, 언제든 우리를 감동시키는 정신의 깊이는 오직 고통의 깊이에 다름 아닌 것입니다.

그러나 어떻게 기쁨이 고통을 통해서 우리에게 다가온다는 말입니까? 오직 고통이 나를 너와 만나게 하는 한에서입니다. 고통은 나를 너에게로 건너가게 해주는 유일한 다리입니다. 우리가 이것을 깨달을 때, 고통은 단순히 죽지 않기 위해 어쩔 수 없이 긍정해야 하는 삶의 이물질이 아니라, 나와 너의 만남과 사랑을 가능하게 함으로써 우리의 삶을 단순한 동물적 생존으로부터 진정한 인간적 삶으로 고양시키고, 단순한 생존에서는 결코 맛볼 수 없는 고귀한 기쁨을 선사해주는 복된 선물이 되는 것입니다. 우리가 이처럼 고통이 기쁨의 씨앗이라는 것을 깨달을 때, 비로소 우리는 고통에도 불구하고 아니 고통으로 인해 삶을 긍정할 수 있는 것입니다. 그리고 그때 비로소 우리는 대지의 고통에 뿌리내린 인간의 삶에 상처받고 아파하면서도 그 고통의 자양분을 통해서만 성장하고 결실을 보는 만남의 기쁨이라는 열매 앞에서 인간의 삶을 기꺼이 긍정하게 되는 것입니다.

호메로스에서 비극시인들까지 그리스 정신이 일관되게 보여주었던 저 명랑함이란 삶에 대한 그런 심오한 긍정으로부터만 가능한 것이었습니다. 삶에 대한 긍정은 고통에 대한 긍정입니다. 니체는 자기의 논리를 정당화하기 위해 애써 부정하고 싶어한 일이지만, 편견없는 눈으로 그리스 정신을 관찰할 때, 그리스인들이 다른 어떤 민족보다 깊은 비극적이고 염세적인 감수성의 소유자들이었다는 것은 그다지 어렵지 않게 알아차릴 수 있는 일입니다. 오죽하면 헤로도토스(Herodotos)가 인간에게는 죽는 것이 사는 것보다 더 좋다고 말했겠습니까. 비극 역시 그런 페시미즘의 정서 위에서 태동했던 예술이었던 것입니다. 그럼에도 불구하고 그리스 정신은 니체의 염려와는 달리 페시미즘 때문에 허무주의나 데카당스에 빠지지는 않았습니다. 도리어 그들은 가장 깊은 비극적 감수성에도 불구하고 어린아이와도 같은 천진함을 가지고 그렇게 고통스런 삶을 긍정했습니다. 그것은 그들이 고통을 긍정할 수 있었기 때문입니다.

그러나 그리스 정신이 보여주는 삶의 긍정, 고통의 긍정은 니체가 말했던 것처럼 삶이 무턱대고 순수하고 무구하기 때문이 아닙니다. 삶은 순수하지도 무구하지도 않습니다. 현실은 불순하고 사악하며 우리의 삶은 정당화될 수 없는 고통으로 가득 차 있습니다. 우리가 사는 세상은 백주 대낮에 남의 나라 군대가 장갑차를 몰면서 멀쩡히 두 눈 뜨고 두 여학생을 깔아 죽여도 무죄판결을 받는 세상이며, 그렇게 살인을 하고도 무죄방면된 미치광이들이 소감을 묻는 기자들의 질문에 "I am happy"라고 지껄이는 세상입니다. 그런 세상을 가리켜 정당화될 필요도 없을 정도로 순진무구하다고 말하는 것은 오직 제국주의 나팔수들의 입에서나 나올 수 있는 말인 것입니다. 이 땅에서 아니 우리가 사는 이 지구 위에서 얼마나 많은 사람들이 얼마나 오랫동안 그 모든 정당화될 수 없는 고통에 사로잡혀 미칠 것 같은 원한과 분노에 삶을 저주하며 살아왔겠습니까? 사랑하는 딸들과 영영 이별한 두 여중생의 부모들도 이후로 누구에게서도 위로받을 수 없는 슬픔 속에서 삶을 살아가야만 할 것입니다. 하지만 사랑하는 그대, 이제 나는 땅 위에 넘쳐흐르는 그 모든 위로받을 수 없고 정당화될 수 없는 고통에도 불구하고 삶을 부정하거나 피안의 세계로 도피하지는 않을 것입니다. 그것은 이 겨울 두 여학생의 영혼이 서울시청에서 광화문에서 무수히 반짝이는 촛불들 속에서 끝끝내 꺼지지 않는 빛으로 되살아나는 것을 보았기 때문입니다. 그 빛은 한 사람의 고통이 두 사람의 고통이 되고 두 사람의 고통이 우리 모두의 고통이 될 때 피어나는 영원한 생명의 빛, 한갓 동물적 생존이 아니라 참된 삶의 약동이 아니고 무엇이 겠습니까? 삶이 순수한 것은 세상에 만연한 불의 때문도 아니고 위로받을 수 없는 고통 그 자체 때문도 아닙니다. 오직 한 사람의 고통이 다른 사람의 고통이 되고, 그 고통의 나눔 속에서 내가 당신과 만날 수 있기 때문에, 그 모든 고통에도 불구하고 삶은 아름다울 수 있는 것입니다. 그리고 그 만남의 가치가 그것을 위해 우리가 치러야 하는 고통의 값어치를 무한히 초월하는 까닭에 우리는 그 많은 고통에도 불구하고 삶을 기꺼이 긍정하고 기쁘게 받아들일 수 있는 것입니다.

　그리스적 명랑함도 마찬가지입니다. 그것은 고통을 모르는 어린아이 같은 정신의 경박함도 아니고 어떤 고통에도 상처받지 않는 초인의 무감동도 아닙니다. 도리어 그것은 가장 깊은 고통을 통과한 정신에게만 깃들일 수 있는 숭고한 명랑함입니다. 숭고란 무엇입니까? 칸트에 기대어 말하자면 그것은 약함 속에서만 자기를 드러내는 정신의 힘이며, 고통을 통해서만 피어나는 긍지에 찬 기쁨입니다. 약함 없는 강함은 허영에 사로잡힌 정신이 추구하는 것이요, 고통을 모르는 기쁨은 정신의 경박을 낳을 뿐입니다. 우리가 그리스 비극의 영웅주의에서 정신의 허영을 보지 않고, 그것의 명랑함에서 정신의 경박을 발견하지 않는 것은 그리스 비극의 정신이 인간의 허약함과 그로 인한 깊은 고통의 감수성에 의해 팽팽한 긴장 속에서 규제되고 있기 때문입니다. 그러나 그 긴장 속에서도 그리스 정신이 경직된 심각함으로 치닫지 않고 순진무구한 명랑함을 보여줄 수 있는 것은 그리스 정신이 깊은 고통 속에서 도리어 카타르시스를 느낄 수 있을 만큼 지혜로웠기 때문입니다. 그리스의 시인들은 바로 그런 지혜를 동료 시민들에게 전하기 위해 비극을 썼겠지요. 어떻게 삶의 참된 기쁨이 오직 깊은 슬픔 속에서만 가능한 것인지, 내가 어떻게 타인의 고통에 참여함을 통해서만 내 삶의 고통을 초월할 수 있는 것인지, 어떻게 슬픔 속에 명랑함이 있고 명랑함 뒤에 슬픔의 그림자가 어리는지를 보여주기 위해, 그리하여 지금 슬픔 속에 있는 사람을 위로하고, 지금 기쁨 가운데 있는 사람을 타인의 슬픔으로 인도하기 위해, 그리고 끝내 모든 사람들을 슬픔의 어둠 속에서도 손에 손에 밝힌 감동의 불꽃으로 서로 만나게 하기 위해 비극을 썼던 것이겠지요.

  이 추운 겨울밤 저승길 가는 두 어린 여중생의 넋을 우리의 손에 든 촛불이 밝게 인도하기를.

  그리고 그 불꽃이 살아남은 부모들의 언 가슴을 녹여주기를.

  그들처럼 죄없이 수난받아야 했던 땅 위의 모든 이들에게 마음의 촛불을 밝히며, 이 밤 사랑하는 당신께도 평화를 빕니다.

여섯번째 묶음 ··· 비극의 탄생

편지 45

비극의 기원

　이웃의 눈물이 낯설어진 곳에서 참된 인류적 공동체는 실현될 수 없습니다. 여러 사람들이 같은 곳에 모여 산다 해서 자동적으로 인류적 공동체가 생겨나는 것은 아니기 때문입니다. 그것은 열한 사람이 축구장에 모여 있다 해서 그들이 자동적으로 온전한 축구팀이 되지는 않는 것과 마찬가지입니다. 우리는 오랫동안 같은 땅 위에서 단일민족의 신화를 가슴에 품고 살아왔던 까닭에 나라나 겨레가 선험적으로 존재하는 실체라고 생각하는 경향이 있습니다. 그러나 나라든 겨레든, 온전한 의미의 인류적 공동체는 언제나 실현되어야 할 과제이지 결코 자동적으로 존재하는 실체가 아닙니다. 그것은 구성원들 서로에 대한 공감과 이해 그리고 공유된 꿈과 이상을 통해 만들어지는 것이기 때문입니다. 그것은 신분의 차별은 물론 의사소통의 단절이 있는 곳에서는 존재할 수 없는 공동체입니다.
　한국사회에는 나라 안에서 사람들 사이의 부당한 차별을 방치하고 약자의 불행에 눈감고 있으면서 입으로만 국가와 민족을 주워섬기는 사람을 많이 볼 수 있습니다. 이를테면 자기 아들은 군대 보내지 않으면서 기회만 있으면 전쟁을 선동하는 '용감한' 정치인들이나 언론인들이 대표적인 경우라 하겠는데, 그런 사람은 틀림없이 국가와 민족을 빙자해 사사로운 이익을 꾀하는 사람에 지나지 않습니다. 그들이 나라와 겨레를 입에 올리는 것은 국가의 신화를 이용해 사람들을 획일적으로 조종하고 통제하기 위함입니다. 그런 사람들이 입에 올리는 국가나 민족이란 한갓 억압의 이데올로기에 지나지 않습니다. 오직 사람들이 서로의 고통을 나누고 꿈과 이상을 공유하는 곳에서만 참된 의미에서 나라도 겨레도 있을 수 있는 것입니다. 그런즉 이 땅에 참된 인륜적 공동체로서의 나라를 만들기 위해 우리가 타인의 눈물에 공감하고 참여할 수 있도록 감정을 도야하는 것이야말로 앞으로 도래할 이 땅의 비극시인들에게 주어진 가장 명예로운 과제일 것입니다. 우리가 그리스 비극의 역사를 돌이켜보는 것도 마지막에는 이 땅에서 참된 비극이 도래하기를 바라는 마음 때문입니다.

카타르시스의 의미에 대해서까지 이야기를 마쳤으니, 이제 나는 비극예술에 대하여 무겁고 철학적인 이야기는 그만 했으면 합니다. 대신 지금부터는 그리스 비극에 대해 당신이 궁금해할 보다 구체적인 문제들에 대하여 몇 가지 설명을 보태려 합니다. 그것은 비극이 탄생하게 된 배경과 역사 그리고 그 당시의 극장의 모습과 공연과정 같은 것들입니다.

그리스 비극이 처음에 어떻게 생겨나게 되었는가에 대해서는 우리에게 알려져 있는 것이 별로 없습니다. 비극이 어떻게 해서 생겨났는지에 대해 그리스인들 자신이 관심을 가지고 기록해둔 자료가 거의 없기 때문입니다. 처음에 그리스인들은 창조하는 데 몰입하여 자기가 창조한 작품들에 대한 문헌학적 반성을 할 겨를이 없었습니다. 위대한 창조의 시대가 종말을 고하고 반성적인 문헌학의 시대가 도래했을 때 그들은 비로소 비극의 기원에 대한 물음을 묻기 시작했지만, 그때는 이미 세월이 너무도 많이 지난 후였던지라 그들 자신도 비극의 기원과 탄생에 대해 정확한 정보를 얻기가 쉽지는 않았을 것입니다.

지금 우리가 접근할 수 있는 자료에 국한해서 보자면 그리스 비극에 대한 문헌학을 처음으로 시도한 사람은 아리스토텔레스였습니다. 그의 『시학』은 원래는 비극과 희극을 망라한 드라마 창작론을 의도하고 쓰여진 책이지만 지금은 비극에 대한 부분만 전해옵니다. 여기서 아리스토텔레스는 어떤 비극이 좋은 비극인지뿐만 아니라 비극의 유래와 본질에 대해서도 몇 가지 중요한 정보를 우리에게 남겨주었습니다.

그런데 아리스토텔레스의 말에 따르면, 비극이 최초에 어디서 시작되었는지에 대해서 이미 그 시대에 이러저러한 다른 견해들이 있었던 모양입니다. 그는 『시학』 제3장에서 이 문제에 관하여 몇 가지 흥미 있는 언급을 하는데, 그에 따르면 도리스 사람들은 아예 비극이든 희극이든 드라마(drama)라는 것 자체를 자기들이 먼저 만들었다고 주장했다 합니다. 그 이유가 드라마라는 말이 행위하다라는 동사 드란(dran)에서 온 말인데 이 말은 아티카 지방보다는 펠로폰네소스 지방에서 더 일상적으로 쓰이던 동사였다는군요. 아티카 지방에서는 주로 프락시스(praxis)의 동사형인 프라테인(prattein)을 사용했으므로 드라마가 처음 탄생한 곳이 아테네가 아니라 도리스인들이 거주하던 펠로폰네소스 지방이었음이 분명하다는 것이 그들의 주장이었던 모양입니다.

나는 이 말이 사실인지 아닌지를 판단할 수 있는 위치에 있지는 않습니다. 아마도 지금에 와서는 누구라도 이런 주장의 진실성 여부를 확증할 수는 없을 것입니다. 그러나 드라마의 원시적 형태가 아테네가 아니라 다른 곳에서 처음 나타났다는 것은 충분히 있을 수 있는 일입니다. 반드시 아테네에서 모든 역사가 이루어졌다고 생각해야 할 필요는 없는 것이니까요. 하지만 드라마가 최초에 어디서 태동했든지 간에 만약 아테네 비극이 없었더라면 지금 우리에게는 그 모든 것들이 아무런 의미도 없었을 것입니다. 그런 까닭에 우리에게 중요한 것은 드라마 일반이 아니라 아테네 비극이 어떻게 해서 생겨나게 되었는가를 해명하는 일입니다.

그러나 이 점에 대해서 역시 우리가 기댈 수 있는 전승은 아리스토텔레스의 『시학』이 거의 전부나 마찬가지입니다. 그런데 그에 따르면, 앞에서도 언급한 바 있습니다만, 비극은 디튀람보스(dithyrambos)의 지휘자로부터 유래하였고 희극은 남근찬가의 지휘자로부터 유래했다고 합니다. 여기서 지휘자(exarchon)란 말은 달리 설명이 없어서 정확히 이해하기는 어렵지만 아마도 스스로 디튀람보스 합창곡을 작곡하고 또 합창대의 앞에서 노래를 불렀던 사람을 가리키는 말이 아닌가 합니다. 그런데 디튀람보스가 무엇인지는 분명치 않습니다. 남아 있는 작품이 거의 없기 때문입니다. 그것이 디오뉘소스 신을 찬미하는 제전에서 불렸던 노래였다는 것과 한두 가지 남아 있는 단편 정도가 우리가 알고 있는 것의 전부입니다.

사실은 디튀람보스라는 이름의 의미부터가 수수께끼입니다. 학자들은 이 말은 본디 그리스말이 아니고 다른 곳에서 건너온 이름이 아닌가 추측하기도 하는데, 나는 이 이름의 의미와 기원을 두고 고대로부터 끝없이 이어지는 논쟁에 참여하고 싶은 생각은 없습니다. 아무튼 비극이 디튀람보스에서 생겨난 것이 사실이라 하더라도 그것이 무엇인지 아무것도 제대로 알려진 것이 없기 때문에 비극의 기원이 디튀람보스라는 말을 가지고 비극이 무엇인지 알아내려고 하는 것은, 어느 고전학자의 표현에 따르자면, 우리가 약간 알고 있는 것을 조금 더 알기 위해 전혀 모르는 것에 기대는 것과 같습니다.

게다가 비극의 유래를 디튀람보스에서 찾고 희극의 유래를 남근찬가에서 찾는 것도 조금 의문스런 데가 있습니다. 왜냐하면 다시 이야기하겠지만 비극공연의 모태가 되었던 디오뉘소스 제전이 남근숭배와 밀접한 관련이 있었기 때문입니다. 그러므로 비극과 희극의 기원을 그 내용적인 측면에서 남근찬가를 기준으로 나누는 것은 조금 무리한 일이 아닌가 생각됩니다. 그러나 나는 이 문제에 대해 더 이상 아리스토텔레스와 논쟁할 생각은 없습니다. 다만 디튀람보스의 정체가 무엇이든지 간에 그것이 디오뉘소스 숭배와 밀접한 관계가 있었다는 것은 일반적으로 인정되고 있습니다. 그리고 지금 우리에게 중요한 것도 바로 이것입니다.

초기의 디튀람보스는 완전한 형태로 남아 있는 것이 없지만 다행히도 몇 가지 단편이 전해집니다.

> 오소서, 오! 디튀람보스여, 박코스여 오소서!
> ……
> 브로미오스여, 오소서 당신과 함께 가져오소서!
> 당신의 거룩한 봄의 신성한 시간을.
> ……
> 모든 별들이 기쁨에 겨워 춤을 춥니다. 웃음이
> 당신을 맞이하는 죽음을 면치 못할 인간들의, 박코스여,
> 당신의 탄생에.[1]

이것은 봄에 새로이 탄생한 디오뉘소스를 찬양하면서 신이 어서 오기를 청하는 노래입니다. 이 노래를 보면 디튀람보스는 디오뉘소스 숭배와 관계 있는 것은 물론이거니와 또한 디오뉘소스 제전은 무엇보다 봄의 축제였으리라는 추정이 가능해집니다. 나중에 다시 설명하겠지만 이것은 디오뉘소스가 수난과 부활의 신이었다는 사실을 생각하면 충분히 이해할 수 있는 일입니다. 다른 단편 역시 비슷합니다.

오소서, 영웅 디오뉘소스여!
엘리스인들의 신전으로
고귀한 우미의 여신들과 함께
황소발로 돌진하면서.

고귀한 황소여!
고귀한 황소여![2]

이 노래 역시 디오뉘소스가 어서 오기를 바라는 노래입니다. 여기서 마지막 후렴구는 필경 합창대가 부르는 부분이었을 것이고 앞부분은 디튀람보스의 지휘자가 불렀던 부분일 것입니다.[3] 그러니까 디튀람보스는 노래와 합창으로 이루어진 디오뉘소스 찬가였던 셈이지요. 이런 단편들을 참조하면서 비극의 기원에 대한 아리스토텔레스의 말을 풀어 설명하자면, 원래 디튀람보스는 노래와 합창이었는데 합창을 작곡하고 앞에서 노래하던 사람(exarchon)이 합창단과 대화를 하기 시작하면서 비극의 맹아가 싹텄다는 이야기가 됩니다. 즉 처음에는 합창으로만 이루어졌던 디튀람보스가 지휘자와 합창단 사이의 대화를 통해 처음으로 드라마의 형식을 갖추게 되었다는 말인 것입니다. 그러니까 이 설명에 따르면 디튀람보스 합창단은 나중에 비극의 합창단의 모태가 되었고, 그것의 지휘자는 최초의 배우였던 셈입니다.

오늘날 고전학자들은 이런 아리스토텔레스의 설명을 그대로 받아들이지는 않습니다. 왜냐하면 합창단의 지휘자는 나중에 비극에서 도리어 배우와 대화를 하는 코러스장으로 그대로 남아 있었기 때문입니다. 그러니까 코러스장이 배우가 되었다기보다는 어느 시점엔가 배우가 등장해서 합창단의 우두머리와 대화를 주고받으면서 제대로 된 비극이 생겨났던 것입니다. 그러나 여기서 아리스토텔레스가 옳으냐 그

르냐를 따지는 것은 우리의 관심이 아닙니다. 그리스 비극에서 배우를 가리켜 휘포크리테스(hypokrites)라 부르는데 이 이름은 대답하는 사람이라는 뜻입니다. 배우에게 질문하는 사람은 합창단의 지휘자입니다. 그러나 어쩌면 처음에는 합창단이 합창단의 지휘자에게 묻고 그가 대답하면서 자연스럽게 배우의 노릇을 하기 시작하고 그렇게 되면서 새로이 합창단원 가운데서 묻는 사람이 코러스장 노릇을 하게 되었는지도 모를 일입니다.

어떻든 배우와 코러스장이 묻고 대답하기 시작하면서 디튀람보스 합창으로부터 비극이 생겨난 뒤에 한 사람의 배우가 두 사람으로 늘어나고 무대 위에서 다시 배우들이 서로 대화하기 시작하면서 오늘날 우리가 보는 그리스 비극은 그 온전한 형태를 갖추게 되었습니다. 우리의 철학자에 따르면 배우의 수를 처음으로 하나에서 둘로 늘린 사람이 바로 아이스퀼로스였다고 합니다. 더불어 그는 "코러스의 역할을 줄이고 대화가 드라마의 중심이 되게 하였다"고 하는군요. 그러니까 비극은 맹아적 단계에서는 합창에서 시작된 것이었으나 오늘날 우리가 보는 비극은 그 합창에 배우들의 대화가 결합됨으로써 온전한 형태를 갖추게 되었다고 말할 수 있겠습니다.

비극은 이렇게 아이스퀼로스에 의해 기본적인 형태를 취한 이후에도 계속 조금씩 변형되어갔는데 한편으로는 소포클레스에 이르러 무대 위에 같이 등장할 수 있는 배우의 수가 둘에서 셋으로 늘어났으며, 다른 한편 코러스의 비중은 조금씩 줄어들어 에우리피데스에 이르면 전체 비극에서 코러스가 차지하는 분량이 아이스퀼로스에 비해 현저히 줄어든 것을 누구라도 쉽게 확인할 수 있습니다. 합창단원의 수도 비극의 역사 속에서 변화를 겪지 않을 수 없었는데 원래 디튀람보스 합창에서는 50명이었던 것이 아이스퀼로스에 오면 12명으로 줄었다가 소포클레스에 와서는 다시 15명으로 늘어났습니다. 또한 처음에는 무대에 배경이 될 만한 것도 없었으나 소포클레스에 이르러서는 무대 배경이 도입되었다고 합니다. 이처럼 비극은 조금씩 변화 발전하면서 지금 우리가 보는 모습을 갖추어갔던 것입니다.

편지 46

사튀로스극

다른 한편 아리스토텔레스는 우리에게 비극이 사튀로스(satyros) 극으로부터 발전했다는 것도 전해주고 있습니다. 사튀로스란 숲의 정령인데, 반은 사람 반은 말의 형상을 한 존재로서 디오뉘소스 신의 종자(從者)라 할 수 있습니다. 이 책 앞의 그림 5는 그리스 시대 항아리에 그려진 그림인데, 보시듯이 사튀로스는 기본적으로 사람의 형상을 하고 있었으나 엉덩이에는 말처럼 긴 꼬리가 있었고 또한 말처럼 뾰족한 귀를 가진 모습으로 그려졌습니다. 그리고 으레 생식기는 발기된 상태로 있습니다. 그림을 유심히 보면 사튀로스들은 그런 우스꽝스런 모습을 하고 한 명은 뤼라를 들고 다른 한 명은 술독을 들고 흥겹게 오른쪽의 디오뉘소스 신을 따르고 있습니다. 굳이 아리스토텔레스의 말이 아니더라도 사튀로스극이 그리스 비극과 밀접한 관계를 가지고 있었다는 것은 무엇보다 아이스퀼로스 시대까지만 하더라도 비극 경연대회에서 한 작가마다 세 편의 비극과 함께 꼭 한 편의 사튀로스극을 같이 상연했다는 것에서도 알 수 있습니다. 이 규칙은 나중에는 느슨해져서 비극경연 전체를 통해 단 한 편만이 상연되었다고 합니다.

사튀로스극은 온전히 남아 있는 것이 하나밖에 없습니다. 그것은 에우리피데스가 쓴 『퀴클롭스』(Kyklops)라는 작품인데, 비극이 진지한 내용의 영웅설화에서 소재를 따온 것이라면, 사튀로스극은 비슷하게 영웅설화에서 소재를 취하면서도 그것을 다루는 방식이 훨씬 더 우스꽝스럽고 그로테스크합니다. 다음은 그 작품에서 오뒤세우스가 외눈박이 거인이 사는 시켈로스 섬에서 실레노스를 만나 술을 주는 대신 음식물을 얻기 위해 흥정하는 장면의 한 대목입니다.

실레노스   그렇게 하리다. 나는 주인 같은 것은 안중에 없으니까.
나는 단 한 잔이라도 좋으니 그것을 마시고 싶어 미칠 지경이오.
그것을 위해서라면 나는 전 퀴클롭스족의 가축을 내주겠소.
그리고 나는 한번 술에 취해 눈이 거슴츠레해질 수만 있다면
레우카스 바위에서 바닷물 속으로 뛰어내릴 용기도 있소.
술 마시기를 좋아하지 않는 자는 바보지요.
(자신의 남근을 가리키며) 그래야만 여기 이놈도
꼿꼿이 설 수 있고, 젖가슴을 만지며
울타리를 친 풀밭을 손으로 더듬고, 춤도 추고,
온갖 고통도 잊어버릴 수 있으니까요. 그런데도 나더러
그런 음료에 입맞추지 말란 말이오, 설사 내가 외눈박이의
무식한 퀴클롭스를 포효하게 만든다 하더라도!
(실레노스, 동굴 안으로 퇴장)

코러스장   들어보시오 오뒤세우스여 우리 서로 잡담이나 좀 합시다!
오뒤세우스   좋소. 그대들은 나를 친구로서 친구처럼 대해주시오.
코러스장   그대들은 트로이아와 함께 헬레네도 수중에 넣었소?
오뒤세우스   그리고 프리아모스의 집안을 완전히 파괴해버렸소.

코러스장   그런데 그대들은 그 젊은 여인을 수중에 넣었을 때
모두들 번갈아가며 그녀와 재미보지 않았소?
그녀는 여러 남자들과 놀아나는 것을 좋아하니 말이오.
배신자 같으니라고, 그녀는 넓적다리를 싸고 있는
알록달록한 헐렁바지와 그자가 목에 두르고 있던
황금 목걸이를 보자마자 애욕에 사로잡혀
가장 착한 사람인 메넬라오스 곁을 떠나고 말았던 것이오.
여자란 족속은 아예 태어나지 말았으면 좋았을 텐데
—나 혼자만을 위해서라면 몰라도.[4]

거의 음담패설에 가까운 대사를 통해 우리는 사튀로스극의 분위기를 대강 짐작할 수 있습니다. 물론 이 작품은 비극작가들 가운데서도 가장 나중인 에우리피데스의 작품이므로 초기에 비극에 영향을 미친 사튀로스극의 원래 모습이 이와 똑같은 것이었다고 말하는 것은 어려운 일입니다. 우리는 초창기 사튀로스극이 정확히 어떤 것이었는지 알 수 있는 자료를 거의 가지고 있지 않습니다. 사튀로스극은 원래 펠로폰네소스 지방에서 유래했다고 하는데, 아마도 그것은 사람들이 사튀로스로 분장을 하고 도취상태에서 관능적인 춤과 노래로 어울려 노는 것이 아니었을까 추측할 수 있습니다. 사튀로스극과 디튀람보스 합창이 서로 어떤 관계에 있었는지 그리고 이 둘이 비극의 탄생과 정확히 어떤 관계에 있었는지 자세한 것을 알 수는 없으나 아리스토텔레스의 진술로 미루어볼 때 사튀로스극과 디튀람보스 합창은 디오뉘소스 제의와 밀접하게 연결되어 있었던 것으로 보입니다. 그러니까 우리는 그 당시 사람들이 디오뉘소스 제전에서 사튀로스로 분장을 하고 디튀람보스 합창을 불렀다는 추측을 해볼 수도 있겠지요.[5]

헤로도토스의 『역사』에 따르면 기원전 600년경 레스보스 섬의 도

시였던 메튐나(Methymna) 출신의 아리온(Arion)이라는 사람이 디튀람보스의 창시자이자 명명자였으며 코린토스에서 이것을 상연하기도 했다 합니다.[6] 그런데 비잔틴 시대에 편찬된 고대의 백과사전인 수다(Suda)에 따르면 아리온은 디튀람보스를 비극적인 방식(tropos tragikos)으로(또는 비극적인 선율로) 창작했을 뿐만 아니라 운율에 따라 노래하는 사튀로스들을 도입했다고도 합니다.[7] 물론 여기서 비극적 방식이란 말을 아테네 비극과 같은 방식이라고 생각할 수는 없겠지만, 아무튼 아리온이 그 이전까지는 무언가 무질서하고 비형식적인 제의의 노래였던 디튀람보스에 명확한 예술적 형식을 부여한 것은 물론, 디튀람보스와 사튀로스를 어떻게든 결합시킨 것이 아닌가 추측할 수 있겠습니다.

비극의 시원에 대해서는 이런 정도가 우리가 알고 있는 정보의 전체인데, 아리스토텔레스는 비극이 사튀로스극으로부터 탈피하면서 길이도 길어지고 짧은 스토리와 우스꽝스런 말표현도 버리고 위엄을 갖추게 되었다 합니다. 하지만 비극이 사튀로스극이나 디튀람보스 합창에서 유래했다는 것은 내용적으로 볼 때에는 그것이 디오뉘소스 숭배와 관련이 있다는 것 외에는 우리에게 아무것도 분명하게 알려주는 것이 없습니다. 여전히 우리는 아는 것보다는 모르는 것이 훨씬 더 많은 상태에 머물러 있는 것입니다.

모호한 것은 비극의 기원뿐만이 아닙니다. 사실은 비극의 이름 자체부터가 수수께끼입니다. 그리스말로 비극을 트라고디아(tragodia)라 부르는데, 이것은 염소나 산양을 뜻하는 트라고스(tragos)와 노래를 뜻하는 오데(ode)가 합쳐진 낱말입니다. 그러니까 그리스말로 비극이란 '산양의 노래' 또는 '염소의 노래'인 셈입니다. 도대체 왜 비극이 염소의 노래라는 의미를 띠게 되었는지에 대해서는 아무것도 전승된 것이 없습니다. 학자들은 크게 두 가지로 추측하는데, 하나는 디오뉘소스 제전에서 사람들이 염소의 형상을 하고 놀았던 데서 이런 이름이 유래한 것이 아닐까 하는 추측이고 다른 하나는 염소를 상으로 내걸고 다투었던 노래시합이라는 뜻으로 염소의 노래라는 이름이 붙은 것은 아닐까 하는 추측입니다.

상식적으로 생각하면 두 가지 가운데서 앞의 것이 더 그럴듯한 추측처럼 보이기는 합니다. 아무튼 비극이 사튀로스극에서 유래했다고 하니까, 만약 사튀로스가 산양이나 염소와 같은 형상이라면 염소의 노래라는 이름도 사튀로스극에 대한 다른 이름이라 생각할 수 있지 않겠습니까? 그런데 첫번째 추측의 난점은 사튀로스가 염소의 모습이 아니었다는 데 있습니다. 원래 사튀로스 이야기는 기원전 650년경에 펠로폰네소스 지방에서 처음 생겼다고 하는데, 거기서 사튀로스의 모습은 그냥 배가 부른 추한 인간의 모습이었다고 합니다. 여기서 배가 부르다는 것은 인간의 육체적 욕망을 상징합니다. 생각해보면 아이러니인데, 이 펠로폰네소스 지방이야말로 같은 그리스 내에서도 식탐이 없기로 유명한 곳입니다. 스파르타인들은 왕부터 시작해서 모든 시민들이 예외없이 한자리에서 공동식사를 하는 것이 원칙이었는데, 한번은 다른 도시 사람이 스파르타에 와서 시민들과 같이 식사를 했다고 합니다. 그런데 이 손님이 음식을 먹고 나서는 왜 스파르타 사람들이 전쟁터에서 죽음을 두려워하지 않는지 알겠다고 했다나요. 이런 음식을 먹고 사느니 죽는 것이 낫겠다는 말이었지요. 그런 스파르타를 중심으로 해서 펠로폰네소스 지방에서 배불뚝이 사튀로스 전설이 생겨났으니 인간의 욕망은 억압된다고 해서 근절되는 것은 아닌 모양입니다. 그런데 사튀로스가 기원전 6세기에 아테네로 건너와서는 앞에서도 말했듯이 귀와 꼬리가 말과 비슷한 반인반수의 존재로 모습을 바꿉니다. 그래서 많은 학자들이 염소의 노래라는 이름을 염소 모습을 한 사튀로스들의 축제였다고 해석하는 것이 무리라고 생각합니다.

하지만 이에 대한 반대도 만만치 않습니다. 이미 그 시대에 사튀로스가 염소와 비교되긴 했어도 명확하게 말이라고 규정되었던 것도 아니기 때문입니다. 그러니까 사튀로스를 가리켜 반드시 말의 형상이었다고 해야 할 이유도 없다는 것이지요. 아닌게아니라 그것은 특정한 형상을 나타낸다기보다는 니체가 말했듯이 "근원적인 것과 자연적인 것에 대한 하나의 동경의 소산"으로서 "어떤 문화의 침투도 받지 않은 자연"[8]의 상징일 수도 있습니다. 아니면 그리스 비극의 우리말 번역자인 천병희 교수가 말하듯이 "사튀로스들은 단순히 염소들도 아니고 단순히 말들도 아닌 짐승들로서 바로 그 수성(獸性)과 색욕(色慾) 때문에 염소들과 비교되었던 것이며, 여기서 더 정확한 동물학적 규정은 별 의미가 없는 것"[9]이라 할 수도 있겠습니다. 이렇게 본다면, 염소의 노래라는 이름이 사튀로스들의 노래를 뜻한다고 생각할 수도 있겠지요. 나 또한 이런 설명에 더 호감이 갑니다만 언제나 엄밀한 증거만을 신뢰하는 고전학자들은 여전히 그런 설명에 고개를 갸우뚱거릴 것입니다. 그래서 그런 학자들은 트라고디아라는 이름이 염소를 상으로 내건 노래경연대회가 아니면 그것을 희생 제물로 내건 노래경연대회를 뜻하는 말이 아니었을까 추측하는데, 이것 역시 아무런 증거도 없는 추측에 지나지 않는 것인지라 우리로서는 옳은지 그른지 판단할 수 없습니다.

그러니까 비극의 기원에 대해서는 거의 아무것도 확실하게 알려진 것이 없는 셈입니다. 디튀람보스도 사튀로스극도 트라고디아라는 이름도 그 진상은 어둠 속에 숨어 있어서 명확하게 밝혀진 것이 없습니다. 다만 비극의 유래가 무엇이며, 원래 모습이 어떠했는지가 불분명하다 하더라도 그것이 디오뉘소스 신의 숭배와 관계가 있다는 것만은 분명합니다. 디튀람보스는 합창과 노래에 더 가깝고 사튀로스극은 공연예술에 더 가깝지 않았을까 추측해볼 수 있으나, 어쨌든 둘 다 디오뉘소스 신을 찬양하는 제전과 관계가 있었으리라는 것은 거의 의심의 여지가 없기 때문입니다.

물론 이 부분에 대해서도 무엇이 먼저이고 무엇이 나중인가에 대해 말들이 많습니다. 디오뉘소스 제전이 먼저 있었는데, 그것을 위해 디튀람보스와 사튀로스극이 나중에 생겼을 것이라는 추측도 있고, 원래 디튀람보스와 사튀로스극이 풍요와 다산을 기원하는 노래와 춤으로서 존재하고 있었는데 그것이 나중에 우연히 디오뉘소스 제전과 결합했을 것이라는 견해도 만만치 않게 제기되고 있습니다. 어떻든 분명한 것은 처음에 유래가 어찌 되었든 간에 비극이 태동할 무렵에 와서 디튀람보스 합창과 사튀로스극이 디오뉘소스 숭배와 결합했다는 사실입니다. 그런 한에서 비극의 탄생을 해명하기 위해서는 디오뉘소스 신과 비극의 관계를 분명히 하지 않으면 안 됩니다.

편지 47

디오뉘소스

도대체 디오뉘소스가 누구이기에 비극이 그 신을 숭배하는 의식에서 발전해 나왔다는 것일까요? 언뜻 보면 비극과 디오뉘소스 숭배라고 하는 것은 아무런 상관이 없어 보입니다. 다른 무엇보다 지금 남아 있는 비극에 디오뉘소스 신이 다른 신들에 비해 특별히 자주 등장하는 것은 아니기 때문입니다. 그런데 그런 디오뉘소스 신이 비극의 탄생을 위해 직접적인 계기가 되었다면 그 까닭이 과연 무엇이었을까요?

이 물음에 대답하기 위해 우선 디오뉘소스가 어떤 신이었나를 알아봐야겠습니다. 그런데 이에 대해 우리가 가장 먼저 주목해야 할 사실은 호메로스의 서사시에는 디오뉘소스가 주인공으로 등장하지 않는다는 것입니다. 물론 호메로스가 디오뉘소스를 전혀 몰랐던 것은 아닙니다. 그는 『일리아스』와 『오뒤세이아』에서 디오뉘소스에 대해 말하고 있기는 하니까요. 그러나 두 작품에서 모두 디오뉘소스는 주인공으로 직접 등장하는 것이 아니라 다른 사람의 말 속에서 두세 번 언급될 뿐입니다. 이것으로 미루어 우리는 호메로스 시대에도 디오뉘소스 신이 그리스인들 사이에 알려져 있기는 했지만, 그다지 숭배되지는 않았다는 것을 알 수 있습니다. 간단히 말하자면 그리스인들이 처음부터 숭배한 신들은 제우스를 중심으로 한 올림포스 신들인데, 디오뉘소스는 올림포스 신들의 동아리에 포함되지 않았다는 것입니다. 이런 사정을 두고 오랫동안 사람들은 디오뉘소스 신의 기원에 대해 여러 가지 추측을 해왔습니다. 더러는 북쪽 트라키아 지방에서 그리스로 들어온 신이라는 추측도 있었고 크레테를 중심으로 신봉되었던 그리스인들 이전의 토착민들의 신들이었다는 추측도 있었는가 하면, 소아시아 쪽에서 기원을 찾으려는 시도도 있었습니다. 나는 과연 디오뉘소스 신이 언제 어디서 그리스인들에게 받아들여졌는지 판단할 수는 없습니다. 그러나 한 가지 분명한 것은 이 신이 전형적인 그리스적 신은 아니었다는 사실입니다. 즉 디오뉘소스는 올림포스 신들과는 성격이 판이한 신이었던 것입니다.

　호메로스가 그려 보인 올림포스 신들의 성격을 한마디로 표현하자면 빛과도 같은 밝음이라 할 수 있습니다. 부정적으로 말하자면 올림포스 신들에게는 어떤 마성적(魔性的)인 요소도 없었습니다. 호메로스의 신들은 밝은 빛 가운데서 자기를 명료하게 드러내 보였기 때문입니다. 세계에 대한 인간의 인식이 아직 발달되지 않은 단계에서 신들이 자연의 본질적인 힘과 위력으로 파악되는 것은 자연스러운 일입니다. 그런데 같은 신화적 사유라 하더라도 신들의 모습이 호메로스의 그리스 신화에서처럼 밝은 빛 속에서 형상화되는 경우는 드문 일인데, 그것은 신들의 지위가 인간과 구별되어 높여지면 질수록 숭고한 타자성 속에서 감추어질 수밖에 없기 때문입니다. 아직 인간이 자연의 본질을 명증적으로 파악하지 못하고 갖가지 자연현상의 신비를 보이지 않는 신들의 손에 맡겨 두고 있는 상태에서는, 신들의 모습은 그만큼 어두운 모호함 속에 감추어져 있을 수밖에 없습니다. 그리고 그 모호함은 신들의 성격에도 영향을 미쳐 많은 경우 신들은 우리가 이해하기 어려운 어떤 마성적인 힘으로 나타나거나 괴물의 형상을 띠고 나타나게 됩니다.

헤시오도스의 『신들의 계보』(*Theogonia*)를 보면 우리는 그리스에서도 올림포스 신들이 확고히 자리를 잡기 이전에는 온갖 종류의 어둡고 괴물 같은 신들이 존재했었다는 것을 어렵지 않게 확인할 수 있습니다. 그런데 고대 신화의 이런 마성적인 요소가 호메로스의 서사시를 통해 결정적으로 지양되었습니다. 호메로스의 신들은 모호하게 은폐된 존재도 아니고 괴물스럽거나 마성적인 존재는 더욱 아닙니다. 그의 신들은 지극히 밝고 자연스러우며 인간적인 형상 속에서 우리에게 나타납니다. 바로 이것이 사람들이 말하는 그리스적 합리성의 뿌리입니다. 존재의 진리가 인간적 형상 속에서 밝고 명증적으로 드러난다는 것, 이것이야말로 그리스 신화 또는 호메로스의 서사시가 보여주는 그리스적 합리성의 뿌리입니다. 올림포스 신들은 바로 이런 합리적 세계이해의 첫번째 열매였던 것이지요.

그런데 모든 형상은 본질적으로 개별화를 수반합니다. 모든 형상은 제한에 존립하는 것인데, 제한된다는 것은 쪼개지고 개별화된다는 것을 의미하기 때문입니다. 그렇지 않을 때에는 모든 것이 뒤섞여 아무런 구별도 없이 하나에서 다른 하나로, 여기에서 저기로 끝없이 이행해갈 것입니다. 그러나 이런 상태에서는 제한도, 형상도 있을 수 없고 개별성도 명확하게 나타나지 않습니다. 그러므로 명료한 형상과 제한, 개별성은 늘 함께 가는 것입니다. 자연의 진리를 명료한 형상 속에서 탐구하는 것은 나중에 철학과 과학이 등장한 뒤에도 그리스적 사유의 가장 기본적인 사물인식 방식을 규정하는 것이었던바, 모든 것을 형상 가운데서 파악하려고 할 때 그것은 어쩔 수 없이 그것을 제한과 개별성 가운데서 파악할 수밖에 없는 것입니다. 그리고 호메로스가 그려 보인 그리스 신들은 이처럼 명료한 형상과 개별성 그리고 제한성을 구현하고 있는 존재의 본질적 힘들이었던 것입니다.

그런데 모든 호메로스적 신들 가운데서도 그리스 신들의 이런 특징들을 가장 전형적으로 상징하는 신이 바로 아폴론(Apollon)입니다. 그는 올림포스 신들 가운데 최고의 신은 아니지만 그들을 대표하는 가장 전형적인 신이라 할 수 있습니다. 아폴론은 빛을 상징하는 신입니다. 아폴론이 상징하는 빛은 좁은 의미의 태양빛은 물론이고 모든 종류의 밝음을 상징합니다. 물론 후대에 오면서 아폴론의 빛은 암암리에 태양신과 동일시되기도 했지요. 이를테면 아폴론은 화살의 명수로 그려지는데 그것은 날카로운 태양광선을 화살에 비유한 것입니다. 또 아폴론은 계절로 보자면 여름의 신입니다. 여름은 태양빛이 가장 강렬한 계절이기 때문입니다. 그런데 태양빛이 강할 뿐만 아니라 전염병이 자주 도는 계절도 여름인데, 전염병이 오고 가는 것 역시 고대인들은 아폴론에게서 비롯되는 것이라 생각했습니다. 그래서 그는 빛의 신이면서 질병과 치유의 신이기도 합니다. 그는 단지 육체적인 질병과 치유뿐만 아니라 정신적·도덕적인 의미에서의 질병과 치유의 신이었습니다. 오레스테스가 어머니를 죽이고 난 다음에 죄를 사함받기 위해 아폴론 신전에 의탁하는 것이 까닭없는 일이 아닙니다. 아폴론이 정신적으로 치유하고 정화하는 신이었기 때문에, 오레스테스가 아폴론에 의탁해서 자기의 죄를 사함받으려고 한 것이지요.

그렇게 밝음 그 자체를 상징하는 신이 아폴론인데, 그의 밝음은 단지 물리적 의미에서 빛의 밝음이기도 하지만 또한 아름다움이 내뿜는 눈부심이기도 합니다. 간단히 말해 그는 모든 그리스 신들 가운데서 가장 미남입니다. 그러니까 그는 그리스 신들의 모든 밝은 형상들 가운데서도 가장 아름다운 형상으로 나타납니다. 그리스 시대의 조각작품들을 보면 아무리 예술에 조예가 없는 사람이라도 이것을 알아차릴 수 있는데, 나는 글쎄 이른바 벨베데레의 아폴론상을 처음 사진으로 보았을 때 그 벗은 몸의 아름다움이 얼마나 눈이 부시던지 어떻게 남자가 같은 남자에게 매혹될 수 있는지 그 마음을 이해할 수 있을 것 같았습니다(책머리의 그림 4 참조). 아폴론이 그렇게 아름다운 형상을 지니고 있다는 것은 또한 그의 절도와 균형을 말하는 것이기도 합니다. 무릇 아름다움은 절도와 균형에 존립하는 조화이기 때문입니다. 절도와 균형이란 넘치지 않는 제한에 존립합니다. 아름다운 형상은 제한과 절도에서 비롯되는 것입니다. 그러니까 아폴론은 그리스 상고시대의 삶의 이상을 대변하는 신으로서 빛과 절도 그리고 영원한 젊음과 아름다움을 상징하는 것입니다.

이에 비하면 디오뉘소스는 전혀 딴판입니다. 생각하면 호메로스가 『일리아스』와 『오뒤세이아』의 등장인물들 가운데 디오뉘소스를 빠뜨린 것이 이유 없는 일이 아니라 할 것이, 그는 올림포스 신들 또는 아폴론적 신들의 세계에는 너무도 어울리지 않는 이물질 같은 신이었습니다. 디오뉘소스는 출생에서부터 다른 신들과는 달랐습니다. 디오뉘소스는 제우스와 세멜레(Semele) 사이에서 태어난 신입니다. 세멜레는 테바이의 왕 카드모스(Kadmos)의 딸이었습니다. 그러니까 그는 순수한 신적 존재가 아니라 신과 인간 사이의 중간적 존재로서 태어난 신이라 할 수 있습니다. 그리스 신화에서 디오뉘소스처럼 신과 인간이 결합해서 낳은 존재는 대개 신이 아니라 인간으로 살게 됩니다. 이를테면 아킬레우스가 테티스 여신의 아들이었고 로마의 건국자였던 아이네이아스는 아프로디테와 앙키세스 사이에서 태어난 아들이었는데 모두 인간으로 살았습니다. 즉 그들은 모두 죽을 수밖에 없는 존재들이었다는 것이지요. 이것은 꼭 여신들의 자식들에게만 해당되는 원칙도 아니어서 『일리아스』에 등장하는 사르페돈(Sarpedon)의 경우에도 제우스의 아들로서 아버지의 총애를 받았지만 그도 결국 죽음의 운명을 피할 수는 없었습니다.

그런데 디오뉘소스의 경우에는 그 어느 쪽도 아닙니다. 그는 제우스와 세멜레 사이에서 태어났으니까 당연히 인간적인 삶을 살아야 했을 텐데, 그렇지 않고 처음부터 신적인 존재로 간주되었습니다. 하지만 그의 신성은 다른 신들의 경우와는 달리 다분히 인간적인 면이 있어서 디오뉘소스는 신적이기도 하고 인간적이기도 한 어떤 중간적인 존재라고 하는 것이 더 정확한 말이라 할 수 있습니다. 그의 중간적인 성격은 여기서 그치지 않아서, 그는 또한 인간인 동시에 황소 같은 동물이며, 남성이면서 동시에 여성적인 신이기도 합니다. 디오뉘소스 숭배가 그리스에서 보편화되기 전에 그를 열렬히 따랐던 사람들은 남자가 아니라 여자들이었던 것도 디오뉘소스의 여성성과 무관하지 않습니다. 아무튼 그는 그리스의 모든 신들 가운데서 가장 다면적이고 한정하기 어려운 신으로서, 도무지 신적이거나 인간적이라는 특정한 한계에 처음부터 갇히지 않는 보편적인 중간자였습니다. 그러니까 당연히 절제와 균형의 문화를 상징하는 올림포스 신들의 세계에는 어울리지 않는 신이었던 것입니다.

또한 그는 다른 신들과는 달리 인간처럼 수난당하는 신입니다. 그의 출생의 내력부터가 그러한데, 그것을 조금 자세히 설명하자면 이렇습니다. 제우스가 세멜레를 사랑하니까, 바람둥이 남편 때문에 언제나 속을 끓이던 아내 헤라가 이번에도 불같이 질투를 했습니다. 어떻게 하면 세멜레를 괴롭힐 수 있을까 궁리 끝에 유모로 변장하고 그녀에게 찾아가 이 얘기 저 얘기 하다가 넌지시 제우스의 얘기를 꺼낸 다음 제우스 신의 본래 모습이 얼마나 아름다운지를 입에 침이 마르도록 칭찬을 했습니다. 그러면서 다음번에 제우스가 오면 먼저 부탁을 들어주겠다는 맹세를 받아 놓고 자기의 원래 모습을 꼭 한 번 보여 달라고 말해보라고 권하지요. 아무것도 모르는 세멜레는 잔뜩 기대에 부풀어 제우스를 다시 만났을 때 헤라가 시킨 대로 먼저 자기의 부탁을 들어주겠다는 맹세를 하라고 청합니다. 제우스는 사랑하는 연인이 무슨 끔찍한 부탁을 할지 생각지도 못하고 덜컥 맹세를 하고 맙니다. 그런데 제우스의 다짐을 받은 세멜레가 자기의 본모습을 보여달라는 것이 아닙니까. 우리 같으면 이런 상황에서 맹세를 되물리는 것이 조금도 이상한 일이 아닐 것 같은데 그리스 신화에서는 신들이 한번 한 맹세는 결코 되물릴 수 없었습니다. 로고스, 즉 말을 신적인 것이라 생각했던 그리스인들은 그만큼 말 한마디 한마디를 무겁게 받아들인 것인지도 모르겠습니다. 하여튼 제우스가 원래의 모습을 드러내자 세멜레는 그 자리에서 타 죽고 맙니다. 인간이란 신의 존재의 질량을 감당할 수 없는 존재라는 말이겠지요. 그런데 그때 세멜레의 뱃속에는 이미 자식이 잉태되어 있었는데, 제우스는 세멜레가 숨을 거두는 순간에 재빨리 태아를 어머니의 뱃속에서 꺼내어 자신의 허벅지 속에 넣어 몇 달을 더 키웠다고 합니다. 그렇게 어머니 없이 아버지 제우스의 허벅지에서 열 달을 다 채우고 세상에 태어난 신이 바로 디오뉘소스입니다.

그러니까 디오뉘소스는 날 때부터 수난의 신이었습니다. 그의 수난은 태어난 뒤에도 그치지 않았습니다. 전설에 따르면 헤라는 디오뉘소스를 눈엣가시처럼 여겨 언제나 해치려고 했는데 실레노스(Silenos)가 디오뉘소스를 동굴에서 감추어 길렀다고 합니다(책머리의 그림 7 참조). 이때부터 실레노스는 디오뉘소스의 종자입니다. 실레노스와 사튀로스는 이름만 다를 뿐 같은 존재라고 보아도 무방합니다. 실레노스가 사튀로스의 아버지 격이라고 생각하면 되지요. 디오뉘소스는 이렇게 헤라 눈에 띄지 않기 위해 숨어 자랐음에도 불구하고 수난을 완전히 피할 수는 없었습니다. 전설에 따르면 헤라의 명령에 따라 티탄 신들이 디오뉘소스를 찾아내어 갈가리 찢어 죽였다고 합니다. 그는 이렇게 해서 죽은 자들이 머무르는 지하세계에 내려갔는데 제우스의 도움으로 3년 동안 지하세계에 있다가 되살아났다고 전합니다. 그러니까 디오뉘소스는 죽음을 당했다가 부활한 신입니다. 그는 수난의 신이고 부활의 신인 것입니다.

그러니까 디오뉘소스는 첫째로 신과 인간의 결합을 통해 태어난 신으로서 신적이기도 하고 인간적이기도 한 신입니다. 그는 신적 세계와 인간적 세계의 한계를 넘나드는 탈한계적 신인 것입니다. 둘째로 그는 수난의 신입니다. 이 수난은 단지 헤라의 질투 때문만도 아니어서 사람들 역시 디오뉘소스를 알아보지 못하고 행패를 부리곤 하였습니다. 책머리의 그림 6은 배를 타고 바다를 건너는 디오뉘소스를 그린 도자기인데, 해적들이 디오뉘소스를 납치해 해치려 하자, 그는 사자로 변신하여 그들을 위협했습니다. 해적들은 혼비백산해서 바다로 뛰어들었는데, 그들은 모두 돌고래가 되고 말았다는군요. 그러니까 사람들 사이에 부대끼면서 수난당하는 것은 디오뉘소스의 중요한 특징입니다. 셋째로 그는 부활의 신입니다. 그는 수난당하지만 수난 때문에 완전히 파멸하지는 않습니다. 언제나 수난을 이기고 다시 일어나지요. 그래서 디오뉘소스를 찬미한다고 하는 것은 그의 수난을 기념하고 그의 부활을 축하한다라는 뜻이 있습니다. 그 다음으로 디오뉘소스는 변모의 신입니다. 물론 다른 신들도 자기의 모습을 변화시킬 수 있습니다만, 디오뉘소스의 경우에는 그것이 신들에게 공통적인 변모의 능력이 아니라 디오뉘소스에게 고유한 어떤 본질적 특징으로 이해되었습니다.

디오뉘소스가 변모의 신이라는 것은 그가 다른 신들처럼 명확한 의미의 자기정체성을 가지지 않는다는 말과 같습니다. 다른 신들은 자기가 관장하는 존재의 특정한 영역이 있습니다. 아폴론은 빛의 신이고 아테네는 지혜의 신, 제우스는 신들 중의 신이요, 하늘의 신이며 벼락(즉 날씨)의 신이기도 합니다. 그런가 하면 헤라는 가정과 결혼의 신이요, 아레스는 전쟁의 신이고, 아프로디테는 아름다움과 사랑의 신이었지요. 이런 식으로 그리스 신들에게는 자기에게 속한 고유 영역이 있었으나, 디오뉘소스에게는 정해져 있는 영역이 없었습니다. 굳이 영역이 있다면 술의 신이라 할 수 있겠으나, 술이라는 것 자체가 제한된 영역을 초월하는 도취의 묘약인 까닭에 술의 신이란 디오뉘소스의 고유영역을 표시한다기보다는 그의 탈한계성을 나타낸다고 보는 것이 더 타당한 말일 것입니다. 그리하여 디오뉘소스는 그런 특정한 영역을 가지지 않고 다양한 모습으로 자기를 변모시킵니다. 그리고 이를 통해 그는 모든 종류의 개별성과 제한된 한계를 뛰어넘는 것입니다. 디오뉘소스 제전에서 유래한 비극에서 배우들이 가면을 쓴 것도 이와 무관하지 않습니다. 배우들이 마스크를 바꾸어가면서 여러 신과 영웅들의 모습을 연기했던 것은 한편에서는 한 사람이 여러 사람의 연기를 하기 위해 기술적으로 필요했던 장치였지만, 근원적으로 보자면 비극이 끊임없는 변모를 통해 자기를 실현하고 계시하는 디오뉘소스에 대한 숭배에서 유래했다는 것과 무관하지 않습니다. 가면은 비극의 특징이기 이전에 디오뉘소스 제의에 고유한 요소였던 것입니다.

이런 여러 가지 특징들을 생각해보면 왜 호메로스가 디오뉘소스를 올림포스 신들의 동아리에 넣어주지 않았는지 이해할 만도 합니다. 올림포스 신들의 세계에서는 밝은 빛 가운데서 모든 것들이 명확하게 구분되고 제한된 자기 고유의 영역 속에서 나타납니다. 하지만 그런 올림포스 신들의 세계에 참여하기엔 디오뉘소스의 존재는 모든 면에서 그들과 너무도 대립적입니다. 한쪽에 밝음과 빛의 세계가 있다면 다른쪽에는 어둠과 모호함이 있습니다. 또 한쪽이 한정과 제한으로 특징지어진다면 다른쪽은 무한정성이 특징입니다. 한쪽이 개별성에 존립한다면 다른 한쪽은 개별성을 뛰어넘는 무차별성이 존재의 본질입니다.

그런데 이 모든 차이들보다 더 중요한 차이는 근본적으로 디오뉘소스 신이 올림포스 신들과는 달리 평민들을 대변하는 신이었다는 점입니다. 호메로스 신들이 보여주는 세계는 상고시대 귀족계급이 추구했던 고귀함을 표상합니다. 그들은 귀족들의 신이었던 것입니다. 디오뉘소스가 그런 올림포스 신들의 공동체에 속하지 않았다는 것은 그가 귀족이 아닌 평민들의 신이었기 때문입니다. 그는 혈통에서부터 중간적이며 존재방식 역시 고귀함과는 거리가 먼 술과 도취의 신입니다. 무릇 귀족적인 고귀함이란 균형과 절제에 존립하는 것이기 때문입니다. 또한 그는 영원히 새롭게 태어나는 생명의 상징으로서 땅의 신이요, 농민들의 신이었습니다. 그를 따르는 자들 역시 도야된 사람들이 아니라 반인반수의 사튀로스와 실레노스였으며 도취된 여인들이었습니다. 디오뉘소스는 어떤 의미에서도 귀족적인 고귀함의 상징은 아니었던 것입니다.

앞에서 우리는 비극이 시민의 예술이라고 말했습니다만, 디오뉘소스 숭배가 비극의 탄생을 위한 요람이 될 수 있었던 것은 그가 이처럼 평민적인 신이었다는 것과 무관하지 않습니다. 그리스 비극의 태동기에 아테네의 모든 시민을 위한 새로운 예술이 신적인 후견인을 요구했을 때, 다른 어떤 신들보다 디오뉘소스가 새로운 시대정신의 수호자가 될 수 있었던 것은 그의 성격이 그처럼 평민적이었기 때문입니다. 나는 이런 사정을 아래에서 좀더 자세히 살펴보려 합니다.

편지 48

디오뉘소스 제전과 비극경연대회

    비극이 그 외적 발전과정에서 보자면 아테네의 디오뉘소스 제전에서 발전해 나왔다는 것은 거의 아무도 의심하지 않는 사실입니다. 그 당시 아테네에서 디오뉘소스를 기리는 축제는 통틀어 디오뉘시아(Dionysia)라고 불렸는데, 디오뉘시아에는 역사적으로 크게 네 가지가 있었습니다. 첫째로 안테스테리아(Anthesteria)라는 이름의 축제가 있었는데 투퀴디데스가 그것을 더 오래 된 디오뉘시아라고 부르는 것으로 미루어[10] 아마 여러 디오뉘소스 축제들 가운데 가장 오래 된 것이 아니었나 생각됩니다. 안테스테리온 달에 열렸다고 해서 그런 이름을 가지게 되었는데 지금의 달력으로 말하자면 2월에서 3월 사이에 열렸던 축제였습니다. 안테스테리아는 기본적으로 포도주축제였습니다. 사흘 동안 계속되는 축제의 첫날 햇포도주 단지가 열리고 사람들이 성스러운 음료가 온전하고 건강하게 사용되기를 기도하면서 축제가 시작되었다고 합니다. 디오뉘소스가 술의 신이었던만큼 이 제의는 디오뉘소스 신전 앞에서 시작되고 끝났습니다. 둘쨋날에는 디오뉘소스의 결혼을 축하하는 의식이 거행되었고, 셋쨋날은 디오뉘소스와는 상관없이 죽은 자들을 기념하는 것이 주된 일이었다고 합니다.

안테스테리아는 드라마와는 거의 상관없는 축제였습니다. 비극이나 희극과 밀접한 관계가 있는 디오뉘소스 축제는 보통 세 가지인데, 우선 농촌의 디오뉘시아가 있었습니다. 이것은 포세이돈 달(11월에서 12월 사이)에 열렸던 축제였습니다. 이것은 아테네뿐만 아니라 이오니아인들에게 공통된 축제였다고 합니다만 다른 곳에 관한 기록은 거의 남아 있는 것이 없고 지금은 주로 아테네에서 행해졌던 농촌축제에 관한 내용만이 알려져 있습니다. 이것은 농촌에 뿌리를 둔 디오뉘소스 제전으로서 대지의 생명력을 북돋우기 위한 축제였습니다. 구체적으로는 남근숭배의식이 중요한 요소였습니다. 남근상은 자연의 영원한 생명력을 상징하는 것이었겠지요. 이 농촌축제가 언제부터 어떤 연유로 디오뉘소스 신과 결합하게 되었는지에 대해서는 고전학자들도 뚜렷한 대답을 내놓지 못하고 있습니다. 그러나 디오뉘소스가 단순히 술과 도취의 신일 뿐만 아니라 죽음에서 다시 부활한 신인만큼 대지의 생명력을 상징하는 신으로서 농촌축제와 결합하지 않았을까 추측하는 것은 어려운 일이 아닐 것입니다. 아무튼 이 농촌축제는 후대에 이르러 공연예술의 마당이 되었는데, 그것은 기원전 4세기가 되면 드라마의 상연이 이 농촌축제의 중요한 구성요소가 되었기 때문입니다. 유랑극단이 아티카의 농촌 마을에서 열리는 디오뉘소스 축제에서 과거에 공연되었던 비극이나 희극작품들을 공연했던 것이지요. 지역마다 조금씩 다른 날짜에 축제를 열었으므로 유랑극단은 여러 곳을 방문해서 연극공연을 할 수 있었다고 합니다.[11]

두번째가 레나이아(Lenaia) 축제입니다. 이것은 가멜리온(Gamelion) 달(양력으로는 1월에서 2월 사이)에 열린 디오뉘소스 제전이었습니다. 레나이아라는 이름은 레나이(Lenai)라는 말에서 왔는데 이는 디오뉘소스를 따르는 여인들을 의미하는 말입니다. 박카이(Bakchai)와 같은 뜻으로 쓰였던 말이지요. 이름으로 미루어보아서는 원래 이 축제는 여자들과 관계가 있지 않았을까 생각됩니다. 원래 그리스 전역, 특히 북쪽의 트라키아나 마케도니아 지방에 널리 퍼져 있었던 디오뉘소스 숭배는 처음에는 주로 여인들 또는 처녀들의 잔치였습니다. 제우스가 남자의 최고신이었다면 디오뉘소스는 여성들의 제우스였다고 할 만큼 워낙 디오뉘소스에게는 양성적인 면이 있었고[12] 그런 까닭에 디오뉘소스에 대한 숭배의식은 처음에는 여성들을 위한 해방의 놀이공간으로 마련된 것으로 보입니다. 그래서 그것은 처음에는 많은 곳에서 소녀와 여인들에 의해 주재되었고, 주로 도취 상태에서 먹고 마시는 축제를 벌였다고 하지요. 그러나 이 축제가 아테네에 도입되었을 때 그것은 단순한 도취의 놀이터가 아니라 희극의 탄생을 위한 터전이 되었습니다. 아테네에서 레나이아 축제가 처음 시작된 것은 기원전 6세기 초반이었습니다. 그리고 얼마 지나지 않아 580년에서 560년 사이에 초보적인 형태의 희극이 이 축제에서 공연되기 시작했다고 합니다. 그 구체적인 형태가 어떠하였는지에 대해서는 알려져 있는 것이 없습니다. 기원전 5세기에 들어와서는 국가가 주재하는 희극경연대회가 이 축제에서 열렸고 그 후에도 레나이아는 희극 중심의 축제로 자리를 잡았습니다.

　이제 마지막으로 아테네 비극의 탄생을 위한 모태가 되었던 디오뉘소스 제전은 도시의 디오뉘시아 또는 대 디오뉘시아라는 이름의 새로운 축제였습니다. 이 축제는 아테네의 참주였던 페이시스트라토스(Peisistratos) 이전에는 없었던 것으로서 그에 의해 처음 도입된 것이 아닌가 여겨집니다. 그는 560년에 참주가 되어 몇 번 권좌에서 추방되어 망명하기도 했으나, 그런 지엽적인 일들을 도외시한다면 528년 사망할 때까지 아테네를 지배한 유일한 권력자였는데, 그의 통치 아래서 도시 중심의 대 디오뉘시아가 생기고 거기서 처음으로 국가가 주재하는 비극경연대회가 열렸습니다. 그 축제가 정확히 언제 시작되

없는지는 알 수가 없으나 기원전 534년경에 처음으로 비극경연대회가 열렸다고 하니까, 사람들은 편의상 그것을 대 디오뉘시아의 시작으로 보기도 합니다. 시기적으로는 3월에서 4월 사이 엘라페볼리온(Elaphebolion) 달에 열렸으므로, 일종의 봄맞이 축제였다 할 수 있습니다. 축제는 일주일 동안 열렸는데, 기본틀은 농촌의 디오뉘시아에서 따왔다고 합니다. 그러나 초겨울에 농촌을 중심으로 한겨울이 오기 전에 자연의 생명력을 북돋우기 위해 치러졌던 농촌의 디오뉘시아와는 달리 이른바 대 디오뉘시아는 도시 중심의 제전이었습니다. 그런데 도시 중심의 제전이라는 것은 단순히 제의의 장소가 농촌에서 도시로 옮겨졌다는 것 이상의 의미를 갖습니다. 농촌에서 이루어졌던 디오뉘소스 축제가 그야말로 자연의 생명력을 북돋우기 위한 것이었다면, 도시에서 이루어진 대 디오뉘시아가 북돋워야 할 생명은 땅과 자연이 아니라 도시의 생명력이었습니다. 즉 도시의 한복판에서 북돋워야 하는 것은 정치적인 공동체로서 폴리스의 생명력이었던 것입니다.

　이를 위해 페이시스트라토스는 대 디오뉘시아를 수준 높은 비극예술을 위한 축제로 승화시키고, 또한 이를 통해 아테네의 문화적 저력을 안팎에 과시하는 기회로 삼았습니다. 4년마다 한 번씩 열렸던 판아테나이아(panathenaia) 제전이 아테네의 정치적 위세를 과시하기 위한 것이었다면 대 디오뉘시아는 나라의 문화적 역량을 안팎에 보여주기 위한 행사였던 셈입니다. 아직 겨울철이어서 배를 타고 여행하기에 적합하지 않은 계절에 열린 레나이아가 상대적으로 아테네 사람들만을 위한 축제였던 데 반해, 사람들이 다시 항해를 시작하는 봄철에 열렸던 도시의 디오뉘시아에는 비단 아테네인들뿐만 아니라 이오니아 계통의 이웃 도시들을 중심으로 전 그리스에서 수많은 관람객들이 아테네로 찾아왔습니다. 그리하여 대 디오뉘시아를 통해 아테네는 서서히 그리스 세계에서 문화적 중심지로 부상할 수 있었던 것이지요.

그러나 페이시스트라토스가 대 디오뉘시아를 통해 북돋우려 했던 도시의 정치적 생명력은 막연히 도시의 문화적 역량을 뜻하는 것만이 아니었습니다. 그것은 또한 전통적인 귀족문화에 대한 평민적인 대항문화를 육성한다는 의미도 가지고 있었기 때문입니다. 앞에서도 말했듯이 올림포스 신들과는 달리 디오뉘소스는 평민과 농민의 신이었습니다. 따라서 페이시스트라토스가 디오뉘소스 신의 숭배를 적극적으로 장려하고 디오뉘소스 신을 위한 대규모 축제를 새로 도입한 것은 그 자체만으로도 당시의 귀족문화에 대한 견제의 의미를 가지는 것이었습니다. 이런 의미에서 이 축제는 단순히 종교적인 축제가 아니라 현저히 정치적인 의미를 가진 행사였던 것입니다.

생각하면 일종의 전제군주임에 틀림없는 참주가 귀족문화에 대항하기 위해 평민적인 시민문화를 육성하려 했다는 것이 오늘의 관점에서 보자면 이상한 일입니다. 그래서 사람들은 비극경연대회를 두고 독재자가 자기의 통치의 부당성을 은폐하기 위해 벌이는 문화행사에 지나지 않는다고 평가하기도 합니다. 『문학과 예술의 사회사』를 쓴 아르놀트 하우저가 그런 경우지요. 그러나 이런 관찰은 당시의 참주들의 성격을 제대로 이해하지 못한 데서 비롯되는 오해입니다.

당시의 참주들의 성격을 한마디로 규정하는 것은 어려운 일이지만 참주체제가 이전의 귀족지배체제로부터 민주주의적인 정치체제로 이행하던 시대에 과도기적으로 나타났던 정치체제라는 것에 대해서는 사람들 사이에 큰 이견이 없는 편입니다. 참주들은 주로 기원전 6세기에 많이 등장했는데 이 시대는 귀족들의 지배에 대해 평민들의 불만이 높아가던 시대였습니다. 그러나 평민들은 아직 스스로의 힘으로 귀족들의 지배를 무너뜨릴 만한 힘이 없었습니다. 이런 상황에서 도시의 유력자들 중에서 평민들의 지지를 등에 업고 귀족들의 권력을 찬탈하여 나라를 통치했던 사람들이 참주였습니다. 그래서 오늘날의 파쇼적 독재자들이 기존의 지배세력과 결탁하여 민중들을 억압하는 정책을 펴는 것과는 달리 당시의 많은 참주들은 통치의 형식에서는 전제적 권력을 행사하기는 했으나, 통치의 내용에 관해 볼 때에는 자기의 권력기반이라 할 수 있는 평민들의 이익을 옹호하고 신장시키는 방향으로 나라를 다스렸던 것입니다. 그리고 이를 통해 참주제는 다가올 민주제의 기반을 닦아나갔다고 말할 수 있습니다.

이런 경향은 참주들의 종교·문화정책에서도 뚜렷이 나타나는데, 여러 도시에서 참주들이 디오뉘소스 숭배를 장려했던 것 또한 그와 무관하지 않습니다. 즉 그들은 귀족들의 신이라 할 수 있는 올림포스 신들의 그늘에 가려 있었던 평민들의 신, 디오뉘소스에 대한 숭배를 강조하는 경향이 있었던 것입니다. 앞에서 우리는 아리온이 600년경에 코린토스에서 처음으로 디튀람보스를 공연했다는 것을 언급했습니다만, 그 당시 코린토스를 지배하고 있었던 사람도 페리안드로스(Periandros)라는 참주였습니다. 그러니까 참주들이 디오뉘소스 숭배를 장려했다는 것은 여기서도 확인할 수 있는 당시의 일반적 경향이었던 것입니다. 그런데 이렇게 참주들이 디오뉘소스를 새로운 시대의 상징으로 치켜세운 까닭은 이 신이 이전의 올림포스 신들과는 달리 현저히 평민적인 성격의 신이었기 때문입니다. 그리스 비극에 관심을 가진 사람이라면 으레 한 번쯤 읽어보는 니체의 『비극의 탄생』은 아폴론과 디오뉘소스를 너무도 추상적이고 형이상학적인 차원에서만 대립시킨 까닭에 비극의 탄생과정에서 디오뉘소스 신의 등장이 가지는 정치적인 의미를 거의 무시하고 있습니다만, 우리가 디오뉘소스와 비극의 관계에서 가장 먼저 생각해야 할 것은 뭐니 뭐니 해도 이 신의 평민적 성격입니다. 과거의 귀족 중심의 사회에서는 디오뉘소스 신의 평민적 성격이 그를 올림포스 신들의 공동체에서 소외시키는 결과를 낳았다면, 변화된 정치적 상황 속에서는 이것이 도리어 그를 새로운 시대정신의 상징으로 만들었던 결정적인 요인이 되었던 것입니다.

그런데 아테네 이외의 도시에서도 많은 참주들이 디오뉘소스 숭배를 장려했으나 어디서도 아테네의 페이시스트라토스처럼 디오뉘소스 숭배를 적극적으로 공연예술과 결합시켰던 참주는 없었습니다. 그가 무엇을 의도하고 비극경연대회를 열었는지는 아무도 알 수 없는 일입니다. 하우저는 그가 "명예를 얻기 위한 수단이나 선전의 도구로서 예술을 이용"했고, 비극을 "민중을 현혹시키기 위한 아편으로서 이용"했다고[13] 단정적으로 말하고 있습니다만, 정반대로 대다수 고전학자들이 이구동성으로 말하는 것처럼 페이시스트라토스가 민주적이고 민중적인 통치이념에 따라 공연예술을 장려했을 수도 있는 일입니다.[14]

그러나 비극이 어떤 동기에 의해 장려되었든지 간에 결과적으로 아테네 시민들의 자기계몽과 민주적 정치제도의 발전을 위해 지대한 공헌을 했다는 것만은 의심할 수 없는 사실입니다. 민주주의는 말 그대로 시민이 주인이 되는 정치체제를 의미합니다. 그러나 시민이 주인이 되는 것은 단순히 시민에게 정치적인 권리가 골고루 나뉘는 것만을 통해 실현되는 것이 아닙니다. 이것은 하나의 필요조건에 지나지 않는 것으로서 시민이 참된 의미에서 자기의 주인이 되기 위해서는 또 다른 조건이 채워지지 않으면 안 됩니다. 그것은 정신의 주체성과 자립성입니다. 스스로 생각하고 스스로 판단할 줄 모르는 시민들이 아무리 많은 자유를 누리고 아무리 많은 권력을 손에 넣는다 하더라도 그것은 결국 중우정치 이상의 것을 낳을 수 없습니다. 자기 스스로 참과 거짓을 분별할 수 있는 생각의 힘과 판단력을 가진 사람들만이 참된 의미에서 주인인 삶을 살 수 있는 것입니다. 아테네 비극은 이러한 점에서 참된 민주주의를 위한 연습이었습니다. 아테네의 체육관(gymnasion)이 육체를 갈고 닦는 훈련장이었다면, 비극이 공연되던 극장은 아테네 시민들의 정신을 도야하는 훈련장이었던 것입니다.

일곱번째 묶음 ··· 극장과 무대

편지 49

비극의 내적 구조와 형식

　지금까지 비극의 탄생의 역사를 더듬어보았으니 이제 나는 비극공연의 구체적 모습을 당신에게 설명했으면 합니다. 비극의 모태가 된 디튀람보스 합창은 외적인 형태에 관해서 보자면 일종의 마당극이었습니다. 그것은 무대도 특별히 정해진 형식도 없이 열린 공간에서 여럿이 부르는 노래였던 것입니다. 디튀람보스 합창은 합창장에 의해 인도되었다 하는데, 디튀람보스 합창에서 비극이 생겨난 것은 최초의 배우가 등장하여 합창장과 대화를 하기 시작하면서부터입니다. 그 배우를 그리스인들은 휘포크리테스(hypokrites)라 불렀는데 이 말은 '대답하는 사람'이라는 뜻을 가진 낱말입니다. 그러니까 그리스 비극에서 배우란 합창장의 물음에 대하여 대답을 하는 사람이었던 것이지요.

　누가 처음으로 합창장과 배우를 분리하여 대화하게 만들었는지에 대해서는 확정된 이론이 없습니다. 가장 오래 되고 일반적인 전승에 따르자면 기원전 535년경 대 디오뉘시아에서 처음으로 비극을 공연했다고 알려져 있는 테스피스(Thespis)가 처음으로 배우의 역할을 도입했다고 합니다. 그래서 교과서적인 저서들에서는 그 전승을 그대로 받아들여 테스피스가 비극의 창시자라는 식으로 말하기도 합니다만, 이에 대해서는 여러 가지 논란이 없지 않습니다.

그러나 나는 이 문제에 관해 골머리를 썩이고 싶은 생각은 없습니다. 왜냐하면 디튀람보스 합창에서 처음으로 배우를 합창장과 분리하여 내세운 사람이 누구든지 간에 오늘날 우리가 알고 있는 그리스 비극은 배우가 한 사람에서 두 사람으로 늘어나면서 연극으로서의 그 고전적인 형식을 갖추게 되었기 때문입니다. 같이 등장하는 배우가 둘이 되었다는 것은 이를 통해 비로소 배우들 사이의 대화가 가능해졌으며, 또한 줄거리가 단순히 말해지지 않고 연기를 통해 전달될 수 있게 되었다는 것을 뜻합니다. 비극은 이렇게 두 사람의 배우가 동시에 등장하면서부터 비로소 온전한 의미의 연극이 되었던 것입니다.

이처럼 두번째 배우(deuteragonistes)를 처음 도입한 시인이 아이스퀼로스였습니다. 이때까지는 시인 자신이 자기의 작품에서 배우의 역할도 맡았었는데, 아이스퀼로스가 처음으로 자기 외에 다른 사람을 두번째 배우로 훈련시켜 극중에서 그와 대화하기 시작했다고 합니다. 이렇게 됨으로써 배우와 합창장 사이뿐만 아니라 배우와 배우 사이의 대화가 비극의 주요 구성부분으로 자리잡게 되고, 합창과 대화가 적절한 균형을 이루면서 전체 비극을 구성하였습니다. 그 전에는 합창이 비극의 대부분을 차지하고 있었던 까닭에, 합창이 아니라 대화에 의해 극이 진행되는 우리 시대의 눈으로 보자면 비극은 진정한 의미에서 연극이라 부르기 어려운 점이 있었습니다. 그러나 아이스퀼로스에 의해 두번째 배우가 도입됨으로써 그리스 비극이 단순한 합창극이 아니라 온전한 연극의 모습을 띠기 시작했다고 하겠습니다.

그 후 소포클레스는 다시 배우를 한 사람 더 보태, 한꺼번에 무대 위에서 대화할 수 있는 등장인물의 수를 셋으로 늘렸습니다. 이렇게 됨으로써 대화는 보다 생동적이고 복합적이 될 수 있었고, 이것은 당연히 비극의 무게 중심을 합창에서 대화로 옮겨놓는 결과를 낳았습니다. 그리하여 에우리피데스에 이르면 거의 합창은 막간에 불리는 삽입곡에 지나지 않는 것처럼 보일 정도로 일종의 장식이나 양념 같은 것이 되고 말았습니다. 예를 들어 아이스퀼로스의 『아가멤논』의 경우에 전체의 3분의 1이나 되던 합창의 분량이 에우리피데스의 『메데이아』를 보면 행수를 계산할 필요가 없을 정도로 줄어들고 말았습니다. 처음에는 비극의 중심이 합창이었고 대화는 나중에 거기 삽입된 것이었던 까닭에 비극에서 대화의 부분을 가리켜서 에페이소디온(epeisodion), 즉 삽입부라 불렀는데 나중에는 합창이 대화에 의해 점점 더 밀려나 도리어 합창이 대화들 사이에 끼여든 삽입곡 같은 것이 되고 말았던 것입니다. 그리고 이처럼 합창과 대화의 균형이 깨어지면서 그리스 비극도 종말을 맞이하게 되었습니다.

어쨌든 비극은 전체적인 구조에서 볼 때 합창과 대화가 번갈아가면서 반복되는 형식으로 이루어지는데, 그것을 간단히 요약하자면 다음과 같습니다. 비극의 첫 부분은 프롤로그(prologos)입니다. 아이스퀼로스의 경우에는 이 부분에서는 보통 한 사람의 배우가 나와서 앞으로 일어날 일을 암시하는 말을 하는데, 소포클레스부터는 여러 명의 배우들이 나와 대화를 나누는 형식이 일반화되었습니다. 프롤로그가 끝나면 관중석 맞은편 무대 양쪽의 진입로에서 합창단이 등장하면서 노래를 부릅니다. 이 노래를 파로도스(parodos), 이른바 등장가라고 부릅니다. 이 부분은 아이스퀼로스 때만 하더라도 분량도 길고 독립된 합창이었으나, 소포클레스에게서부터는 분량도 짧아지고 에우리피데스에게 이르면 등장가가 배우와의 문답과 섞여서 독립된 합창의 성격을 잃어버립니다. 아무튼 이 부분이 끝나면 첫번째 에페이소디온, 즉 현대극으로 치자면 비로소 첫번째 막이 열리게 됩니다. 앞에서도 말했듯이 원래 에페이소디온이라는 말은 삽입물을 뜻하는 낱말입니다. 처음에 비극이 합창 위주였던 까닭에 나중에 대화가 도입되었을 때 그 부분을 삽입부라 불렀던 것입니다. 그러나 오늘날 우리에게 남겨진 고전기 그리스 비극의 형식이 확립된 뒤에는 내용적으로 볼 때 에페이소디온이야말로 연극의 줄거리를 이끌어가는 핵심부가 되었습니다. 어쨌든 첫번째 에페이소디온이 끝나면 다시 합창단이 노래를 하게 되는데 이 부분을 가리켜 사람들은 첫번째 스타시몬(stasimon)이라 부릅니다. 굳이 뜻풀이를 하자면 이 말은 서서 부르는 노래라는 뜻이지만 그렇다고 해서 합창단이 가만히 서서 노래만 불렀던 것은 아닙니다. 기본적으로 둥근 오케스트라, 즉 합창석에서 그들은 왼쪽으로 한 번 그리고 다시 오른쪽으로 한 번 이렇게 번갈아 돌면서 노래를 불렀습니다. 그리고 때로는 격렬하게 춤을 추면서 노래를 부르기도 했습니다. 첫번째 스타시몬이 끝나면 두번째 에페이소디온이 이어지는데 그리스 비극은 보통 이렇게 에페이소디온과 스타시몬이 모두 네 번 번갈아 반복되면서 진행되었습니다. 그리고 마지막으로 합창단이 오케스트라를 떠나면서 극이 모두 끝나게 되는데 이 부분을 엑소도스(exodos)라고 부릅니다.

비극이 이처럼 합창과 대화로 이루어졌다고 하지만 합창 이외의 부분이라고 모두 비음악적이었던 것도 아닙니다. 배우는 언제나 동시에 가수여야만 했습니다. 왜냐하면 배우가 맡은 부분에서도 단순히 말을 하는 것이 아니라 노래를 불러야 하는 부분이 많이 있었기 때문입니다. 그러니까 전체적으로 볼 때 그리스 비극은 오늘날의 예술형식과 비교하자면 순수한 연극이라기보다는 모차르트의 마술피리(Zauberfloete) 같은 징슈필(Singspiel), 즉 "대사가 줄거리를 끌고 나가면서 그 사이사이에 음악이 들어가는 노래극"[1]과 오히려 더 가깝다고 말할 수 있겠습니다. 그러나 유별나게 음악을 좋아하는 당신에게는 매우 유감스런 일입니다만 오늘날 우리는 그 시대의 음악을 재현할 수가 없습니다. 악보가 남아 있지 않기 때문입니다. 니체는 오늘날 우리가 음악 없이 그리스 비극의 텍스트만 가지고 그것을 감상하는 것을 바그너의 오페라를 음악 없이 가사만 가지고 감상하는 것과 같다고 탄식한 적이 있었습니다만, 도리어 그 시대에 음악이 동반된 비극을 온전히 보고 들을 수 있었던 그리스 시대의 철학자인 아리스토텔레스는 오로지 텍스트만 읽고도 비극감상이 가능하다고 말했으니까, 우리는 아리스토텔레스에 의지하여 음악을 듣지 못해도 비극을 이해하는 것에는 큰 문제가 없다고 스스로를 위로할 수밖에 없겠습니다.

편지 50

시인과 배우 그리고 관중들

　그러나 당신이 궁금해할 것은 아마도 음악만이 아닐 것입니다. 그리스 비극이 어디에서 어떤 식으로 공연되었는지 그 구체적인 상연의 과정이나 절차에 대해서도 알고 싶은 것이 많겠지요. 비극경연대회에 참가하기를 원하는 시인은 먼저 자기의 작품을 대 디오뉘시아에서 작품의 심사를 맡은 최고 행정관(archon eponymos)에게 제출했습니다. 그러면 최고 행정관은 작품을 제출한 시인들 가운데서 세 사람을 뽑아서 각각 세 편의 비극과 한 편의 사튀로스극을 상연해줄 것을 부탁했습니다. 그리고 합창단은 물론 비극을 공연하는 데 드는 비용을 부담할 코레고스(choregos)를 부유한 시민들 가운데서 선발해 비극공연을 후원하게 했습니다. 그러나 배우의 보수는 코레고스에게 맡기지 않고 나라에서 부담했다고 합니다.
　공연이 결정되면 시인은 경제적 문제를 제외하고 비극공연에 관련된 거의 모든 일을 스스로 책임지고 이끌어나갔습니다. 아이스퀼로스는 비극의 대본이 되는 희곡을 쓴 것은 물론, 비극 속의 모든 노래를 작곡했을 뿐만 아니라, 스스로 주연배우(protagonist) 노릇을 하면서 다른 배우의 연기 지도와 함께 합창단의 노래지도까지 모두 도맡아

했습니다. 그러니까 시인은 처음에는 작가인 동시에 작곡가이며 연출가이자 배우이기까지 했던 것입니다. 그러나 소포클레스에게 이르면 비극공연에 참여하는 사람들의 일들이 본격적으로 분업화되기 시작합니다. 그는 초창기에는 스스로 배우 노릇을 했지만 본격적으로 비극을 쓰기 시작하면서부터는 더 이상 자기 작품에서 배우로 출연하지 않았습니다. 더 나아가 연출에 관련된 다른 일들에서도 분업이 이루어졌는데, 합창단을 위해서는 합창교사(chorodidaskalos)가 시인을 도와 춤과 노래를 지도했습니다. 그리고 배우들의 의상과 무대장치에 관한 일들도 뒤로 가면 갈수록 시인의 손에서 독립하여 그 분야의 전문가들에게 맡겨졌습니다.

그 시대에 여자들이 집 밖에서 할 수 있는 활동이 거의 없었던 까닭에 배우와 코러스는 모두 남자였습니다. 그리스 비극에는 의외로 여자 주인공들이 많이 나오지만, 여자 배역이나 소녀 배역 역시 남자 배우가 맡을 수밖에 없었습니다. 같은 배우가 가면을 바꾸어가면서 여러 배역을 소화해야만 했으므로 배우들은 다양한 성격의 인물들에 대해 자유로이 감정이입을 할 수 있어야만 했습니다. 그러나 나중에 오면 특정한 역할을 전문적으로 맡는 배우들도 등장했습니다. 이를테면 여자 배역을 전담하는 배우가 등장한 것이지요. 그리스 극장이 아주 큰 야외극장이었지만 음향효과가 놀라울 정도로 예민해서 관람석 끝에서도 무대 바닥에 핀이 떨어지는 소리가 들릴 정도였다 합니다. 따라서 배우에게 가장 먼저 요구된 것은 큰 소리를 내는 것이 아니라 대사를 말할 때 정확한 발음과 노래할 때 아름다운 목소리였습니다.

처음에 비극의 중심은 시인이 쓴 작품 그 자체였으며 공연 역시 시인의 주도 아래 이루어졌으나 기원전 5세기가 지나면 시인보다는 배우의 비중이 더 중요해졌습니다. 이는 기원전 4세기가 되면 이전의 위대한 비극시인들은 세상을 떠났으나 더 이상 새로운 시인이 나타나지는 않고, 극장에서는 새로운 작품이 아니라 작고한 시인들의 비극을 다시 상연하는 것이 일반화되어 더 이상 시인들이 직접 공연에 관여할 수 없게 된데다, 무대장치와 배우들의 연기가 점점 더 복잡하고 화려해졌기 때문이기도 합니다. 그리하여 가면 갈수록 배우들의 연기가 중요해져서, 기원전 4세기가 되면 과거에 시인들이 작품을 통해 우승자가 되기 위해 경쟁했던 것처럼, 배우들을 위한 연기경연이 생겨날 정도였습니다. 그리고 오늘날 유명 배우들이 그렇듯이 그 시대에도 일급의 배우들은 대중들의 인기를 한몸에 받았던 것은 물론 높은 사회적 명예도 누릴 수 있었습니다.

배우들은 얼굴에는 가면을 쓰고 몸에는 키톤(chiton)이라 불리는 두루마기처럼 발끝까지 닿는 긴 옷을 입었으며, 발에는 코토르노스(kothornos)란 이름의 끈 매는 장화를 신었습니다. 세월이 가면서 장화의 굽이 조금씩 높아져서 헬레니즘 시대에는 배우들의 키가 몇 인치 더 커보이게 되었다고 합니다. 그리스 비극에서 배우들의 의상의 특징은 배우들이 완전히 자기의 몸을 가릴 수 있었다는 점입니다. 그들의 몸은 가면과 옷 그리고 신발로 완전히 가려져 오직 손만이 노출되어 있었습니다. 이렇게 배우들이 자기의 본모습을 완전히 가렸던 까닭은 이를 통해 다양한 배역을 자유롭게 바꾸어가며 연출하기 위한 기술적 이유도 있었지만 보다 본질적으로는 배우들이 자기 자신을 완전히 잊어버리고 자기들이 재현해야 할 비극적 주인공의 인격과 삶에 철저히 몰입할 수 있도록 하기 위한 배려였다고 할 수 있습니다.

모름지기 참된 예술은 예술가가 자기가 재현해야 할 예술적 대상 속에서 개인으로서의 자기 자신을 잊어버릴 수 있을 때 비로소 가능해집니다. 그리스의 배우들은 자기를 잊어버리기 위해 가면을 썼던 것입니다. 오늘날 사람들은 배우들에게 가면을 쓰라고 강요하지는 않습니다. 하지만 가면 속에 자기를 감출 줄 모르는 사람이 참된 예술가가 될 수 없기는 그때나 지금이나 마찬가지일 것입니다.

어쨌든, 배우가 쓰던 마스크는 처음에는 단순하고 소박한 것이었으나 세월이 갈수록 점점 더 사실적이 되었습니다. 그리하여 기원전 5세기 후반 아리스토파네스(Aristophanes)가 소크라테스를 풍자한 희극을 공연했을 때, 배우가 썼던 가면이 소크라테스와 얼마나 닮았던지 사람들이 실물과 가면을 비교해보도록 관중석에 앉아 있었던 소크라테스가 일어나야만 했었다는 이야기도 전해집니다.

관객은 남녀노소 구분이 없었습니다. 물론 여자들의 사회생활이 엄격히 제한되던 시대였으므로 관람객들 가운데 여성들이 그다지 많지 않았으리라는 것은 어렵지 않게 짐작할 수 있는 일입니다. 그러나 디오뉘소스가 근원적으로 여성들의 신이었고 또 모든 제한을 초월하는 신이었던만큼 이 신을 기리는 비극공연을 여자라고 해서 구경할 수 없었다면 그것 또한 부당한 일이었을 것입니다. 그리하여 여성들뿐만 아니라 노예들 그리고 앞에서도 말했듯이 외국인들에게도 비극관람이 허락되었습니다. 그러나 극장의 앞자리는 대개 남자 시민들을 위한 것이었고 여자들은 외국인들처럼 맨 뒷자리에서 구경을 했던 것으로 보입니다.[2]

공연이 모두 끝나면 10명의 심사위원이 우승자를 결정했습니다. 이들은 시민들 가운데서 추첨을 통하여 선발되었거나 아테네의 각 구(phyle)에서 선출된 사람들이었습니다. 어떻든 이들 열 명 가운데 다시 추첨을 통해 다섯 사람이 선발되었는데 이들이 최종적으로 우승자를 뽑았다고 합니다. 이들이 어떤 기준에 따라 우승자를 결정했는지는 알려져 있지 않습니다. 전하는 말에는 관중들의 함성 소리에 따라 정했다는 이야기도 있으나 확인할 수는 없습니다. 다만 심사위원들이 모두 민주적인 방식에 따라 뽑힌 사람들이었던만큼 이들이 우승자를 정할 때 관중과 시민들의 여론을 존중했으리라는 것은 어렵지 않게 짐작할 수 있습니다.

이처럼 그리스 비극이 공연된 과정을 돌이켜보면, 그것이 얼마나 민주적이고 개방적인 예술이었던가를 알 수 있습니다. 그것은 스스로가 권력의 주체인 시민들이 시인들을 통해 자기의 삶을 반성하고 자기의 세계관을 표현하며 더 나아가 자기를 계몽시켜나갔던 기록이었던 것입니다.

하우저는 이 시대의 비극시인들을 가리켜 "국가의 녹을 먹고 국가가 필요로 하는 작품을 조달하는 사람들이었다"고 말하면서 "비극은 경향문학이요 또 그것 이외의 것으로 평가받으려 하지도 않았다"고 주장합니다.[3] 그의 말을 들으면 고대 그리스의 아테네라는 폴리스는 20세기 스탈린 치하의 소련이라는 국가와 같고 비극시인들은 스탈린의 구미에 맞추어 작품을 만들어야만 했던 관변 예술가들과 같은 것처럼 생각됩니다. 그러나 세 비극시인이 활동했던 기원전 5세기 아테네는 오늘날 우리가 생각하는 억압적인 통치기관으로서의 국가 따위는 아예 존재하지도 않았습니다. 앞에서도 말한 바 있습니다만 군대의 장군을 제외하고는 권력을 행사할 수 있는 모든 관리는 추첨을 통해 선발한 것이 이 시대 아테네였습니다. 맹목적인 근대주의자들이 고대 그리스에 대해 무슨 험담을 하든지 간에 비극시대의 아테네는 역사상 어떤 나라, 어떤 체제보다 인간의 개성과 자유 그리고 평등한 권리가 온전히 존중되었던 시대였던 것입니다. 그 뒤 서양의 역사는 고대 그리스에서는 제한된 사람들, 즉 남자 시민들에게만 허락되었던 자유로운 삶을 모든 사람에게로 확장하려는 노력에 다름 아니었습니다. 그러나 우리가 잊어서는 안 될 것은 그 노력이 아직도 성공을 거두지 못했다는 사실입니다. 근대주의자들은 노예나 여성들을 예로 들면서 그리스에서 모든 사람이 자유롭지는 않았다는 것을 가지고 마치 근대 이후의 세계에서는 그런 제한성이 지양되기라도 했다는 듯이 그리스 민주주의를 폄하하는 경향이 있습니다. 마치 오늘날에는 여자들이 남자들과 같은 자유를 누리고 있고, 세상 어디에도 더 이상 노예 따위는 없다는 듯이 말입니다. 나는 그런 주장이 다 틀렸다고 생각하지는 않습니다. 그러나 당시 아테네에 팔려온 노예가 오늘날 한국에 와서 일하는 외국인 노동자보다 더 노예적으로 살았던 것은 결코 아닙니다. 또한 수백 명의 국회의원들 가운데 여자들이 몇 명 끼어 있다 해서 한국 여인들이 사회·정치적으로 그 당시 그리스 여인들에 비해 더 대접받고 있다고 할 수 있는지 그것도 의심스런 일입니다.

이야기가 옆길로 흘렀군요. 그리스 비극이 나라가 주도한 축제에서 상연되었으니 그것이 고도의 정치적 함의를 지니고 있었던 것은 의심할 수 없는 사실입니다. 하지만 그렇다고 해서 그리스 비극을 우리 시대에서 볼 수 있는 일종의 관변 예술이나 경향 예술이었다고 생각한다면 이는 참으로 딱한 일입니다. 우리 시대에는 예술이 정치와 관계를 맺는다면, 지배계급의 기생 노릇을 하거나 아니면 기존의 지배계급에 저항하는 비판적 실천이거나 이 둘 중에 하나인 경우가 대부분입니다. 그러나 그리스 비극은 그 어느 쪽도 아니었습니다. 그것은 스스로가 권력의 주체인 시민들이 시인들을 통해 자기의 삶을 반성하고 자기의 세계관을 표현하며 더 나아가 스스로를 계몽시켜나갔던 기록이었습니다. 따라서 그리스 비극의 정치성이란 비극이 정치권력의 장신구였다거나 지배계급에 대한 저항예술이었다는 것이 아니라 그리스 비극이 그 당시 시민 공동체의 총체적 자기반성이었다는 데 존립하는 것입니다.

지나간 시대가 자기 시대와 같거나 그보다 못하다고 믿는 것은 서양의 근대가 남긴 좋지 못한 망상의 하나입니다. 그러나 사실을 말하자면, 그 시대에 비해 지금 우리 시대야말로 도리어 타락한 시대입니다. 우리 시대의 민주주의는 부시(G. Bush)같이 위험하고 덜떨어진 인물이 세계에서 가장 중요한 정치인이 되는 것을 막지 못합니다. 스스로 자유롭다고 착각하는 우리 시대의 시민들이 할리우드 영화에 멍청하게 중독되어 있기 때문입니다. 그러나 인류의 역사 속에서는 페리클레스 같은 정치가가 소포클레스 같은 시인에게 비극을 청하던 시대도 있었습니다. 그리고 모든 시민이 『오이디푸스 왕』을 감상하며 감동하고 전율할 수 있었던 시대가 있었던 것입니다.

만약 권력이 요구해서 만들어지는 예술을 관변 예술이나 경향 예술이라 불러야 한다면, 그리스 비극은 처음부터 끝까지 관변 예술이었습니다. 그러나 같은 권력이라도 독재자의 권력이 있고 민중의 권력이 있는 것처럼, 같은 관변 예술이라도 지배자의 이익에 봉사하는 것도 있고 시민 공동체의 총체성의 표현인 예술도 있습니다. 예술이 고립된 추상성에서 벗어나 참된 총체성을 획득하기 위해서는 그것이 반드시 정치적 권력과 매개되지 않으면 안 됩니다. 이 점에서 좋은 예술과 나쁜 예술의 차이는 예술이 권력과 관계를 맺느냐 아니냐에 달려 있는 것이 아니라 어떻게 관계를 맺느냐에 달려 있을 뿐입니다. 그리스 비극은 정치와 예술의 가장 이상적인 결합을 보여주는 하나의 실례입니다. 비극공연을 주관한 것은 처음에는 참주였고 나중에는 아테네라는 국가였으나, 비극은 참주 한 사람의 이익이나 폴리스의 유력자들을 위한 것이 아니라 모든 시민 공동체의 정신적 성숙과 계몽을 위한 예술이 되었습니다. 그것은 결국 모든 시민을 위한 예술이었던 것입니다.

편지 51

극장과 무대

다시 우리의 주제로 돌아가지요. 비극이 어떤 절차를 밟아 상연되었는지를 말했으니 이제 나는 당신이 그리스 비극이 공연되던 모습을 좀더 생생하게 그려볼 수 있도록 하기 위해 이번에는 비극이 상연되던 극장과 무대에 대해 몇 가지 설명을 보태었으면 합니다. 기원전 5세기 비극이 상연되었던 곳은 아테네의 아크로폴리스 남동쪽 기슭에 자리잡은 디오뉘소스 극장이었습니다(책머리의 그림 8 참조). 지금 그곳은 거의 폐허로 남아 있지만 전성기에는 무려 1만 7천 명을 수용할 수 있는 대규모 극장이었습니다. 그러나 처음부터 비극이 이곳에서 상연되었던 것은 아닙니다. 처음에 그것은 평지인 아테네의 아고라에서 상연되었습니다. 평지에서 상연되었던 까닭에 사람들이 잘 볼 수 있도록 나무로 계단식 관중석을 만들어야만 했습니다. 그런데 498년경에 흥분한 관중들의 무게를 이기지 못해 나무 관람석이 무너지는 불상사가 난 뒤에 아테네는 아크로폴리스 기슭 디오뉘소스 신의 성역에 새로운 극장을 짓기 시작했습니다.

그러나 처음부터 디오뉘소스 극장이 완성된 모습이었던 것은 아닙니다. 처음에 그것은 차라리 극장이라기보다는 마당과도 같은 것으로

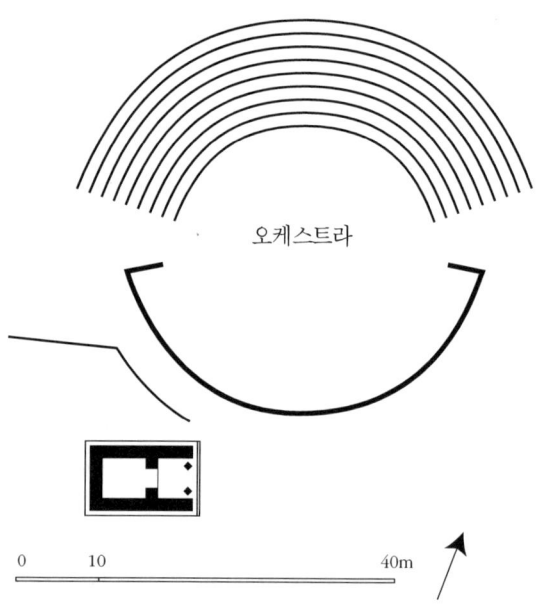

도면 1 가장 오래 된 디오뉘소스 극장의 평면도
(왼쪽 아래의 사각형은 디오뉘소스 신전의 평면도)

서 가운데 둥근 오케스트라(orchestra), 즉 합창단이 노래하는 장소가 있고 그 주위로 관람석이 있었을 뿐입니다. 처음에는 아크로폴리스의 경사면에 땅을 파서 관람석을 만들었습니다(도면 1). 그렇게 둥글게 둘러앉아 관람을 하다가 나중에는 공연이 있을 때면 직선의 긴 나무 판자를 오케스트라 주위로 놓았으므로 관람석의 모습은 원형이라기보다는 원에 가까운 다각형의 모습이었습니다(도면 2). 관람석이 지금 우리가 보는 것처럼 돌로 만들어진 것은 기원전 4세기에 이르러서야 가능했습니다. 그러니까 비극시인이 살아 활동하던 기원전 5세기에 아테네의 극장이란 정말로 소박하고 단순한 구조물에 지나지 않았습니다.

오케스트라의 크기는 지름이 약 20~25미터 정도였는데 가운데는 작은 계단식 제단(thymele)이 있었습니다. 이 제단은 디오뉘소스를

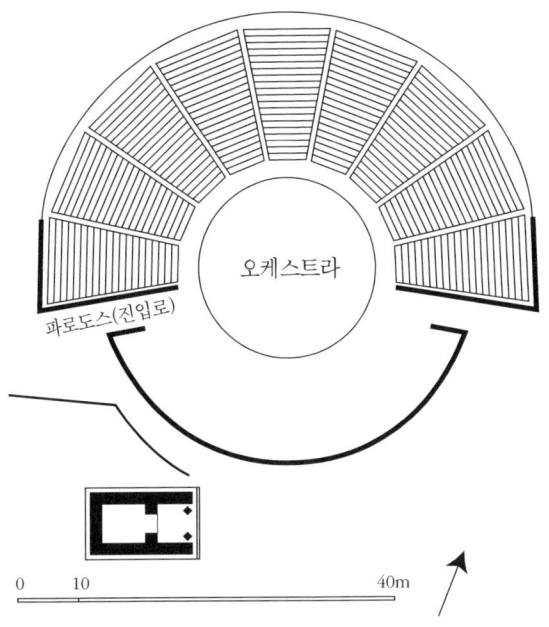

도면 2 기원전 5세기 후반의 디오뉘소스 극장

위한 것으로 그가 이 제단의 계단에 앉아 비극을 관람할 수 있도록 배려한 것이라 합니다. 그리고 양옆으로는 파로도스(parodos), 즉 진입로가 있어서 이리로 합창단이나 배우들이 드나들었습니다. 그러나 도면 1, 2에서 보듯이 초창기 그리스 극장에는 무대라는 것은 없었습니다. 배우들은 둥근 오케스트라에서 합창대와 같이 연기를 했습니다. 높은 단 위의 무대에서 배우들이 코러스와 공간적으로 격리되어 연기하기 시작한 것은 헬레니즘 시대 이후의 일입니다. 그러니까 고전기 그리스 비극은 마치 마당극에서처럼 둥근 오케스트라에서 합창단과 배우가 어울려 노래하고 춤추고 대화하면서 상연되었던 것입니다.

물론 그리스 극장에도 무대의 배경으로 쓰인 건축물이 있었습니다. 스케네(skene)라고 불린 구조물이 그것인데 오늘날 영어의 장면(scene)이라는 말은 이 말에서 유래했습니다. 그러나 처음에 스케네는 배우들이 옷을 갈아입던 임시막사에 지나지 않았습니다. 아마도 그것은 오케스트라 맞은편 디오뉘소스 성역에 임시로 세워놓은 천막이었을 것입니다. 원래 스케네라는 말 자체가 천막이나 막사라는 뜻이었거든요. 그러다가 세월이 가면서 어느 땐가 디오뉘소스 신전과 오케스트라 사이의 좁은 공간에 길게 상설 건물이 들어서서 연극의 배경으로 쓰였던 것으로 보입니다. 그러나 그 변화가 정확히 언제 일어났는지는 알려져 있지 않습니다. 어찌 되었든 기원전 5세기 후반에 이르기까지는 아직 확정된 무대건물이 들어서지 않고 때마다 가설무대처럼 배경이 되는 건물이나 무대장치를 임시로 만들어 썼을 것이라는 의견이 지배적입니다.

기원전 5세기에는 아직 호사스런 무대건축물이 건립되지는 않았으나 그렇다고 해서 무대 배경에 전혀 신경을 쓰지 않은 것은 아니었습니다. 아리스토텔레스는 『시학』에서 소포클레스가 무대그림(skeno-graphia)을 창시했다고 말하고 있고, 로마 시대의 건축가였던 비트루비우스(Vitruvius)는 아이스퀼로스의 비극을 위해 아가타르코스

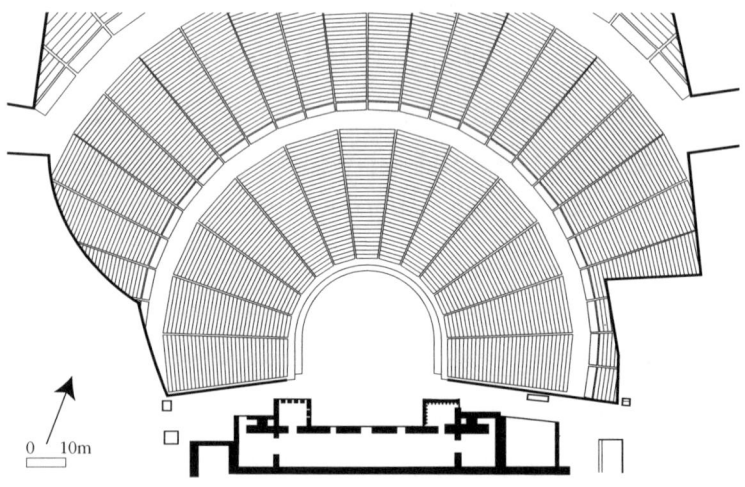

도면 3 기원전 4세기 리쿠르고스에 의해 건축된 디오뉘소스 극장의 평면도(부분)

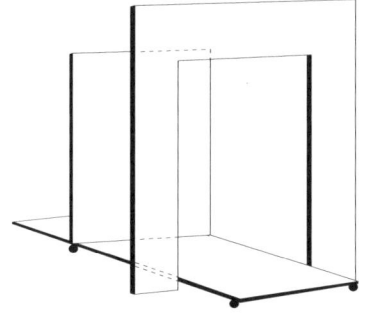 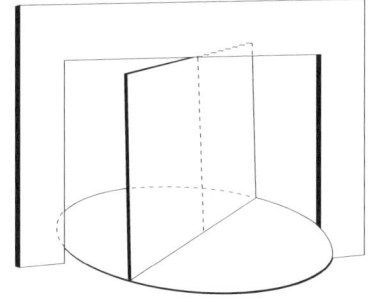

도면 4 엑퀴클레마(비버의 상상도)

(Agatharchos)라는 화가가 배경그림을 그려주었다고 말하고 있습니다.[4] 아리스토텔레스의 말과 비트루비우스의 말을 같이 놓고 보면 소포클레스와 아이스퀼로스가 순서가 뒤바뀐 것이 아닌가 하는 생각이 들 수도 있습니다. 그러나 두 시인이 같이 활동하던 시기가 있었으므로 소포클레스가 아이스퀼로스에 앞서 무대미술을 창시했다는 것이 불가능한 일은 아닙니다. 하여튼 아가타르코스가 그린 무대의 배경그림을 보고 철학자들이 원근법의 원리를 말하기까지 했다고 하니 아마도 그 시절의 무대배경그림은 상당히 사실적이었던 것으로 보입니다.

더 나아가 무대장치도 조금씩 발전하여 에우리피데스는 신들이 하늘에서 등장하는 장면을 연출하기 위해 기중기를 사용했으며, 건물 안에서 일어난 일을 관중들에게 지체없이 보여주기 위해 엑퀴클레마(ekkyklema)라는 장치를 고안해내기도 했습니다. 이것은 일종의 작은 회전무대라 할 수 있는데, 위의 도면 4에서 보듯이 무대 중앙에 큰 회전문처럼 돌아가는 무대장치가 있어서 벽면 안쪽에서 일어난 일이 그 회전문 또는 회전무대가 돌아감으로써 밖으로 나오게 되는 것이 아니었나 생각됩니다.

편지 52

폭력과 예술

극장과 무대에 대해서는 자세히 말하려면 한이 없으나 비극을 이해하기 위해서는 이 정도만으로도 충분할 것입니다. 그러나 나는 극장과 무대에 대한 설명을 끝내기 전에 그와 관련해서 한 가지 철학적인 문제를 거론하고 넘어갔으면 합니다. 방금 위에서 나는 에우리피데스가 엑퀴클레마라는 장치를 고안했다고 말했습니다. 그것이 어떤 모양의 장치였는지 간단히 설명했으므로 그것에 대해서는 더 이상 말하지 않으려 합니다. 하지만 내가 그것에 관하여 조금 더 보태어 말하려는 것은 왜 그런 장치가 필요했던가 하는 점입니다.

한마디로 말하자면 그 장치는 건물 안에서 일어난 사건의 결과를 관중들에게 보여주기 위해서 필요했던 장치입니다. 즉 사건 자체는 건물 안에서 일어났으므로 관중들이 볼 수 없었지만 그 결과를 보여주는 것은 극의 진행을 위해 반드시 필요합니다. 그래서 에우리피데스는 보아서는 안 될 일을 나중에 보여주기 위해 엑퀴클레마라는 회전문 또는 회전무대를 고안했던 것입니다. 그러나 도대체 어떤 사건이었기에, 그 자체로서는 감추고 관객들에게 보여주지 않아야 하고 오직 사후적인 결과만을 보게 해야 했을까요? 오늘날 모든 사건을 있는 그대로 보여주는 영화예술에 길들여진 우리 현대인에게는 보여주어서는 안 되는 것이 있다는 상황 자체가 조금은 기이하게 여겨집니다.

그리스 비극시인들이 관객들에게 보여주어서는 안 된다고 생각했던 것은 다름 아닌 폭력장면이었습니다. 그리스 비극을 여러 가지 관점에서 해석하고 이해할 수 있겠지만, 그것은 폭력에 대한 성찰이라 할 수 있을 만큼 온갖 폭력장면들로 가득합니다. 게다가 그리스 비극이 그리는 폭력은 또 얼마나 끔찍하고 엽기적인 것들인지요? 예를 들어 아이스퀼로스의 오레스테이아 3부작에서 아내가 남편을 살해하고 아들이 다시 친어머니를 살해하는 것이나, 오이디푸스가 자기 눈을 스스로 찌르는 것, 그리고 메데이아가 남편에게 버림받은 뒤에 자기의 친아들들을 살해하는 것 등등, 끔찍한 폭력장면은 한둘이 아닙니다. 이런 것을 생각하면 그리스 비극은 요즘식으로 말하자면 거의 폭력물이라 해도 과언이 아닙니다. 게다가 그리스 비극이 그리는 폭력적 상황은 우리 시대의 영화가 그려 보여주는 폭력적 상황보다 오히려 더 극단적인 것들이 대부분입니다.

그런데 이처럼 그리스 비극이 현대 영화 못지않은 폭력성을 가지고 있음에도 불구하고 한 가지 점에서 그것은 우리 시대의 폭력영화와 다릅니다. 그것은 그리스 비극이 폭력적이고 엽기적인 장면을 절대로 직접 재현해 보여주지 않는다는 것입니다. 비극시인들은 폭력적인 사건이 언제나 무대 뒤에서 일어나도록 희곡을 썼습니다. 그리하여 아가멤논은 클뤼타임네스트라를 따라 집 안으로 들어간 뒤에 살해됩니다. 마찬가지로 클뤼타임네스트라가 아들인 오레스테스에 의해 살해될 때도 두 사람이 집 안으로 들어가 관객은 아들이 어머니를 죽이는 장면을 직접 볼 수는 없게 되어 있습니다. 이오카스테가 자살하고 오이디푸스가 그 옆에서 제 눈을 찌르는 장면도 마찬가지입니다. 그것은 모두 그들이 집 안으로 들어가서 일어나므로 관객은 아무것도 직접 볼 수가 없지요. 메데이아가 자기 아이들을 죽이는 장면에서도 그녀는 집 안으로 퇴장해버려 관객은 집 안에서(즉 무대 뒤에서) 들려오는 아이들의 비명소리를 들을 수 있을 뿐입니다. 그리하여 관객들은 폭력적 상황이 끝난 뒤에 처참하게 누워 있는 시신을 보거나 사자들이 설명해주는 것을 통해 처절했던 상황을 상상할 수밖에 없었습니다. 이를테면 아가멤논이 집 안에서 살해된 뒤에 문이 열리고 시신이 보여지게 되고 클뤼타임네스트라와 아이기스토스 역시 집 안에서 살해된 뒤에 시신만이 보여지게 됩니다. 오이디푸스의 경우에는 이오카스테가 자살하고 오이디푸스가 눈을 찌른 것을 사자가 나와 장황하게 알려준 뒤에 오이디푸스가 피를 흘리며 문 밖으로 나오면 그제야 관객들은 끔찍한 그의 모습을 볼 수 있게 됩니다.

 도대체 이유가 무엇이었을까요? 쉽게 생각할 수 있는 이유는 기술적 한계 때문이었을 것입니다. 가면을 쓰고 온몸을 발끝까지 닿는 옷으로 치렁치렁 몸을 감춘 상태에서 다투고 죽이는 장면을 연출한다는 것은 아마 우스꽝스런 일이었을 것입니다. 그러나 단지 그것이 전부였을까요? 나는 그렇게 생각하지 않습니다. 만약 비극시인들이 처참한 폭력장면을 있는 그대로 보여주는 것이 정말로 중요한 일이라 생각했다면 차라리 가면을 벗기고 의상을 바꾸는 한이 있더라도 생생한 재현을 추구했을 것입니다. 이는 그 당시 그리스인들의 편견없는 사유의 활달함을 생각할 때 충분히 가능한 상상입니다. 그러므로 비극시인들이 폭력장면을 보여주지 않은 것은 할 수 없었기 때문이 아니라 하고 싶지 않았기 때문이라고 생각할 수밖에 없습니다. 그러나 왜 그들은 굳이 폭력장면을 보여주지 않으려 했을까요? 만약 보여주었더라면 극이 훨씬 더 생생하고 재미도 있었을 텐데 말입니다. 비극시인들 자신은 이 물음에 대해 아무런 대답도 하지 않습니다. 그리하여 이것은 역사학이나 문헌학의 문제라기보다는 이제 우리들 자신이 대답해야만 할 철학적 문제로 남습니다.

  돌이켜보면 오랫동안 철학자와 비평가들은 연극이 고통을 무엇을 위해 어떻게 재현해야 하는가를 두고 토론을 해왔습니다. 그러나 적어도 전통적 미학의 역사 속에서 예술이 폭력을 어떻게 다루어야 하는지에 대해서는 거의 아무것도 논의된 것이 없었습니다. 그러나 오늘날 원하기만 한다면 모든 것을 사실적으로 재현할 수 있는 영화예술이 보편화되면서 예술과 폭력의 문제는 진지한 철학적 성찰을 요구하는 문제가 되었습니다. 나는 영화에는 그다지 아는 것도 없는 문외한이므로 이 문제에 깊이 개입하고 싶은 생각은 없습니다. 그러나 영화에 대한 생산적인 성찰을 돕기 위해 그리스 비극을 거울로 제시할 수는 있을 것입니다.

  만약 관객들로 하여금 폭력을 그 자체로서 즐기고 거기에 탐닉하도록 하기 위하여 폭력적 상황을 생생하게 재현하는 영화감독이 있다면 나는 그런 사람들에 대해서는 아무것도 할말이 없습니다. 그러나 대다수 현대 영화가 현실의 폭력적 상황을 고발하고 관객으로 하여금 그런 상황을 있는 그대로 인식하고 성찰하도록 하기 위해 폭력적 상황을 재현하는 것이라면, 그런 선의를 존중해서 한 가지 근본적인 질문을 던질 수는 있으리라 생각합니다. 그것은 폭력적 상황을 일삼아 재현하는 것이 관객으로 하여금 현실의 폭력적 상황을 반성적으로 성찰하도록 만드는 데 과연 얼마나 도움이 되겠느냐 하는 물음입니다.

  이를테면 지지난해 뉴욕에서 9·11테러사건이 일어났을 때, TV는 그 끔찍한 화면을 지겨울 정도로 반복해서 보여주었습니다. 여객기가 쌍둥이 빌딩에 부딪히는 장면은 물론 불타는 빌딩에서 사람들이 떨어져내리는 모습까지 보여주고 또 보여주었지요. 그런데 그렇게 계속 끔찍한 장면을 반복해서 봄으로써 우리는 과연 그들의 고통에 더 공감할 수 있게 되었던가요? 유감스런 일이지만 그렇지 않았습니다. 처음 그 화면을 보았을 때 느낀 충격과 경악은 같은 것을 두 번 보고 세 번 봄에 따라 현저히 약화되어 나중에는 아무런 감동도 느끼지 못할 정도가 되어버렸던 것입니다.

 이것은 시각이라는 감각의 성격상 어쩔 수 없는 일로서, 비극적인 사건을 시각적인 방식으로 반복해서 보여주는 것은 언뜻 보기에는 사건의 비극성을 사람들에게 생생히 전달하는 효과가 있는 것처럼 보이지만 사실은 사람들의 자유로운 상상력을 마비시킴으로써 능동적인 공감을 불가능하게 합니다. 그리하여 그런 화면을 보면서 우리는 참사를 당한 사람들의 끔찍한 고통을 상상하고 그것에 공감을 느끼기보다는 단지 사건의 의외성 그 자체에 자극받을 뿐입니다. 이 의외성은 우리에게 놀라움을 불러일으키는데 모름지기 놀라움은 가장 큰 심미적 쾌감의 원천입니다. 그런데 그 놀라움을 불러일으키는 것이 단지 감각적인 것일 때 정신은 수동적인 방식으로 자극받을 뿐이요, 이때 정신은 그 자극을 통해 쾌감을 느끼기는 하겠지만 그러나 그 쾌감은 언제나 감각을 통한 정신의 예속의 대가인 것입니다. 그리고 정신이 감각적 자극에 노예적으로 예속된 상태에서 눈에 보이는 비극적 상황을 반성적으로 성찰하는 것은 불가능한 일입니다.

 이런 사정은 영화의 화면에서 보는 폭력적인 장면의 경우에도 마찬가지입니다. 폭력장면이 특별히 생생하고 엽기적일 때 우리는 그것의 의외성에 수동적으로 자극받습니다. 반대로 일상화된 폭력장면은 우리를 도리어 폭력에 둔감하게 함으로써 암암리에 폭력을 익숙하고 당연한 것으로 받아들이게 만듭니다. 두 경우 모두 폭력에 대한 비판적 반성이 들어설 자리는 없는 셈이지요.

 그리스 비극이 엽기적인 폭력장면을 직접 보여주지 않았던 것은 이 점에서 한 번쯤 같이 생각해볼 만한 가치가 있습니다. 한편에서 그것은 폭력적 장면을 직접 보여주지 않기 때문에 폭력을 일상적인 것으로 만들거나 관객을 도리어 폭력에 둔감하게 만들고 폭력적인 상황을 암암리에 승인하게 만드는 위험에 빠지지 않습니다. 다른 한편 그리스 비극은 폭력적인 상황을 말을 통한 설명으로 처리함으로써 관객으로 하여금 그 상황을 스스로 상상하게 만듭니다. 상상한다는 것은 능동적인 마음의 활동에 속하는 일입니다. 그리하여 오이디푸스가 자기 눈을 찌르는 장면을 마음의 눈으로 상상하는 관객은 그것을 몸의 눈으로 직접 보는 관객보다 오히려 더 능동적으로 그 상황에 참여하는 것입니다. 이런 의미에서 그리스 비극은 한편에서는 관객들을 폭력적인 상황에 대해 비판적인 거리 속에 있게 하면서도 그 상황에 능동적으로 참여하게 함으로써 폭력적 상황을 절실하게 느끼면서 그것에 대한 반성적 성찰을 가능하게 했던 것입니다.

오늘날 모든 것을 눈으로 보기를 원하는 관객들 앞에서 얼마나 많은 작가들이 관객의 욕망을 거슬러 그들이 보고 싶어하는 것을 도리어 감출 수 있는 용기를 보여줄 수 있겠는지 나는 모르겠습니다. 그러나 모든 것을 보려고 하는 욕망이나 모든 것을 눈으로 보아야만 이해할 수 있다는 고집은 도리어 삶에 대한 참된 이해를 가로막는 장애물이 되는 것은 아닌지요? 마치 눈을 뜨고 모든 것을 볼 수 있었고 또 보려고 했을 때는 아무것도 깨닫지 못했던 오이디푸스가 눈을 잃고 아무것도 볼 수 없게 되었을 때 삶의 진실에 대한 깨달음에 도달할 수 있었던 것처럼, 차라리 모든 것을 눈으로 보고 확인하려는 욕망을 내려놓을 때, 우리는 삶과 인간을 보다 더 깊이 이해하게 되는 것은 아니겠는지요? 생각하면 이런 이치가 비단 폭력의 재현에만 관계된 문제는 아닐 것입니다. 타인의 고통과 삶의 어둠을 아무것도 참되게 이해하려 하지 않는 사람들이 탐욕스런 시선으로 그저 세상만사를 관찰하고 구경하려고만 하는 것을 볼 때마다, 나는 오늘날 예술이 염려해야 할 일은 어떻게 잘 보여주는가가 아니라 도리어 어떻게 잘 감추느냐 하는 것이 아닌가 생각하곤 합니다. 관객이 소중하고 가치 있는 것을 스스로 찾아나설 수 있도록…….

편지 53
작별인사

  별로 아는 것도 없는 사람이 그리스 비극에 대하여 온갖 장광설을 늘어놓은 뒤에 마지막으로 극장과 무대장치에 대해서까지 설명을 마쳤으니, 오늘 이 편지를 끝으로 이제 당신과의 긴 여행에 마침표를 찍어도 되리라 생각합니다. 처음 당신께 그리스 비극에 대한 편지를 쓰기 시작한 때가 꽃피는 봄이었는데 어느새 한 해가 다 가고 추운 겨울이 되었습니다. 편지를 쓰기 시작할 때만 하더라도 이렇게 길게 쓸 생각은 아니었는데, 두서없이 이 말 저 말 하다 보니 편지글이라 하기엔 너무도 길고 어수선한 글이 되고 말았습니다. 사람이 말이 많아지면 실수도 많아지는 법인데, 그동안 당신에게 쓴 편지들을 돌이켜 보니, 내가 잘 알지도 못하는 문제에 대해 너무 많은 말을 한 것 같아 자꾸 마음에 걸립니다.
  하지만 그런 염려에도 불구하고, 혼자 마음속에 묵혀두었던 생각을 당신에게 있는 그대로 말할 수 있어서 내가 얼마나 행복했는지 모릅니다. 비록 보잘것없는 생각들이었지만, 막연하던 생각들을 편지를 쓰면서 나름대로 명료하게 정리할 수 있었던 것도 내겐 큰 수확이었습니다. 그래서 사람들이 모자란 것이 있더라도 자꾸 이야기를 해야 생각도 자란다고 하는 모양입니다. 나는 맹자가 말한 군자삼락(君子三樂)이 딱히 틀린 말이라 생각하지는 않습니다만, 아무리 그가 말하는 세 가지 기쁨을 모두 얻는다 하더라도 세상에 자기의 말을 들어주는 사람이 없고, 서로 생각을 나눌 사람이 없다면, 그 모든 인생의 기쁨이 다 무슨 소용이 있겠습니까.

첫번째 편지에서 이미 말한 바 있습니다만, 비극에 대해 생각하는 것은 슬픔에 대해 생각하는 것과 다른 것일 수 없습니다. 그리하여 내가 썼던 편지들도 그리스 비극에 대한 해명인 동시에 슬픔의 의미와 고통의 존재이유에 대한 나 자신의 성찰이었습니다. 왜 존재는 그 자체로서 완전할 수 없는지, 왜 삶은 처음부터 끝까지 아름답고 행복하기만 할 수 없는지, 도대체 땅 위에 왜 이렇게 정당화될 수도, 위로받을 수도 없는 슬픔과 고통이 넘쳐나는 것인지—그 대답할 수 없는 물음들로부터 벗어날 수 있을 만큼 아직 나의 정신은 충분히 성숙하지 못하였습니다. 어른이 된다는 것은 만사에 의젓해진다는 것을 뜻하는 것일진대, 언제쯤이면 나는 사람들의 슬픔 앞에서 냉철하고 침착할 수 있을 만큼 어른스러워질 수 있겠는지요. 그런 것을 생각하니 어쩌면 내가 당신에게 했던 모든 말들이 한낱 정신적 미성숙의 표현이 아닌가 하여 내 가난한 정신을 당신에게 그대로 내보인 것이 갑자기 부끄러워집니다.

슬픔의 의미와 고통의 존재이유를 묻는 것, 가장 낮은 곳에 있는 사람의 눈으로 세상을 보는 것 그리고 가장 깊은 슬픔과 절망 속에 있는 사람의 목소리에 귀기울이는 것, 그것이 오랫동안 내가 생각한 철학의 길이었습니다. 그것은 플라톤이 걸었던 것과는 정반대의 길입니다. 그는 빛을 찾아 어둠의 동굴을 빠져나와 위로 올라가려 했지만, 나는 도리어 슬픔의 어둠 속으로 내려가는 것이야말로 우리 시대 철학이 걸어야 할 길이라고 생각했습니다. 그것은 진리가 오직 슬픔 속에서만 계시된다고 내가 믿기 때문입니다. 당신은 빌라도처럼 묻고 싶으시겠지요. 진리란 무엇이냐고. 진리는 만남입니다. 만남이야말로 모든 일치, 즉 모든 진리의 원형인 것입니다. 그러나 언제 나는 너를 온전히 만날 수 있는 것입니까? 그것은 오직 우리가 서로의 슬픔에 참여할 때입니다. 이런 의미에서 진리는 슬픔 속에서만 우리에게 도래합니다. 그리고 철학이 진리를 갈망한다면, 철학은 먼저 슬픔의 해석학이 되어야만 하는 것입니다. 따지고 보면 그리스 비극에 대해 지금까지 내가 말했던 것들도 그것을 위한 하나의 연습이었습니다. 보편적이고 철학적인 슬픔의 해석학을 위한 연습이었던 셈이지요. 굳이 해석-학이라는 이름을 붙이지 않아도 모든 비극은 이미 그 자체로서 슬픔에 대한 해석입니다. 그리스 비극의 경우도 마찬가지이지요. 그러니까 내가 그리스 비극을 이야기한 것은 그것을 사다리로 삼아 할 수 있는 한 깊은 슬픔의 심연 아래로 내려가길 원했기 때문입니다.

그러나 편지를 다 쓰고 난 지금 나는 내가 얼마나 깊은 슬픔의 어둠에까지 내려간 것인지, 내가 깊은 슬픔 속에 있는 사람들의 탄식을 올바로 들은 것인지 그리고 과연 내가 들었던 그 많은 말들을 온전히 표현한 것인지, 아무것도 자신 있게 말할 수가 없습니다. 슬픔과 고통 속에서 살아가는 많은 사람들에게 내 말은 아직 슬픔과 고통이 무엇인지 아무것도 모르는 경박한 정신의 한가한 유희처럼 보이지나 않을지 나는 적이 두렵고 부끄러운 마음뿐입니다. 끝없는 슬픔의 바다에서 얼마나 더 깊은 심연으로 낮아져야 나는 당신의 슬픔에 가까이 다가갈 수 있는지요? 바닥을 가늠할 수 없는 슬픔의 깊이 앞에서 나는 내 모든 말이 참된 슬픔을 알지 못하는 자의 치기가 아닐까 하여 깊이 저어하고 또 두려워합니다.

하지만 그 부끄러움 때문에 내가 걷는 길을 멈추지는 않을 것입니다. 나는 더 낮아지고 낮아져 당신이 있는 가장 깊은 슬픔의 심연까지 내려가겠습니다. 어떻게 가장 깊은 슬픔 속에 참된 기쁨이 깃들이고, 어떻게 가장 깊은 절망 속에서 희망의 무지개가 떠오르는지 그 신비를 깨달을 때까지 더 낮은 곳으로 내려가고 또 내려갈 것입니다.

이제 정말 작별할 시간입니다. 긴 편지 끝까지 읽어주신 것 진심으로 고맙습니다. 다시 소식드릴 때까지, 사랑하는 그대, 부디 평안하시기를.

주(註)

이 책을 읽는 분들에게
1) 아이스퀼로스 지음, 천병희 옮김, 『아이스퀼로스 비극』(단국대출판부, 1998), 287쪽.

첫번째 묶음 ··· 비극과 숭고
1) 아리스토텔레스 지음, 천병희 옮김, 『시학』(문예출판사, 1993), 47쪽.

두번째 묶음 ··· 그리스 비극의 바탕인 자유
1) 이 자료는 '제주 4·3연구소'에서 알려주셨습니다. 이 자리를 빌려 감사의 뜻을 전합니다.
2) 장파 지음, 유중하 외 옮김, 『동양과 서양 그리고 미학』(푸른숲, 1999), 182쪽 아래.
3) 같은 책, 182쪽.

세번째 묶음 ··· 운명과 합리성
1) H. Diels, W. Kranz, *Fragmente der Vorsokratiker* (Berlin, 1974), 21 B 15.
2) 호메로스 지음, 천병희 옮김, 『일리아스』(단국대출판부, 2001), 24:525 아래.
3) 헤로도토스 지음, 박광순 옮김, 『역사』(범우사, 1989), 40쪽.
4) 아이스퀼로스 지음, 천병희 옮김, 「아가멤논」, 『아이스퀼로스 비극』(단국대출판부, 1998), 750행 아래.
5) 『일리아스』, 17:645 아래.
6) Ps. Longinos, *Peri Hypsous*, 9:10.
7) 같은 곳.
8) 『일리아스』, 19:408.
9) 앞의 책, 19:420.

10) 장파, 앞의 책, 162쪽.
11) 같은 책, 161쪽.

네번째 묶음 … 서사시와 서정시 그리고 비극
1) 아리스토텔레스 지음, 천병희 옮김, 『시학』(문예출판사, 1993), 35쪽.
2) 같은 책, 6절.
3) 앞은 실러의 말이고 뒤는 괴테의 말입니다. W. Kranz, *Geschichte der griechischen Literatur* (Birsfelden-Basel, 출판 연도 없음), 20쪽에서 재인용.
4) 김소월, 『진달래꽃』(미래사, 1991), 60쪽.
5) 이상섭, 『문학비평용어사전』(민음사, 2001), 171쪽.〔 〕속의 말은 내가 보충한 것임.
6) 브루노 스넬 지음, 김재홍 옮김, 『정신의 발견』(까치, 1994), 110쪽에서 재인용.
7) 같은 책, 122쪽 아래.
8) 같은 책, 133쪽 아래.
9) 나중에 비극은 서정시가 보여준 이런 시간의 비극성을 물려받게 됩니다. "모든 것을 보고 있는 시간은 아무것도 모르는 그대를 찾아내어/결혼 아닌 결혼을 심판하시네"(Oid. tyra. 1211). 이 노래는 소포클레스의 『오이디푸스 왕』의 합창의 한 구절인데, 이 짧은 구절 속에서 압축적으로 시인은 시간이야말로 비극성의 요체임을 말하고 있습니다. 시간이 흐르지 않았더라면 오이디푸스의 비극도 없었겠지요. 그의 비극은 시간 속에서 아닌 것이 인 것으로 인 것이 아닌 것으로 이행하면서 발생했으니까요. 그렇다면 여기서 비극성이란 무엇입니까? 그것은 결혼 아닌 결혼, 곧 비동일성입니다. 그리고 결혼을 결혼이 아닌 것으로 드러내는 것, 동일한 것을 동일하지 않은 것으로 만드는 것은 시간입니다. 뜬금없는 이야기처럼 들릴지 모르겠습니다만, 이런 비극에서 인격적 타자는 전혀 문제가 되지 않습니다. 비극은 오직 주체 자신 속에서 발생하는 것이기 때문입니다. 무지 그리고 시간 속에서의 반전. 그리하여 자유인들의 비극은 이처럼 원칙적으로 자기와의 불일치에서 비롯되는 것이었습니다. 앞에서 우리는 하마르티아를 삶의 자기거리라고 말했었습니다. 풀어서 말하자면 그것은 삶이 자기 자신과 불일치한다는 것이었지요. 시간이란 삶의 그런 근원적 자기불일치가 현실화되는 지평이라 할 수 있습니다. 그런데 사람이 비극의 근거를 어디서 찾느냐에 따라 비극을 해결하는 처방도 달라질 수밖에 없습니다. 비극의 근거를 자기 속에서만 찾는 정신

은 비극의 처방도 자기 속에서만 찾으려 하겠지요. 그러나 과연 비극의 근거는 언제나 자기 속에 있는 것일까요? 그리스 비극을 읽으면서 늘 던져보는 물음입니다.
10) 브루노 스넬, 앞의 책, 105쪽.
11) 같은 책, 118쪽.
12) *Theaitetos*, 189 e.
13) 니체 지음, 정동호 옮김, 『차라투스트라는 이렇게 말했다』(책세상, 2000), 85쪽.
14) 같은 책, 83쪽.
15) 『일리아스』, 24;486 아래.

다섯번째 묶음 … 비극과 카타르시스
1) 플라톤 지음, 조우현 옮김, 『국가』(삼성출판사, 1993), 606 a.
2) 호메로스 지음, 천병희 옮김, 『일리아스』, 22;412 아래.
3) 플라톤 지음, 박종현 옮김, 『국가』(서광사, 1997), 388 d.
4) 같은 책, 604 b 아래.
5) 같은 책, 604 c 아래.
6) 『시학』, 제14장.
7) 니체 지음, 송무 옮김, 『우상의 황혼』(청하, 1995), 86쪽.
8) 루소 지음, 민희식 옮김, 『에밀』(육문사, 1993), 298쪽.
9) 니체 지음, 송무 옮김, 『권력에의 의지』(청하, 2001), §851.
10) 니체 지음, 김미기 옮김, 『인간적인, 너무나 인간적인 I』(책세상, 2001), §212.
11) 니체 지음, 송무 옮김, 『우상의 황혼』(청하, 1995), 114쪽.
12) 돌뢰즈 지음, 이경신 옮김, 『니체와 철학』(민음사, 2001), 44쪽 아래.
13) 니체 지음, 정동호 옮김, 『차라투스트라는 이렇게 말했다』(책세상, 2000), 142쪽.

여섯번째 묶음 … 비극의 탄생
1) J. 해리슨 지음, 오병남 · 김현희 옮김, 『고대 예술과 제의』(예전사, 1996), 96쪽.
2) 같은 책, 84쪽.
3) W. Schadewaldt, *Die Griechische Tragödie* (Frankfurt a. M., 1996),

41쪽.
4) 에우리피데스 지음, 천병희 옮김, 「퀴클롭스」, 『에우리피데스 비극』(단국대 출판부, 1999), 163행 아래.
5) A. Lesky, *Die Griechische Tragödie* (Stuttgart, 1984), 53쪽.
6) 헤로도토스, 『역사』, 32쪽.
7) A. Lesky, 같은 곳.
8) 니체 지음, 김대경 옮김, 『비극의 탄생』(청하, 1992), 65쪽.
9) 천병희, 『그리스 비극의 이해』(문예출판사, 2002), 18쪽 아래.
10) Thukydides, *Historiae*, II;15.
11) J.H. Butler, *The Theater and Drama of Greece and Rome*, 51쪽.
12) 카를 케레니 지음, 장영란 외 옮김, 『그리스 신화』(궁리, 2002), 440, 475쪽 등.
13) 아르놀트 하우저, 백낙청 옮김, 『문학과 예술의 사회사—고대 중세편』(창작과 비평사, 1998), 89쪽.
14) J. 해리슨, 앞의 책, 134쪽 아래.

일곱번째 묶음 … 극장과 무대
1) 안동림, 『이 한 장의 명반』(현암사, 1997), 1224쪽.
2) M. Bieber, *The History of the Greek and Roman Theater* (Princeton University Press, 1961), 71쪽.
3) 하우저, 앞의 책, 102쪽.
4) M. Bieber, 앞의 책, 59쪽.

찾아보기

가면 364
갈등 255
감정 280
같이느낌 240
같이있음 249, 252
개념적 사유 259
개별성 230, 253, 338, 344
개별적 주체성 241, 255, 308
개인 228
객관적 총체성 247
객체 249
계산하는 정신 79
『고르기아스』 242
고통 41, 42, 44, 50~54, 64~66,
  68, 74, 75, 83, 93~95, 97, 98,
  105, 106, 137, 143, 259, 269,
  291, 293, 301, 304, 306, 308,
  313, 315, 317, 377, 382, 383
  ~의 긍정 316
  ~의 내재성 118
  ~의 탐구 213
공간 213
공감 244, 245, 249, 298

공공적 이성 241, 243
공자 99, 134
공포 292~294, 306
  ~와 연민 58, 272, 290, 291
과학 131~134
관객 365, 379, 380
관변 예술 368
광주학살 130, 131, 281
광주항쟁 68
괴테 44, 95, 199
『국가』 242, 279, 280
국민기초생활보장제 135
귀족 152
  ~문화 350
  ~적 도덕 165
  ~적 문학 153
  ~정치 100
그리스 비극 39, 42, 46
  ~의 정치성 367
그리스 정신 44, 64, 68, 69, 77, 97,
  106, 179~181, 200, 247, 314
그리스적 명랑성 297, 317
그리스적 자유 99, 102, 103

찾아보기 389

그리스적 합리성 338
극장 374
근원적 총체성 249
금지 148
기쁨 301, 303, 315
기생 171, 172
기원전 5세기 75, 81, 99, 104, 366
기중기 373
김수영 223, 225

나눔 245, 249
나르시시즘 277
남근찬가 324, 325
낭만주의 251
내재적 타자성 192
네스토르 194
네오프톨레모스 55
노무현 156
노발리스 251
노예 76, 102, 132, 366, 367
　　~의 비극 113, 115, 116
　　~적 정신 63, 79, 131
농촌의 디오뉘시아 347
능동적 행함 107
니체 59, 236, 237, 244, 251, 295, 296, 298~304, 309, 310, 313, 314, 316, 334, 351, 361
니케라토스 166

당함의 비극 106, 109, 110
대 디오뉘시아 348~350, 357, 362
대립 255, 257, 258
대하소설 194

대화 236~241, 254, 327
델로스 동맹 78
도덕적 판단 174
독백 232, 233, 235, 236
독일관념론 176
동학농민전쟁 97
두번째 배우 358
드라마 107, 323, 347
들뢰즈 301, 302
디알로기아 243
디오뉘소스 48, 57, 59, 60, 237, 301, 324, 325, 329, 336, 337, 340, 343, 344, 350, 365, 371
　　~ 극장 369, 370
　　~ 숭배 335, 341, 351, 352
　　~ 제전 60, 324, 325, 332, 344, 347
　　~ 찬가 57~60, 326
　　~적 긍정 314
디오뉘시아 346
디케 137, 138
디튀람보스 57, 58, 61, 237, 324, 325, 331, 334, 351, 357

라신 44
레나이아 347~349
레싱 273
레오니다스 77
로고스 244, 342
롱기노스 148
루소 297, 305
루카치 194, 249
뤼라 203, 235, 329
릴케 251

마술피리 360
마스크 365
만남 236, 245, 246, 248, 252, 253, 258, 261, 312, 313, 383
만해 93, 121, 223
말 73
맹자 382
메넬라오스 331
메데이아 296, 375, 376
『메데이아』 359
명랑함 315, 318
모방 60, 88, 186, 187, 190
모차르트 360
무대 374
　～그림 372
묵독 204
문학 280
　『～과 예술의 사회사』 350
미군 장갑차 살인사건 268
미메시스 186~188, 190, 205, 206
미적 가상 185
미적 교육 279
미적 원리 177
미적 자율성 174
미적 체험 175
미적 판단 174
미적인 쾌감 271
『미학강의』 196
민주제 351
민주주의 100, 173, 352
민중가요 238

바그너 297

바울 131
바흐 179, 206
박정희 63, 67, 160, 172, 173, 281
밖에있음 120, 121
반성 96~98, 188, 206, 219, 232
발견하는 정신 80
배우 363
베르나이스 273
베토벤 81, 206
보편성 45, 229, 248
보편적 정신의 자기반성 198
보편적 주체성 222, 228, 239, 240
복수의 여신들 163
복종의 비극 113
본질적 과오 121
부시 367
비극 40, 43, 44, 49, 53, 230, 272
　～경연대회 348, 350, 352
　～시인 281
　～의 기원 322, 334
　～의 본질 64, 255
　『～의 탄생』 295, 351
　～적 공감 274
　～적 복종 113
　～적 운명 82
　～적 카타르시스 309
　～적 쾌감 272, 273
비어있음 120
비트루비우스 373

사랑 313
사르페돈 340
사물적 존재 250

사튀로스 32, 333, 342, 345
　~극 329~331, 334, 362
사포 210, 211, 215, 216
삶의 긍정 316
삶의 모방 188, 190, 192
삶의 비극성 45, 213, 214
삶의 자기반성 188, 190, 192
삶의 총체성 171, 182, 184, 200,
　219, 220, 245~247, 249
상상력 79~83, 85~89, 186
생각 96, 239
서사시 49, 59, 60, 62, 192, 197,
　218, 235
　~의 총체성 198
서정시 202, 203, 207, 208, 216,
　218, 230
　~의 본질 209
　~의 주체 217
　~적 인간 208
서정주 171~173
선 174
선거 100
세네카 44
세멜레 59, 340~342
셸링 176
『소설의 이론』 194
소외 229
소크라테스 81, 88, 242, 252, 365
소통 236, 241, 246, 248
소포클레스 55, 162~164, 277, 327,
　358, 363, 368, 372
솔론 142
쇼펜하우어 299

수동성 88, 89
수동적 당함 107, 301
순수음악 206
숭고 52, 314, 317
스넬 222
스케네 372
스타시몬 360
스파르타 77, 78, 102, 333
스푸다이오스 48
스피노자 175
슬픔 40~45, 50~52, 93, 105, 106,
　259, 261, 284, 286, 287, 291,
　303, 304, 313, 318, 382, 383
　~ 속에서의 만남 267
　~의 자기반성 40, 43
　~의 해석학 383
시간 212~216, 218
시민 233, 235, 238
　~문학 152
　~의 탁월함 154
　~적 주체성 236, 239, 240, 243
　~적인 시인 152
시인 171, 172
시적 반성 198
『시학』 47, 272, 290, 323, 324, 372
신 72, 140, 142, 143, 159~162,
　190, 313
　『~들의 계보』 338
　~의 섭리 157
실러 199
실레노스 330, 342, 345
심미적 쾌감 270, 378

아가멤논 194, 195, 375, 376
『아가멤논』 142, 167, 242, 359
아가타르코스 373
아고라 369
아낙사고라스 128
아낭케 137
아르킬로코스 207~209, 222
아름다움 173~175, 180~184, 195, 221, 340
아리스토텔레스 46~49, 53, 57, 88, 102, 118, 126, 186~188, 272, 289, 290, 292, 295, 296, 298, 299, 305~308, 312, 323, 324, 332, 361, 372
아리스토파네스 365
아리온 332, 351
아우구스티누스 139
아이기스토스 376
아이네이아스 340
아이스퀼로스 58, 142, 162~164, 167, 236, 327, 358, 362, 375
아이아스 147, 148
아크로폴리스 369
아킬레우스 125, 141, 149~151, 155, 193~195, 261~264, 282, 283
　　~적 인간상 196
아테네 78, 81, 82, 101, 102, 163, 343, 348, 366
아폴론 127, 163, 339, 340, 343, 351
아프로디테 127, 211
안드로마케 154, 193
안테스테리아 346, 347

안티고네 68, 108, 257, 261, 296
『안티고네』 243
안틸로기아 167, 243, 244
『어린 왕자』 40
억압적 획일성 254
언론 173
에로스 242
『에밀』 305
에오스 214~216
에우리피데스 277, 327, 359, 374
에테오클레스 108
에페이소디온 360
에피쿠로스 176, 312, 313
엑소도스 360
엑퀴클레마 373, 374
엘라페볼리온 349
여순반란 사건 67
역동적 총체성 256
『역사』 142, 331
역설적 보편성 247
연민 292~294
　　~과 공포 50, 53, 289, 307, 308
연속극 281
염세주의 62
영웅설화 58~61
영웅숭배 61, 62, 64, 69
영웅적 숭고 61
영원성 146
영원한 과거 196
영화 378
예수 160
예술 80, 85, 177, 185, 280, 377
　　~교육 279, 280

~의 자율성 176~178
~의 힘 86
오뒤세우스 55, 193, 330
『오뒤세이아』 198~200, 336
오레스테스 296, 339, 375
오레스테이아 3부작 55, 167, 375
『오셀로』 117
오이디푸스 54, 68, 109, 110, 116, 119~121, 126, 165, 256, 296, 308, 375, 376, 379
『오이디푸스 왕』 54, 275, 308, 368
오케스트라 370~372
「와이키키 브라더스」 275~277
완전성 195, 197
완전한 행위 48
용기 116, 146~148, 156
운명 67, 79, 109, 125, 126, 129, 143~145, 156~158, 192
원초적 총체성 250
위대함 71, 72
육유 111, 113~115
윤리적 필연성 138
윤리학 138, 139, 153, 166
음악 182, 203, 205
이데아 193
이스라엘 270
이아고 117
이오카스테 375, 376
인간성 234
인간의 탁월함 154
『인간적인, 너무나 인간적인』 299
인륜적 공동체 321
인식 126, 130, 144, 219, 260

『일리아스』 141, 166, 191, 198, 200, 261, 282, 336

자기 94, 223, 230
~관계 250, 300
~밖에있음 120
~연민 273~278, 282, 286, 288, 289, 291, 292, 306, 307
~의식 94, 219
『자비로운 여신들』 167, 236, 242
자아의 주체성 221
자연적 필연성 138
자연철학 134
자유 80, 86, 99, 102, 233
~로운 정신 80, 83, 84
~의 완성 134
~인 76, 102, 103, 116, 132
~인의 비극 113, 116~118, 125
『잔치』 106, 242
장파 111~114, 117, 158
전두환 119, 137, 138, 172, 173, 281
전봉준 63, 64
전체주의 251
전태일 63, 64
절대적 동일성 252
절대적 총체성 192
절대적 합일 251
절망 384
정신 43, 44, 65, 66, 68, 73, 79, 86, 189, 193
~의 위대함 50, 68, 74, 109
~의 자기반성 205, 207, 220
~의 자유 189

~의 크기 51, 52, 56, 64~66, 72, 77, 83, 114, 156, 314
~의 힘 151
정치 103, 230
   ~적 동물 154
   ~적 자유 100, 103, 104
제단 371
제우스 59, 141, 163, 164, 193, 337, 342, 343
제주 4·3사건 105
조선일보 173
존재의 밝음 86
존재의 진리 182, 184, 186
종교 140, 159
주연배우 362
주인 102, 103, 132
주체 94, 229, 232, 235, 249, 250
주체성 219, 231, 233, 238
   ~성의 예술 203
   ~의 자기반성 206, 223, 228, 235
   ~의 자유 250
   ~의 자기의식 220
죽음 67, 68, 82, 86, 146, 147
지크프리트 297
직접민주주의 101
진리 383
징슈필 360

참주 227, 228, 350
채백개 112~115
천병희 334
철학 133, 134, 167, 383
총체성 168, 178, 179, 181, 185, 192, 197, 201, 202, 229, 248, 249, 253, 258, 264, 368
최고 행정관 362
최옥란 135~137, 302
춘향 106, 115, 116

카드모스 340
카잘스 179
카타르시스 49, 50, 272, 273, 289, 291, 293, 305~307, 310~312, 318, 322
칸트 133, 150, 153, 174, 204, 317
코러스 327, 363, 371
   ~장 326
코레고스 362
『콜로노스의 오이디푸스』 54, 256
쾌감 267, 269, 270, 275, 288, 289
『퀴클롭스』 330
크로이소스 142
크산토스 148
크세노파네스 127, 128
크세노폰 166
크세르크세스 77
큰 것 70
클뤼타임네스트라 167, 242, 375
키토 364

타인을 이해하는 것 260
테르시테스 194
테스피스 357, 358
『테아이테토스』 239
테티스 143
투퀴디데스 102, 346

트라고디아 332, 334
트라시마코스 242
티토노스 215

파로도스 359, 371
파르메니데스 247
파르테논 신전 73
파리스 149
파스칼 160
파시스트 63
파이드라 296
『파이드로스』 242
파트로클로스 147, 263
『판단력비판』 174, 204
판소리 49, 199
판아테나이아 349
『광세』 160
페르시아 76, 78
　~ 전쟁 73, 75, 76
페리안드로스 351
페리클레스 128, 368
페시미즘 309~311
페이시스트라토스 227, 348~350
페이토 210
『펠로폰네소스 전쟁사』 102
포세이돈 127
포이에시스 185, 188, 190
폭력 375, 377, 378
폴뤼크라테스 227
폴리스 101, 154, 155, 157, 158,
　165, 238, 240, 349
표제음악 205
프롤로그 359

프리아모스 141, 193, 195, 262, 263,
　269, 282, 283, 285, 330
플라톤 47, 51, 106, 165, 180, 188,
　200, 239, 242, 273~275, 277,
　279~282, 284~287, 382
피라미드 71~73
피히테 176
필록테테스 55
『필록테테스』 55
필연성 138, 144
필연적인 고통 107, 108

하나인 모두 245
하마르티아 118~121
하우저, 아르놀트 350, 352, 366
『함부르크 연극론』 305
함석헌 93, 200
합리적 인식 128
합창 236~238, 240, 244
　~교사 363
　~단 236, 370
해소 257
행동의 모방 47
행함의 비극 107, 109, 110, 117
허무주의 62
허영 317
헤겔 153, 176, 196, 212, 259, 341
헤라 342, 343
헤라클레이토스 129, 257
헤로도토스 77, 142, 180, 316, 331
헤시오도스 338
헤카타이오스 72
헥토르 155, 193, 195, 261, 262, 283

헬레네 330
현실 86, 218
형상 338
호메로스 47, 62, 73, 152, 159, 162, 164~166, 179, 180, 191, 201, 202, 269, 282, 284, 285, 336, 337, 344
　~의 서사시 181, 182, 193, 198, 247, 338
　~적 영웅 146, 148, 152, 166

홀로있음 232, 233, 252
황진이 172
회상 196, 216, 236
획일성 233
휠덜린 180
휘포크리테스 327, 357
희망 384
히이데거 231
히틀러 251
히폴뤼토스 296